大学体育与健康

主　编　景建中　徐军艳　李　铁

副主编　田仙花　孙利亚　刘　旦

　　　　刘江山　姜钟学

编　委　景建中　徐军艳　李　铁

　　　　田仙花　孙利亚　朱序伟

　　　　刘　旦　刘江山　王学峰

　　　　常继斋　陶小娟　姜钟学

　　　　周　杨　陆新鹏　莫风波

　　　　尚　武　李　明　李　非

南京大学出版社

图书在版编目(CIP)数据

大学体育与健康 / 景建中，徐军艳，李铁主编. —— 南京：南京大学出版社，2015.8(2017.8 重印)

ISBN 978-7-305-15800-1

Ⅰ. ①大… Ⅱ. ①景… ②徐… ③李… Ⅲ. ①体育—高等学校—教材②健康教育—高等学校—教材 Ⅳ. ①G807.4

中国版本图书馆 CIP 数据核字(2015)第 196849 号

出版发行　南京大学出版社
社　　址　南京市汉口路 22 号　　邮　编　210093
出 版 人　金鑫荣

书　　名　大学体育与健康
主　　编　景建中　徐军艳　李　铁
责任编辑　单　宁　　编辑热线　025-83596923

照　　排　南京南琳图文制作有限公司
印　　刷　盐城市华光印刷厂
开　　本　787×1092 1/16　印张 22.50　字数 548 千
版　　次　2015 年 8 月第 1 版　**2017 年 8 月第 3 次印刷**
ISBN 978-7-305-15800-1
定　　价　45.00 元

网址：http://www.njupco.com
官方微博：http://weibo.com/njupco
官方微信号：njupress
销售咨询热线：(025) 83594756

序

十八大报告中明确提出:“强化体育课和课外锻炼,促进青少年身心健康体魄强健。”大学生是我国现代化建设的主力军,担负着伟大民族复兴、实现中国梦的历史重任。中共中央、国务院在《关于深化教育改革全面推进素质教育的决定》中指出:健康体魄是青少年为祖国和人民服务的基本前提,是中华民族旺盛生命力的体现。学校要树立“健康第一”的指导思想,切实加强体育工作。高校是培养人才的摇篮,培养体魄强健、具有竞争意识、开拓进取精神、全面发展的高素质人才,这也是高等教育改革和发展的方向。

为了适应当前高等教育改革与发展的需要,我们组织了部分教师,在江苏省内多名专家学者的精心指导下,编写了《体育与健康教程》。本教材以“以人为本、健康第一、终身体育”为指导思想,以科学发展观为主线,强化体育与健康有机联系和互动,融合了诸多学科的理论与实践,从符合学生认知规律出发,从教学实际出发,充分发挥学生个性,适应不同基础层次,着力于学生终身锻炼习惯的养成,把培养终身体育意识、提高体育素质和运动技能、增强身体健康作为出发点和落脚点。培养学生对体育活动的兴趣和爱好,学会锻炼身体的科学方法,促进大学生身心健康,提高体育运动水平,培养体育意识、能力和习惯及良好的思想品质,使其成为德、智、体、美全面发展的高素质人才。

教材共分为十二个章节,编写的出发点符合时代精神,注重与实践相结合,呈现几大特点:一、体系新颖。树立“健康第一”的新观念,围绕体育锻炼与增进健康的关系进行阐述,使学生在学习过程中能充分认识到体育锻炼的益处,激发学习热情,领悟终身体育锻炼的重要性和必要性。二、内容精练。该教材在强调“健康第一”的同时,突出了体育的文化内涵,使人文体育充分彰显,提高了学生应有的审美情趣与综合素质,尤其是对裁判规则进行了详细的解读,正确引导学生在掌握运动技术的同时,同样要遵守竞赛规则。该书积极吸收了许多最新的研究成果,做到了精练、实用、具有时代气息。三、科学性强。该教材以大量翔实的科学事实和科研成果为依据,叙述严谨、科学,力避议题的争论和空洞的说教,做到言之有理、论之有据。四、实用性强。该教材内容丰富、图文并茂、通俗易懂。同时注重了理论联系实际,在内容上还考虑到地域和民族的特点,具有较强的针对性,贴进了大学生的生活实际,可学以致用。

编写组

目　录

第一章 田径运动和体操

第一节 田径运动

田径运动作为现代竞技体育，包括径赛、田赛和全能项目的比赛。按规范的说法：径赛是指在跑道或公路上进行的比赛，包括竞走、短跑、中长跑、跨栏跑、接力跑、障碍跑和超长距离跑。由于上述项目均以走、跑、跨为基本表现形式，它作为人类生存的基本活动能力，一直被认为是各项运动的基础。田赛是指在田径跑道以外进行的比赛，包括跳高、跳远、三级跳远、撑杆跳高、铅球、铁饼、标枪、链球等项目，由于上述项目还有全能项目，都是以跑、跳、投为基本表现形式，它作为人类生存的基本活动能力的综合反映，也同样是各项运动的基础。那么如何使这些原本就体现生存本能的体育运动回归，并突出它的基础性与实用性价值，关键在于不追求运动的完整性体系，不强调技术的规范化要求，而是要抓住奔跑、跳跃、抛投这三大要素，视它们为发展人体基本活动能力和提高身体基本素质运动的手段，这样就能通过变换形式和科学锻炼达到增强的目的。

一、奔跑

（一）奔跑与人类的生存

在遥远的古代，人类在同大自然和猛兽的斗争中，为了获取维持生命的食物，奔跑作为一种求生手段，除需要不断提高奔跑的速度，以便缩短与被猎取动物之间的距离，还要在随时的迁徙中，具有持续跑更远路程的能力。

此后，当人类一旦意识到自身繁衍可能受到威胁，又亟待要把这种生存技能世代相传，于是“奔跑”又成为原始教育最重要的一项内容。随着阶级的产生和战争的出现，奔跑还是步兵用于“克敌制胜”和保证自身安全的军事手段。比如，我国春秋战国时期，著名军事家孙武就有“兵子情主速，乘人之不及，攻其所不戒”的精辟论述，表明为达到“兵贵神速”。

到了现代社会，奔跑已被作为一种运动文化，常通过体育场上的竞技比赛，显示人类在高速与持续奔跑中，克服最大生理极限的能力；而采用中等负荷的长时间慢跑，目前已作为一项有效提高生命活力的锻炼手段被广为利用；至于在应急状态下的快速奔跑，尽管仍是衡量现代人的一种生存能力，但由于缺乏“重新学会生存”的意识，绝大多数人几乎已把它排除在健康锻炼之外。但必须提醒大家，如果一旦遇到突发事件，恐怕由此带来的损失，就会大到危及人们生命的地步。

(二) 怎样提高奔跑能力

奔跑能力主要是指快速跑、持续跑和障碍跑的能力，它们之间并不完全相关，所以在衡量奔跑能力时，又要注意不同性质与强度上的区别。但不管提高何种奔跑能力，都首先需要了解奔跑的基本要素，然后再按科学的方法与步骤坚持经常性的锻炼，唯此才能达到提高奔跑能力的目的。

1. 跑的反应速度

反应速度是指从感受器接受刺激到效应器(肌肉)做出反应所经历时间的长短，通常又称反应时。反应速度的快慢既取决于大脑皮层神经过程的灵活性，又可以通过后天锻炼不断得到提高。

(1) 练习方法。依次采取正面、背面、侧面站位于起跑线前，当听到不同信号后，分别按信号规定的方向快速跑 10—15 米，要求起动迅速，但方向不要跑错。

甲乙两人相隔 1 米，相向站立，听到不同信号，快速判断由甲追乙或由乙追甲。

甲乙两人相隔 1 米，相对站立，先由甲随意用下肢做前后、左右开立或并立动作，乙快速判断后依样模仿，然后改由乙做甲模仿，每人各做 10 次，计算谁正确模仿的次数最多。

(2) 注意事项。进行反应速度练习时，所发信号要短促清晰，练习者注意力集中，重复次数不宜太多。为了提高锻炼兴趣，可采取摆擂台或分组淘汰等游戏方式进行。

听信号做出反应后，要注意快速用高频率完成动作。如果要求动作一步到位，完成动作后，应尽量使身体不再移动。

2. 跑的动作速度

动作速度是指在身体锻炼中完成单个动作的时间长短，主要取决于大脑皮层神经过程的转换速度，也与肌肉紧张和放松的交替速度有关。为了提高动作速度，除应提高爆发力的基础水平，还要加强关节的灵活性及运动神经过程的兴奋程度。

(1) 练习方法。按预先规定的时间做快速高抬腿，快速摆臂，快速单、双脚跳绳等练习。

在规定的 20—30 米距离内，分别划 0.5 米的间隔区 15—20 个，甲乙两人站于起跑线前，听信号后采用单脚跳或碎步跑，依次快速通过每个间隔区，先抵达终点者为胜。

(2) 注意事项。发展动作速度时，要合理安排涉及该动作环节肌肉群的用力顺序，用力前要拉长主动肌群，尽量缩短用力过程的时间。

完成快速动作时极易疲劳，故重复练习次数宜少，每次练习质量要高，应严格按规定的要求进行练习。

3. 跑的位移速度

位移速度通常是针对周期性练习而言的，以单位时间通过的距离来衡量。比如，可以用时间多少来作为衡量位移速度的判断标准。

(1) 练习方法。为了提高位移速度，可采取加速跑、让距跑、接力跑、行进间跑等方法进行练习。

为了突破速度障碍，应特别注意提高跑步的频率，可采取顺风跑、下坡跑、牵引跑等方法进行练习。

(2) 注意事项。在进行上述练习时，要注意步频与步幅的合理调配，原则上应在不影

响步频的前提下提高步幅。

提高位移速度要注意动作用力与放松的协调交替，每次练习都要在体力充沛的情况下进行，重复次数不宜太多，距离不宜过长。

4. 跑的一般耐力

一般耐力通常以能够长时间坚持运动为衡量标准。在锻炼过程中，为满足呼吸与循环系统的工作需要，氧气的充足供应是至关重要的，因为只有具备这种条件，大脑皮层神经细胞在接受较长时间的刺激下，才能始终保持兴奋和抑制的协调能力，并使神经和肌肉的能量消耗达到合理和节省化程度。

(1) 练习方法。一般耐力锻炼应以有氧耐力练习为主，可先按规定的时间、距离和数量进行，然后逐渐增加，让运动负荷始终保持在中等强度。

采取持续时间较长、强度较小的定时跑、定距跑、匀速跑、越野跑等手段进行练习。

采取持续时间较长、强度较小的爬山、游泳、远足和球类等活动进行辅助性练习。

(2) 注意事项。练习时要做到经常不断，每次练习的间隔时间不要太长，运动负荷要循序渐进，强度以适中为宜。

为了提高对练习的兴趣，最好采取多种方法结合进行练习，或使练习手段游戏化。

5. 跑的专项耐力

专项耐力是指不同运动项目所需要的某种专门性的耐力，它包括速度耐力、力量耐力和静力性耐力。运动实践表明，为了提高专项耐力，就必须在一般耐力的基础上，采用增加练习强度和密度的方法，使这种耐力锻炼超过原来的耐力水平，并逐步接近极限负荷。

(1) 练习方法。在使一般耐力提高的基础上，按预先设定的距离、时间和重复次数，采取重复跑、变速跑、间隔跑等练习，重点发展速度耐力。

在使一般耐力提高的基础上，可采取时间较长、重复次数较多的徒手或轻重量负荷的肌肉用力练习，重点发展力量耐力。

(2) 注意事项。发展速度耐力时，要注意在规定距离和次数的练习中，尽可能保持速度、休息与间隔的时间不变。如果不能保持规定的速度，则不要再继续进行练习。

发展力量耐力时，应以小肌肉群为主，并使伸屈肌群都能同时得到锻炼。

二、跳跃

(一) 跳跃与人类的生存

大家知道，古代人类在与自然和猛兽的斗争中，必须行走或奔跑很长的距离。但在这段艰难的求生旅途中，有时会遇到溪流、沟渠等障碍，必须用敏捷的动作跳越障碍，或连续在跑跳中踏石过河，或用树枝竹竿支撑而过，有时遇到不太高的陡壁、岩崖，还要有向高处跳跃的能力。

后来在军事作战中，除了步兵在奔袭敌人的过程中要具有越过战壕、沟渠等障碍物的技巧，手执枪矛作战的骑兵战士，也往往需要利用枪矛作为支撑工具跨上战马或跳过矮墙、篱笆等不太高的障碍。恩格斯曾在他著名的《军队》一书中写道："在罗马……对兵士的训练是非常严格的，目的在于用一切可能的方法增强兵士的体力，除了使用武器和做各种运动的正规训练外，还广泛地练习跑步、跳跃、撑杆跳高……"这表明，跳跃同样是人类生存不可或缺的基本技能。

(二) 怎样提高跳跃能力

跳跃能力主要是指腾越远度、高度与连续跳跃的能力。他们虽表现形式不尽相同,但都是需要利用腿部肌肉的爆发力,通过助跑或原地跳跃的最有利于身体重心合理移动的动作结构。根据上述特点,我们唯有先提高腿部力量,充分发挥助跑水平速度以及起跳动作速度,与确定适宜腾起角度这三大要素的作用,使动作体现力量与速度的完美结合,才能达到跳得更远、更高的目的。

1. 跳的预跑速度

跳跃前的预跑速度与奔跑速度密切相关。为了在起跳时使预跑速度达到最大,且又不影响起跳动作的完成,预跑动作应均匀有力、高抬大腿、逐渐加大步频和步幅,按向远跳、向高跳或连续跳的要求,调整身体重心的移动方向与起跳角度,并以不损失预跑速度为前提。

(1) 练习方法。在跑道上随意放松地做有节奏、或变换节奏的加速跑练习。

在上述练习基础上,将约为 30—40 米距离大致划为三段,按助跑加速——保持匀速——加快节奏的方式进行练习。

利用一段较长距离,采取走、跑、跳相结合的方法,进行走中带跑、跑中起跳、连跑带跳等练习。

(2) 注意事项。在做有节奏或变换节奏的加速跑练习时,要在先加速、后保持步幅均匀的基础上,再通过提高步频、加快节奏,使速度始终处于相对稳定状态。

按向远跳的技术要求,在助跑最后阶段,应使身体稍呈前倾姿势,适当提高身体重心,避免前蹬支撑产生过多制动而导致跑速下降。

按向高跳的技术要求,在助跑最后阶段,应使身体稍呈后仰姿势,适当降低身体重心,髋关节积极前送,带动起跳腿的前蹬支撑产生制动,使助跑水平速度转化为起跳垂直速度。

2. 跳的动作速度

跳的动作速度是指通过肌肉收缩带动骨骼,在符合向上跳、向远跳或连续跳技术规范的前提下,支配身体各环节的动作速度。为了使这种动作达到快速有力,并与跑速之间有机衔接,应提高肌肉、特别是腿部肌肉的力量、弹性与合理用力的技巧。

(1) 练习方法。面对沙坑或距沙坑一段距离,采用双脚立定跳、连续蛙跳、单脚跳、跨步跳等手段反复进行练习。

利用楼梯或运动场设置的看台,采用双脚蹲跳、连续单跳与跨跳等手段,反复进行台阶跳练习。

利用跨栏架、跳箱盖或两头固定且可调节高度的皮筋等器材,采用屈伸跳、踏上跳下、左右横跳等手段,反复进行障碍跳练习。

利用悬挂物、篮板、篮圈或在墙面设标记,采用助跑或原地摸高等手段,反复进行垂直纵跳练习。

(2) 注意事项。为了提高跳的动作速度,应注重每次练习的质量,尽可能使动作做得快速有力。如果身体感到疲劳或动作速度下降,就不应再继续进行练习。

当徒手练习次数达到一定限度,在已开始逐渐适应负荷的基础上,可适当减少练习次数,采用身系或背负重物等手段,再进行新一轮的负重跳跃练习。

在练习起跳动作时，除需要重视起跳腿肌肉的爆发力；还应根据身体各环节运动的互动原则，注意提高非起跳腿和手臂动作的摆动速度。

3. 跳跃的适宜角度

跳的适宜角度是指合理的起跳腾起角度，由助跑的水平速度与起跳产生的垂直速度的对比关系所决定。如果改变它们之间的关系，将直接影响跳跃的高度和远度。通常向远跳要多利用水平速度，使腾起角小于 45°；向高跳则应多利用垂直速度，使腾起角大于 45°。

(1) 练习方法。在离沙坑不远处，设置不同高度的障碍，要求助跑起跳后，做各种团身、挺身或跨步等空中动作，注意保持身体平衡。

在设障碍前方不远处再设悬挂物，或在沙坑中由近及远放置标记，然后按上述方法反复练习，并根据向上跳和向远跳的不同要求，在每次调整腾起角的练习之后，都要通过标记来检验实际效果，且据此大致确定起跳的适宜高度。

(2) 注意事项。在起跳取腾空姿势后，无论是向高跳或向远跳，都要重点体会怎样才能保持身体平衡，并使起跳的作用力不致引起身体向前、后方向旋转。

当助跑的水平速度加快，首先要在保证身体有足够腾空时间的前提下，确定向远跳的适宜腾起角。如果是想向高跳，则应在起跳时注意做好制动，用增大腾起使水平速度转化为垂直速度。

三、抛投

(一) 抛投与人类的生存

原始人在与大自然的抗争中，逐渐积累了许多成功的经验，也随时都在总结失败的教训。比如，原始人在最早的渔猎生活中，就学会了用木制的鱼叉去捕获水中的游鱼。为了提高在丛林原野中生存的能力，通过抛投石块和短棍，既可以避免因近距离与野兽搏斗而导致自身的伤害，还可以用这种方法缩短与被猎动物之间的距离，使搏杀猎物的机会大为增加。

到原始社会后期，由于部落间的冲突和战争频繁发生，出于制服对手与保存自身的需要，人类在自身进化的过程中，通过发明金属冶炼术，用金属枪尖取代石质或角质枪尖，并把装有金属枪尖的长矛充当武器，使攻防双方的杀伤与防御能力都有了明显的提高。

随着社会的不断发展，抛投作为一种最原始的生存技能，以后又通过游戏的方式延续至今。但从游戏的产生、延续与发展情况看，无论它是先作为原始教育中的重要内容，后变为训练武士或选拔斗士的手段，现又用于锻炼臂力和增强体质并发展成为一项极具文化色彩的比赛活动，都充分显示了“抛投”在人类生存与教育中的意义。

(二) 怎样提高抛投能力

抛投能力是指通过肌肉力量，用推、掷、撇、甩等方法，抛投手中物体或器械的能力，通常以抛投的远度与准确度为衡量标准。根据抛投所要达到的目的，肌肉爆发力将是决定抛投能力的关键因素。但能否取得理想的实际效果，则又离不开抛投时的加速度、最后用力和适宜的抛投角度这三大要素。

1. 抛投时的加速度

抛投时的加速度是指在抛投物体之前，采用助跑、滑步、旋转等方式，使抛投物获得的预动速度以及通过最后用力合成的使抛投物获得的最大出手速度。

(1) 练习方法。对墙手持垒球或在空旷的自然环境手持石块于肩上或体侧，然后在助跑或原地进行投远、掷准或做打水漂游戏等练习。

结合军事野营活动，采用跪、俯撑姿势，或在匍匐前进中做实用性的抛投练习。

结合专业实习或野外活动，采用旋转撇缆以及将一头拴有重物的长绳投向目标等方式进行练习。

(2) 注意事项。为了更有利于提高抛投物的预动速度，应根据抛投物体的重量、形状与实际需要，来选择不同的预动方式。

在开始练习时，应在先学习不同抛投技术的基础上，用慢速体会预动速度与抛投出手速度之间的衔接，如果双方产生矛盾，则宁可降低预动速度，也不要本末倒置地影响最后的出手速度。

无论采取何种方式进行抛投，都必须特别注重加强提高出手速度的练习，即在大肌肉用力的基础上，注意小肌肉的快速用力，以便设法提高末端关节的动作速度。

2. 抛投的最后用力

抛投的最后用力是指抛投出手前的肌肉用力。比如，为了便于右侧臂用力，应以左侧肩与脚构成良好的左侧支撑。为了提高最后用力的效果，还必须让身体超越器械(抛投物)，尽量拉大抛投手臂肌肉的长度，使抛投物在出手前有足够的用力时间和工作距离。

(1) 练习方法。两脚分开侧对肋木架站立，用抛投臂(右臂为例)拉住肋木，左肩上顶、左腿牢固支撑地面后，通过转动髋、肩关节，做引臂用力的“满弓”动作。

利用掰手腕、拔河等游戏练习，反复体会一侧牢固支撑、有利于另一侧身体用力的感觉。

选用垒球或其他重量较轻的抛投物体，在原地或侧向助跑中，使抛投臂尽量后引，体会身体始终走在抛投物前面的感觉。

(2) 注意事项。鉴于最后用力的效果与用力的大小、用力的距离和用力的时间长短有关，所以在助跑结束前，为了便于最后用力和做好“超越器械”的动作，上肢移动速度应稍慢于下肢。

鉴于下肢移动速度加快，会给牢固的左侧支撑带来困难，所以无论采用助跑、滑步或旋转方式提高预动速度，都必须使“最后用力”前的左侧支撑脚的脚尖与抛投方向垂直，否则将容易使膝关节弯曲而导致左侧支撑不稳。

3. 抛投的适宜角度

抛投作为一种斜抛运动，其飞行远度首先决定于抛投出手时的加速度，也和适宜的抛投角度有关。在体育比赛中的抛投，抛投点总是高于落地点，加上受空气阻力的影响，抛投角都应小于 45°。但如果把抛投置于我们的日常生活中，根据实用性原则选择的抛投方式，除了有远度的要求，还必须解决投准的问题。而在此种情况下的抛投，尽管抛投点仍高于地面，却因为落地点有时会高于地面或低于地面，所以抛投角有时也可能大于或小于 45°，这需要视具体要求进行灵活调整。

第二节　学校体育身体素质项目练习方法

一、12 分钟跑(库珀跑)

(一) 12 分钟跑概述

12 分钟跑诞生于 20 世纪 60 年代，它是由库珀博士首先提出的。12 分钟跑是将不同性别的人，按年龄区段分为 6 个组，按每个人在心律合格条件下所跑出的最大距离，分为非常好、很好、好、及格、差、很差 6 个等级(每分钟的心律不超过 180 次为合格)，实际心律为：测量跑后 10 秒钟的脉搏数乘以 6。

库珀博士发明的 12 分钟跑及其他著作，都是以有氧运动为基础的，对健身运动有重要的指导意义。

他首先提出健身和训练的界线。关于跑步，他有一段名言："长跑运动量与健身效果的正比关系在某一点终止，如果你一星期跑 20 英里(32 公里)以上，那就是训练而不是健身了。"看来，过量的运动是危害。因此，12 分钟跑的成绩以心律及格为有效，这就需要把运动量控制在健身的范围之内，防止过量。在健身范围之内，12 分钟跑还制定出测定心肺功能的等级。如一个 60 岁的男人，12 分钟只跑了 1 500 米，说明他的心肺功能是很差的，应加大运动量；如果能跑完 1 630 米以上，他的心肺功能则达到了及格标准；如果能跑完 2 480 米以上，则说明他的心肺功能非常好。

库珀首先提出了有氧运动这一重要概念。由于缺乏运动经历和运动知识，不少人还不知道什么是有氧运动，什么是无氧运动，他们认为只有散步才是有氧运动，跑步则是无氧运动了。其实有氧运动是个很大的范围，激烈的竞赛项目不全是无氧运动，很多也是有氧运动。在一些运动项目中，由于运动时间短，运动强度大，氧气来不及充分地供应，致使乳酸在体内大量积累，这时人体呈现缺氧状态，这样的运动叫无氧运动。如径赛项目中的 400 米以下的项目，都属于无氧运动。在运动中氧气能充分地得到供应，身体基本上处于不缺氧状态，这样的运动项目叫有氧运动。多数运动项目都是有氧运动。因此，健身与训练不能用有氧和无氧来区分。

库珀是一位划时代的人物。20 世纪五六十年代的美国，心血管疾病严重地危胁着人们的健康。他的 12 分钟跑及有氧运动理论使千百万美国人加入到跑步健身的洪流当中。从此，库珀的名字在美国家喻户晓。库珀不仅是一位运动学家，也是一位运动医学专家。他的理论是只要运动强度和运动量合适，心血管系统疾病患者在病情稳定后，完全可以、也应该进行体育活动。他常为病人进行诊断并制定运动处方或康复旅游计划，开创了对富贵病实施运动疗法的先河。

(二) 12 分钟跑的方法

12 分钟跑本是运动员体能测试中评价训练水平和体能的重要指标，但由于它作为有氧代谢运动的典型锻炼活动，花费时间不长，运动量适宜且可自行掌握，近年来逐渐成为一项深受大众喜爱的健身活动。

12 分钟跑的理论根据是当人体达到最大心输出量的运动强度时，训练效果最好。其创始人美国运动医学专家肯尼斯·库珀博士认为，如果以脉搏数为指标，那么用接近极限运动时的脉搏次数(MHR)减去安静时脉搏数(RHR)，然后乘以 70%，再加上安静时的脉搏数，此时的运动量最适宜。假设前者为每分钟 200 次，后者为每分钟 60 次，计算方法如下：

$$(MHR-RHR)\times 70\%+RHR=(200-60)\times 70\%+60=158\text{ 次/分}$$

12 分钟跑作为动态的心肺系统健康检测手段，有 3 项指标——时间、距离和脉搏数。具体方法是按照年龄和性别分组，规定在 12 分钟内应跑出的距离，然后根据相应的健身标准评判跑步者的心肺功能。此外，在 12 分钟内尽力跑或者跑出最大距离以后 3 分钟内的脉搏率应小于 180 减年龄数。只有脉搏率合格，跑出的距离才有效。这样就为科学地掌握健身的运动量、负荷度提供了监控的指标，不会产生运动过量的问题。如果 12 分钟跑检测结果可以达到“良好”级标准，说明心肺功能足以支持个人体重，也不必减肥。

进行 12 分钟跑，必须根据个人体力情况制订适宜的运动方案。测验前还须通过以下准备阶段：

- 以步行为主，中间穿插慢跑训练 12 分钟。
- 以慢跑为主，穿插步行 12 分钟。
- 全部慢跑 12 分钟。
- 按测验要求跑完 12 分钟。

(三) 1 000 米和 800 米跑的练习方法

动作要点：要掌握它的基本技术和呼吸方法，了解“极点”和“第二次呼吸”。跑步动作自然，两腿蹬摆协调、步伐均匀，有良好的跑步节奏，能合理地分配体力。

锻炼方法建议：(1) 持续练习法。采用中等速度的匀速跑练习，持续跑完 800 米、1 000 米、1 200 米、1 500 米；

(2) 跑走交替、变速跑。学生可寻找适合自己的跑步节奏，学会正确的呼吸方法。跑走交替练习时，可以跑 150 米或 200 米，然后走 100 米或 150 米；变速跑练习时，快跑 100 米后，慢跑 100 米或 200 米；

(3) 定时跑、定距跑练习。定时跑：3 分钟、5 分钟、6 分钟；定距跑：女生可选择 600 米、800 米、1 000 米、1 200 米；男生可选择 800 米、1 000 米、1 500 米、2 000 米；

(4) 发展有氧耐力的策略。可在自然环境中进行耐久跑、游泳、骑自行车等运动，耐久跑要有一定的强度，一般心率在 130—150 次/分钟为好；每周锻炼 3—5 次，锻炼持续时间为 15—20 分钟。锻炼时要有准备活动和整理活动，尽量避免在水泥地和沥青路面上运动，确保身体安全。

(5) 锻炼目的。发展有氧耐力，促进身心发展，培养坚强的意志、顽强的毅力和坚持到底勇于克服困难的精神。中长跑的练习是走向终身体育的较好方法。

(四) 引体向上与双臂曲撑的练习方法

1. 引体向上

引体向上要求男性有一定的握力、上肢力量和肩带力量，这个力量必须能克服自身的

体重才能完成一次。引体向上对发展上肢悬垂力量、肩带力量和握力有重要作用。它是以按动作规格完成的次数来计算成绩的,做得多则成绩好,因此,它是一种力量耐力项目。

(1) 起始姿势。两手用宽握距正握(掌心向前)单杠,略宽于肩,两脚离地,两臂自然下垂伸直。

(2) 动作过程。用背阔肌的收缩力量将身体往上拉起,当下巴超过单杠时稍作停顿,静止一秒钟,使背阔肌彻底收缩。然后逐渐放松背阔肌,让身体徐徐下降,直到回复完全下垂,重复再做。可以弯曲膝关节、将两小腿向后交叉,使身体略微后倾,能更好地锻炼背部肌肉。

(3) 呼吸方法。身体上拉时吸气,下垂时呼气。

(4) 注意要点。上拉时意念集中在背阔肌,把身体尽可能地拉高,不要让身体摆动。下垂时脚不能触及地面。可在腰上钩挂杠铃片来加重。

(5) 练习方法。练习引体向上时,一般每次 3—5 组,每组 8—12 次,组间休息 1 分钟左右。也可以第一组时做到几乎竭尽全力(无论是三个还是四个),然后再做两组,每组尽力而为,能做多少做多少。下次再做时,尝试每组多做一两个,或多做一个。当引体向上次数超过 12 次每组时,即可考虑负重练。一般要做 3—8 组,每组 8—12 次,组间休息 1—2 分钟,休息时间长短因人而异。也可按照规定次数做。例如:第一组采用顶峰收缩法做 8 次,有余力也不多做,组间休息 1 分钟。第二组也按规定做 8 次。直至最后几组,用尽全力,即便借助外力,动作不太规范,也要完成规定的 8 次。总共做 50 次左右,这样练习效果也不错。

2. 双臂曲撑

双杠臂屈伸以锻炼胸肌、肱三头肌和三角肌(前束)为主,兼练背阔肌、斜方肌、前锯肌等。这一动作具有多效应的功能,不同的做法会产生不同的锻炼效果。

动作的一般过程:双手分别握杠,两臂支撑在双杠上,头正挺胸顶肩,躯干、上肢与双杠垂直,屈膝后小腿交叠于两脚的踝关节部位。肘关节慢慢弯屈,同时肩关节伸,使身体逐渐下降至最低位置。稍停片刻,两臂用力撑起至还原。

(1) 动作要求。

- 下放的速度要慢,并尽量降低;
- 身体不可随意晃动,要保持平衡;
- 一般也不要在身体的前后摆动中完成动作。

(2) 动作节奏。

胸肌和肱三头肌产生不同的锻炼效果。① 握距的选择:窄握对肱三头肌刺激大,宽握对胸肌刺激大;② 上体倾角(侧面观)的选择:着重练肱三头肌上体宜后仰,身体呈反弓形,使手臂在体后完成动作;着重练胸肌则宜前倾;③ 上臂与躯干的夹角(背面观):着重练肱三头肌直夹紧,下放时也不要外张,保持两臂平行;着重练胸肌,下放时则可外张。

(五) 仰卧起坐

仰卧起坐是常见的健身运动,主要锻炼腰部及腹部的肌肉。准备动作是躺在地板上,弯曲膝盖以放松背肌和脊柱,两腿并拢并伸直,然后身体抬起,但臀部不能离地,脚部也不能移动或者抬起,直到身体与底面成 90°为止,然后重复。现在的仰卧起坐通常要求双手抱头,以起身后额部接触膝盖为准。也存在双臂伸直摆动起身。

仰卧起坐的正确做法：身体仰卧于地垫上，膝部屈曲成 90°左右，脚部平放在地上。平地上切勿把脚部固定（例如由同伴用手按着脚踝），否则大腿和髋部的屈肌便会加入工作，从而降低腹部肌肉的工作量。再者，直腿的仰卧起坐会加重背部的负担，容易对背部造成损害。根据本身腹肌的力量而决定双手安放的位置，因为双手越是靠近头部，进行仰卧起坐时便会越感吃力。

初学者可以把手靠于身体两侧，当适应了或体能改善后，便可以把手交叉贴于胸前。最后，亦可以尝试把手交叉放于头后面，但每只手应放在身体另一侧的肩膀上。千万不要把双手的手指交叉放于头后面，以免用力时拉伤颈部的肌肉，而且这亦会降低腹部肌肉的工作量。进行时宜采用较缓慢的速度，就如慢动作回放一般。当腹肌把身体向上拉起时，应该呼气，这样可确保处于腹部较深层的肌肉都同时参与工作。把身体升起离地 10—20 厘米后，应收紧腹部肌肉并稍作停顿，然后慢慢把身体下降回原位。当背部着地的时候，便可以开始下一个循环的动作。在仰卧起坐的过程中，腹部肌肉其实只在起初的阶段参与工作，之后便会改由髋部的屈肌执行任务。初学者要避免一次做得过多次数的仰卧起坐，最初进行时可以尝试先做 5 次，然后每次练习加多一次，直至达到 15 次左右，这时便可尝试多做一组，直至到达 3 组为止。

（六）50 米跑

50 米跑是一个能体现快速跑能力和反应能力的体育项目。由于 50 米的距离太短，还没有加速到全速就已经过终点了，主要是比起跑和加速的能力。

50 米一般采用站立式起跑，双脚一前一后站立，双腿屈膝，后腿大约曲 120°（原因是大小腿折叠 120°时股四头肌的四个头都能充分拉伸），两臂自然下垂或一前一后自然曲臂准备，弯腰重心前倾（一定要保持在向前倾到和保持稳定之间的临界状态，最忌讳重心后坐）两眼看前下方 5—6 米处，注意力集中到耳部听发令。

（1）50 米跑的练习方法。速度很显然是影响短跑成绩的一个重要因素。以 90—95％的强度进行 20—60 m 跑，每组跑 4—5 次，每次休息 3—6 分钟，进行 2—3 组，这将有助于提高短跑的速度。同时，改变短跑的起跑姿势，采取站立式、转身式和行进间起跑，这也有助于提高你的速度。上面这种提高速度的训练，应在质量良好的，即平坦、干燥、硬度适中的道面上进行。温暖的天气将有利于提高这种训练的效率。冷天气不利于这种训练，但在完成适当的准备活动后也可以进行。

（2）训练手段。① 高速大幅度摆动腿前后摆动联系，要求在快速摆动中完成合理的折叠技术，摆动腿大小腿折叠得越紧，半径越小，摆速越快；② 加快脚掌着地速度练习，要求尽可能地缩短腾空时间；③ 快速摆臂摆腿练习，要求腿臂动作协调进行。

（七）立定跳远

立定跳远是发展下肢爆发力与弹跳力的运动项目。它要求下肢与髋部肌肉协调快速用力，并与上肢的摆动相配合，所以它也需要一定的灵巧性。

练习手段是双脚左右开立，脚尖平行，屈膝向下深蹲或半蹲，两臂自然后摆。然后两腿迅速蹬伸，使髋、膝、踝三个关节充分伸直，同时两臂迅速有力向前上摆，最后用脚尖蹬离地面向上跳起，落地时用前脚掌着地屈膝缓冲，接着再跳起。每次练习 15—20 次，重复 3—4 组。

为了更好的发展下肢力量和爆发力，可借用蹲跳起、单脚交换跳、蹶跳步、纵跳摸高、蛙跳、跳台阶等辅助的练习方法。

第三节　体操运动

体操是一个很古老的名称，其意即指身体操练。古希腊时代，人们把用于身体练习的各种手段都统称为体操，后来一直也视它为最正统的体育教育，甚至一度把体育课称为“体操科”。随着体育范围的不断扩大，体操作为一项体育运动，已逐渐形成了一套相对完整的独立体系。按其特征可分基本体操、竞技体操、团体操、健美操、艺术体操和辅助体操等。但基本体操作为体操运动的基本结构，由于以一般身体练习为主要构成因素，无论是它包括的徒手和器械练习，或完成这些练习必须依靠的支撑、悬垂这两大要素，都显示它与人类生存之间有着相当紧密的联系。

那么如何使体操运动中的基本体操回归，并通过支撑、悬垂这两大要素，徒手或利用器械组成各种活动性、力量性、柔韧性和放松性的身体练习，去发展身体基本素质和提高身体基本活动能力，就需要我们变换一种观念，把基本体操视为人类生存的基础，充分发挥它在恢复原始体力方面所起的作用。

一、支撑

(一) 支撑与人类的生存

在人类的生存活动中，为了保持坐、立、卧等身体基本姿势，在动态与静态中完成各种用力动作，或从事屈体、伸展、转体、摆动等变换身体姿势的练习，都需要具有良好的支撑能力。且不说支撑作为早期人类的本能，曾对人类进化起过重要的作用，即便经过最初人类的分化，使人类祖先由树栖变为地栖之后，支撑在帮助越过河道障碍，或跳越丛林物障时所起的作用，也都对以后人类的生存与发展有着深远的意义。

在现代生活中，尽管发达的交通工具已为人类提供了极大的方便，但世界如此之大，自然环境也会千变万化，这使任何人都可能会因各种原因要涉足复杂地域，或遇突发事件而身陷困境。此时，如果具有良好的支撑能力，就能从容应对，而不致影响在自然环境中的行动自由。

(二) 怎样提高支撑能力

支撑是指用身体的手、脚或其他部位接触地面，以及用可以经受住身体的重压的物体做支撑面，所表现的稳定身体重心或改变身体姿势的能力。

(1) 练习方法。采用头手倒立、桥形撑、俯卧撑、仰卧撑等用手和身体某环节同时支撑与地面的方法，进行混合性支撑练习。

采用V字坐撑、单腿平衡立、手倒立等用手臂、单脚或双手独立支撑于地面的方法，进行单纯性支撑练习。

利用肋木、单杠、双杠等运动器械，进行各种混合与单纯性的支撑练习。

(2) 注意事项。在做各种支撑练习时,无论是为了保持身体重心稳定,还是为了便于改变身体的位置,都必须使全身肌肉处于相对紧张状态。

为了顺利完成各种支撑练习,首先需要提高上肢力量(手臂、手腕、手指与肩带)以及腰、腹、背肌肉力量,使上肢力量足以支撑住体重,躯干不至于影响上、下肢肌肉力量的传递。

二、悬垂

(一) 悬垂与人类的生存

远古时代,当人类祖先还未学会直立行走之前,为了保证树栖时的生命安全,或便于采集树上的野果充饥,都需要利用发达的上肢在丛林穿梭往来,而悬垂则是保证行动自由最重要的生存技能。到原始人由树栖变为地栖之后,尽管地面生活使下肢逐渐发达,但有时为了逃避野兽袭击和采集树上的野果,攀高爬树和欲在空间改变身体姿势,仍要运用"悬垂"这一基本手段。特别是为了克服地面障碍,在需要用手撑竹竿或攀抓树藤摆荡逾越沟渠、溪流或相对较窄的山谷时,都需要让身体处于悬垂状态。

现代人类的生活环境,虽已省却了许多体力上的负担,也无须再为获取食物而四处奔波,但自然界总是变幻莫测的,人万一身处险境或需要扩大职业工作中的行动自由,"悬垂"在突破空间障碍、施行自救与他救,或应付突发事件方面,仍对现代人类"重新学会生存"具有现实意义。

(二) 怎样提高悬垂能力

悬垂是指用手、脚或手脚并用抓握支点,使身体处在重心低于支撑点的悬空状态。鉴于悬垂是人体从事空间运动的基础,为了便于在空中做各种转体、摆荡、回旋、屈伸等动作,就必须通过各种练习来提高悬垂能力。

(1) 练习方法。利用单杠做单、双手的正、反握直臂悬垂练习,然后在悬垂中再做摆荡、屈伸、回环等动作相对复杂的练习。

站在有一定高度的跳箱盖上,双手斜方向握住悬绳,然后做悬垂摆荡动作,使身体由箱盖一端摆荡至另一端。

利用两头栓牢的横绳,采取手脚并用,握、夹住横绳,做依次向头部方向移行的练习。

(2) 注意事项。在单杠上做悬垂摆动、屈伸或回环动作时,无论采取正、反手握杠,都应将大拇指内扣锁杠,并在地面放置海绵垫,或有同伴在旁进行保护。

在箱盖一端做悬垂摆荡至另一端时,无论是落于箱盖或地面,都要在脚踏实地后,方能松手。如果动作已做得比较熟练,可增加难度,在两端中间设置障碍,使身体采用屈体摆荡方式越过障碍,再由屈体转成直体摆荡后落地。

体操小知识

在体操比赛中,观众经常会看到运动员在做吊环或单杠时,手上都带上一个皮制的东西:一端套在手指上,一端系在手腕上,这就是"护掌"。顾名思义,"护掌"就是用来保护手掌的。因为运动员在做吊环、单杠中的各种悬垂、摆动、回环、转动等动作时完全是依靠两只手抓住环或杠子来完成的,手掌和器械之间有摩擦,时间久了,手掌的皮肤往往会磨成

泡，甚至揭去手皮，影响训练。为了能保护手掌，使训练时间更长些，效果更好一些，避免起泡、揭皮之苦，在实际训练过程中就发明了“护掌”。但随着时间的推移，体操技术的发展，“护掌”的功能也发生了变化，逐渐从单一的“保护”功能进化到能够提高“握力”，帮助和促进动作难度的发展，使单杠、吊环的技术发展产生了一个飞跃。特别是单杠的技术之所以能日新月异，深受广大观众的喜爱，在某种意义上无不归功于“护掌”的出现和不断发展。

在比赛时，观众可看到运动员在上器械之前，站立在一个白色的圆筒前面，用双手来回擦白粉，这是在做什么？这是在涂擦一种防滑的碳酸镁粉，目的是增加手掌与器械之间的摩擦力，防止从杠上脱手。由此可知，运动员上器械前认真地涂擦镁粉的重要性了。

第二章 篮球

第一节 篮球运动概述

一、篮球运动的起源

现代篮球运动自1891年起源与美国。是美国东部马萨诸塞州斯普林菲尔德市(春田市)当时的青年基督教学校体育教师詹姆士·奈史密斯(James Naismith)发明的。当时称为"奈史密斯球",后又称"筐球",最后根据活动的内容是向篮球筐中投球,便形象的命名为"篮球"(如图2-1所示)。

图2-1

二、篮球运动的发展

1892年,奈史密斯制定出18条简易规则,篮球运动进入对抗比赛的阶段,产生了裁判员。

1893年,形成近似现代的篮板球、篮圈和篮网,定为每队上场5人。

1896年,篮球由天津中华基督教青年会传入中国,随后在北京、上海基督教青年会里也有了此项活动。

1904年,美国青年会男子篮球队在第3届圣路易斯奥运会上第一次进行了篮球表演赛。

1908年,美国制定了全国统一的篮球规则,并有多种文字出版,发行于全世界。篮球运动逐渐传遍美洲、欧洲和亚洲,成为一项世界性运动项目。

1932年6月18日,在瑞士日内瓦成立了国际业余篮球联合会(FIBA);同年,国际篮联以美国大学使用的篮球规则为基础,制定了第一份世界统一的竞赛规则。

1936年,第11届柏林奥运会将男子篮球列为正式比赛项目,并统一了世界篮球竞赛规则。此届奥运会篮球比赛在室外网球场进行,最后美国队以19:8战胜加拿大队,夺得了奥运会第一枚篮球比赛的金牌。

20 世纪三四十年代，篮球运动规则多次修改，促进了篮球攻防战术的变化运用，提高了攻防的速度。

1948 年，第 14 届伦敦奥运会举行了第二次奥运会篮球比赛，共有 23 个队参加，是奥运会篮球史上参赛队最多的一届，比赛移至室内球场进行。

1950 年，举行首届世界篮球锦标赛。

1953 年，举行首届世界女子篮球锦标赛。

20 世纪 50 年代，世界各强队普遍重视和发展高度，高大队员在高空争夺中占有明显的优势，但灵活性差、技术单调、篮下死打硬攻，因而战术呆板，使比赛速度受到影响。

1956 年，第 16 届墨尔本奥运会，篮球赛水平有了提高。美国队在整个比赛中创下了 4 场球得分超百分的纪录，而且以紧逼性夹击防守战术，瓦解了苏联等队控制球的战术；同年，国际篮联对规则进行了修改，扩大了限制区，增加了 30 秒和干扰球规则。

20 世纪 70 年代，投篮技术中出现了空中换手投篮，各种单、双手扣篮。

1976 年，第 21 届蒙特利尔奥运会将女子篮球列为正式比赛项目。

20 世纪 80 年代以来，篮球运动在高水平上全面攻守对抗，同时，技术全面、特长突出的明星队员在队内的作用举足轻重。

1992 年，巴塞罗那奥运会开始，职业选手可以参加奥运会篮球比赛。

2012 年，篮球世锦赛正式更名为篮球世界杯。

2014 年，第 1 届篮球世界杯在西班牙举行；9 月 15 日，美国队以 129—92 的比分大胜塞尔维亚队夺冠。

三、篮球运动的主要特点

(1) 对抗性。篮球运动持续时间可长可短，但需要参与者快速奔跑、突然与连续起跳、敏捷反应与力量抗衡。

(2) 集体性。篮球运动不仅要求运动员具有技术战术能力，以及在比赛中表现出的智慧、胆略、意志、活力与创造力，运动员也必须具备勇敢顽强的斗志和团结协作的精神。

(3) 观赏性。篮球比赛中，可以欣赏到娴熟的运球、巧妙的传球、准确的投篮、机智的抢断、精彩的扣篮和出奇的封盖，再加上攻守交错、对抗变换，从而使比赛双方斗智斗勇，球场形势变化富有戏剧性，能使参与者和观看者得到心理的满足和愉悦。

(4) 趣味性。篮球运动简单易行，趣味性很强，可以因人、因地、因时、因需而异。通过变换各种活动方式，篮球运动更加方便与吸引人们的参与，以达到活跃身心、健身强体的目的，进而提高社会的文明氛围，充实人们业余文化娱乐生活。

(5) 健身性。人们通过参与篮球运动，既可以强身健体，也可以使个性、自信心、审美情趣、意志力、进取心、自我约束等能力都有很好的发展，也有利于培养团结合作、尊重对手、公平竞争的道德品质。

四、场上位置

表 2-1

控球后卫	❶ 号位(PG)是球场上拿球机会最多的人。他要把球从后场安全地带到前场，再把球传给其他队友，让其他人有得分的机会。许多控球后卫球员都可以兼任得分后卫。

（续表）

得分后卫	❷号位(SG)以得分为主要任务，是仅次于小前锋的第二得分手，但不需要练就像小前锋一般的单打身手，外线准投与稳定性要非常好。
小前锋	❸号位(SF)是小前锋，最根本的要求就是要能得分，而且是较远距离的得分。
大前锋	❹号位(PF)在队上担任的任务是非常重要的，大前锋的身体素质要够好，速度、弹跳力和力量都是不可缺少的。抢篮板需要速度、弹跳力、卡位和力量。
中锋	❺号位(C)是配合大前锋抢篮板和传球运球。主要的内线得分者，与小前锋里外对应。在命中率上的要求低些，但他出手的位置又往往较接近篮筐，所以命中率要高些。

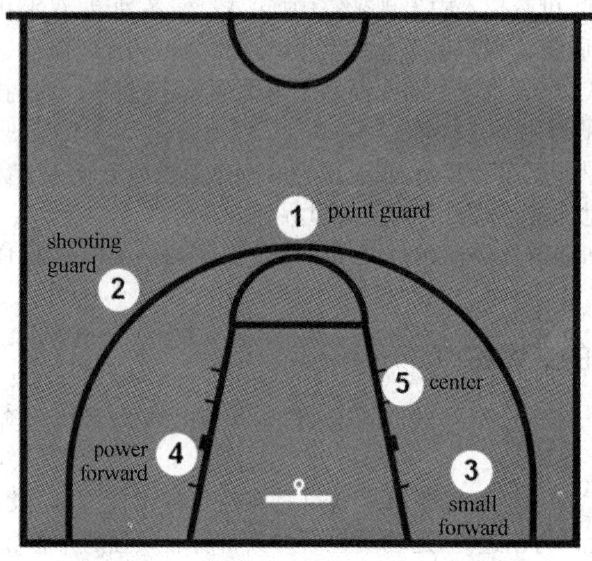

图 2－2

五、专业术语

卡位。进攻人运用脚步动作把防守者挡在自己身后，这种步法叫卡位(多用于冲抢篮板)。

领接球。顺传球飞行方向移动，顺势接球。

错位防守。防守与自身位置不同。

一传。获球者由守转攻的第 1 次传球。

盖帽。进攻人投篮出手时，防守人设法在空中将球打掉的动作。

补位。当 1 个防守人失掉正确防守位置时，另 1 个防守人及时补占其正确的防守位置。

协防。协助同伴防守。

紧逼防守。贴近进攻人，不断运用攻击性防守动作，威胁对方持球的安全或不让对方接球。

斜插。从边线向球篮或者向球场中间斜线快跑。

时间差。在投篮时，为躲避对方防守的封盖，利用空中停留来改变投篮出手时间。

接应。无球进攻队员，主动抢位接球。

落位。在攻防转换时，攻守双方的布阵。

策应。进攻队在前场或全场通过中间队员组织的接应和转移球的战术配合，造成空切、绕切以及掩护等进攻机会。

溜底。进攻时在边线附近站位，沿底线向另一边的边线附近跑动。

人盯人。一名球员对一名球员。

And One。加罚一球，既当持球进攻球员在做出投篮动作时被防守队员犯规并且球进，则记该进球有效并且加罚一球。

化学反应。用于形容一支球队的整体状态，包含球员状态，团队配合状态，以及教练的战术安排等等。

压哨球。通常指在有时间限制的比赛中的最后时刻得分。只要是在吹哨前出手，并将球投进，就算得分。不管球在空中待多久。吹哨后球再出手的就不得分。

Answer ball。篮球比赛中，一方队员投中一球后，另一方立刻以相同的方式回敬对方一球。

AIR BALL。空气球，表示投出的篮球未能接触到篮筐、篮板、篮网，也称作"三不沾"。

crossover。跨下运球、交叉步过人、大幅度变向等之意，在 NBA 里是指包括跨下运球、变向、插花在内的过人的技巧。

挡拆(pick and roll)。多种掩护配合的总称，即队员在相互掩护的过程中创造接球投篮或二次进攻机会的一种配合方法。

空接。空中接球直接扣篮。

强侧。有球的一侧。

第二节　篮球基本技术

篮球技术的基本含义，应从动作方法与实际运用两个方面解释。

篮球技术是篮球比赛中运动员为了进攻与防守采用的专门动作方法的总称，包括移动动作、支配球动作、争夺球动作，以及由这些动作组合产生的组合动作。篮球技术同时又是运动员在比赛攻守对抗的情况下合理运用专门动作的能力，是在对抗中完成的。

篮球技术的基本特征：① 身体动作与支配球的结合；② 动态与对抗的结合；③ 相对稳定与随机应变的结合；④ 规范性与个体差异的结合。

篮球技术的分类：① 按照动作结构分类：篮球技术一般分为：(a) 进攻技术，包括移动技术(准备姿势、走、跑、跳、停、转身)、无球技术(接球、传球、运球、投篮)；(b) 防守技术，包括移动技术(准备姿势、走、跑、跳、停、转身)、防有球技术(打球、击球、盖帽、断球、抢球、抢篮板球)。② 按照攻守目的分类:(a) 进攻技术:包括传接球、投篮、运球、持球突破;(b) 防守技术:包括防守对手、抢球、打球、断球;(c) 中间技术:包括移动、抢篮板球。第②种分类方法更被接受。

一、运球

运球是指有球队员在原地或移动中,用单手连续拍按由地面反弹起来。不仅是个人攻击的有力手段,而且是组织全队进攻战术配合的桥梁。

有目的的运球可以突破防守、发动进攻、调整位置、寻找有利时机进行传球和投篮,尤其是进攻紧逼人盯人防守的有力武器;盲目的运球会贻误战机、造成被动。

运球是由身体姿势、手臂动作、球的落点、手脚协调配合四个环节组成。

(一) 身体姿势

运球时应保持两脚前后自然开立,两膝微屈,上体稍前倾,头抬起,眼睛平视。非运球手臂屈肘平抬,用以保护球。脚步动作的幅度和下肢各关节的屈度随运球速度和高度的不同而有所变化。

(二) 手臂动作

运球时,五指张开,用手指和指根以上部位及手掌的外缘触球,掌心不触球。低运球时,主要以腕关节为轴,用手腕、手指的力量运球;身前高运球和变向高运球时,主要以肘关节为轴,用前臂和腕、指的力量运球;体侧或侧后的提拉式高运球主要以肩关节为轴,用上臂、前臂、腕、指的力量运球。拍按球时,手应随球上下迎送,尽量延长控制球的时间,这样有利于保护球和根据场上情况改变动作(如图 2-3 所示)。

拍按球的部位是由运球的方向和速度来决定的。拍按球的部位不同,使运球的入射角和球反弹起来的反射角也不同。原地运球时,拍按球的上方。向前运球时,拍按球的后上方。

图 2-3

(三) 球的落点

运球时应控制球的落点，使球完全保持在自己所能控制的范围内，以便随时利用自己的上体、臂、腿来保护球；而且也要便于技术运用。例如：运球向前推进无防守时，球的落点应控制在身体的侧前方，并根据推进速度保持适当距离。在对手紧逼防守时，应使球远离对手，采用侧对防守的运球方法，将球的落点控制在身体的侧后方，以便更好地保护球和及时抓住战机变换运球方法突破防守。

(四) 手脚协调配合

运球时既要使移动速度和运球速度协调一致，又要保持合理的动作节奏。能否保持脚步动作和手部动作协调一致，关键在于按拍球的部位、落点的选择和力量大小的运用。脚步移动越快，拍按球的部位越靠后下方，落点越远，拍按球及反弹起来的力量越大。运球时，手拍按球和脚步动作要保持一定的比例关系和节奏。直线运球，一般拍一次球跑两步。

二、传球

传球是篮球比赛中进攻队员之间有目的地转移球的方法，是进攻队员在场上相互联系和组织进攻的纽带，是实现战术配合的具体手段。

传球动作方法分为双手传球和单手传球。双手传球以双手胸前传球为代表；单手传球以单手肩上传球为代表。除此之外，还有击地传球、低手传球、单手转体传球、行进间传球、背后传球、点拨传球等多种传球方法。

(一) 双手胸前传球

双手胸前传球是最基本最常用的篮球传球技术。一般在中、近距离运动双手胸前传球。双手胸前传球是传球技术的基础，具有准确性高、容易控制、便于变化的特点。

双手胸前传球动作方法：持球时，两手五指自然分开，拇指形成八字形，用指根以上部位握球的侧后方，手心空出，两肘自然弯曲于体侧，将球置于胸前。肩、臂、腕部肌肉放松，两眼注视传球目标，身体保持基本站位姿势。传球时，后腿蹬地，身体重心向前移动，同时两臂前伸，手腕由下向上翻转，同时拇指用力向下压，食指、中指用力弹拨，将球传出。出球后手心和拇指向下，其余手指向前，掌心略向外翻(如图 2－4 所示)。

图 2－4

(二) 单手肩上传球

单手肩上传球是篮球中常用的中远距离传球方法。单手肩上传球，用力大，球飞行速度快，利于抢到篮板球后迅速组织快攻。

动作方法：以右手为例，双手持球于胸前，两脚平行开立，传球时左脚向传球方向迈出半步，左肩对着传球方向。右手传球时，右手靠左手拨送球的力量将球引至右肩上方，右肩关节引展，大小臂自然弯曲，手腕稍向后屈，将重心落到右脚上。右手传球时，右脚蹬地，转体，上臂随之向前摆，以肘领先于前臂，手腕前屈，食指，中指，无名指用力拨球将球传出（如图 2－5 所示）。

图 2－5

三、投篮

投篮是运动员将球投入篮筐的一种专门动作，它是篮球比赛唯一的得分手段，是一切进攻技战术的最终目的和全部攻守矛盾的焦点。投篮技术主要有行进间单手低手上篮（即三步上篮）、原地单手肩上投篮、跳投、扣篮等。

（一）行进间单手低手上篮

动作方法：以右手为例进行讲解。在跑动中右脚向前跨出一大步，同时伸出双手接球。接球后右脚落地，左脚向前跨出一小步，并用力起跳，同时右腿屈膝上提。双手向前上方举球，腾空后，右臂向前上方伸展。投篮出手后，双脚落地，同时屈膝以缓冲落地的力量（如图 2－6 所示）。

动作要求：上篮时跨步要求“一大、二小、三高跳”。

“一大”指跨出的第一步要大，即左脚用力蹬地，右腿积极提膝，向前跨出一大步，目的是为了摆脱防守者。初学者做原地三步上篮时，当拿球上步的同时，教练员可以在背后给他一个向前的推力即初速度，让其通过积极上步，来提高步伐。

“二小”指第二步稍小，即左脚接着上一小步，要求脚跟先着地，迅速过渡到前脚掌起跳，为第三步高跳做准备，也避免起跳后身体前冲过大。

“三高跳”指腾空后，身体尽可能向上伸展，使球更接近篮圈。要求右腿屈膝向上抬起

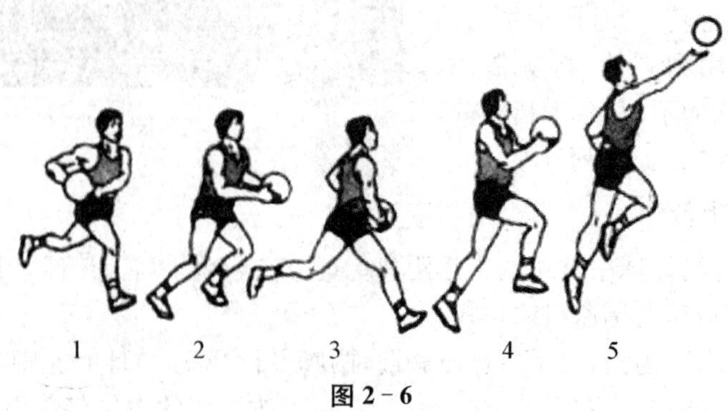

图 2－6

配合左脚起跳，通过提腿（右大腿与地面平行，小腿自然放松垂直于地面）和举臂的协调配合，带动身体向上高跳，从而避免向前跳的现象。

（二）原地单手肩上投篮

动作方法：以右手投篮为例，右手五指自然分开，手心空出，用指根以上的部位持球，大拇指与小拇指控制球体，左手扶在球的左侧，右臂曲肘，肘关节自然下垂，置球于右臂前上方，目视球篮。两脚左右或前后开立，两膝微曲，重心落在两脚掌上。投篮时，下肢蹬地发力，右臂向前上方抬肘伸臂，手腕前屈，食、中指用力拨球，通过指端将球柔和地投出，使球沿横轴向后旋转。球出手的瞬间，身体随投篮动作向上伸展，脚跟提起（如图2－7所示）。

图 2－7

动作要点：投篮时要自下而上发力，抬肘伸臂充分，达到最高时，用手腕前屈和手指柔和的拨球将球投出，中、食指控制球的方向，全身动作协调，用力一致。

投篮瞄准点：瞄准点分为直接命中和碰板投篮两种瞄准点。其中直接命中瞄准点是篮圈距投篮队员最近的一点，在任何投空心球都适用；而碰板投篮瞄准点，一般是在投篮队员与篮板成 15°—45°角位置较好，以接近 30°角位置最合适，同时中远距离投篮时，瞄准点应离篮圈高而远，近距离投篮时，瞄准点应离篮圈低而近。

易犯错误：

（1）肘关节外展，该种错误动作最容易致使上肢各关节运动方向不一致，影响协调用力和球出手的力量、速度和方向。

（2）投篮时抬肘伸臂不够充分，这种错误动作最容易导致手臂前推，影响球出手点的高度，致使抛物线弧度偏低，降低投篮命中率。

（3）原地单手肩上投篮时蹬地不够充分或不蹬地。

（4）投篮出手后球出现低弧线和高弧线两种情况：

① 低弧线球的情况出现主要原因首先是学生力量素质不够或发力不协调，影响了出手的力量和出手速度；其次是伸臂不充分，未达到最高点出手，使出手角度变小，从而使球在空间的弧度偏底；

② 高弧线球情况的出现，则是学生投篮出手时对出手力量和出手速度没能很好地控制，往往是在投篮时出现了持球后摆和双手投篮的情况，因为这两种错误的投篮方式都能增大出手时的速度和力量，使学生对球不易控制。

（5）学生的投篮动作节奏不够分明。

纠正方法：

① 教师重复讲解和示范原地单手肩上投篮的动作要点，使学生了解投篮动作的基本结构，建立明确的动作概念；

② 采用不同的而有针对性的练习方法，如让学生徒手做投篮动作的模仿练习，体会

动作方法；不对球篮进行投篮练习，体会投篮用力过程、压腕、手指拨球，注意球的弧度和旋转；

③ 借助外部条件、信号刺激等手段，纠正学生错误动作。如让学生以投篮手臂靠近墙壁徒手做持球投篮模仿练习，纠正肘部外展；用“蹬地、压腕、指拨球”等词语信号来提醒学生，注意用力的先后顺序，压腕、拨指动作；

④ 要让学生多做徒手练习，特别是初学者和协调性不好的学生，以便让学生体会协调用力和掌握动作节奏。

第三节　篮球基本战术

篮球战术是篮球比赛中队员之间有策略、有组织、有意识地协同运用技术进行攻守对抗的布阵行为。篮球战术是篮球比赛中队员所运用的攻守方法的总称，是队员个人技术的合理运用和队员之间相互协同配合的组织形式。篮球战术是篮球比赛中队员之间相互协同行动的方法，其目的是为了更好地发挥本方队员的技术与特长，制约对方，力争掌握比赛的主动权。

篮球战术的特点：目的性与针对性的统一、原则性与机动性的统一、多样性与综合型的统一、个体性与整体性的统一。

篮球战术依据攻守双方可将其分为“进攻战术”和“防守战术”。进攻战术有：传切配合、掩护配合、策应配合、挡拆配合、突分配合、快攻战术、进攻区域联防战术结合等；防守战术有：关门配合、区域联防战术、半场人盯人战术等。

一、传切配合

传切配合是队员利用传球和切入组成的简单配合。传切配合是篮球基本进攻战术的一种，是进攻方球员把球传给队友后迅速切入篮下以期得球进攻的一种战术，在比赛中运用好了传切配合，能大大增加进攻效率。

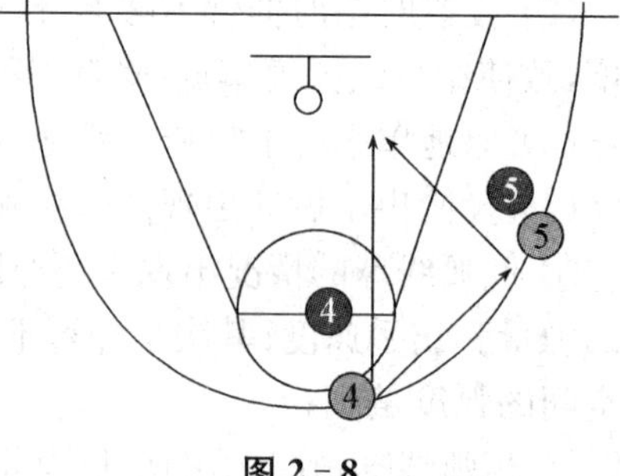

图 2-8

配合方法：

❹传球给❺后，❹立即摆脱对手向篮下切入，接❺的回传球投篮。

配合要点：

切入队员要掌握好切入时机，利用好假动作和速度；传球队员注意用假动作吸引牵制对手。

易犯错误：

切入时动作的突然性不够，切入时没有明显的动作、方向和速度的变化；持球队员给切入队员的传球不及时、不到位，隐蔽性不强。

二、掩护配合

掩护配合是掩护队员采用合理的行动，用身体挡住同伴的防守者的移动路线，使同伴借以摆脱防守，或利用同伴的身体摆脱防守，从而接球进攻的一种配合方法。根据掩护队员的位置可以分为：前掩护、侧掩护、后掩护；根据掩护队员的人数可以分为：单挡掩护、双掩护。掩护配合可以由无球队员给有球队员掩护，也可以由有球队员给无球队员掩护，也可以无球队员给无球队员掩护。

配合要点：

掩护时，掩护队员跑到同伴的防守者前、后或侧面，保持适当距离（要符合规则要求），两脚开立，膝微曲，两臂屈肘于胸前，上体稍前倾，扩大掩护面积。当同伴利用掩护摆脱防守时，掩护队员要及时转身跟进，准备抢篮板球或接回传球。

掩护配合的方法：

图 2－9

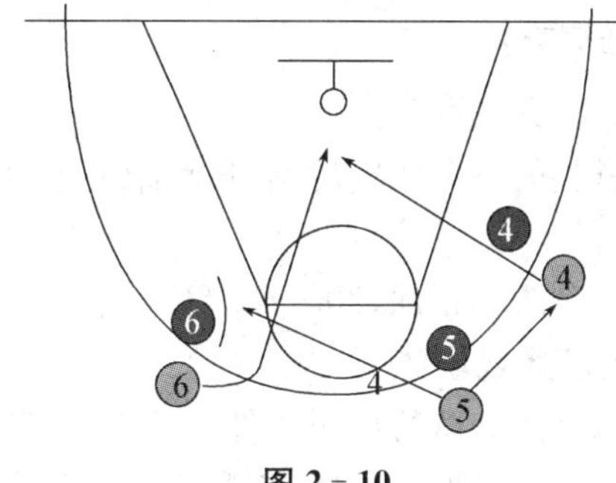

图 2－10

配合方法：

示例（侧掩护）❺传球给④后，⑤立即向左侧移动，给队友⑥作侧掩护。⑥摆脱防守向篮下切入，接❹的回传球投篮。

三、区域联防战术

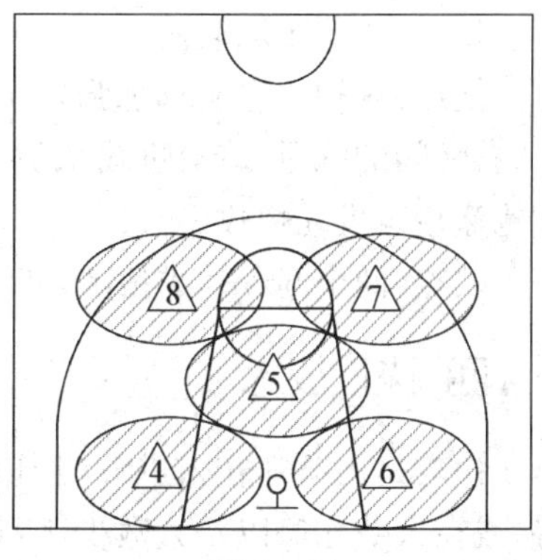

图 2－11

篮球区域联防是由进攻转为防守时，防守队员迅速退回后场，每个队员分工负责防守一定的区域，严密防守进入该区域的球和进攻队员，并与同伴协同防守，用一定的队形把每个防守区域有机地联系起来而组成的防守战术（如图 2－11 所示）。

（一）区域联防特点

防守队员所处的位置较为固定，分工明确，有利于组织抢后场篮板球和发动快攻。弱点：受区域分工的限制，各种区域联防都存在一定的薄弱地区，容易被对方在局部区域以多打少。

(二) 区域联防基本要求

(1) 根据区域联防的形式和队员、对手的特点等合理分配防守区域，最大限度地发挥队员在各自防区的作用。

(2) 由攻转守时，除积极阻止对方的攻势外，应有组织地快速退守和及早落好防守位置。

(3) 每个队员必须认真负责各自的防守区域，积极阻挠进入该防区的进攻队员的行动，并根据球的方位调整队形进行联合防守。

(4) 对有球队员应按盯人方法紧逼防守，其余防守队员应积极移动，调整队形进行协防或补防，作到人球兼顾。

(5) 对无球队员的穿插移动，要根据其离球的远近和队友的位置积极抢位、堵截和护送，并及时与队友呼应联系，不让对手向有威胁的区域移动或接球。远离球的防守队员应起指挥作用。

(6) 进攻队员投篮后，每个防守队员都应该积极堵位和抢位，有组织地争抢篮板球，并及时发动快攻。

(三) 防守方法

1. “2-1-2”区域联防

优点:队员的分布比较均衡，移动距离近，便于相互协作，控制篮下，有利于抢篮板球和发动快攻。

缺点:三分线的正面、30°—45°区及篮下是防守的薄弱区域。

2. “3—2”区域联防

优点:这种防守队行加强了外围防守，有利于防守外围中、远距离投篮和抢断球发动快攻。但是，灰色是薄弱区域，不利于防守两个场角的中远距离投篮和篮下进攻，也不利于抢篮板球。

缺点:两个场角及限制区是防守的薄弱区域。

3. “2—3”“区域联防

优点:这种区域联防的优点是加强了篮下和底线的防守，有利于抢篮板球。

缺点:正面及 35°—45°角区是防守的薄弱区域。

4. “1-3-1”区域联防

优点:这种防守队行加强了正面、罚球区和两侧的防守，有利于分割进攻队员前、后、左、右之间的练习，造成进攻队员之间传球的困难，有利于防止正面、罚球区和两侧的投篮和抢篮板球发动快攻。

缺点:两个 50°—70°角区、底线及两个场角。

四、快攻战术

快攻是由防守转入进攻时，以最快的速度、最短的时间在人数上造成以多打少的优势，或在人数相等以及人数少于对方的情况下，趁对方立足未稳，果断而合理地进行攻击的一种速决战的进攻战术。实践证明，由防守转入进攻时，积极创造快攻战机，充分发挥快攻威力，能给对方很大的压力，并能争取主动，达到较好的进攻效果，在教学中，如何把快攻战术配合的思想意识等贯穿于教学之中，使学生掌握快攻配合的方法，学会在比赛中运用非常重要。

快攻的组织形式，一般分为长传快攻、短传快攻和结合运球突破快攻三种。

(1) 长传快攻。是队员在后场获球后，立即把球传给迅速摆脱对方进行偷袭的同伴的一种配合。是由一两个进攻队员利用自己奔跑的速度和同伴长传球的速度超越防守来完成的。

(2) 短传快攻。是队员在防守中获球后，立即以快速的奔跑和短促的传接球迫近对方篮下进行攻篮的一种配合。短传快攻虽然在速度上比长传快攻慢，参加的人数多，但比长传快攻配合灵活而且变化多。

(3) 运球突破快攻。在防守中获球后，在不便于传球的情况下，应快速运球推进，创造或寻找配合机会，以提高快攻的速度和威力。这是一种个人攻击在快攻中的积极行动，在推进时，运球和传球要密切配合。注意防止盲目的个人运球，以免影响快攻战术的质量。

第四节 篮球竞赛规则简介

一、篮球运动初创时的篮球竞赛规则

(1) 球员可以用单手或双手向任何方向扔球。

(2) 球员可以用单手或双手向任何方向抢、打球，但绝对不能用拳头击球。

(3) 球员不能带球走。

(4) 必须用手持球，而不允许用头顶、脚踢球。

(5) 不允许球员用肩撞、手拉、手推、手打、脚绊等方法来对付另一方的队员。任何队员违反此规则，第一次被认为是犯规，第二次再犯规，就要被强行停止比赛，直到命中一个球后才能重新上场参加比赛。如果有意伤害对方球员，就要取消他参加整个比赛的资格，且不允许替补。

(6) 用拳击球就是违反第(3)条和第(4)条规则。

(7) 如果任何一方连续犯规 3 次，就要算对方命中一球。连续犯规的意思是指在一段时间里，对方队员未发生犯规，而本方队员接连发生犯规。

(8) 如果防守者没有触到球或干扰球，当球投入篮内并停留在篮里就算中篮。如果球停在篮筐上，而对方队员触动了篮筐，也算命中一球。

(9) 当球出界，球将由第一个接触球者扔进场内。若有争论，裁判员将球扔进场内。掷界外球允许 5 秒钟，如果超过 5 秒钟，球判给对方。

(10) 主裁判员是球员的裁判，他有权吹犯规。当某队连续 3 次犯规，他将通知副裁判员。他有权宣布取消某队员的比赛资格。

(11) 副裁判员是球的裁判，他可决定什么时候球在比赛中，并要计时、决定球的命中、记录命中的球数以及承担通常裁判员应该承担的责任。

(12) 比赛在两个 15 分钟内进行,中间休息 5 分钟。

(13) 球命中最多的一方获胜,如果平局,经双方队长的同意,比赛可延至再命中一球为止。

二、现代国际篮球规则

(一) 定义

1. 篮球比赛

篮球比赛由两个队参加,每队出场 5 名队员。每队的目标是在对方球篮得分,并阻止对方队得分。

比赛由裁判员、记录台人员和技术代表(如到场)管理。

2. 球篮:对方/本方

被某队进攻的球篮是对方的球篮,由某队防守的球篮是本方的球篮。

3. 比赛的胜者

在比赛时间结束时得分较多的队,将是比赛的胜者。

(二) 球场

1. 比赛场地

比赛场地应是一块平坦、坚实且无障碍物的表面,其尺寸是长 28 米、宽 15 米,从界线的内沿丈量(如图 2 - 12 所示)。

2. 后场

某队的后场由该队本方的球篮、篮板的界内部分以及由该队本方球篮后面的端线、两条边线和中线所限定的比赛场地部分组成。

3. 前场

某队的前场由对方的球篮、篮板的界内部分以及由对方球篮后面的端线、两条边线和距对方球篮最近的中线内沿所限定的比赛场地部分组成。

4. 线

所有的线应用白色画出,宽 5 厘米并清晰可见。

(1) 界线。比赛场地是由两条端线(在短边)和两条边线(在长边)组成的界线所限定。这些线不是比赛场地的部分。

任何障碍物包括在球队席就座的人员距比赛场地应至少 2 米。

(2) 中线、中圈和罚球半圆。中线应从两边线的中点标出并平行于两端线。它向每条边线外延伸 0.15 米。中圈应标在比赛场地的中央,半径为 1.80 米(从圆周的外沿丈量)。如果中圈里面着色,它必须与限制区内的颜色相同。

半圆应标在比赛场地上,半径为 1.80 米(从圆周的外沿丈量),它的圆心在两条罚球线的中点上。

(3) 罚球线、限制区和抢篮板球位置。罚球线应画成与每条端线平行。从端线内沿到它的最外沿应为 5.80 米,其长度为 3.60 米。它的中点应落在连接两条端线中点的假想线上。

限制区应是在比赛场地上标出的一个长方形区域,它由端线、延长的罚球线和起自端

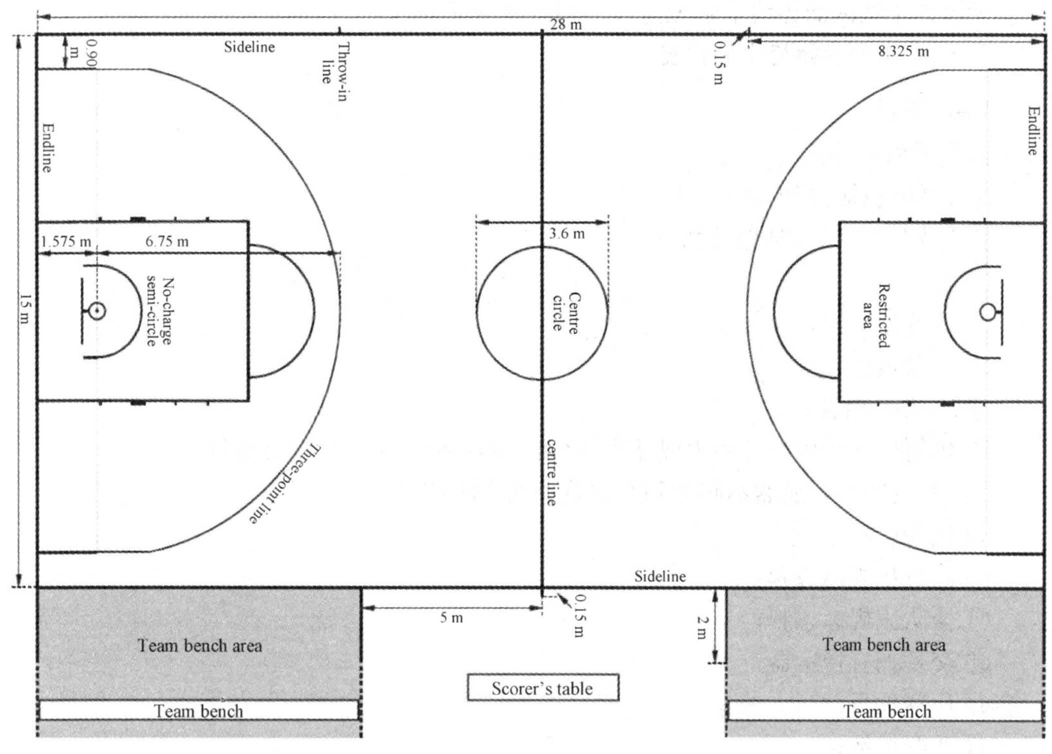

图 2－12

线(外沿距离端线的中点 2.45 米)终于延长的罚球线延长线的线所限定的。除了端线外，这些线都是限制区的一部分。限制区里面必须着色。

罚球时留给队员们的沿限制区两侧的抢篮板球位置,应按图上标出。

(4) 分投篮区域。某队的 3 分投篮区域是除对方球篮附近被下述条件限制出的区域之外的整个比赛场地的地面区域。这些条件包括：

① 两条从端线引出的两条垂直于端线的平行线,其外沿距离端线的内沿 0.90 米；

② 以对方球篮中心正下方场地上的点为原点,画一个半径(圆弧外沿)为 6.75 米的圆弧。此原点距离端线中点的内沿 1.575 米,且该圆弧与两平行线相交。

(5) 球队席区域。球队席区域应由两条线在场外标出。

球队席区域内必须有 14 个座位供教练员、助理教练员、替补队员和随队人员使用。任何其他人员应在球队席后面至少 2 米处。

(6) 掷球入界线。两条掷球入界线应在记录台对面,从最近的端线外丈量 8.325 米的边线外面向外延伸 0.15 米做标记。

(7) 无撞人半圆区。无撞人半圆应在场地上标示出,其界线为：

① 以球篮中心正下方的场地上的点为原点,半径(半圆内沿)为 1.25 米的半圆,此半圆连接；

② 与端线垂直的两条平行线,内沿距球篮中心正下方的场地上的点距离为 1.25 米,其长度为 0.375 米并距离端线内沿 1.2 米。

无撞人半圆区由与篮板前沿平行的假想线和上述平行线末端连接封闭构成。

无撞人半圆区的界线不是无撞人半圆区的一部分。

5. 记录台和替换椅子的位置

(三) 器材

需要下列器材：

① 挡件，包括：篮板；

篮板支撑构架(包括包扎物)；

② 篮球；

③ 比赛计时钟；

④ 记录板；

⑤ 24 秒计时钟；

⑥ 供暂停计时用的计秒表或适宜的(可见的)装置(不是比赛计时钟)；

⑦ 两个独立的、显然不同的和非常响亮的声响信号；

⑧ 记录表；

⑨ 队员犯规标志牌；

⑩ 全队犯规标志牌；

⑪ 交替拥有指示器；

⑫ 比赛地板；

⑬ 比赛场地；

⑭ 足够的照明。

(四) 球队

1. 定义

(1) 当一名球队成员按照竞赛组织部门的规程(包括管理年龄限制的规程)已被认可为某队参赛，是合格参赛的球队成员。

(2) 当一名球队成员的姓名在比赛开始前已被登记在记录表上，并且他既没有被取消比赛资格又没有发生 5 次犯规，是有资格参赛的球队成员。

(3) 在比赛时间内，一名球队成员：

- 当他在比赛场地上，并且有资格参赛时是一名队员。
- 当他未在比赛场地上，但他有资格参赛时是一名替补队员。
- 当他已发生 5 次犯规，并且不再有资格参赛时是一名逐出的队员。

(4) 在比赛休息期间，所有有资格参赛的球队成员被认为是队员。

2. 规定

(1) 每个队应按下列要求组成：

不超过 12 名有资格参赛的球队成员，包括一名队长，一名教练员，如果球队需要可有一名助理教练员。

最多 5 名有专门职责的随队人员可坐在球队席上，如领队、医生、理疗师、译员等。

(2) 在比赛时间内，每队应有 5 名队员在场上并可被替换。

(3) 一名替补队员成为队员和一名队员成为替补队员：

当裁判员招呼替补队员进入比赛场地时，或在暂停或比赛休息期间，一名替补队员向记录员请求替换时。

3. 服装

(1) 球队成员的服装应按下列要求构成：

① 背心前后的主要颜色相同。所有队员必须把他们的背心塞进他们的比赛短裤内。一体的服装是允许的。

② 短裤前后的主要颜色相同，但没必要与背心的颜色相同。

③ 球队所有队员的短袜颜色要相同。

(2) 每一球队成员应穿前后有号码的背心，其清楚的单色号码与背心的颜色有明显的区别。号码应清晰可见，并且：

① 后背的号码应至少高 20 厘米；

② 前胸的号码应至少高 10 厘米；

③ 号码应至少宽 2 厘米；

④ 球队应使用 4 至 15 的号码。国家联合会为举办竞赛，有权批准最多两位数字的任何其他号码；

⑤ 同队队员不应佩戴相同的号码；

⑥ 任何广告或标志离号码应至少 5 厘米。

(3) 球队必须至少有两套背心，并且：

① 秩序册中命名的第一队(主队)应穿浅色背心(最好白色)；

② 秩序册中命名的第二队(客队)应穿深色背心；

③ 如果两队同意，他们可以互换背心的颜色。

4. 其他装备

(1) 队员使用的所有装备必须合乎比赛要求。任何被设计成增加队员的高度或能及的范围，或用任何其他方法得到不正当利益的装备是不允许的。

(2) 队员不应佩戴可能使其他队员受伤的装备(物品)。

① 下列物品不允许：

手指、手、手腕、肘或前臂部位的护具、模件或保护套，它们由皮革、塑料、软塑料、金属或任何其他坚硬的物质制造，即使表面有软的包扎。能割破或引起擦伤的物品(指甲必须剪短)。头饰、头发饰物和珠宝饰物。

② 下列物品是允许的：

肩、上臂、大腿或小腿部位的保护装备，如果其材料被充分地包扎。

长于短裤的紧身内裤，与短裤主要颜色相同。

与球衣主要颜色相同的弹性袖套。

与短裤主要颜色相同的弹性长袜。如用于护大腿则要高于膝盖；如用于护小腿则要低于膝盖。

③ 被适当包扎的保护架：

伤鼻保护器，即使用硬质材料制成。

不会对其他队员造成危险的眼镜。

透明的牙套。

头带最宽为 5 厘米，由不会发生擦伤的单色棉布、软塑料或橡胶制成。

无色透明的手臂、肩膀及腿部的运动贴布。

(3) 本条中没有明确提到的任何其他装备,必须被国际篮联技术委员会批准。

(五) 队员受伤

(1) 在队员受伤的事件中,裁判员可以停止比赛。

(2) 如果发生受伤时球是活球,裁判员不应鸣哨,直到控制球的队已经投篮、失去控制球、持球停止进攻或球已成死球。如果当有必要去保护受伤队员时,裁判员可立即停止比赛。

(3) 如果受伤队员不能立即(大约 15 秒钟)继续比赛,或如果他接受治疗,他必须被替换,除非该队场上队员被减到少于 5 名。

(4) 教练员、助理教练员、替补队员、被逐出的队员和随队人员经裁判员允许可进入比赛场地,在受伤队员被替换前照料他。

(5) 如果医生判断受伤队员需要即时地治疗,医生不经裁判员允许可进入比赛场地。

(6) 比赛期间,任一正在流血或有伤口的队员必须被替换。该队员只有在流血已经停止并且患部或创面已被全面安全地包扎后才可返回比赛场地。

在任一队请求的暂停期间,并在记录员发出替换信号前,如果受伤队员或任何正在流血或有伤口的队员恢复了,该队员可继续比赛。

(7) 已经被教练员指定为比赛开始时上场的队员万一受伤时可以被替换。在这种情况下,对方也有权替换相同数量的队员,如果他们想这样做的话。

(六) 队长职责和权力

(1) 队长(CAP)是一名由教练员指定的在比赛场地上代表他的球队的队员。在比赛期间,他可与裁判员联系以获得信息,做此举要有礼貌,但是,只能在球成死球和比赛计时钟停止时。

(2) 如果球队抗议比赛的结果并在记录表上标有"球队抗议队长签名"栏内签名,队长应在比赛结束时立即通知主裁判员。

(七) 教练员职责和权力

(1) 在预定的比赛开始前至少 20 分钟,每位教练员或他的代表应将该场比赛中合格参赛的球队成员的姓名和相应的号码,以及球队的队长、教练员和助理教练员的名单交给记录员。所有在记录表上所填人姓名的球队成员有权参加比赛,即使他们在比赛开始后才到达。

(2) 至少在比赛前 10 分钟,每位教练员应以在记录表上签字来确认已填人是他们球队成员的姓名、相应号码和教练员们的姓名。同时,他们应指明比赛开始上场的 5 名队员。"A"队教练员应首先提供这个资料。

(3) 只允许教练员,助理教练员,球队成员和随队人员坐在球队席和停留在他们的球队席区域内。

(4) 教练员或助理教练员可在比赛期间去记录台以获得统计资料,而且只能在球成死球和比赛计时钟停止时。

(5) 只允许教练员在比赛期间保持站立。在比赛期间,他可与队员们讲话,只要他停留在他们的球队席区域内。

(6) 如果有助理教练员,他的姓名必须在比赛开始前填入记录表内(他没必要签字)。如果教练员因任何原因不能继续工作,他应承担教练员的所有职责和权力。

(7) 当队长离开比赛场地时,教练员应通知裁判员担任场上队长的队员的号码。

(8) 如果没有教练员,或如果教练员不能继续工作,并且记录表内没有填人助理教练员(或后者不能继续工作),队长应担任教练员。如果队长必须离开比赛场地,他可以继续担任教练员。如果他在取消比赛资格的犯规后必须离开,或如果他因为受伤不能担任教练员,代他作为队长的替补队员替代他当教练员。

(9) 规则未确定罚球队员的所有情况中,教练员应指定本队的罚球队员。

(八) 比赛时间、比分相等和决胜期

(1) 比赛应由 4 节组成,每节 10 分钟。

(2) 在比赛预定的开始之前,应有 20 分钟的比赛休息期间。

(3) 在第 1 节和第 2 节(第一半时)之间,第 3 节和第 4 节(第二半时)之间以及每一决胜期之前应有 2 分钟的比赛休息期间。

(4) 半时间的比赛休息期间应为 15 分钟。

(5) 一次比赛休息期间开始:

① 比赛预定的开始之前 20 分钟;

② 当结束一节的比赛计时钟信号响时。

(6) 一次比赛休息期间结束:

① 在第 1 节的开始,当球在跳球中离开主裁判员的手时;

② 在所有其他节的开始,当掷球入界队员可处理球时。

(7) 如果在第 4 节比赛时间终了时比分相等,为打破平局,需要一个或多个 5 分钟的决胜期来继续比赛。

(8) 如果结束比赛时间的比赛计时钟信号响时或恰好之前发生了犯规,在比赛时间结束之后应执行最后的罚球。

(9) 如果作为此罚球的结果需要一个决胜期,那么,在比赛时间结束后发生的所有犯规应被视为在比赛休息期间发生的,在决胜期开始之前应执行罚球。

(九) 比赛节的开始和结束

(1) 在跳球中,当球离开主裁判员的手时第 1 节开始。

(2) 掷球入界后,当球触及一名场上队员或被场上队员合法触及时所有其他的节开始。

(3) 如果某一队在比赛场地上准备比赛的队员不足 5 名,比赛不能开始。

(4) 对所有的比赛,在秩序册中命名的第一队(主队)应拥有对着比赛场地的记录台左侧的球队席和该队的本方球篮。

然而,如果两队同意,他们可互换球队席和球篮。

(5) 在第 1 节和第 3 节前,球队有权在对方的球篮所在的半场做赛前准备活动。

(6) 为进行第二半时的比赛,球队应交换球篮。

(7) 在所有的决胜期中,球队应朝向第 4 节中相同的球篮继续比赛。

(8) 当结束比赛时间的比赛计时钟的信号响时,一节、决胜期或比赛应结束。

(十) 球的状态

(1) 球可以是活球或死球。

(2) 球成活球,当:

跳球中,球离开裁判员抛球的手时;

罚球中,罚球队员可处理球时;

掷球入界中,掷球入界队员可处理球时。

(3) 球成死球,当:

任何投篮或罚球中篮时;

球是活球,裁判员鸣哨时。

在一次罚球中球明显不会进入球篮,且该次罚球后接着有:

另一(多次)罚球时;

进一步的罚则(罚球和球权)时;

比赛计时钟信号响后结束每节时;

某队控制球24秒计时钟信号响时。

投篮中飞行的球在下述情况后被任一队的队员触及时:

裁判员鸣哨;

比赛计时钟信号响以结束每节;

24秒计时钟信号响。

(4) 出现下列情况,球不成死球如中篮算得分,当:

投篮的球在飞行,并且:

裁判员鸣哨;

比赛计时钟信号响结束每节;

24秒计时钟信号响。

罚球的球在飞行,裁判员因除罚球队员之外的任何规则违犯而鸣哨时。

对方队员在做投篮动作并控制着球时,一名队员对任何对方队员犯规,并且他以连续运动完成犯规发生前已开始的投篮。

此规定不适用,并且不计得分,如果:

在裁判员鸣哨后做了一个全新的投篮动作;

一名队员在做连续的投篮动作中,结束一节的比赛计时钟信号响起或24秒计时钟信号响起。

(十一) 队员和裁判员的位置

(1) 一名队员的位置由他正接触着的地面所确定。当队员跳起在空中时,他保持当他最后接触地面时所拥有的相同位置。这包括界线、中线、3分线、罚球线、标定限制区的各线和标定无撞人半圆区的各线。

(2) 一名裁判员的位置的确定与一名队员的位置的确定相同。当球触及裁判员时,如同触及裁判员所位于的地面一样。

（十二）跳球和交替拥有

1. 定义

(1) 在第 1 节开始时，一名裁判员在中圈，在任何两名互为对方的队员之间将球抛起，一次跳球发生。

(2) 当双方球队各有一名或多名队员有一手或两手紧握在球上，以至不采用粗野动作任一队员就不能获得控制球时，一次争球发生。

2. 跳球程序

(1) 每一跳球队员的双脚应站立在靠近该队本方球篮的中圈半圆内，一脚靠近中线。

(2) 如果一名对方队员要求占据其中一个位置，同队队员不得围绕圆圈占据相邻的位置。

(3) 然后裁判员应在两名互为对方的队员之间将球向上(垂直地)抛起，其高度超过任一队员跳起能达到的高度。

(4) 在球到达它的最高点后，球必须被至少一名或两名跳球队员用于拍击。

(5) 在球被合法地拍击前，任一跳球队员都不应离开他的位置。

(6) 在球触及非跳球队员之一或地面前，任一跳球队员都不得抓住球或拍击球超过两次。

(7) 如果球未被至少一名跳球队员拍击，则应重新跳球。

(8) 在球已被拍击前，非跳球队员的身体部分不得在圆圈上或圆圈(圆柱体)上方。

违反第(1)、(4)、(5)、(6)和(8)是违例。

3. 跳球情况，当：

(1) 宣判了一次争球；

(2) 球出界，并且裁判员们对谁是最后触及球的队员拿不准或有争执；

(3) 在最后一次或仅有一次不成功的罚球中，双方队员罚球违例发生；

(4) 一个活球停在球篮支架上(除去罚球之间)；

(5) 当任一队既没有控制球又没有球权时球成死球；

(6) 在抵消了双方球队的相等罚则后，没有留下其他要执行的犯规罚则，以及在第一次犯规或违例之前任一队既没有控制球也没有球权时；

(7) 除第 1 节外，所有节将开始时。

4. 交替拥有

(1) 交替拥有是以掷球入界而不是以跳球来使球成活球的一种方法。

(2) 交替拥有掷球入界：

① 掷球入界队员可处理球时开始。

② 结束，当：

球触及一名场上队员或被他合法触及时；

掷球入界发生违例时；

掷球入界中活球停在球篮支架上。

5. 交替拥有程序

(1) 在所有跳球情况中，双方球队将交替拥有在最靠近发生跳球情况的地点掷球入界权。

（2）在跳球后未在场上获得控制活球的队应拥有第一次交替拥有球权。

（3）在任一节结束时对下一次交替拥有有权的队应在记录台对面的中线的延长部分以掷球入界开始下一节，除非有进一步的罚球和球权罚则要执行。

（4）应由指向对方球篮的交替拥有箭号来指明对交替拥有掷球入界有权的队。当交替拥有掷球入界结束时，交替拥有箭号的方向立即反转。

（5）某队在它的交替拥有掷球入界中违例，使该队失掉交替拥有掷球入界。交替拥有箭号应立即反转，指明违例队的对方在下一次跳球情况中对交替拥有掷球入界有权。于是将球判给违例队的对方在最初的掷球入界地点掷球入界继续比赛。

（6）任一球队犯规：

在非第1节的一节开始之前或在交替拥有掷球入界中，不使掷球入界队失掉交替拥有掷球入界。

（十三）如何打球

（1）在比赛中，球只能用手来打，并且球可向任何方向传、投、拍、滚或运，但受本规则的限制。

（2）规定队员不能带球跑，故意踢或用腿的任何部分阻挡球或用拳击球。然而，球偶然地接触到腿的任何部分，或腿的任何部分偶然地触及球，不是违例。

（十四）控制球

（1）球队控制开始：当该队一名队员控制一个活球（因为他正持着或运着或可处理一个活球）时。

（2）球队控制继续，当：

该队一名队员控制一个活球时；

球在同队队员之间传递时。

（3）球队控制结束，当：

一名对方队员获得控制时；

球成死球时；

在投篮或者罚球中，球已经离开队员的手时。

（十五）队员正在做投篮动作

（1）投篮或罚球是队员手中持球，然后朝对方球篮将球投于空中。

拍：用于直接把球打向对方球篮。

扣：用一手或双手迫使球向下进入对方球篮。

拍和扣也被认为是投篮。

（2）投篮动作。

① 开始：当队员开始连续运动（通常先于球离手），根据裁判员的判断，并且他把球投、拍或扣向对方的球篮，已开始了得分尝试时；

② 结束：当球已离开队员的手时，如是在空中的投篮队员，并且双脚落回地面。

尝试得分的队员的手臂可能被对方队员抓住，从而阻碍他得分，甚至被认为是他做了得分尝试，在这种情况下球离开队员的手不是本质的。

在跑动的合法步数和投篮动作之间没有联系。

(3) 投篮动作中的连续运动。

① 当球在队员手中停留并已开始投篮动作(通常是向上的)时开始;

② 当球已离开队员的手,如果做了一个全新的投篮动作则结束。

(十六) 球中篮和它的得分值

1. 定义

(1) 当活球从上方进入球篮并停留在球篮内或穿过球篮是球中篮。

(2) 当有极少部分的球体在篮圈中并在篮圈水平面以下时,就认为球在球篮中。

2. 规定

(1) 球已进入对方的球篮,对投篮的队按如下计得分:

① 一次罚球中篮计 1 分;

② 从 2 分投篮区域中篮计 2 分;

③ 从 3 分投篮区域中篮计 3 分;

④ 在最后一次,或者仅有一次的罚球中,在球已经触及篮圈后,在球进入球篮之前被一名进攻队员或者防守队员合法地触及,中篮计 2 分。

(2) 如果队员意外地将球投入该队的本方球篮,中篮计 2 分,登记为对方队的场上队长得分。

(3) 如果队员故意地将球投入该队的本方球篮,这是违例,中篮不计得分。

(4) 如果队员使整个球从下方穿过球篮,这是违例。

(5) 比赛计时钟必须显示 0:00.3(十分之三秒)或者更多来使队员在掷球入界获得球权时,或者是最后 1 次或仅有 1 次罚球后抢篮板球时可以尝试投篮。如果计时钟显示 0:00.2 或者 0:00.1,唯一的投篮方式是拍球或者直接扣篮得分。为了使队员在掷球入界获得球权时,或者是最后 1 次或仅有 1 次罚球后抢篮板球时可以尝试投篮,比赛计时钟必须显示 0:00.3(十分之三秒)。如果计时钟显示 0:00.2 或者 0:00.1,唯一的投篮方式是拍球或者直接扣篮得分。

(十七) 掷球入界

1. 定义

由界外掷球入界队员将球传入比赛场地内时,掷球入界发生。

2. 程序

(1) 裁判员必须将球递交给执行掷球入界的队员或置于他可处理的地方。他也可将球抛或反弹给执行掷球入界的队员,只要是裁判员距执行掷球入界的队员不超过 4 米。

执行掷球入界的队员是在裁判员指定的正确地点。

(2) 队员应在最靠近违犯或比赛被裁判员停止的地点执行掷球入界,正好在篮板后面的地点除外。

(3) 只有在下列的情况中,在记录台对面的中线的延长部分执行掷球入界:

在非第 1 节的所有节的开始;

由技术犯规、违反体育道德的犯规或取消比赛资格的犯规引起的罚球之后。

(4) 在第 4 节的最后 2 分钟和每一决胜期的最后 2 分钟内,在后场拥有球权的队暂停之后,随后的掷球入界应在记录台对侧,该队前场的掷球入界线处执行。

(5) 控制活球队的队员或拥有球权队的队员发生侵人犯规后,随后的掷球入界应在最靠近违犯的地点执行。

(6) 每当球进入球篮,但该投篮或罚球无效,则随后的掷球入界应在罚球线的延长部分执行。

(7) 投篮成功或最后一次或仅有一次的罚球成功后:

非得分队的任一队员应在该队端线后的任一地点掷球入界。这也适用于成功的投篮或成功的最后一次或仅有一次的罚球后的一次暂停或任一比赛的中止之后,在裁判员将球递交给执行掷球入界的队员或将球置于他可处理后。

执行掷球入界的队员可横向移动和后移其球可在端线上或端线后的同队队员之间传递,但是,当界外第一位队员可处理球时,5 秒钟计算开始。

3. 规定

(1) 执行掷球入界的队员不应:

① 球离手超过 5 秒钟;

② 球在手中时步入比赛场地内;

③ 掷球入界的球离手后,使球触及界外;

④ 在球触及另一队员前,在场上触及球;

⑤ 直接使球进入球篮;

⑥ 在非一次成功的投篮或最后一次罚球中篮后的端线掷球入界中,球离手时前,从界线外指定的掷球入界地点在一个或两个方向上横向移动总距离超过 1 米。然而,只要情况许可,他从界线后退多远都可以。

(2) 在掷球入界中其他队员不应:

① 在球被掷过界线前,将身体的任何部位越过界线;

② 当掷球入界地点的界线外任何障碍物和界线之间少于 2 米时,靠近执行掷球入界队员在 1 米以内。

4. 罚则

将球判给对方队员在原掷球入界的地点掷球入界。

(十八) 暂停

1. 定义

教练员或助理教练员请求中断比赛是暂停。

2. 规定

(1) 每次暂停应持续 1 分钟。

(2) 一次暂停可以在一次暂停机会期间被准予。

(3) 一次暂停机会开始,当:

① 球成死球,比赛计时钟停止,以及当裁判员已结束了与记录台的联系时,对于双方队;

② 在最后一次或仅有一次的罚球成功后球成死球时,对于双方队;

③ 投篮得分时,对于非得分队。

(4) 一次暂停机会结束,当:队员在掷球入界或第 1 次或仅有一次的罚球可处理球时。

(5) 在第一半时的任何时间每队可准予 2 次暂停；在第二半时的任何时间可准予 3 次暂停，以及每一决胜期的任何时间可准予 1 次暂停。

(6) 未用过的暂停不得遗留给下一个半时或决胜期。

(7) 除了对方队员投篮得分并且没有宣判违犯后准予的暂停外，应给首先提出暂停请求的教练员的队登记暂停。

(8) 在第 4 节的最后 2 分钟或每一决胜期的最后 2 分钟内，在一次成功的投篮后比赛计时钟停止时，不允许得分队暂停，除非裁判员已停止了比赛。

3. 程序

(1) 只有教练员或助理教练员有权请求暂停。他应与记录员建立视觉联系或亲自到记录员处清楚地要求暂停，并用手做出适当的常规手势。

(2) 一次暂停请求只可在记录员发出该次暂停请求的信号之前被取消。

(3) 暂停期间：

① 当裁判员鸣哨并给出暂停手势时开始；

② 当裁判员鸣哨并招呼球队回到比赛场地上时结束。

(4) 暂停机会一开始，记录员就应发出他的信号，通知裁判员已提出了暂停请求。如果某队已请求了暂停，在对方队投篮得分时，计时员应立即停止比赛计时钟并发出他的信号。

(5) 在暂停期间以及第 2 节、第 4 节或每一决胜期开始之前的比赛休息期间，队员们可以离开比赛场地并坐在球队席上，被允许在球队席区域内的人员可以进入比赛场地，只要这些球队成员留在他们的球队席区域附近。

(6) 如果第 1 次或仅有一次的罚球，球置于罚球队员可处理之后，一次暂停被任一队请求了，这次暂停应被准予，如果：

① 最后一次或仅有一次的罚球成功；

② 最后一次或仅有一次罚球随后还有在记录台对侧的中线延长部分的掷球入界；

③ 在多次罚球之间宣判了犯规。这种情况下，多次罚球应完成，在新的犯规罚则执行之前准予暂停；

④ 在最后一次或仅有一次的罚球后，在球成活球前宣判了一次犯规。这种情况下，在执行新的犯规罚则之前准予暂停；

⑤ 在最后一次或仅有一次的罚球后，在球成活球前宣判了一次违例。这种情况下，在执行掷球入界之前准予暂停。

如果一个以上的犯规罚则造成连续的罚球单元和球权，每个单元分别处理。

(十九) 替换

1. 定义

替补队员请求中断比赛成为队员是一次替换。

2. 规定

(1) 在替换机会期间球队可以替换队员。

(2) 一次替换机会开始，当：

① 球成死球，比赛计时钟停止，以及当裁判员已结束了与记录台的联系时，对于双方队；

② 在最后一次或仅有一次的罚球成功后，球成死球时，对于双方队；

③ 第 4 节的最后 2 分钟或每一决胜期的最后 2 分钟内，投篮得分时，对于非得分队。

(3) 一次替换机会结束，当队员在掷球入界或第 1 次并仅有一次的罚球可处理球时。

(4) 队员已成为替补队员和替补队员已成为队员，分别不能重新进入比赛或离开比赛，直到一个比赛的计时钟运行片段之后球再次成死球为止。除非：

① 某队场上队员已被减缩到少于 5 名；

② 作为纠正失误的结果，拥有罚球权的队员已被合法地替换后坐在球队席上。

(5) 在第 4 节的最后 2 分钟或每一决胜期的最后 2 分钟内，在一次成功的投篮后比赛计时钟停止时，不允许得分队替换，除非裁判员已停止了比赛。

3. 程序

(1) 只有替补队员有权请求替换。他(不是教练员或助理教练员)应到记录台清楚地要求替换或者坐在替换的椅子上。他必须立即做好比赛的准备。

(2) 一次替换请求只可在记录员发出该次替换请求的信号之前被取消。

(3) 替换机会一开始，记录员就应发出他的信号通知裁判员已提出了替换请求。

(4) 替补队员应停留在界线外，直到裁判员鸣哨并给出替换手势和招呼他进入比赛场地。

(5) 已被替换的队员不必向裁判员或记录员报告，允许他直接去他的球队席。

(6) 替换应尽可能快地完成。已发生第 5 次犯规或已被取消比赛资格的队员必须立即被替换(大约 30 秒钟内)。根据裁判员的判断，如果有不必要的延误，应给违犯的队登记一次暂停。如果该队没有剩余的暂停，可登记教练员一次技术犯规。

(7) 如果在一次暂停或非半时的比赛休息期间中请求替换，该替换队员必须在比赛前向记录台报告。

(8) 如果罚球队员必须被替换，因为：

① 他受伤了；

② 他已发生第 5 次犯规；

③ 他已被取消比赛资格。

罚球必须由替补队员执行，直到他已经在下一个计时钟运行片段比赛后，才能再次被替换。

(9) 第 1 次或仅有一次的罚球，球置于罚球队员可处理之后，如果任一队请求替换，则在下列情况下替换应被准予：

① 最后一次或仅有一次的罚球成功；

② 最后一次或仅有一次罚球随后还有在记录台对侧的中线延长部分的掷球入界；

③ 在多次罚球之间宣判了犯规。这种情况下，多次罚球应完成，在新的犯规罚则执行之前允许替换；

④ 在最后一次或仅有一次的罚球后，在球成活球前宣判了一次犯规。这种情况下，在执行新的犯规罚则之前允许替换；

⑤ 在最后一次或仅有一次的罚球后，在球成活球前宣判了一次违例。这种情况下，在执行掷球入界之前允许替换。

如果一个以上的犯规罚则造成连续的罚球单元，每个单元分别处理。

(二十) 比赛因弃权告负

1. 规定

球队由于弃权应使比赛告负，如果：

① 在预定的开始时间后 15 分钟，球队不到场或不能使 5 名队员入场准备比赛；

② 它的行为阻碍比赛继续进行；

③ 在主裁判员通知比赛后拒绝比赛。

2. 罚则

(1) 判给对方队获胜，且比分为 20：0。此外，弃权的队在名次排列中应得 0 分。

(2) 对于两场比赛(主和客)总分定胜负的一组比赛和季后赛(三战定胜负)，在第一场、第二场或第三场比赛中弃权的队应使该组比赛或季后赛因"弃权"告负。这不适用于季后赛(五战定胜负)。

(3) 如果在一次联赛中，一个球队弃权两次，该队应被取消资格，并且该队在所有比赛的结果都视为无效。

(二十一) 比赛因缺少队员告负

1. 规定

在比赛中，如果某队在比赛场地上准备比赛的队员少于 2 名，该队由于缺少队员应使比赛告负。

2. 罚则

(1) 如判获胜的队领先，则在比赛停止时的比分应有效；如判获胜的队不领先，则比分应记录为 2：0，对该队有利。此外，缺少队员的队在名次排列中应得 1 分。

(2) 对于两场比赛(主和客)总分定胜负的一组比赛，在第一场或第二场比赛中缺少队员的队应使该组比赛因"缺少队员"告负。

(二十二) 违例

1. 定义

违例是违犯规则。

2. 罚则

将球判给对方队员在最靠近发生违例的地点掷球入界，正好在篮板后面的地点除外，除非本规则另有规定。

(二十三) 队员出界和球出界

1. 定义

(1) 当队员身体的任何部分接触界线上、界线上方或界线外的除队员以外的地面或任何物体时，即是队员出界。

(2) 当球触及了下列物体即是球出界：

① 在界外的队员或任何其他人员；

② 界线上、界线上方或界线外的地面或任何物体；

③ 篮板支撑架、篮板背面或比赛场地上方的任何物体；

2. 规定

(1) 在球出界、甚至球触及了除队员以外的其他物体而出界之前,最后触及球或被球触及的队员是使球出界的队员。

(2) 如果球出界是由于触及了界线上或界线外的队员或被他所触及,是该队员使球出界。

(3) 在争球期间,如果队员移动到界外或他的后场,一次跳球情况发生。

(二十四) 运球

1. 定义

(1) 运球是指一名队员控制一个活球的一系列动作:传、拍、在地面上滚动球或者直接将球掷向篮板。

(2) 当在场上已获得控制活球的队员将球掷、拍、滚、运在地面上,或故意将球掷向篮板并在球触及另一队员之前再次触及球为运球开始。

当队员双手同时触及球或允许球在一手或双手中停留时运球结束。

在运球的时候球可被掷向空中,只要掷球的队员用手再次触及球之前,球触及地面或另一队员。

当球不与队员的手接触时,队员可行进的步数不受限制。

(3) 队员偶然地失掉和随后在场上恢复控制活球,被认为是漏接球。

(4) 下列情况不是运球:

① 连续的投篮;

② 一次运球的开始或结束时漏接球;

③ 从其他队员的附近用拍击球来试图获得控制球;

④ 拍击另一队员控制的球;

⑤ 拦截传球并获得控制球;

⑥ 只要不发生带球走违例,将球在两手之间抛接并在球触及地面前允许在一手或两手中停留。

2. 规定

队员第一次运球结束后不得再次运球,除非在两次运球之间他在场上已失去了控制活球以后,由于:

(1) 投篮,被对方队员触及球。

(2) 传球或漏接,然后触及了另一队员或被另一队员触及。

(二十五) 带球走

1. 定义

(1) 当队员在场上持着一个活球,其一脚或双脚超出本规则所述的限制向任一方向非法移动是带球走。

(2) 在场上正持着一个活球的队员用同一脚向任一方向踏出一次或多次,而其另一脚(称为中枢脚)不离开与地面的接触点时为旋转(合法移动)。

2. 规定

(1) 对在场上接住活球的队员确立中枢脚:

① 双脚站在地面上时:

一脚抬起的瞬间,另一脚成为中枢脚。

② 移动时:

如果一脚正触及地面,该脚成为中枢脚;

如果双脚离地和队员双脚同时落地,一脚抬起的瞬间,则另一脚成为中枢脚;

如果双脚离地和队员一脚落地,于是,该脚成为中枢脚。如果队员跳起那只脚并双脚同时落地停止,那么,哪只脚都不是中枢脚。

(2) 对在场上控制了活球并已确立中枢脚的队员的带球行进:

① 双脚站在地面上时:

开始运球,在球出手之前中枢脚不得抬起;

传球或投篮,队员可跳起中枢脚,但在球出手之前任一脚不得落回地面;

② 移动时:

传球或投篮,队员可跳起中枢脚并一脚或双脚同时落地。但一脚或双脚抬起后在球出手之前任一脚不得落回地面。

开始运球,在球出手之前中枢脚不得抬起。

③ 停止时哪只脚都不是中枢脚:

开始运球,在球出手之前哪只脚都不得抬起;

传球或投篮,一脚或双脚可抬起,但在球出手前不得落回地面。

(3) 队员跌倒、躺或坐在地面上:

① 当一名队员持球时跌倒和滑动在地面上,或躺或坐在地面上获得控制球是合法的;

② 如果而后该队员持着球滚动或试图站起来是违例。

(二十六) 3 秒钟

1. 规定

(1) 当某队在前场控制活球并且比赛计时钟正在运行时,该队的队员不得停留在对方队的限制区内超过持续的 3 秒钟。

(2) 队员在下列情况中应被默许:

① 他试图离开限制区;

② 他在限制区内,当他或他的同队队员正在做投篮动作并且球正离开或恰已离开投篮队员的手时;

③ 他在限制区内已接近 3 秒钟时运球投篮。

(3) 为证实队员自身位于限制区外,他必须将双脚置于限制区外的地面上。

(二十七) 被严密防守的队员

1. 定义

一名队员在场上正持着活球,这时对方队员处于积极的防守位置,距离不超过 1 米,该队员是被严密防守。

2. 规定

一名被严密防守的队员必须在5秒钟内传、投或运球。

(二十八) 8秒钟

1. 规定

(1) 每当：

① 一名队员在他的后场获得控制活球时；

② 在掷球入界中，球触及后场的任何队员或者被后场的任何队员合法触及，掷球入界队员所在队仍拥有在后场的球权，该队必须在8秒钟内使球进入该队的前场。

(2) 球队使球进入该队的前场，每当：

① 没有被任何队员控制，球触及前场；

② 球触及或者被双脚在他前场的进攻队员合法触及；

③ 球触及或者被有部分身体在他后场的防守队员合法触及；

④ 球触及有部分身体在控制球队前场的裁判员；

⑤ 运球队员在后场往前场运球的过程中，双脚和球都进入前场。

(3) 当先前已控制球的同一队由于下列情况的结果被判在后场掷球入界时，8秒钟周期应以任何剩余的时间继续：

① 球出界了；

② 一名同队队员受伤了；

③ 一次跳球情况；

④ 一次双方犯规；

⑤ 双方球队的相等罚则抵消。

(二十九) 24秒钟

1. 规定

(1) 每当：

① 一名队员在场上控制一个活球；

② 在一次掷球入界中，球触及任何一名场上队员或者被他合法触及，掷球入界队员所在的球队仍然控制着球，该队必须在24秒钟内尝试投篮；

③ 在24秒计时钟的信号发出前，球必须离开队员的手，而且球离开了队员的手后，球必须触及篮圈或进入球篮。

(2) 当一次投篮尝试临近24秒钟周期结束和球在空中时信号响起：

如果球进入球篮，没有违例发生，信号应被忽略并且计中篮得分；

如果球触及篮圈但未进入球篮，没有违例发生，信号应被忽略并且比赛应继续；

如果球未碰篮圈，一次违例已发生。然而，如果对方队员即时和清楚地获得了控制球，信号应被忽略并且比赛应继续。

2. 程序

(1) 如果比赛被裁判员中断：

因为不控制球的球队犯规或者违例(不是因为球出界)。

因为任何与不控制球的球队有关正当原因。

因为任何与双方球队都无关的正当原因。

球权应被判给与先前控制球的球队。

如果掷球入界在后场执行，24 秒计时钟应被重设回 24 秒。

如果掷球入界在前场执行，24 秒计时钟应按照如下方法重设：

① 当比赛被停止时，如果 24 秒计时钟显示为 14 秒或者更多，24 秒计时钟不应被重设，应以停止时的时间继续；

② 当比赛被停止时，如果 24 秒计时钟显示为 13 秒或者更少，24 秒计时钟应被重设到 14 秒。

然而，如果根据裁判员的判断，对方将被置于不利，24 秒计时钟应从停止的时间继续。

(2) 如果某队已控制球或双方队都未控制球时 24 秒计时钟错误地发出信号，此信号应被忽略并且比赛应继续。

然而，如果根据裁判员的判断，控制球队已被置于不利，比赛应被停止，24 秒计时钟应被校正并且把球判给该队。

(三十) 球回后场

1. 定义

(1) 球进入某队的后场，当：

① 球触及后场；

② 球触及或者被有部分身体接触后场的进攻队员合法触及；

③ 球触及有部分身体接触后场的裁判员。

(2) 球已被非法的回到后场，当一个控制活球的队员在他的前场最后触及球，随后他或者他的队友在他的后场最先触及球。

这个限制适用于在某队前场的所有情况，包括掷球入界。然而，这不适用于队员从他的前场跳起，仍在空中时建立新的球队控制，然后落在该队的后场内。

2. 规定

控制活球队的队员不得使球被非法地回到他的后场。

3. 罚则

球应判给对方在他们的前场最靠近违犯的地点掷球入界，正好在篮板后面的地点除外。

(三十一) 干涉得分和干扰

1. 定义

投篮或罚球：

① 开始：当球离开正在做投篮动作的队员的手时；

② 结束：当球处于下列情况时：

从上方直接进入球篮并且停留其中或穿过球篮；

不再有进入球篮的可能性；

触及篮圈；

触及地面；

成为死球。

2. 规定

(1) 干涉得分发生在投篮中,当一名队员触及完全在篮圈水平面之上的球时,并且:

① 球是下落飞向球篮中;

② 在球已碰击篮板后。

(2) 干涉得分发生在罚球中:当一名队员触及飞向球篮的、触及篮圈前的球时。

(3) 干涉得分限制适用到:

① 球不再有进入球篮的可能性;

② 球已触及篮圈。

(4) 干扰发生,当:

① 在一次投篮,最后一次或者仅有的一次罚球后,当球与篮圈接触时,队员触及球篮或篮板;

② 在一次罚球(随后还有一次的罚球)后,球有进入球篮的可能性时,一名队员触及球、球篮或篮板;

③ 队员从下方伸手穿过球篮并触及球;

④ 当球在球篮中,防守队员触及球或者球篮从而阻止球穿过球篮;

⑤ 队员使篮板颤动或者抓球篮,根据裁判员的判定,这种手段已妨碍球进入球篮或者使球进入球篮;

⑥ 队员抓球篮打球。

(5) 当:

① 裁判员鸣哨时,球在投篮队员的手中或者一次投篮的飞行中;

② 投篮的球在飞行中,结束一节的比赛计时钟信号响起;

③ 在球已触及篮圈之后仍有进入球篮的可能时,队员不得触及球。

涉及干涉得分和干扰的所有限制应适用。

3. 罚则

(1) 如果一名进攻队员发生违例,不判给得分。将球判给对方队员在罚球线的延长部分掷球入界,除非本规则另有规定。

(2) 如果一名防守队员发生违例,应判给进攻的队:

① 当球在罚球中出手时,得 1 分;

② 当球在 2 分投篮区域出手时,得 2 分;

③ 当球在 3 分投篮区域出手时,得 3 分。

得分的判给就好像球已进入球篮。

(3) 在最后一次或仅有一次的罚球中如果防守队员违例,应判给进攻的队得 1 分,随后执行防守队员技术犯规的罚则。

(三十二) 犯规

(1) 犯规是对规则的违犯,含有与对方队员的非法身体接触和违反体育道德的举止。

(2) 一个队可被宣判任何数量的犯规,不考虑罚则,犯规者的每一犯规应被登记,记入记录表并相应地被处罚。

(三十三) 接触:一般原则

1. 圆柱体原则

圆柱体原则定义为一名站在地面上的队员占据一个假想的圆柱体内的空间。它包括该队员上面的空间,并受下列限定:

① 前面的双掌;

② 后面由臀部和两侧双臂及双腿的外侧。

双手和双臂可以在躯干前面伸展,其肘部的双臂弯曲不超过双脚的位置,因此两前臂和双于是举起的。他的双脚间的距离应按照他的高度变化。

2. 垂直原则在比赛中,每一队员都有权占据未被对方队员已经占据的任何场上位置(圆柱体)。这个原则保护队员所占据的地面空间和当他在此空间内垂直跳起时的上方空间。

队员一离开他的垂直位置(圆柱体)并与已经建立了他自己的垂直位置(圆柱体)的对方队员发生身体接触,离开他的垂直位置(圆柱体)的队员就对此接触负责。

防守队员垂直地离开地面(在他的圆柱体内)或在他自己的圆柱体内把双手和双臂伸展在他的上方,则不必判罚。

无论是在地面上或在空中的进攻队员不应用下列方式与处于合法防守位置的防守队员发生接触:

① 用他的手臂为自己创造额外的空间(清除障碍);

② 在投篮时或刚投篮之后伸展他的双脚或双臂去造成接触。

3. 合法防守位置

一名防守队员已建立了最初的合法防守位置,当:

① 他正面对他的对手,并且他的双脚着地;

② 合法防守位置从地面到天花板垂直地在他上方(圆柱体)伸展。他可将他的双臂和双手举过头或垂直跳起,但是他必须在假想的圆柱体内使手和臂保持垂直的姿势。

4. 防守控制球的队员

当防守控制(正持着或运着)球的队员时,时间和距离的因素不适用。

每当对方队员在持球队员面前占据了一个最初的合法防守位置(甚至是一瞬间完成的),持球队员必须料到被防守并必须准备停步或改变他的方向。

防守队员建立一个最初的合法防守位置,必须在占据位置前没有造成接触。

一旦防守队员已建立了一个最初的合法防守位置,他可移动以便防守他的对手,但他不得伸展他的双臂、双肩、双臀或双腿,并通过这样做来造成接触以阻止从他身边通过的运球队员。

当裁决阻挡(撞人)情况涉及持球队员时,裁判员应运用下列原则:

① 防守队员必须以面对持球队员并双脚着地来建立一个最初的合法防守位置;

② 防守队员为保持最初的合法防守位置,可保持静立、垂直跳起、侧移或后移;

③ 在保持最初的合法防守位置的移动中,一脚或双脚可以瞬间离地,只要该移动是侧向或向后的,不朝向持球队员;

④ 接触必须发生在躯干上,在这样的情况下,防守队员将被认为是已经先在接触地点了;

⑤ 已建立了合法防守位置的防守队员可以在他的圆柱体之内转身，以缓和任何冲撞或避免受伤。

如发生任何上述情况，应认为持球队员已经造成了犯规。

5. 防守不控制球的队员

不控制球的队员有权在球场上自由地移动，并占据任何未被另一队员已经占据的位置。

当防守不控制球的队员时，时间和距离的因素应适用。防守队员不能如此靠近和如此快地在移动的对方队员的路径中占据一个位置，以致后者没有足够的时间或距离停步或改变他的方向。此距离与对方队员的速度直接成正比，不得少于正常的1步，不得多于正常的2步。

如果一名防守队员在占据最初的合法防守位置中不重视时间和距离的因素，并与对方队员发生接触，他对该接触负责。

一旦一名防守队员已经建立了一个最初的合法防守位置，为防守对方队员他可移动。他不得为了阻止对方队员从他身边通过而在他的路径中伸展臂、肩、臀或腿。他可以在他的圆柱体内转身或将手臂置于身前并贴近身体以避免受伤。

6. 腾空的队员

从场上某地点跳起在空中的队员有权再落回同一地点。

他有权落在场上的另一地点，只要落地点和起跳与落地地点之间的直接通道在起跳的时间尚未被对方队员占据。

如果一名队员已跳起并落地，可是他的动量使其接触了在落地地点之外已占据了一个合法防守位置的对方队员，则该跳起队员对此接触负责。在队员已跳起在空中后，对方队员不得移动到他的路径上。

移动到腾空队员的身下并造成接触，通常是违反体育道德的犯规，某些情况下可能是取消比赛资格的犯规。

7. 掩护：合法的和非法的

掩护是试图延误或阻止一名没有球的对方队员到达希望到达的场上位置。

合法的掩护是当正在掩护对手的队员：

- 发生接触时是静止的(在他的圆柱体内)。
- 发生接触时双脚着地。

非法的掩护是当正在掩护对手的队员：

- 发生了接触时正在移动。
- 发生了接触时，是在静止对手的视野之外做掩护，没有给出足够的距离。
- 发生了接触时，对移动中的对手没有重视时间和距离的因素。

如果在静止对手的视野之内做掩护(前方的或侧方的)，做掩护的队员可按自己的意愿靠近对手以建立掩护，只要没有接触。

如果在静止对手的视野之外做掩护，做掩护的队员必须允许对于向掩护迈出正常的一步而不发生接触。

如果对于在移动中，时间和距离的因素应适用。做掩护的队员必须留出足够的空间，以便被掩护的队员能通过停步或改变方向来避免掩护。

要求的距离是不得少于正常的1步，不得多于正常的2步。与已经建立掩护的队员的任何接触，由被合法掩护的队员负责。

8. 撞人

撞人是有球或无球队员推进或移动到对方队员躯干上的非法身体接触。

9. 阻挡

阻挡是阻碍有球或无球对方队员行进的非法身体接触。

如果试图做掩护的队员在移动中与静止或后退的对方队员发生接触，则他发生了一起阻挡犯规。

如果队员不顾球，面对着对方队员并随着对方队员的移动而移动他的位置，除非包含其他因素，他对所发生的任何接触负主要责任。

所谓“除非包含其他因素”是指被掩护的队员故意推人、撞人或拉人。

队员在场上占据位置时把他的手臂或肘伸在他的圆柱体之外是合法的，但当对方队员试图通过时，它们必须被移到他的圆柱体之内。如果手臂或肘是在他的圆柱体之外并发生接触，这是阻挡或拉人。

10. 无撞人半圆区

球场上绘制无撞人半圆区的目的是标明一个特定的区域用于篮下的撞人(阻挡)情况的诠释。

向无撞人半圆区的任何突破情况中，进攻队员与防守队员在无撞人半圆区内的身体接触不应被宣判为进攻犯规，除非进攻队员非法的使用他的手、手臂或者身体，当：

① 进攻队员在腾空并控制球，并且他试图投篮或者传球；

② 防守队员双脚都在无撞人半圆区内。

11. 用手和手臂接触对方队员

用手触及对方队员，本身未必是犯规。

裁判员应判定引起接触的队员是否已经获得了不公正的利益。如果队员引起的接触在任何方面限制对方队员的移动自由，这样的接触是犯规。

当防守队员处于防守位置，并且他的手或手臂放置在持球或不持球的对方队员身上并保持接触以阻碍他行进，就发生了非法用手或非法伸展手臂。

反复地触及或“戳”持球或不持球的对方队员是犯规，因为这可导致粗暴的比赛。

这是持球的进攻队员犯规：

① 为了获得不公正的利益，用手臂或肘“钩住”或缠绕防守队员；

② 为了阻止防守队员的防守或试图抢球，或为了在他和防守队员之间创造更大的空间，“推开”防守队员；

③ 运球时，用伸展的前臂或手去阻止对方队员获得控制球；

④ 不持球的进攻队员为了下列原因“推开”防守队员是犯规：

- 摆脱去接球；
- 阻止防守队员的防守或试图抢球；
- 在他和防守队员之间创造更大的空间。

12. 居中策应

垂直原则(圆柱体原则)适用于居中策应。位于居中策应位置的进攻队员和看守他的防守队员必须尊重彼此的垂直位置(圆柱体)的权利。

位于居中策应位置的进攻队员或防守队员用肩或肘将他的对方队员挤出位置,或用伸展的肘、臂、膝或身体的其他部位去干扰对方队员的活动自由都是犯规。

13. 背后非法防守

背后非法防守是防守队员从对方队员的背后与其发生的身体接触。防守队员正试图去抢球的事实,不证明从背后与对方队员发生接触是正当的。

14. 拉人

拉人是干扰对方队员移动自由的非法身体接触。这种接触(拉人)能用身体的任何部位来发生。

15. 推人

推人是队员用身体的任何部位强行移动或试图移动控制或未控制球的对方队员时发生的非法身体接触。

(三十四)侵人犯规

1. 定义

侵人犯规是队员与对方队员的接触犯规,无论球是活球或是死球。

队员不应通过伸展他的手、臂、肘、肩、髋、腿、膝或脚来拉、阻挡、推、撞、绊、阻止对方队员行进;以及不应将其身体弯曲成"反常的"姿势(超出他的圆柱体);也不应放纵任何粗野或猛烈的动作。

2. 罚则

应给犯规队员登记一次侵人犯规。

(1) 如果对没有做投篮动作的队员发生犯规:

① 由非犯规的队在最靠近违犯的地点掷球入界重新开始比赛;

② 如果犯规的队处于全队犯规处罚状态,则应运用第41条(全队犯规:处罚)。

(2) 如果对正在做投篮动作的队员发生犯规,应按下列所述判给投篮队员若干罚球:

① 如果投篮成功,应计得分并追加1次罚球;

② 如果从2分投篮区域的投篮不成功,2次罚球;

③ 3分投篮区域的投篮不成功,3次罚球;

④ 在结束一节的比赛计时钟信号响时或恰好响之前,或当24秒计时钟信号响时或恰好响之前,队员被犯规了,此时球仍在该队员的手中,并且投篮成功,不应计得分,应判给2次或3次罚球。

(三十五)双方犯规

1. 定义

双方犯规是两名互为对方的队员大约同时相互发生侵人犯规的情况。

2. 罚则

应给每一犯规队员登记一次侵人犯规,不判给罚球,比赛应按下列所述重新开始。

如果在双方犯规的同一时间出现:

① 投篮有效或最后一次或仅有一次的罚球得分，应将球判给非得分队从端线的任何地点掷球入界；

② 某队已控制了球或拥有球权，应将球判给该队在最靠近违犯的地点掷球入界；

③ 任一队都没有控制球也没有球权，一次跳球情况发生。

（三十六）违反体育道德的犯规

1. 定义

（1）根据裁判员的判断，一名队员不是在规则的精神和意图的范围内合法地试图去直接抢球，发生的接触犯规是违反体育道德的犯规。

（2）裁判员必须在贯穿整场的比赛中对违反体育道德犯规解释一致并只判断动作。

（3）判断犯规是否是违反体育道德，裁判员应运用如下原则：

① 如果一名队员不努力去抢球并发生接触，这是一起违反体育道德的犯规；

② 如果一名队员在努力抢球中造成过分的接触（严重犯规），这是一起违反体育道德的犯规；

③ 如果防守队员试图阻止一次快攻，从对方队员身后或侧面与其造成接触，并且在进攻队员和对方球篮之间没有防守队员，这是一起违反体育道德的犯规；

④ 如果一名队员正做合法的努力去抢球（正常的争抢）发生了犯规，这不是违反体育道德的犯规。

2. 罚则

（1）应给犯规队员登记一次违反体育道德的犯规。

（2）罚球应判给被犯规的队员，以及随后：

① 在记录台对面的中线延长部分掷球入界；

② 在中圈跳球开始第 1 节。罚球的次数应按如下规定：

- 如果对没有做投篮动作的队员发生犯规：2 次罚球。
- 如果对正在做投篮动作的队员发生犯规；中篮应计得分并加 1 次罚球。
- 如果对正在做投篮动作的队员发生犯规，并没有得分；2 次或 3 次罚球。

（3）当队员被登记 2 次违反体育道德的犯规时，他应被取消比赛资格。

（4）如果队员在 36.2.3 情况下被取消比赛资格，应只处罚违反体育道德的犯规的罚则，没有取消比赛资格的追加处罚。

（三十七）取消比赛资格的犯规

1. 定义

（1）队员、替补队员、被逐出的队员、教练员、助理教练员或随队人员的任何恶劣的违反体育道德的行为是取消比赛资格的犯规。

（2）已被取消比赛资格的教练员应由登记在记录表上的助理教练员接替。如果记录表上没有登记助理教练员，应由队长（CAP）接替。

2. 罚则

（1）应给犯规者登记一次取消比赛资格的犯规。

（2）每当犯规者依据这些规则的各个条款被取消比赛资格，他应去该队的休息室，并在比赛期间留在那里，或者他也可以选择离开体育馆。

(3) 罚球应判给：

① 教练员指定的任一对方队员，就一次非接触犯规来说；

② 被犯规的队员，就一次接触犯规来说。

以及随后：

在记录台对面的中线延长部分掷球入界，或在中圈跳球开始第 1 节。

(4) 罚球的次数应按如下规定：

① 如果对没有做投篮动作的队员发生犯规或如果是一次技术犯规：2 次罚球；

② 如果对正在做投篮动作的队员发生犯规：如果中篮应计得分并加 1 次罚球；

③ 如果对正在做投篮动作的队员发生犯规，并没有得分：2 次或 3 次罚球。

(三十八) 技术犯规

1. 行为规定

(1) 比赛的正当行为要求双方球队的成员(队员、替补队员、教练员、助理教练员、被逐出的队员和随队人员)与裁判员、记录台人员以及技术代表(如到场)有完美和真诚的合作。

(2) 每个球队应尽最大的努力去获得胜利，但胜利的取得必须符合体育道德精神和公正竞赛的要求。

(3) 任何故意的或一再的不合作，或不遵守本规则的精神，应被认为是一次技术犯规。

(4) 裁判员可以通过警告或甚至宽容那些明显是无意的并不直接影响比赛的、属小的违纪来阻止技术犯规，除非在警告后重复出现同样的违犯。

(5) 如果在球成活球后发现了一次违犯，比赛应停止并登记一次技术犯规，如同技术犯规已发生在被登记时一样地执行罚则。在违犯与比赛停止之间的间隔内无论发生了什么应有效。

2. 暴力行为

(1) 比赛中可能发生与体育道德精神和公正竞赛相违背的暴力行为。裁判员应立即制止，如有必要，通过负责维持公共秩序的保安人员来制止。

(2) 无论何时在队员、替补队员、被逐出的队员、教练员、助理教练员或随队人员之间在比赛场地上或其附近发生暴力行为，裁判员应采取必要的行动去制止他们。

(3) 任一上述的人员以十分恶劣的行为侵犯对方队员或裁判员时，应被取消比赛资格。主裁判员必须将此事件报告给竞赛的组织部门。

(4) 保安人员可以进入比赛场地，只要裁判员要求这样做。然而，如果带有明显采用暴力行为意图的观众进入球场，保安人员必须立即干预以保护球队和裁判员。

(5) 所有其他区域，包括人口、出口、过道、休息室等，由竞赛组织部门和负责维持公共秩序的保安人员管辖。

(6) 裁判员绝不允许队员、替补队员、被逐出的队员、教练员、助理教练员和随队人员的能导致比赛器材损坏的行为。

当裁判员观察到这类行为时，应立即给违犯队的教练员一次警告。

如果重复该行为，应立即宣判有关的违犯者一次技术犯规。

3. 定义

(1) 技术犯规是包含(但不限于)行为性质的队员非接触犯规:

① 不顾裁判员的警告;

② 没有礼貌地触犯裁判员、技术代表、记录台人员或球队席人员;

③ 与裁判员、技术代表、记录台人员或对方队员交流中没有礼貌;

④ 使用很可能冒犯或煽动观众的语言和举止;

⑤ 戏弄对方队员或在他的眼睛附近摇手妨碍其视觉;

⑥ 过分挥肘;

⑦ 在球穿过球篮之后故意地触及球或阻碍迅速地执行掷球入界以延误比赛;

⑧ 倒下以伪造一次犯规;

⑨ 悬吊在篮圈上,致使队员的重量由篮圈支撑,除非扣篮后,队员瞬间地抓住篮圈,或者,根据裁判员的判断,如果他正试图防止自己或另一名队员受伤;

⑩ 在最后一次或仅有一次的罚球中由一名防守队员干涉得分,应判给进攻的队 1 分,随后给防守队员登记一次技术犯规罚则。

(2) 教练员、助理教练员、替补队员、被逐出的队员或随队人员的技术犯规是与裁判员、技术代表、记录台人员或对方队员交流中没有礼貌或触犯他们的犯规。或是一次程序上的或管理性质的违犯。

(3) 教练员应被取消比赛资格,当:

① 由于自身违反体育道德行为的结果而被登记了 2 次技术犯规(“C”)时;

② 由于球队席人员(助理教练员、替补队员、被逐出队员或随队人员)的违反体育道德的行为而被登记了 3 次技术犯规,3 次全部登记为“B”或者其中一次是“C”。

(4) 如果教练员在(3)情况下被取消比赛资格,应只处罚技术犯规的罚则,没有取消比赛资格的追加处罚。

4. 罚则

(1) 如果一次技术犯规发生:

① 由一名队员,应给他登记一次技术犯规,作为队员犯规并作为全队犯规之一计数;

② 由一名教练员(“C”)、助理教练员(“B”)、替补队员(“B”)、被逐出的队员(“B”)或随队人员(“B”),给教练员登记一次技术犯规,并不作为全队犯规之一计数。

(2) 应判给对方队员 2 次罚球,以及随后:

① 在记录台对面的中线延长部分掷球入界;

② 在中圈跳球开始第 1 节。

(三十九) 打架

1. 定义

打架是两名或多名人员(队员、替补队员、被逐出的队员、教练员、助理教练员和随队人员)之间的肢体冲突。

本条款仅适用于在打架中或在可能导致打架的任何情况中离开球队席区域界限的教练员、助理教练员、替补队员、被逐出的队员和随队人员。

2. 规定

(1) 在打架中或在可能导致打架的任何情况中离开球队席区域的替补队员、被逐出的队员或随队人员应被取消比赛资格。

(2) 在打架中或在可能导致打架的任何情况中，为了协助裁判员维持或恢复秩序，只允许教练员和助理教练员离开球队席区域，协助裁判员维持或恢复秩序。在这种情况中，他不应被取消比赛资格。

(3) 如果教练员和助理教练员离开球队席区域，并不协助或试图协助裁判员维持或恢复秩序，他应被取消比赛资格。

3. 罚则

(1) 不论离开球队席区域而被取消比赛资格的教练员、助理教练员、替补队员、被逐出的队员或随队人员的数量有多少，应给教练员登记一次单一的技术犯规(“B”)。

(2) 如果双方球队的成员在本条规定下被取消比赛资格并且没有留下其他要执行的犯规罚则，比赛应接下面所述重新开始。

如果在比赛因打架而停止的同一时间：

① 投篮得分并有效，应将球判给非得分队从端线的任何地点掷球入界；

② 任一队已控制了球或拥有球权，应将球判给该队在记录台对面的中线延长部分掷球入界；

③ 任一队都没有控制球也没有球权，一次跳球情况发生。

(3) 所有的取消比赛资格的犯规不作为全队犯规计数。

(4) 所有涉及在场上打架的队员或在打架之前发生的任何情况的可能存在的犯规罚则，应按第(四十二)条(特殊情况)处理。

(四十) 队员5次犯规

(1) 一名队员已发生了5次侵人犯规和技术犯规，主裁判员应通知本人必须立即离开比赛。他必须在30秒钟内被替换。

(2) 先前已发生了第5次犯规的队员的犯规，被认为是一名逐出的队员的犯规，并登记在教练员名下和在记录表上记入“B”。

(四十一) 全队犯规：处罚

1. 定义

(1) 在一节中某队已发生了4次全队犯规时，该队是处于全队犯规处罚状态。

(2) 在比赛休息期间发生的所有全队犯规应被认为发生在随后一节或决胜期。

(3) 在决胜期内发生的所有全队犯规应被认为是发生在第4节内的。

2. 规定

(1) 当某队处于全队犯规处罚状态时，所有随后发生的对未做投篮动作的队员的侵人犯规应被判2次罚球，代替掷球入界。

(2) 如果控制活球队的队员或拥有球权队的队员发生了侵人犯规，这样的犯规应判对方队员掷球入界。

(四十二) 特殊情况

1. 定义

在一次违犯后的同一个停止比赛计时钟期间又发生了一次或多次犯规时，可能出现特殊情况。

2. 程序

(1) 应登记所有的犯规,并区分出所有的罚则。

(2) 应确定所有犯规发生的次序。

(3) 双方球队所有相等的罚则和所有双方犯规的罚则应按照它们宣判的顺序被抵消。一旦罚则已被抵消,就认为它们从未发生过。

(4) 作为最后罚则一部分的拥有球的权利,应当取消任何先前的拥有球的权利。

(5) 在第 1 次或仅有一次的罚球中,或在掷球入界中,一旦球已成为活球,那么该罚则就不再能用来抵消任何剩余罚则。

(6) 所有留下的罚则应按它们被宣判的次序执行。

(7) 如果双方球队抵消了相等的罚则后,没有留下其他要执行的罚则,比赛应按下面所述重新开始。

如果在第 1 次违犯的大约同一时间:

① 投篮得分并有效,应将球判给非得分队从端线的任何地点掷球入界;

② 任一队已控制了球或拥有球权,应将球判给该队在最靠近第 1 次违犯的地点掷球入界;

③ 任一队都没有控制球也没有球权,一次跳球情况发生。

(四十三) 罚球

1. 定义

(1) 一次罚球是给予一名队员从罚球线后的半圆内的位置上,在无争抢的情况下得 1 分的机会。

(2) 由一次单一的犯规罚则带来的所有罚球和随后的球权被定义为一个罚球单元。

2. 规定

(1) 当宣判了一次侵人犯规,其罚则是判给罚球时:

① 受到侵犯的队员应执行罚球;

② 如果受到侵犯的队员被请求替换,在离开比赛前他必须执行罚球;

③ 如果被指定执行罚球的队员由于受伤,已发生他的第 5 次犯规或已被取消比赛资格必须离开比赛,他的替补队员应执行罚球。如果没有有效的替补队员,任一由他的教练员指定的同队队员应执行罚球。

(2) 当宣判了一次技术犯规时,由教练员指定的对方队的任一成员执行罚球。

(3) 罚球队员:

① 应在罚球线后并在半圆内占据一个位置;

② 可用任何方式罚篮,在此举中,球从上方进入球篮或球触及篮圈;

③ 在裁判员将球置于他处理后,在 5 秒钟内应将球出于;

④ 不应触及罚球线或进入限制区,直到球已进入球篮或已触及篮圈;

⑤ 不应做假动作罚球。

(4) 在抢罚球篮板球位置中,队员们有权占据这些空间的交错位置,该位置被看做是 1 米深。

罚球中这些队员们不应:

① 占据他们无权占据的抢篮板球位置;

② 在球离开罚球队员的手前进入限制区、中立区或离开抢篮板球位置；

③ 用他的行为扰乱罚球队员。

(5) 不在抢罚球篮板球位置中的队员们应留在罚球线的延长部分后面和 3 分投篮线后面，直到罚球结束。

(6) 在罚球后接着有另一罚球单元或一次掷球入界，所有队员应在罚球线延长部分后面和 3 分投篮线后面。

违犯第(3)、(4)、(5)或(6)是违例。

3. 罚则

(1) 如果罚球成功并且罚球队员违例，中篮应不计得分。

应将球判给对方队员在罚球线的延长部分掷球入界，除非还要执行后续的罚球或者球权。

(2) 如果罚球成功并且除罚球队员外的任一队员发生了违例：

① 如中篮，应计得分；

② 违例应不究。

如果发生在最后一次或仅有一次的罚球中，应将球判给对方队员从端线的任何地点掷球入界。

(3) 如果罚球不成功并且违例发生：

① 由罚球队员的同队队员在最后一次或仅有一次的罚球中，应将球判给对方队员在罚球线延长部分掷球入界，除非该队有进一步的球权；

② 由罚球队员的对方队员，应判给罚球队员一次代替的罚球；

③ 由双方球队在最后一次或仅有一次的罚球中，一次跳球情况发生。

(四十四) 可纠正的失误

1. 定义

如果某条规则仅在下列情况中被无意地忽视，裁判员可纠正其失误：

① 判给不应得的罚球；

② 没有判给应得的罚球；

③ 不正确地判给得分或取消得分；

④ 允许不该罚球的队员执行罚球。

2. 一般程序

(1) 为使上述提到的失误是可纠正的，必须在失误后且开动了比赛计时钟之后的第一次死球后、球成活球之前被裁判员、技术代表(如到场)或记录台人员认出。

(2) 发现一起可纠正的失误时，裁判员可立即停止比赛，只要不把任一队置于不利。

(3) 在失误发生了之后和失误的认出之前，已发生的任何犯规、得分、用去的时间和附加的活动，应仍然有效。

(4) 在失误纠正之后，除非规则另有规定，比赛应在为纠正失误时而被停止的地点，由为纠正失误而比赛被停止时拥有球权的队重新开始。

(5) 一旦失误被发现了并仍是可纠正的是如果在失误的纠正中涉及到的队员已被合法替换后坐在球队席上(不是已发生他的第 5 次犯规或者已被取消比赛资格)，他必须重新进入比赛场地参加失误的纠正(此时他成为一名队员)；

在完成纠正后，他须留在比赛中，除非已再次请求了一次合法的替换，在此情况下该队员可以离开比赛场地。

如果该队员因为受伤，已发生他的第5次犯规或者已被取消比赛资格而被替换，他的替补队员必须参加失误的纠正。

(6) 主裁判员已在记录表上签字后，可纠正的失误不能被纠正。

(7) 记录员记录或计时员计时中的任何失误，包括比分、犯规次数、暂停次数或消耗或忽略的时间，可由裁判员们在主裁判员记录表上签字前的任何时间予以改正。

3. 特殊程序

(1) 失误造成不应得的罚球。作为失误的结果而执行的罚球应被取消，并且比赛应按下列所述重新开始：

① 如果失误之后比赛计时钟没有开动，应将球判给罚球被取消的队从罚球线延长部分掷球入界；

② 如果失误之后比赛计时钟已开动并且：

- 在失误被认出时间控制球(或拥有球权)的队与失误发生时间控制球的队是同一队；
- 在失误被认出时间任一队都没有控制球应将球判给在失误时间拥有球权的队；

③ 如果比赛计时钟已开动，并且在失误被认出时间控制球(或拥有球权)的队是在失误发生时间控制球的队的对方，一次跳球情况发生；

④ 如果比赛计时钟已开动，并且失误被认出时间包含罚球的犯规罚则已被判给，罚球应执行，并且将球判给在失误发生时间控制球的队掷球入界。

(2) 失误造成没有判给应得的罚球。

从失误发生以来，如果球权没有改变，在失误纠正后应如同任何正常的罚球后一样地重新开始比赛。

在错误地判给了掷球入界的球权之后，如果同一队得分，则失误应不究。

(3) 允许错误的队员执行了罚球。

作为失误结果的罚球应被取消，并将球判给对方在罚球线延长部分掷球入界，除非还有更进一步的违犯罚则要执行。

(四十五) 裁判员、记录台人员和技术代表

(1) 裁判员应是一名主裁判员和一名或两名副裁判员。他们由记录台人员和技术代表(如到场)协助。

(2) 记录台人员应是一名记录员，一名助理记录员，一名计时员和一名24秒钟计时员。

(3) 一名技术代表应坐在记录员和计时员之间。比赛中他的主要职责是监督记录台人员的工作，并协助主裁判员和副裁判员使比赛顺利进行。

(4) 担任一场比赛的裁判员不应与场上任一队有任何方式的联系。

(5) 裁判员、记录台人员和技术代表应按照这些规则来指导比赛并无权改变这些规则。

(6) 裁判员的服装应由裁判衫、黑色长裤、黑色袜子和黑色篮球鞋组成。

(7) 裁判员和记录台人员应着装一致。

(四十六) 主裁判员:职责和权力

主裁判员应:

(1) 检查和批准在比赛中使用的所有器材。

(2) 指定正式的比赛计时钟、24 秒计时钟、计秒表并确认记录台人员。

(3) 从主队提供的至少 2 个用过的球中挑选比赛球。如果 2 个球中没有一个适宜作为比赛球,他可挑选最好质量的适合用的球。

(4) 不允许任何队员佩戴可能对其他队员造成伤害的物品。

(5) 执行跳球开始第 1 节和管理掷球入界开始所有其他节。

(6) 当情况需要时有权停止比赛。

(7) 有权判定某队弃权。

(8) 在比赛时间结束时,或在任何他认为有必要的时候,仔细地审查记录表。

(9) 在比赛时间结束时认可和在记录表上签字,终止裁判员对比赛的管理和联系。裁判员应在预定的比赛开始时间前 20 分钟到达比赛场地,此时他们的权力应开始,当裁判员认可的结束比赛的计时钟信号响起时他们的权利结束。

(10) 在签字之前,在记录表的反面记录:

① 任何弃权或取消比赛资格犯规;

② 任何队员、教练员、助理教练员或随队人员在早于预定比赛开始前 20 分钟或者在比赛时间结束和核查及在记录表上签字之前发生了违反体育道德的行为,在这种情况下,主裁判员(技术代表如果到场)必须向竞赛的组织部门送交详细报告。

(11) 每当有裁判员的意见不一致时做出最终的决定。为做出最终的决定,他可与副裁判员、技术代表(如到场)和记录台人员商量。

(12) 在他在记录表上签字之前,有权批准和运用技术设备(如果提供)决定每一节或任一决胜期结束时的最后一投是否在比赛时间内,和最后一次投篮算 2 分还是 3 分。

(13) 有权对本规则中未明确规定的任何事项做出决定。

(四十七) 裁判员:职责和权力

(1) 裁判员有权对不论发生在界线内或界线外包括记录台、球队席以及紧靠线后的区域所发生的对规则的违犯作出宣判。

(2) 当发生一次违犯规则、一节结束或裁判员发现有必要停止比赛时,裁判员应鸣哨。在一次成功的投篮、一次成功的罚球之后或当球成活球时,裁判员不应鸣哨。

(3) 当判定身体接触或违例时,裁判员应在每一个实例中注重和考虑下列基本原则:

① 规则的精神和意图以及坚持比赛完整的需要;

② 运用"有利/无利"概念中的一致性,裁判员不应企图靠不必要地打断比赛的流畅来处罚附带的身体接触,况且这样的接触没有给有责任的队员以利益,也未置他的对方队员于不利;

③ 在每场比赛中运用常识的一致性,要记住有关队员的能力以及他们在比赛中的态度和行为;

④ 在比赛控制和比赛流畅之间保持平衡的一致性,对于参与者们正想做什么以及宣判什么对比赛是正确的,要有一种"感觉"。

(4) 如果其中一队提出抗议,主裁判员(或技术代表如果到场)应该在比赛时间结束后的 1 小时内,向竞赛的组织部门报告该抗议。

(5) 如果一位裁判员受伤或因任何其他原因,在事故发生的 5 分钟内还不能继续执行职责,比赛应继续。除有可能以有资格的替补裁判员更换受伤的裁判员外,剩下的裁判员应单独执裁直到比赛结束。在与技术代表(如到场)商议之后,另一裁判员将决定此可能的更换。

(6) 对所有的国际比赛,如果有必要用口语使宣判清楚,则应使用英语处理。

(7) 每一裁判员有权在他的职责范围内做出宣判,但无权不顾或质问另一裁判员做出的宣判。

(8) 裁判员所做的决定是最终的,不能被争辩或漠视。

(四十八) 记录员和助理记录员:职责

(1) 应给记录员提供记录表,他应是:

① 登记比赛开始时上场的队员和所有参加比赛的替补队员的姓名和号码,当有关比赛开始时上场的 5 名队员、替换或队员的号码违反规则时,他应尽快通知最靠近的裁判员;

② 记入投篮和罚球得分以及累积分;

③ 记录登记在每个队员名下的犯规,当登记任一队员第 5 次犯规时记录员必须立即通知裁判员,他应记录登记在每一教练员名下的犯规,当教练员被取消比赛资格时,他必须立即通知裁判员,同样,他必须立即通知裁判员某队员已发生 2 次违反体育道德的犯规并应被取消比赛资格;

④ 登记暂停时某队已提出请求,在下次暂停机会时通知裁判员,当教练员在该半时或决胜期中不再有剩余暂停时,他应通过裁判员通知该教练员;

⑤ 操作交替拥有箭号来指明下一次交替拥有,在第 1 半时结束后由于球队在第 2 半时将交换球篮,记录员应立即调整交替拥有箭号的方向。

(2) 记录员还应是:

① 举牌指明每一队员发生犯规的次数,举到双方教练员看到的程度,标志牌上有该队员发生犯规的次数;

② 在一节中,某队第 4 次全队犯规后,当球成活球时将全队犯规处罚状态标志放置在记录台上靠近该队球队席的一端;

③ 实现替换;

④ 仅当球成死球,并在球再次成活球之前发出他的信号。记录员的信号声响不停止比赛计时钟或比赛,也不使球成死球。

(3) 助理记录员应操纵记录板和协助记录员。

至于记录板和记录表之间的任何差异不能被解决,记录表应居先,并且记录板应相应地被改正。

(4) 如果记录错误被发现时:

① 在比赛中记录员必须等到第一次死球时才发出他的信号;

② 在比赛时间结束之后,在主裁判员签字之前,该错误应被改正,即使这个改正影响比赛的最终结果;

③ 在主裁判员已在记录表上签字之后，该错误不再可能被改正。主裁判员或技术代表（如到场）必须向竞赛的组织部门送交详细的报告。

（四十九）计时员：职责

（1）应给计时员提供一块比赛计时钟和一块计秒表，并应：

① 计量比赛时间、暂停和比赛休息期间；

② 保证一节比赛时间结束时自动和非常响亮地发出信号；

③ 如果他的信号失灵或未被听到，应立即使用任何可能的办法通知裁判员；

④ 第 3 节开始前至少 3 分钟时通知球队和裁判员。

（2）计时员应按下列所述计量比赛时间：

① 开动比赛计时钟，当：

- 跳球中，球被跳球队员合法地拍击时；
- 在最后一次或仅有一次的罚球不成功，并且球继续是活球，球触及一名场上队员或被他触及时；
- 掷球入界中，球触及一名场上队员或被他合法触及时。

② 停止比赛计时钟，当：

- 如果比赛计时钟自身不能自动停止，在一节比赛时间的末尾时间终了时；
- 球是活球裁判员鸣哨时；
- 某队已请求暂停，对方队投篮得分时；
- 第 4 节的最后 2 分钟和任一决胜期的最后 2 分钟内投篮得分时；
- 某队控制球时 24 秒计时钟响起信号时。

（3）计时员应按下列所述计量暂停：

① 裁判员鸣哨并给出暂停手势，立即开动计秒表；

② 当暂停已走过 50 秒钟时发出他的信号；

③ 当暂停已结束时发出他的信号。

（4）计时员应按下列所述计量比赛休息期间：

① 当先前的一节已结束时，立即开动计秒表；

② 在第 1 节和第 3 节之前，距该节开始剩余 3 分钟、1 分 30 秒钟时发出他的信号；

③ 在第 2 节、第 4 节和每一决胜期之前，距该节开始剩余 30 秒钟时发出他的信号；

④ 当比赛休息期间结束时，发出他的信号并同时立即停止计秒表。

（五十）24 秒钟计时员：职责

应给 24 秒钟计时员提供一个 24 秒计时钟，并按下列要求操作。

（1）开动或者重新开动，当：

① 某队在场上获得控制活球时；

② 在掷球入界中，球触及或者被场上任何队员合法触及。

如果相同的球队仍拥有球权，对方仅仅是触及球并不重新开始一个新的 24 秒周期。

（2）裁判员应在下列情况发生时鸣哨：

① 一次犯规或者违例（不是因为非控制球的球队使球出界）；

② 比赛因与控制球的球队无关的行为被停止；

③ 比赛因与双方球队都无关的行为被停止，除非对方会被置于不利。

(3) 24 秒计时钟应：

① 停止并复位到 24 秒，并不显示影像，当：

- 球合法进入球篮。
- 球触及对方球篮的篮圈(除非球夹在了篮圈和篮板之间)。
- 该队获得后场掷球入界球权或者罚球。
- 控制球的球队发生了违犯。

② 停止但不复位到 24 秒：当与先前控制球相同的球队获得前场掷球入界球权，并且 24 秒钟计时器显示的是 14 秒或者更多；

③ 停止并且复位到 14 秒：当与先前控制球相同的球队获得前场掷球入界球权，并且 24 秒计时钟显示的是 13 秒或者更少。

(4) 当原先已控制球的同一个队由于如下的原因被判给掷球入界时，停止但不复位：

① 球出界了；

② 一名同队队员受伤了；

③ 一次跳球情况；

④ 一次双方犯规；

⑤ 双方球队的相等罚则抵消。

(4) 在任一节中，当某队在场上获得控制活球时，比赛计时钟的剩余时间少于 24 秒或者 14 秒时，关机。

24 秒计时钟的信号不停止比赛计时钟或者比赛，也不使球成死球，除非某队控制球。

第三章 排球

第一节 排球运动的起源与传播

一、排球的起源

排球运动诞生于1895年，创始人是威廉·G·摩根，美国马萨诸塞州霍利沃克城基督教青年会干事。身为热衷于推广体育运动的基督教青年会干事，摩根在辅导人们进行各种体育锻炼的实践中逐渐意识到，不同的对象应该采用不同的锻炼方法。当时逐渐流行起来的是由奈史密斯发明的篮球运动，但摩根认为它比较适合年轻人，对于年纪稍大的人来说则过于剧烈。1895年，摩根辅导一个由商人组成的班级，渐渐萌生了一个大胆的想法：创造一种结合了篮球、棒球、网球以及手球的游戏，而这种游戏又必须避免像篮球那样的肢体接触。为此，摩根在青年会的体育馆中进行了试验。他在篮球场上架起了网球网(高约1.98米)，以篮球胆为球，让人们像打网球一样用手隔网来回托传球，与网球的不同之处是球不能落地，球在哪一方落地一次就算哪一方失败一次。

由于篮球胆太轻，在空中飘忽不定，玩起来很不方便，摩根尝试将篮球胆换成了篮球。但篮球又过于沉重，飞行速度太慢且很难用手将其隔网击打。最后，该市的司堡尔丁体育用品公司(Spaulding Company)试做了圆周63.5—68.8公分，重量9—12盎司(约255—346克)，外表为皮制，内装橡皮球胆的球。经试验，此球效果非常理想，于是就决定采用这种球——这就是第一代排球，其规格与现代国际比赛用球已经非常接近，而排球这项运动也正式诞生了。因此，它就在基督教青年会中广泛传播开来。摩根和春田市(Spring field)体育干事弗兰克·德博士及消防署长林奇共同将这项游戏命名为“Mitontte”(意为“小网子”)。

1896年，摩根制定了世界上第一个排球竞赛规则，发表在当年7月出版的美国《体育》杂志上。同年，春田专科学校举行了首次排球表演赛，这也是世界上最早的排球赛。赛后，春田市立学院的霍尔斯特德教授根据球要在空中飞行、不能落地的特点，将其改名为“Volleyball”(意为“空中连续击球”)。

二、排球运动的传播

排球问世后，由美国的教会、传教士和驻外军官、士兵传播到了世界各地。由于排球在问世之初就没有严格的上场人数限制，加之传入的时间不同，世界各地排球运动的形式也不尽相同。

由于地理位置的原因，排球最先传入美洲；1900 年首先传入加拿大；1905 年传入古巴；1912 年传入乌拉圭；1914 年传入墨西哥。传入美洲的大多是六人制排球形式。

排球传入亚洲也比较早，1900 年首先传入印度，1905 年起先后传入中国、日本、菲律宾等国。因为所采用的规则不同，亚洲排球经历了 16 人制——12 人制——9 人制——6 人制的演变过程。

欧洲的排球运动起步要稍晚一些，第一次世界大战期间才随美国士兵登陆。1917 年，排球最先出现在法国，接着传入意大利，1919 年、1921 年先后在捷克、波兰等东欧诸国开展。虽然起步晚，但传入的排球运动已采用运动员轮转、15 分制和 6 人制，其竞技性已渐成熟，因此发展较快。

第二节 排球运动的发展

世界排球运动的发展主要可分为三个阶段：娱乐排球、竞技排球和现代排球。

一、娱乐排球(1895—1936 年)

排球本就是为娱乐休闲而创造的，因此排球从诞生之初就被大众认可为一项娱乐性较强的游戏。人们进行排球运动，是以休闲、健身为主要目的。

但游戏也需要有规范。因此，从 1896 年摩根制定第一个排球规则开始，排球的各项规则开始逐步建立。1900 年，采用 21 分制；1912 年采用运动员轮换制和三局两胜制；1915 年，采用 15 分制。尤其是 1921—1938 年间，因排球技术水平的提高和技术手段的多样化，规则进行了一系列的修改和完善，除划定了比赛场地外，技术动作被归类为发球、传球、扣球和拦网，场上队员也有了明确的位置分工。此外，1924 年，单独制定了为妇女参赛的女子比赛规则。

1936 年柏林奥运会期间，第一个国际排球组织——排球技术委员会成立，旨在促进国际间的排球比赛和交流。但由于第二次世界大战的爆发，委员会还未正式开展工作就宣布解散。

二、竞技排球(1947—1980 年)

第二次世界大战期间，世界排球运动一度停滞不前。直到 1947 年 7 月，在法国、前捷克斯洛伐克和波兰三国的倡议下，国际排球联合会(FIVB)在巴黎召开成立大会，制定了国际排联宪章，成立了技术委员会、竞赛委员会和裁判委员会，正式出版了通用国际排球竞赛规则，并选举法国人保尔·黎伯为第一任主席。从此，排球运动从娱乐阶段进入了竞技阶段。

根据国际排联大会的决议，1948 年在意大利罗马举行了第一届欧洲男子排球锦标赛，1949 年在布拉格举行了第一届世界男排锦标赛。

其后，第一届欧洲女子排球锦标赛(1949 年)、世界女子排球锦标赛(1952 年)、世界杯男子排球赛(1965 年)、世界杯女子排球赛(1973 年)、世界青年男、女排球锦标赛(1977 年)年先后在国际排联的领导和组织下成功举办，竞技排球在全球范围内得到蓬勃发展。

1964 年，排球成为奥运会正式比赛项目，出现在了第 18 界东京奥运会的赛场上。竞技时代的全面到来，也掀起了世界排坛诸强争霸和各大技术流派竞相绽放的潮流。20 世界五十年代的排坛霸主是前苏联队。前苏联无论男队、女队，均身材高大、力量强劲，进攻扣球势大力沉，多次蝉联世界冠军，他们被称为“力量派”。

能与“力量派”抗衡的是以前捷克斯洛伐克男排为代表的“技巧派”，他们战术细腻，以球的线路变化和落点控制为特色，曾在 1956 年巴黎世锦赛上击败前苏联队获得冠军。但在“力量派”和“技巧派”的多次交锋中，“力量派”占据了明显的上风。

60 年代初期，日本著名“魔鬼教练”大松博文率领日本女排创造了“滚翻防守”、“勾手飘球”等技术，打破了前苏联女排称霸的格局。凭借出色的防守、飘忽的发球、迅捷的快攻和顽强的意志，“东洋魔女”横扫女子排坛，除了诸多世界冠军，她们还获得了东京奥运会女子排球的冠军。

60 年代中期到 70 年代末，世界排坛出现了“百花齐放、百家争鸣”的局面，日本女排学习了中国的“近体快”、“平拉开”等快攻技术，创造了“短平快”、“时间差”、“位置差”等打法，成为“速度派”；前苏联队保持了“力量派”的特点并加以了改进；前捷克斯洛伐克队仍是“技巧派”的先锋；民主德国队则以高大队员的“超手扣球”和高成功率著称，被称为“高度派”……

三、现代排球(20 世纪 80 年代开始)

世界排球进入了现代排球阶段。它包括全攻全守排球，社会化、商业化、职业化排球和“大排球”三个内涵。

(一) 全攻全守排球

进入 80 年代，各种技术流派间的交流融合频繁，打法创新的步伐也在加快，凭一技之长就能一统排坛的时光已全然不在。于是，一场新的排球革命——全攻全守排球悄然开始。

全攻全守排球以中国女排和美国男排为标志，强调技术的高快结合、前后结合，形成全面型进攻的打法。

80 年代初，中国女排在主教练袁伟民的带领下，形成了攻防全面、战术多变，以高制亚洲、以快制欧洲的技术打法，1981—1986 年，创造了举世瞩目的“五连冠”伟业。美国男排则大胆运用跳发球技术和后攻技术，设计了立体进攻战术，也获得了“四连霸”的傲人战绩。

(二) 排球的社会化、商业化、职业化

1984 年，墨西哥人阿科斯塔当选为国际排联主席。上任伊始他就郑重宣布：他的目标是把排球发展成世界上最受欢迎的运动项目之一。

于是，他领导国际排联对机构本身和排球运动进行了一系列的改革和调整，将排球运动推向了市场；改革赛制、修订规则、配合并利用现代化传播媒介、创办世界男排联赛和女

排大奖赛等，把排球运动推到了竞技体坛的高端，取得了巨大的社会效益和经济效益。

而意大利也在国际排联的倡导下率先走上了职业化道路，大力推行排球职业化和俱乐部制度。科学的理念和运营机制带来了巨大的成功，意大利排球水平在职业化后显著提高，原先战绩平平、连进入前 8 名都困难的男排甚至获得了 4 次世界冠军、1 次世界亚军。

随后，法国、德国、荷兰等西欧国家的职业排球也获得了巨大发展，中国、韩国、日本，美国、拉美等国家也都先后建立了自己的排球职业联赛。

（三）“大排球”

高水平的竞技排球已在全球范围被广泛热衷和瞩目，但国际排联的目标并不是将排球变成只有少数人“表演”、多数人“观赏”的“一条腿”运动项目，排球需要全面的普及和推广。

如今，国际排联已拥有 200 多个会员国，是世界上最大的单项体育协会之一。为了更好地在全世界范围内扩大排球运动的影响，国际排联已开始有计划、有目的地开展和推广各种形式的排球运动，如沙滩排球、软式排球、学校排球、迷你排球、雪地排球等，其中沙滩排球的发展已经具有相当的规模，不仅拥有自己的管理机构——国际排联沙滩排球委员会，又创办了规范的世界沙滩排球锦标赛和职业巡回赛，还自 1996 年亚特兰大奥运会开始，成功成为了奥运会正式比赛项目。

竞技排球与娱乐排球并存、高水平职业排球与群众排球共举，这就是“大排球”的概念。

第三节 排球运动的简介

一、排球运动的概念

排球运动是由参加运动的人，以身体的任何部位相互在空中击球，使球不落地，既可隔网进行比赛，也可不设球网进行击球游戏的一种体育项目。是由两支人数相等的球队，在被球网隔开的两个均等的场区内，根据规则可以使用身体任何部位，将球从球网上空击入对方场区，而使球在对方场区内落地，它是集体的、攻防对抗的体育运动项目。

二、排球的特点

排球运动问世一百多年来，其竞赛规则虽然经过了多次修改，但比赛双方始终围绕着使球在对方场区落地，或使对方击球失误的竞技目的展开激烈的争夺，因此也带来了排球运动特有的，也是其他球类运动所不具备的技、战术特点。

（一）形式多样性和广泛的群众性

排球运动的场地设备比较简单，可设在室内亦可设在室外。地板上、沙地上、草地上、雪地上，甚至水中都可以进行排球活动，其形式多种多样，比赛规则容易掌握可以变通。

参加人数可多可少，运动负荷能大能小，适合不同年龄、性别、体质和训练程度的人在不同环境条件下进行活动，因此有广泛的群众性。

(二) 技术的全面性和高度的技巧性

排球比赛中，任何位置上的队员都要参与防守和进攻；而且在大多数形式的比赛中，规则还要求队员轮转位置。因此每个队员都须全面地掌握各项攻、防技术。

由于排球比赛具有球不能落地、以及必须将球击出不能持住、同一名队员不得连续击球两次、每队击球次数又有规定等特点，决定了排球技术的高度技巧性。

(三) 激烈的对抗性和严密的集体性

排球比赛中双方的攻防转换始终是在激烈的对抗中进行的，其对抗的焦点主要集中在网上的扣与拦之间，一分球的争夺往往要经过七八个回合。水平越高的比赛，对抗争夺越激烈。排球比赛双方都在利用规则不允许的 3 次击球机会，通过精心设计和巧妙配合，在瞬间完成激烈的攻防转换和完美的战术组合，体现了严密的集体性。

(四) 轻松的娱乐性和高雅的休闲性

排球运动不拘泥形式，可支网相斗，亦可围圈嬉戏。只要有一块空间，或沙滩或草地，尽可享受击技的乐趣。排球比赛隔网进行，双方斗技，没有身体接触，安全儒雅，是人们欢跃、休闲的理想方式。

三、排球的功能

排球运动的功能也可称为是排球运动的价值。根据排球运动的特点，参加排球运动不仅能提高人们的力量、速度、灵活、耐力、弹跳、反应等身体素质和运动能力，并改善身体各器官、系统的机能状况，而且还能培养机智、果断、沉着、冷静等心理素质。也是建设精神文明的一种良好手段。

通过排球比赛和训练，可以培养团结战斗的集体主义精神；可以锻炼胜不骄、败不馁，勇敢顽强、克服困难、坚持到底等良好作风。

(一) 排球技术的概念

排球技术是指在排球规则允许的条件下，运动员采用的各种合理的击球动作和为完成击球动作所必不可少的其他配合动作的总称。合理的击球动作指各种直接触球的动作，如发球、垫球、传球、扣球、拦网，这 5 项基本击球动作又称为有球技术。而各种准备姿势、移动、助跑、起跳、倒地等没有直接触球的配合动作，又称为无球技术。无球技术是排球技术中最容易被人们忽视的一项，它是完成各项击球动作的前提和基础，直接影响着击球动作的质量。

表 3－1　排球技术分类

- 排球技术
  - 无球技术
    - 准备姿势
    - 移动
  - 有球技术
    - 发球
    - 垫球
    - 传球
    - 扣球
    - 拦网

(二) 排球技术的分类

排球技术分为无球技术和有球技术两大类(如表3－1所示)，共分为准备姿势、移动、发球、垫球、传球、扣球、拦网 7 项基本技术。这些较适合于初学者进行练习。

第四节 准备姿势和移动

一、准备姿势

准备姿势是指为了便于完成各种技术动作而采取的合理的身体姿势。合理的准备姿势是指既要使身体重心处于相对稳定的状态，又要便于移动和完成各种击球动作，为迅速起动、快速移动及击球创造最好的条件的姿势。按照身体重心的高低，准备姿势可分为半蹲准备姿势、稍蹲准备姿势和低蹲准备姿势 3 种。半蹲准备姿势多用于接发球、拦网和各种传球（如图 3－1 所示）。稍蹲准备姿势一般用于扣球助跑之前、对方正在组织进攻不需要快速反应起动的时候（如图 3－2 所示）。低蹲准备姿势主要用于后排防守、进攻保护和拦网保护（如图3－3 所示）。半蹲准备姿势技术要点：两脚左右开立，比肩稍宽，一脚稍靠前，两脚尖适当内收，脚跟稍提起，膝关节保持一定的弯曲。上体前倾，重心靠前，腹部稍内收，膝的垂直线应落在脚尖前面。两臂放松，自然弯曲，双手置于腹前。全身肌肉适当放松，两眼注视来球，两脚始终保持微动。

图 3－1

图 3－2

图 3－3

稍蹲准备姿势技术要点：两脚位置与姿势和半蹲准备姿势相同。身体重心较半蹲准备姿势稍高。屈肘程度较小。

低蹲准备姿势技术要点：两脚左右、前后的距离更宽，膝部弯曲的程度更大。低蹲准备姿势较半蹲准备姿势身体重心更低，且更靠前。肩部垂直线过膝，膝部垂直线超过脚尖。

二、移动

移动是指脚从起动到制动的过程。移动的主要目的是及时接近球，保持好人与球的位置关系，以便击球。

移动包括起动、移动步法和制动 3 个环节。

（一）起动

起动是指移动的开始动作。其技术要点是：在准备姿势状态下，收腹。上体前（侧）倾，使身体重心前（侧）移。重心降低，脚前（侧）移，破坏身体平衡。身体向前（侧），抬腿，身体失去平衡而前(侧)倾,达到了起动的目的。起动的主要动力来源于蹬地腿的肌肉的爆发式的收缩,蹬地腿预先拉长的肌肉的爆发力越大.起动就越快。

(二) 步法

1. 并步与滑步

并步与滑步是同一类动作。并步是指短距离脚步的并列移动,滑步是指连续的并步移动。并步主要用于近距离的传、垫球,滑步主要用于稍远距离的传、垫球。其技术要点是:向来球方向跨出一步,另一脚迅速、有力地蹬地,并跟上成准备姿势。并步移动时,身体重心水平移动。当来球较远时,使用连续并步,即滑步移动(如图 3 - 4 所示)。

图 3 - 4

2. 跨步与跨跳步

跨步与跨跳步是同一类动作。跨步是指向来球方向跨出一大步的移动方法,跨跳步是指在跨步动作的基础上伴有跳跃的动作。

跨步主要用于接体侧、体前低且速度快的来球。其技术要点是:利用后腿蹬地力量,向来球方向跨出一大步,膝部弯曲。上体前倾,身体重心移至前腿上,后腿留在原处。跨跳步是在跨步的基础上,后脚向来球方向蹬离地面,有一个腾空阶段。前脚落地后,迅速屈膝,后脚及时跟上,同时降低重心,上体前倾,准备击球(如图 3 - 5 所示)。

图 3 - 5

3. 交叉步

交叉步是指以腿部交叉的方法进行移动的技术动作。当来球距体侧 3 米左右时,可采用交叉步。其特点是步子大、动作快、制动强。其技术要点是:上体稍倾向来球方向,远侧脚从近侧脚前面,沿来球方向,交叉迈出一步。近侧脚再向来球方向跨出一大步,同时身体转向来球方向,成准备姿势(如图 3 - 6 所示)。

图 3－6

4. 跑步

跑步是指跑动击远距离球的技术动作。当球距离身体很远时，可采用跑步。其技术要点是：当来球在侧方或后方，可采用侧身跑或边转身边跑。当来球是在身后的高球，可采用后退跑。跑动时，重心平稳，两臂要配合摆动．不要过早做击球动作。跑动到位后，控制身体平衡，成准备姿势。

（三）制动

制动是移动的结束，也是击球动作的开始。在快速移动后，为了保持稳定的击球姿势，必须经过制动，克服身体移动的惯性，以便于完成下一个击球动作。制动可分为一步制动法和两步制动法。其技术要点是：制动时，在移动最后跨出一大步，同时降低重心，膝部和脚尖适当内转，全脚掌横向蹬地，以抵住身体重心继续移动的惯性。以腰腹力量控制上体，使身体重心的垂直线停落在脚的支撑面以内（如图 3－7 所示）。

图 3－7

三、准备姿势和移动的练习方法

（一）准备姿势的练习方法

● 徒手模仿练习。

● 一人做准备姿势，另一人纠正其错误动作，两人交换进行。

● 看手势做练习。一人做手势上举、平举、放下，另一个做相应的直立、半蹲、摸地动作。

● 全体学生围成圆圈慢跑，听到教师哨声向前跨一步做半蹲——稍蹲——低蹲准备姿势。

（二）移动的练习方法

● 两人相向站立，成半蹲准备姿势，双手互拉，由其中一人主动做向左、右、前、后的一步移动，另一人跟着做。

● 5—6 人一组，平行站在端线处，学生做原地跑或原地小碎跑，看到教师的信号后立即起动冲刺跑动。

● 以半蹲准备姿势开始，看信号后做前、后、左、右的交叉步移动。

● 两人一组，一人做准备姿势和移动，一人纠正动作。

● 在进攻线和中线之间连续做前进和后退的移动。改变移动方向时，手要触摸进攻线和中线。

- 在场地内，采用交叉步或滑步从一侧边线移动到另一侧边线。
- 两人一组，移动接地滚球。
- 三人一组，绕三角障碍物任意跑动，一人追，两人跑（规定三人移动的步法）。
- 两人一组，一人把球向前、后、左、右抛出，另一人移动后用双手把球接住。
- 两人一组，一人将两个球依次向两个方向抛出，另一人移动后依次将球接住并抛回。

第五节　垫球技术

一、垫球的概念与作用

垫球技术是在全身协调用力的基础上，通过手臂的垫击动作，使来球从垫击面上反弹出去的一项排球基本技术。

垫球主要用于接发球、接扣球、接拦凹球，有时也用于组织进攻。

垫球技术包括：正面双手垫球、体侧垫球、背垫球、挡球、滚翻、前扑及鱼跃垫球等。

二、垫球技术动作

（一）正面双手垫球

移动对准来球后，双手在腹前垫击称为正面双手垫球。它是最基本的垫球方法（如图 3－8 所示）。

图 3－8

1. 准备姿势

看清来球的落点后，迅速移动到位，对正来球，成半蹲准备姿势（如图 3－9 所示）。

图 3－9

2. 击球手型

两手手指交叉重叠后，合掌互握，两拇指平行，两手掌根靠紧，或两手腕部靠紧，两手自然放松，手腕下压，两臂外翻形成一个平面（如图 3－10 所示）。

3. 击球动作

当球飞到距腹前一臂距离时，两臂夹紧前伸，插到球下，两腿向前上方蹬地，垫击球的后下部。身体重心随击球动作前移，控制出球的方向和落点（如图 3－11 所示）。

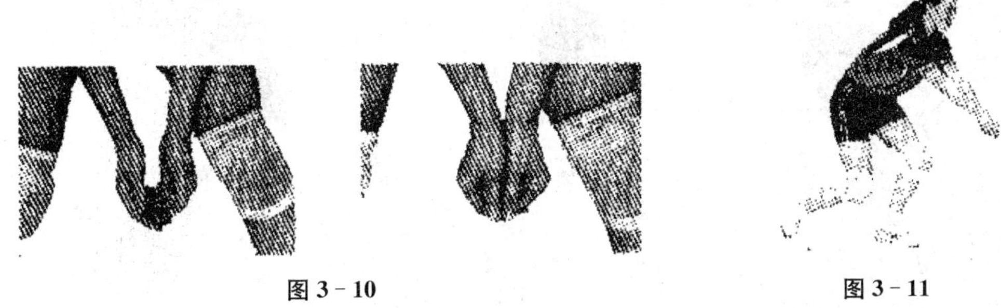

图 3－10　　　　图 3－11

4. 击球点和击球部位

击球点应尽量保持在距腹前一臂距离处。用腕上方 10 厘米左右的两小臂桡骨内侧所构成的平面击球。这一部位肌肉弹性适中，较易稳妥地垫击来球（如图 3－12 所示）。

图 3－12　　　　图 3－13

5. 手臂角度

垫球时要根据来球的角度和要垫击的方向，运用入射角近似于反射角的原理，调整手臂构成的平面与地面所成角的角度，左右转动手臂构成的平面以控制垫球方向。来球弧度低平，而要垫出球的弧度也较平时，手臂角度应大；反之，应小（如图 3－13 所示）。

6. 垫击用力

垫球用力的大小与来球力量成反比，同垫出球的距离和弧度成正比，即，来球力量较小、速度较慢时，主要靠手臂上抬的力量来增加球的反弹力；如需垫出距离较远、弧度较高的球，还要靠蹬地、提肩动作的协调配合，抬臂送球动作幅度也要适当增大；垫中等力量球时，迎击动作要小，速度要慢，手臂适当放松，避免弹力过大，主要靠来球本身的反弹力垫击；垫重球时，手臂要随着屈肘后撤，加长受力距离和时间，减小单位时间内球给手臂的力量，以达到缓冲的目的. 将球平稳地垫到预定位置。

（二）体侧垫球

当来球飞向体侧，来不及移动对准来球时，可用双臂在体侧进行垫击。例如，球向右侧飞来. 左脚前脚掌内侧蹬地，右脚向右跨出一步，重心随即移至右脚上，右膝弯曲，同时，两臂夹紧向右侧伸出，左肩微向下倾斜，用向左转腰和收腹的动作，配合两臂自右后方向前截住球飞行的路线，用两前臂垫击球的后下部。切忌随球向右侧摆臂击球，这样会造成球飞向侧方（如图3－14所示）。

图3－14

（三）背垫球

背对垫出方向，从身前向背后垫球称为背垫球。一般用于一传失控后的调整球或第三次击球被动进攻，击球过网。

背垫球时，要判断好球的飞行方向，迅速移动到球的落点上，背对出球方向，两臂夹紧伸直，击球点最好高于肩。击球时，要抬头挺胸，展腹后仰，直臂向上方摆动抬送（如图3－15所示）。在背垫低球时，可用屈肘、翘腕的动作，以虎口处将球向后上方垫起。

图3－15

图3－16

（四）单手垫球

在比赛中，来不及用双手垫球时可采用单手垫球，以扩大控制范围。不足之处是触球面小，控球能力差，应在确实无法用双手垫球的情况下采用。

当来球飞向右侧较远处时，迅速跑步接近球，然后右脚跨出一大步，上体向右倾斜，右臂伸直，自右后方向前摆动，用前臂内侧、掌根或虎口处垫击球的后下部（如图3－16所示）。

（五）前扑垫球

来球低而远且来不及移步时，向前扑出，完成击球动作，然后手掌扶地，屈肘支撑，称为前扑垫球。前扑垫球的特点是防守的控制范围大、应用广泛、易于掌握，特别是女子做前扑垫球更为合适。

做前扑垫球时，应用半蹲准备姿势，身体重心下降，上体前倾，利用前脚掌用力蹬地，使身体向前下方来球处伸展扑出。同时，向前伸出双手或单手插入球下，利用提肩、抬臂动作将球垫起。击球后，双手在体前着地支撑，两肘缓慢弯曲，以缓冲身体下落的力量，同时抬头、挺胸、展腹，以胸腹先着地，切忌含胸、屈膝. 以防着地时受伤（如图 3－17 所示）。

图 3－17

（六）挡球

当来球较高、力量较大、不便于传球或垫球时，可用手掌在胸、肩部以上挡击来球称挡球。挡球主要用于防守中接高于肩的球。运用此技术可扩大控制范围，提高防守效果。

挡球技术要点是：两肘弯曲，两虎口交叉，两掌外侧朝前，成勺形。手腕后仰，以掌外侧和掌根组成的平面挡击球的后下部。击球时，手腕紧张，用力适度，击球点应保持在前额或两侧肩上（如图 3－18 所示）。

图 3－18

（七）滚翻垫球

来球低、距球远时，可采用滚翻垫球。这样可以充分发挥移动速度，保护身体不至于受伤，并可迅速起立进入下一个动作。击球时，可采用单手或双手击球。

滚翻垫球在接球时迅速向来球方向移动，跨出一大步，重心下降，上体前倾，胸部接近大腿，使重心完全落在跨出腿上。手臂伸向来球方向，同时，两脚蹬地向前用力，使身体向来球方向伸展，前臂插在球下，用双手或单手击球的后下部。击球后，在身体失去支撑的情况下，顺势转体，依次以大腿外侧、臀部外侧、背部、跨出脚的异侧肩着地，同时低头、收腹团身。通过跨出脚的异侧肩的肩部做后滚翻动作，并顺势迅速站起，做好下一个动作的准备（如图 3－19 所示）。

图 3－19

（八）脚垫球

脚垫球主要是当来球远而低、变化突然、时间短促，无法用其他垫球技术来击球时采用，属应急性技术动作。脚垫球主要有脚背和脚内侧垫球两种。

1. 脚背垫球

动作方法是：以一脚为支撑，另一脚迅速向来球方向伸去，利用伸大腿、摆小腿的动作，使脚背插入球下。击球时，利用小腿继续上摆、脚踝上挑的动作，以脚背的上部触球的下部（或侧下部）将球垫起。脚背垫球后，若身体失去平衡，可采用侧倒坐地或后倒坐地等进行自我保护（如图 3－20 所示）。

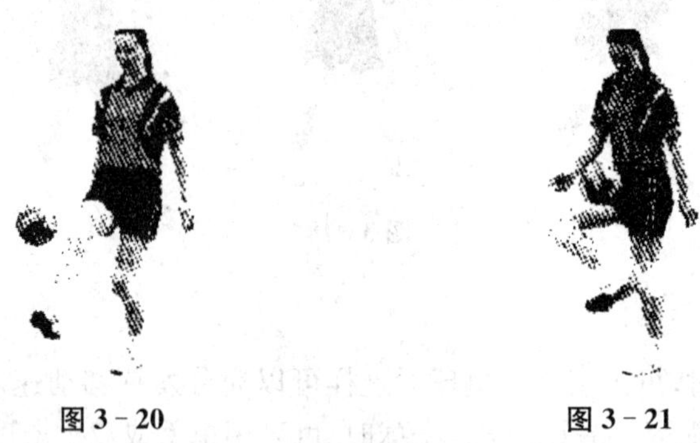

图 3－20　　图 3－21

2. 脚内侧垫球

动作方法与脚背垫球相似，但在击球时，脚尖要上翘，脚踝紧张，以脚内侧部位垫球的后下部（如图 3－21 所示）。

三、垫球技术的练习方法

（一）持球接力

练习时，分成若干组，面对面并相隔一定距离，持球者把球放在垫击位置上，用走或跑前进。跑到规定距离后，将球交给对方。在练习时，手臂要伸直，球不能掉地。跑得快者为胜。

(二) 连击球次数比赛

练习时,用单手或双手连续击球,连击次数多者为胜(动作不限)。

(三) 垫固定球

练习时分成两人一组,一人持球于腹前,另一人用垫球动作击球,体会击球动作。

(四) 垫抛球

练习时分成两人一组,一人抛球,一人垫球。

(五) 垫球接力

一种是行进间自垫接力,另一种是原地自垫接力。练习时分成若干组,同组内进行编号,一人自垫 5 次后叫同组编号,被叫到者接着垫球。

(六) 对垫比赛

4—6 人一组对垫,可隔网也可不隔网,可跑动也可不跑动。

(七) 移动垫球

在前、后、左、右移动中垫回同伴的抛球。

(八) 连续对墙垫球练习

对墙距离由近而远。

(九) 对垫练习

两人一组对垫练习,距离由近而远。

(十) 三人垫球练习

三人一组,三角连续垫球练习。

(十一) 发垫练习

相距 4—6 米,一人发球一人垫球。

(十二) 垫传交替练习

两人一组,一人垫球一人传球。两人交替进行。

第六节 传球技术

一、传球技术的概念与作用

利用手指与手腕的弹力和身体其他相关部位的协调用力,将球传至一定目标的击球动作称为传球。传球时触球的面积大,手指、手腕既灵活又灵敏,因而传出球的方向、速度、弧度和落点易于掌握,准确性高、变化多。传球也常常被用来接对方的推攻球、被拦回的高球、轻发球及轻扣球,还可用作二传的吊球和处理球的方法。

二、传球的种类

传球按传球方向分为	传球按支撑方式分为
正面传球	原地传球
背面传球	空中传球(跳传)
侧向传球	

图 3-22　传球技术的种类

三、传球技术动作

(一) 正面传球

面对来球方向的传球动作,称为正面传球。它是传球中最基本的方法,也是运用最多的技术。当来球较高、速度较慢时,通常采用正面传球。因为击球时面对来球,所以容易掌握传球的方向、控制传球的落点,传球的准确性和稳定性高,手和身体其他相关部位的动作容易协调配合,是其他传球技术的基础。其动作由准备姿势、击球手型、击球部位、击球动作和击球后动作 5 个环节组成。

1. 准备姿势

传球一般采用稍蹲的准备姿势。当判断出来球的落点后,迅速移动接近来球,两膝微屈,抬头看球。

2. 击球手型

两肘适当分开,两手在脸的前上方自然张开成抱球状,且两手间保持一定距离,手腕稍后仰,两手的拇指、食指分别相对,且成三角形,小指向外(如图 3-23 所示)。

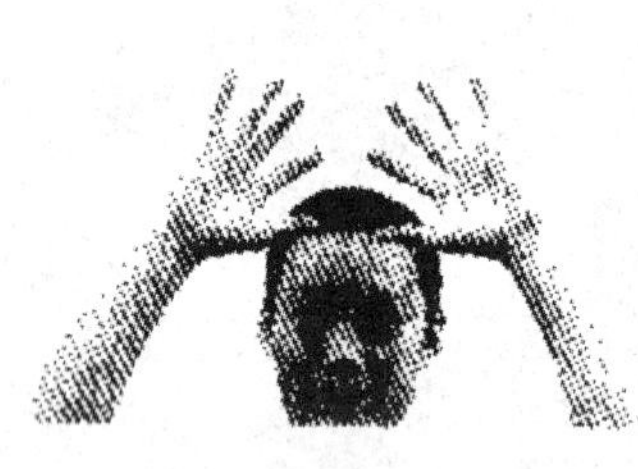

图 3-23

图 3-24

3. 击球部位

以拇指的内侧、食指的全部和中指的第二、三指接触球的后下部,并以无名指和小指在两侧辅助控制出球的方向,击球点在距额头约一球距离的前上方(如图 3-24 所示)。

4. 击球动作

当来球接近额前时,传球手蹬地、伸膝,两手微张且经脸前向上方迎球。当手接触来球时,手部肌肉适度紧张,对来球的力量做适当缓冲,然后通过蹬地、伸膝、伸腰、伸臂、伸肘的协调用力和手指、手腕的反弹力将球平稳地传出(如图 3-25 所示)。

图 3-25

5. 击球后动作

将球传出后，传球手的身体随击球动作自然伸展，重心前移、提升，保持传球手型片刻，随即还原成准备姿势，以便衔接下一个动作（如图 3-26 所示）。

图 3-26

（二）背面传球

背对来球方向的传球动作称为背面传球，简称背传。背传主要用于二传的组织进攻。其技术要点是：

（1）上体正直或稍后仰，身体重心在两脚之间。

（2）双手上举，掌心稍向上，手腕稍后仰。

（3）击球点保持在额前上方，触球时的手型与正面传球时的手型相同。

（4）利用蹬地、上体后仰、挺胸、展腹、抬臂的协调用力及手腕、手指的弹力，将球向身体后上方传出。

（5）击球时，拇指应适当用力，以控制出球的落点（如图 3-27 所示）。身体侧对来球方向，并将球向体侧方向传出的传球动作称为侧向传球，简称侧传。侧传主要用于传近网球。其技术要点是：

① 击球点在身体的侧上方；

② 出球方向一侧的手臂低一些，另一侧的则要高一些；

③ 击球时，蹬地后，上体向出球方向倾斜，双臂向传出一侧用力伸展（如图 3-28 所示）。

图 3-27

图 3-28

（三）跳传

跳起，在空中进行的各种传球动作称为空中传球，又称跳传。跳传主要用于网前或网上的传球及二传的组织进攻。其技术要点是：

（1）掌握好起跳时机，向上垂直跳起。

（2）跳起后，身体在空中保持平衡，双臂上摆至脸前。

（3）当身体上升到最高点时，靠伸臂的力量和手腕、手指的弹力将球传出。

（4）击球后，身体缓冲落地（如图 3－29 所示）。

图 3－29

四、传球技术的练习方法

（1）两人一组，于额前上方抛击球，也可接球后，相互纠正手型。

（2）两人一组，单手传击球：动作不限，击球次数越多越好。

（3）徒手模仿练习：练习者做传球的准备姿势、身体协调延伸动作和手型的模仿练习。

（4）传固定球：两人一组，一人按传球手型持球于额前，向额前上方做推送动作；另一人用单手压住球，给球一定的力量。体会传球手型和身体其他相关部位的协调用力。

（5）两人一组，一人抛球，另一人用前额顶球，体会传球的击球点的位置。

（6）两人一组，一人抛球，另一人首先做好传球的手型，然后接住球，体会传球手型。

（7）对传：可用 10 个手指，也可用 6 个、4 个或 2 个手指。

（8）抛传球：可一抛一传，也可一抛一接，也可传（接）对地反弹球。着重体会手型。

（9）近距离对墙传球：体会传球手型。

（10）自抛自传练习：双手由胸前垂直向上抛球，球高约 1 米左右，准备自传；当球下落到手中时，手指、手腕保持一定的弹性，使球轻轻地反弹起来，从而连续向上自传。

（11）接传由同伴抛来的球：两人相距 4 米，同伴用双手抛球，练习者将球传回。

（12）对传练习：两人相距 3—5 米，连续传球。

（13）对墙传球练习：人与墙相距 3 米左右，对准墙上的目标连续传球。

（14）传不同高度的球：两人相距 4—6 米，交替传高球和平球，距离可逐渐增大。

（15）移动后传球：两人一组，由同伴抛球，练习者移动后传球。抛球者可将球抛至跑动传球者的左、右侧或前、后方。

（16）三人三角传球练习。

第七节 发球技术

一、发球技术的概念与作用

队员在发球区用一只手将自己抛起的球直接击入对方场区的技术动作称为发球。发球是排球比赛中一项重要的进攻性技术，随着排球运动的发展而得到不断的创新与提高。

二、发球技术的种类

发球
- 正面上手发球
- 勾手发球
- 正面上手发飘球
- 勾手发飘球
- 正面下手发球
- 侧面下手发球
- 发高吊球
- 跳发球

图 3－30 发球技术的种类

三、发球的技术动作

（一）正面下手发球

这种发球动作简单，适合初学者运用，但用该技术发的球球速慢，攻击性不强（如图 3－31 所示）。

图 3－31

1. 准备姿势

面对球网，两脚前后开立，左脚在前，右脚在后，两膝微屈，上体稍前倾，左手持球于腹前。

2. 抛球

左手将球垂直上抛约 20 厘米高，至右肩的前下方即可；抛球的同时，右臂伸直向后摆，身体重心也适当后移。

3. 击球

以肩为轴，右臂由后经下方向前摆，身体重心也随之前移，并在右肩前下方、腹前，用全手掌击球的后下方。击球后，随身体重心前移之势，迅速跨步入场。

（二）侧面下手发球

这种发球动作在转体时借助于腰腹肌的力量，比较省力，一般适合女生使用（如图 3－32 所示）。

图 3－32

1. 准备姿势

左肩对球网，两脚左右开立，与肩同宽，两膝微屈，上体稍前倾，左手持球于腹前。

2. 抛球

左手持球，由小腹前将球垂直上抛约 30 厘米高，至身体的正前方，离身约一臂距离，同时，右臂摆至右侧后方。

3. 击球

抛球引臂后，利用右脚蹬地和向左转体的动作，带动右臂迅速前挥，在腹前用全手掌击球后下方。击球后，身体应转至面向球网，并顺势入场。

（三）正面上手发球

这种发球动作要求运动员面对球网站立，故便于观察对方，发球的准确性大，落点易于控制，并能充分利用转体、收腹动作带动手臂加速挥动，以便利于手腕的推压动作，加大击球的力量和速度（如图 3－33 所示）。

1. 准备姿势

面对球网，两脚自然开立，左脚在前，左手持球于体前。

2. 抛球

抬臂，用手掌平托球，将球平稳地垂直上抛适当的高度，至右肩的前上方。

3. 挥臂击球

在左手抛球的同时，抬起右臂，屈肘后引至肘与肩平，上体稍向右转动，而后蹬地、上体向左转动，同时收腹，从而带动手臂挥动，并在右肩上方伸直手臂，手指自然张开，与球相吻合，用全手掌击球的中部，击球时，手腕若能迅速地做推压动作，就会使击出的球上旋

图 3－33

飞行。击球后，随着重心前移，并迅速进场。

（四）正面上手发飘球

这是一种使发出的球不旋转，但使球不规则地向前飘晃飞行的发球方法。这种发球使对方一传队员难以判断球的飞行路线和落点。现在，上手发飘球已成为比赛中主要的发球方法，为男、女运动员普遍采用(如图 3－34 所示)。

图 3－34

1. 准备姿势

同正面上手发球的动作。

2. 抛球

同正面上手发球的动作。球上抛的最高位置距上身一臂左右，其高度比上手发球的球高稍低。

3. 挥臂击球

挥臂击球与正面上于发球一样做鞭打动作。但击球前，手臂的挥动轨迹不呈弧形，而是从后向前呈直线形运动击球，五指并拢，手腕稍后仰，用手掌平面击球的中下部；击球时，手指紧张、手型固定，手腕小加推压动作。击球后，手臂突然停止前摆。

（五）勾手发飘球

勾手发飘球和上手发飘球一样，发出的球不旋转，但在空中飘晃不定，给接发球队员造成较大的困难。这种发球技术男、女皆宜，但此前被女运动员较为广泛地采用(如图 3－35 所示)。

图 3－35

1. 准备姿势

体侧对球网,两脚自然开立,左手持球于胸前。

2. 抛球

左手采用托送方式,将球平稳地抛至左肩前上方。不宜太高,比一臂稍高。

3. 挥臂击球

在抛球的同时,右臂摆向右下方,上体顺势向右倾斜和转动,身体重心落在右脚上,而后,用右脚蹬地,上体向左转动,带动手臂挥动。挥臂同时,手臂伸直,手腕保持紧张,以手掌根的坚硬平面,或半握拳以拇指根等部位击球的中下部。触球后,手臂突然停止摆动,运动员迅速进场。

(六) 跳发球

跳发球可提高发球的击球点,且身体能充分伸展和发力,加大了发球的力量.增强了发球的攻击性(如图 3 - 36 所示)。

图 3 - 36

跳发球分跳发上旋球和跳发飘球两种。

跳发上旋球时,运动员面对球网,在距离端线 3—4 米处站立。用单手或双手将球抛向前上方,使球离地高度为 3.5—4 米,落点在端线附近。随着球的离手,运动员向前跑动(两步或三步)跳起。起跳时,两臂要协调摆动,摆幅要大。击球时,利用收腹和转体动作带动手臂挥动,击球点保持在右肩前上方。手臂伸直,用全手掌击球的中下部,手腕同时对球有个推压动作,使球上旋飞行。击球后,运动员屈膝缓冲,双脚落地,迅速入场。

跳发飘球的助跑距离较近,一般距端线 15—25 米,空中动作与跳发上旋球的动作基本相同,只是挥臂击球动作同上手发飘球。

四、发球的练习方法

(1) 抛球练习:每人一球,首先做不离手的抛球练习,同时做引臂和摆臂击球练习(不实击)。学生可按教师的口令集体做,以控制节奏。

(2) 自抛球:自抛,也可找一固定参照物自抛。要求将球平稳地向上抛出,且抛出的球不旋转,高度固定。

(3) 击固定球:一人持球于击球点高度,另一人击球。体会击球点位置和挥臂动作。

(4) 抛球配合挥臂动作练习:抛球后做挥臂动作,但不将球击出。

(5) 单手掷球比赛:分若干组,画一条直线作为掷球目标,看哪一组掷得准。命中率高者获胜。

(6) 对墙近距离发球练习:距墙 6 米左右发球,逐渐将与墙的距离拉大至 9 米左右。

(7) 距网 6 米发球练习:两人一组,各距离 6 米练习发球,逐渐拉大距离。

(8) 在发球区内发球练习:

练习一:提高发球的稳定性。规定每人连续发 5 个或 10 个攻击性强的好球,失误 1 个则扣除 1 个好球,其中,无攻击性的球不算,直至完成任务。

练习二:全队分成 2—4 个小组依次发球。发球攻击性强得 2 分,发一般球得 1 分.发球失误得 0 分,看哪一组先获得规定分数。

练习三:在距排球场发球区 10—12 米、12—14 米、14—16 米、16—18 米处分别画 A、B、C、D 区,要求发球落点依次前进,即第一个球落在 A 区、第二个球落在 B 区、第三个球落在 C 区、第四个球落在 D 区。

第八节　扣球技术

一、扣球技术的概念与作用

队员跳起在空中,用一只手或手臂将本方场区上空高于球网上沿的球击入对方场区的击球方法叫做扣球。扣球是排球的基本技术之一,在比赛中占有重要地位。扣球是得分的主要手段,是进攻中最积极、有效的武器,是战术配合中的最后一个动作,是一个队争取场上主动的途径及其攻击力强弱的表现,也是比赛中夺取胜利的关键。

二、扣球技术的分类

扣球技术按动作方法可分为正面扣球、勾手扣球、单脚起跳扣球三种;按区域又可分为:前排扣球、后排扣球。一般可将扣球技术按用途分为(如图 3-37 所示):

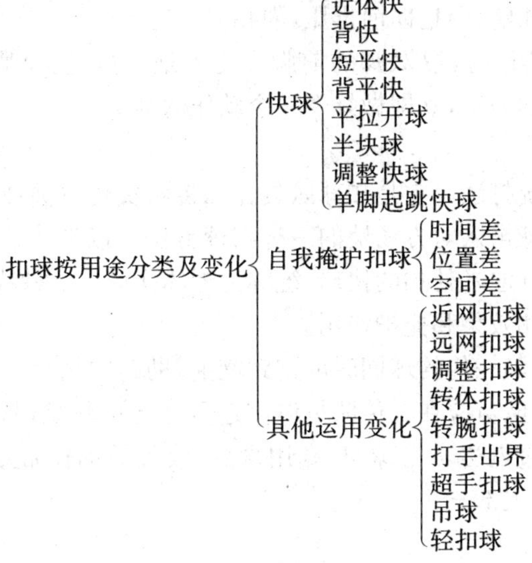

图 3-37

(一) 扣球技术动作

1. 正面扣球

正面扣球是扣球的一种基本方法。扣球时面对球网,便于观察,准确性较高。由于挥臂动作灵活,能根据对方防守情况,随时改变扣球路线和力量,便于控制球的落点,因而正面扣球的进攻效果较好(如图 3-38 所示)。正面扣球动作结构包括准备姿势、助跑、起跳、空中击球和落地五个不同衔接的部分。

图 3-38

(1) 准备姿势。扣球助跑前采用稍蹲姿势,两臂自然下垂,站在距网 3 米左右处,身体朝向来球方向,观察来球,做好向各个方向助跑起跳的准备。

(2) 助跑。助跑开始时,左脚先向前迈出一步,右脚再紧接着快速跨出一大步,左脚及时并上,踏在右脚之前,两脚尖稍向右转。两臂绕体侧向上引摆。

(3) 起跳。助跑中右脚跨出一步(即第二步)、左脚并上、踏地制动的同时,两臂自后积极向前摆动,且双腿蹬地起跳,带动双臂有力地向上摆动。

(4) 空中击球。起跳后,挺胸展腹,上体稍向右转,右臂向后上身体成反弓形。挥臂时,迅速转体、收腹、动作发力,依次带动肩、肘、腕各部位关节,向前上方成鞭甩动作。击球时,五指微张,以手掌心为主,全手掌包住球,在手臂伸直所达最高点的前上方击球的中后部,同时,主动用力屈腕、屈指向前推压,使扣出的球上旋。

(5) 落地缓冲。落地时,以双脚的前脚掌先着地,进而再全脚掌着地,同时,顺势屈膝、收腹,以缓冲下落的力量,立即做好下一个动作的准备。

2. 快球技术

快球是我国的传统打法。它是扣球队员在二传队员传球前或传球的同时起跳.并迅速把二传队员传来的球击入对方场地的一种扣球方法。以近体快球为例,扣球队员在二传队员体前、体侧约 50 厘米处扣的快球,统称为近体快球。这种快球距离二传最近,因而速度快、节奏快,有实扣效果和掩护作用。

扣近体快球时,要随一传的球同时助跑到网前,助跑的角度一般与网成 45°左右。当二传队员传球时,扣球队员应在二传队员体前近网处迅速起跳,紧接着快速挥臂,将刚刚传出网口的球立即扣过网去。击球时,利用含胸、收腹的动作带动前臂和手腕的迅速挥甩,以全手掌击球的后上部。

3. 调整扣球技术

球从后场区经调整传到网前的球称为调整扣球。

扣球技术是排球基本技术中种类较多、也最为复杂的一项基本技术。因此，一定要认真掌握动作要领，在指导员的帮助下练习，效果较好。

三、扣球技术的练习方法

(1) 原地起跳摆臂练习，熟练起跳的摆臂动作练习。

(2) 一步起跳摆臂练习，二步起跳摆臂练习。

(3) 徒手模仿挥臂击球练习，体会鞭打动作。

(4) 快速挥臂，打一定高度上的树叶或扔小石子。

(5) 两人一组，对地扣反弹球。

(6) 扣固定球练习。两人一组. 一人举球至肩上，另一人扣球。

(7) 低网原地自抛扣球练习。

(8) 助跑自抛扣球练习。

(9) 两人一组，一抛一助跑扣球练习。

(10) 连续对墙扣反弹球。

(11) 4 号位扣抛球练习。

(12) 结合同伴的二传，练习在 4 号位扣球。

第九节　拦网技术

一、拦网技术的概念与作用

运动员用腰部以上身体的任何部位，在球网附近且高于球网上沿的位置，阻拦过网的球，并触及到球的技术称为拦网。

拦网是排球运动的基本技术之一，具有强烈的攻击性。拦网可以直接拦死、拦回对方的扣球，削弱对方的锐气，动摇对方的信心，给对方造成心理的压力。

二、拦网的技术动作

拦网分为单人拦网和集体拦网两种形式，但二者的个人技术动作都是基本相同的，只是后者更注重相互之间的配合与协作。

(一) 单人拦网

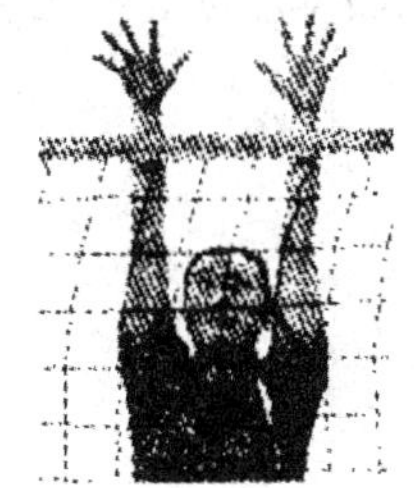

图 3－39

1. 准备姿势

两脚左右开立，约与肩同宽，两膝弯曲，上体稍前倾，重心落在两脚之间和两前脚掌上，两臂自然放松屈于胸前。

2. 站位

4号位拦网队员应站在距边线1.5米处；3号位拦网队员站在距中线20—30厘米处；2号位队员应站在距边线1.5米处。

3. 移动

为了及时对正来球，可用并步移动、交叉步移动、滑步移动及跑步等多种步法迅速移动到位，准备起跳。

4. 起跳

起跳时，屈两膝，使重心降低，随即两脚用力蹬地。两臂以肩为轴、以大臂为半径，在体侧做屈臂小弧形摆动，两臂随之上举。身体充分伸展并向上腾起。

5. 空中击球

(1) 手臂动作。随着身体向上腾起，两手经由脸前上伸直，两臂之间的距离应以不漏球为宜。

(2) 击球手型。两手掌伸展，五指自然张开，稍紧张。

(3) 拦击动作。在拦击球时，向上提肩，手臂尽量上伸，两手手指紧张，拇指、小指尽量外伸，并且两手尽可能地包住球，手腕下压，把球拦到对方场区内。

在2、4号位拦网时，外侧手应稍转向场内，以防对方制造打手出界，造成拦网失误。

6. 落地

如已将球拦回，则可面对对方，屈膝缓冲，双脚落地。如未能拦到球，则在下落时就要随球转头，并以转头方向相反的一只脚先横过来落地，随即转身面向后场，准备接应来球或下一个动作。

(二) 集体拦网

集体拦网除了上述个人拦网技术的要求外，应着重注意互相协作配合。集体拦网可分为双人拦网和三人拦网两种。

1. 双人拦网

双人拦网是集体拦网的主要形式。双人拦网，主要由2、3号位队员或3、4号位队员组成。根据对方不同的进攻位置，每个拦网队员的具体分工也不同。当对方从4号位组成拉开进攻时，应以本方2号位为主。3号位队员移动靠拢、协同配合、组成双人拦网。如果球较集中，则应以3号位队员为主，2号位队员进行配合拦网。当对方从3号位进攻时，一般应以本方3号位队员为主，4号位队员协同配合。拦对方从2号位的进攻时，则应以本方4号位队员为主，3号位队员进行协同配合拦网(如图3-40所示)。

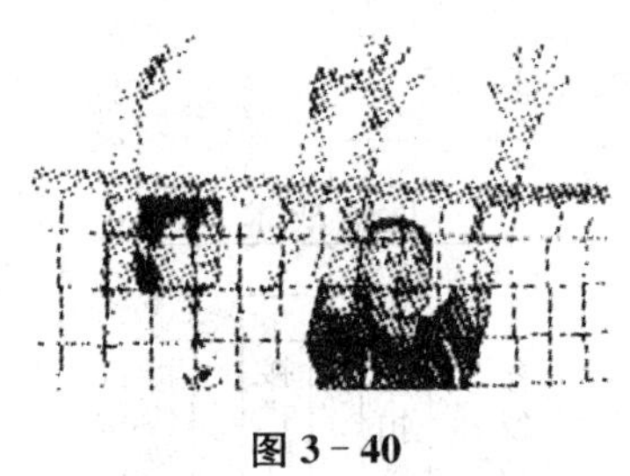

图 3 - 40

图 3 - 41

2. 三人拦网

二人拦网多在对方进行高点强攻的情况下运用。在组成三人拦网时，不论对方从哪个位置进攻，都应以本方 3 号位队员为主拦者，两侧队员主动配合，集体起跳拦网（如图 3 - 41 所示）。

二、拦网技术的练习方法

(1) 在网前做原地起跳拦网。
(2) 两人在朝边上移动，在 2、3、4 号位起跳拦网，要两人在网上拍手。
(3) 一人主动，一人被动在网前移动起跳徒手拦网。
(4) 原地或对墙做徒手伸臂动作。要求手型正确，手指自然张开。
(5) 矮网一扣一拦。要求扣球准确，拦网不起跳。
(6) 教师在高台扣同定路线球，学生移动起跳拦网。
(7) 对方 4 号位扣一般弧度、较为集中的球，本方 2 号位拦网。
(8) 对方 2 号位扣球，本方 4 号位拦网。
(9) 对方组织“中边一一”战术进攻，本方在对应位置单人拦网。
(10) 双人原地起跳配合拦网
(11) 双人移动后起跳配合拦网。

第十节 排球运动的基本战术

一、排球战术的概念

排球战术是指运动员在比赛中，根据排球竞赛规则和排球运动的规律、比赛双方的具体情况和临场变化，合理运用个人技术及集体配合所采取的有意识、有组织的行动。

二、排球战术的分类

排球战术分为个人战术和集体战术两大类。个人战术又分为发球战术、一传战术、二传战术、扣球战术、拦网战术及防守战术等。根据排球运动攻防结合、攻防转化的基本特点，按比赛中不同来球的情况，集体战术分为接发球及其进攻、接扣球及其进攻、接拦回球及其进攻、接传、垫球及其进攻 4 种相应的进攻战术体系（如图 3 - 42 所示）。

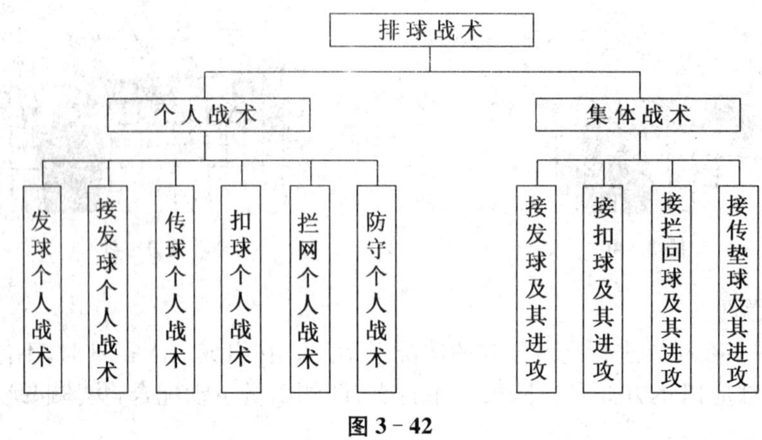

图 3－42

三、阵容配备

阵容配备是指比赛时场上人员的搭配布置。阵容配备是指比赛时场上人员的搭配布置,阵容配备的目的是把全队的力量合理搭配好,更有效地发挥每一个队员的特长和作用。为此,在组织阵容时,应该根据队员的身体素质、技术水平合理安排其在阵容中的位置,把进攻力量强的和防守技术好的队员搭配开,使每一次的安排都有较强的进攻能力和较好的防守能力。主攻手、副攻手和二传手分别安排在对应的位置上,以便在轮转时保持比较均匀的攻防力量。根据战术需要和队员间默契程度,把平时配合较好的进攻队员和一传队员安排在相邻的位置上。扣球好的主攻手一开始应站在最有利的位置上,如 4 号位;防守好的队员,应站在后排。本方有发球权时,发球好的队员最好站在 1 号位;发球权在对方时,发球好的队员可站在 2 号位。一传较差的队员尽可能不要安排在相邻的位置上,避免形成薄弱区域。

根据各队不同的技术水平和战术特点,一般有以下三种阵容配备:

(1)“四二”配备。场上有两个二传手、四个攻手(其中两个主攻手、两个副攻手),安排在对称的位置上(如图 3－43 所示)。每一轮次,前排都有一个二传队员和两个进攻队员,便于组织前排二传、传球的两点进攻和后排二传插上传球的二点进攻。但每个进攻队员必须熟悉两个二传队员的传球特点,配合比较困难。

(2)“五一”配备。即场上一个二传队员,五个进攻队员(如图 3－44 所示)。为了弥补有时主要二传队员来不及传球所出现的被动局面,通常在二传队员的对角位置上,配备一名有进攻能力的接应一传队员。二传队员在前排时采用两点进攻,在后排时采用插上传球的三点进攻,由于前排两个都是攻手,可以加强进攻和拦网的力量。“五一”配备中,全队进攻队员只需适应一名二传队员传球的习惯、特点,容易建立配合间的默契。但防反时,二传队员如果在后排,要插上传球,难度较大。

(3)“三三”配备:即二三名能攻的队员与三名能传的队员间隔站位(如图 3－45 所示),使每一轮次都有传有扣,是初学者常用的一种阵容配备。

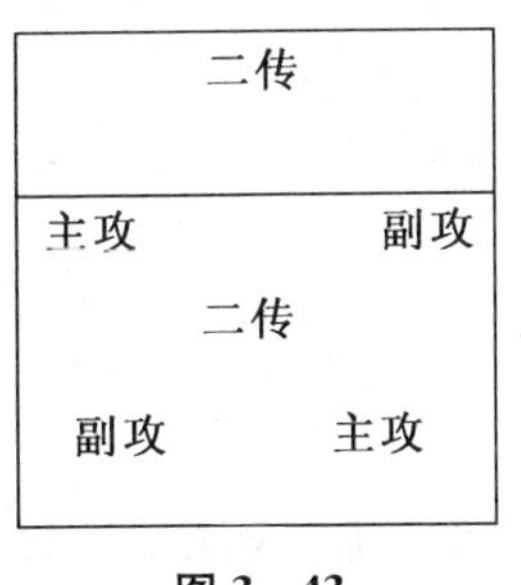

图 3-43

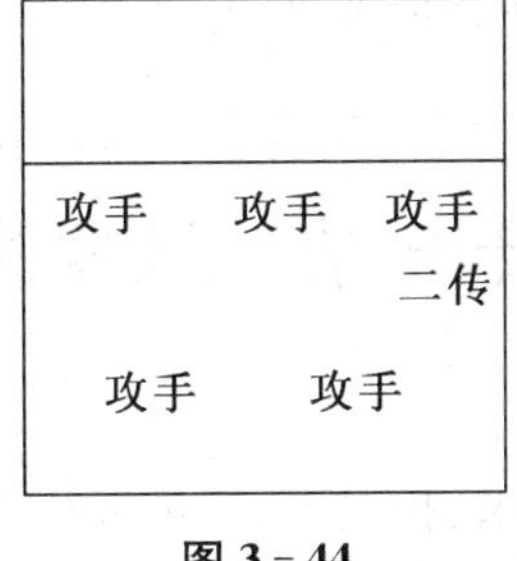

图 3-44

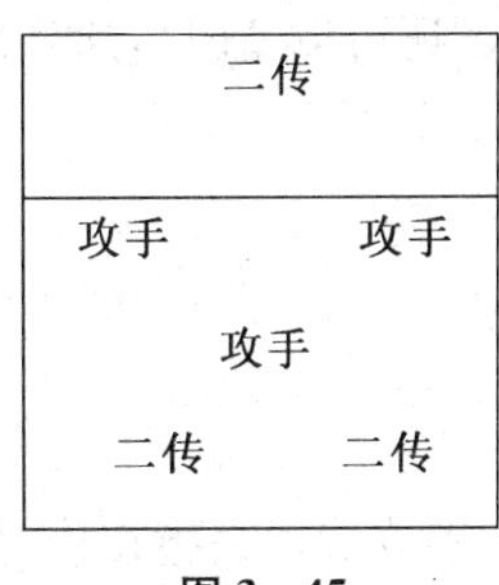

图 3-45

四、位置交换

为了最大限度地发挥每个队员的特长，调动一切积极因素，加强攻防力量，同时，弥补由于队员身体技术发展的不平衡所带来的阵容配备上的某些缺陷，比赛中，在规则允许的条件下，可以采用交换位置的方法组织战术。交换位置的效果如下：

(1) 充分发挥每个队员的专长，以扬长避短。

(2) 以利于组织进攻防守战术的需要，从而发挥攻防战术的优势。

(3) 采用专位分工的进攻和防守，以提高攻防战术的质量。

五、信号联系

排球运动是集体项目。在实现快速、多变的进攻战术时，必须通过信号联系来统一行动。一个队的信号联系与联系方法，应根据本队的情况，由教练员和队员共同协商确定。用于联系的信号应简单、清晰，便于全体队员了解战术行动。联系的方法有以下几种：

(一) 语言联系

使用口头呼喊来进行直接联系的方法称为语言联系法。使用时，语言要精练、清晰，一般只用一、两个字，如"快"、"高"、"背"、"交叉"等。也可将战术编成号数，使用时以代号进行联系。为了迷惑对方，口头信号也可有真有假，有正有反。比赛中，运用语言信号比较多，缺点是容易暴露战术意图。

(二) 手势信号

通过事先确定的各种手势，表明各种进攻战术变化的信号称手势信号。手势信号一般在接发球进攻时采用，如二传队员在前排或后排插上时，用手势提示其他队员。其优点是隐蔽性强。

六、"自由人"的运用

"自由人"的设置是国际排球联合会在 1998 年正式实施的一项有利于防守战术的新规则。在比赛中，"自由人"可以在规则允许的范围内，无须裁判允许并不受人数、次数的限制，自由地进出比赛场地，参加比赛。合理地选配"自由人"，灵活地运用"自由人"已成为一个队在比赛中成功运用战术的重要因素。"自由人"可以及时替换场上进攻能力强而防守能力相对较弱的队员，也可以及时替换因扣球、拦网而体力消耗较大的主力队员，"自由人”还可以适时传递教练员的临场指挥意图。

第十一节　进攻战术

进攻战术是指在接对方发过来、扣过来、拦过来和传、垫过来的球后，全队所采取的有目的、有组织的配合进攻行动。进攻战术又可分为进攻阵形和进攻打法两方面。

一、进攻战术阵形

进攻战术阵形即进攻时所采取的队形。不论是接对方发过来、扣过来、拦过来，还是传、垫过来的球后，进攻时所采用的阵形是基本一致的，不外“中一二”、“边一二”、“插上”三种阵形。

(一)“中一二”进攻战术阵形

3 号位队员作二传，将球传给 4、2 号位队员进攻的组织形式(如图 3-46 所示)。其优点是：一传向网中 3 号位垫球比较容易，因而有利于组成进攻，适合初学者采用；二传队员在网前接应一传的移动距离近，向 2、4 号位传球的距离较短，容易传准。缺点是战术变化少，对方容易识破进攻意图。

(二)“边一二”进攻战术阵形

2 号位队员作二传，将球传给 3、4 号位队员的组织形式。其优点是：右手扣球者在 3、4 号位扣球比较顺手，战术变化较多(如图 3-47 所示)。缺点是 5 号位接一传时，向 2 号位垫球距离较远；一传垫到 4 号位时，二传传球较为困难。

(三)“插上”进攻战术阵形

二传队员由后排插上到前排作二传，把球传给前排 4、3、2 号位队员进攻的组织形式(如图 3-48 所示)。其优点是：能保持前排三点进攻，战术配合变化多，并能利用网的全长组织进攻。缺点是对插上二传队员的要求较高。

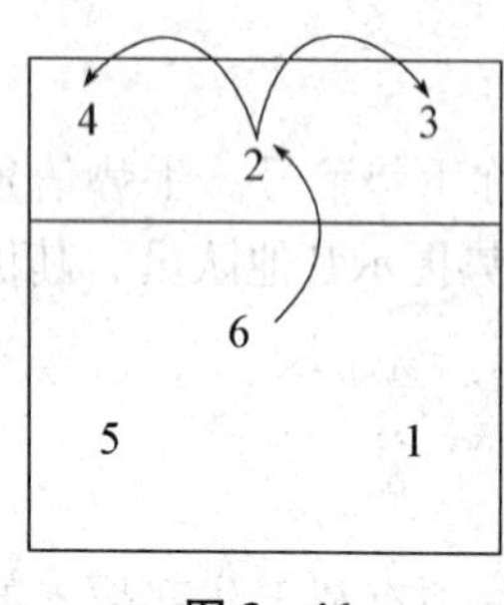

图 3-46

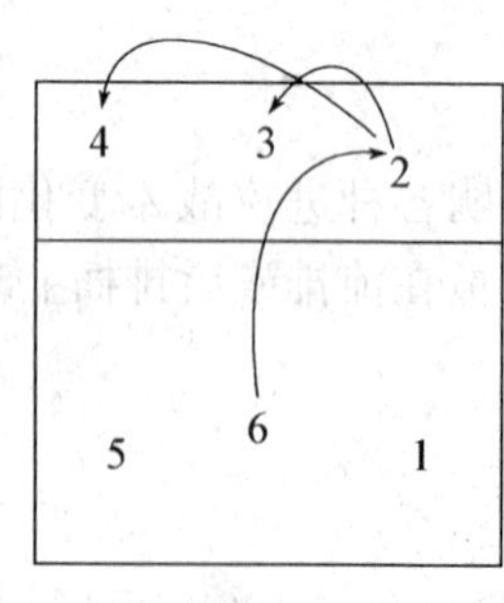

图 3-47

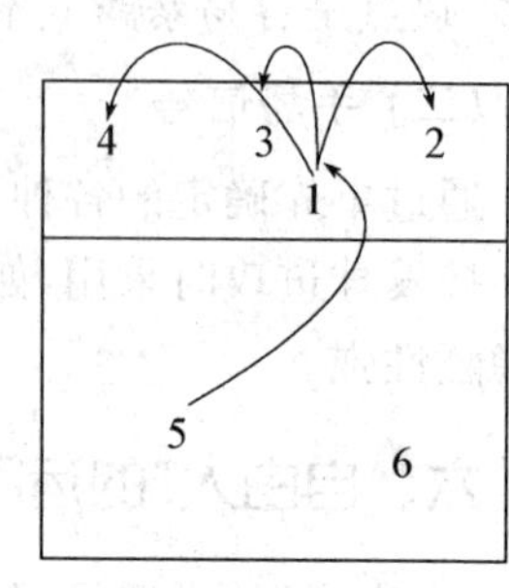

图 3-48

二、进攻战术打法

进攻战术打法是指二传队员与扣球队员之间所组织的各种进攻配合。包括强攻、快攻和两次球进攻三种基本打法。每种打法中又有若干不同战术配合。而所有这些打法又都可以在“中一二”、“边一二”和“插上”三种进攻战术阵形中具体运用。

(一) 强攻

强攻指在没有同伴掩护的情况下,在对方有准备的拦防的情况下,强行突破的进攻。强攻的二传球较高,根据不同的二传球位置,又可以分为集中进攻和拉开进攻。

(二) 快攻

快攻指扣二传传出的各种平快球,以及用这些平快球作掩护所组成的各种战术配合。快攻又可以分为平快球进攻、自我掩护进攻、快球掩护进攻三类。常用的平快球进攻有前快、背快、短平快、平拉开、背溜、调整快、远网快、后排快、单脚起跳快等(如图 3-49 所示)。自我掩护进攻包括时间差、位置差、空间差的进攻。快球掩护进攻包括各种交叉进攻(如图 3-50 所示)、夹塞进攻(如图 3-51 所示)、梯次进攻、前排快攻掩护后排进攻的立体进攻等。

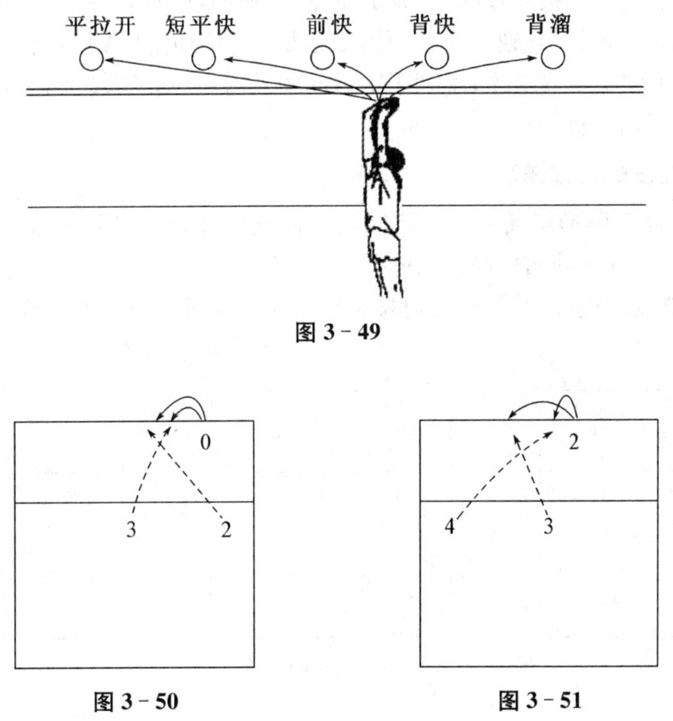

图 3-49

图 3-50

图 3-51

(三) 两次球进攻

两次球进攻指一传来球较高,又在网前适合扣球的位置时,前排队员跳起来直接进行扣球或遇拦网时,前排队员就在空中改成二传,把球转移给其他前排队员的进攻。

第十二节　防守战术

排球的防守战术是组织进攻或反攻战术的基础，没有严密的防守，进攻就无从组织，而一切防守战术都是从积极为进攻和反攻创造条件的角度进行设计和考虑的。

一、接发球的防守战术

当对方发球时，本方处于防守地位，也是组织第一次进攻的开始。事先站好位置，摆好队形，是接好发球的基础。站位的阵形要根据对方发球的特点，不仅要有利于接球，也要有利于本方所采用的进攻战术。还通常多采用 5 人接发球或 4 人接发球。

(一) 5 人接发球站位阵形

5 人接发球站位阵形指除 1 名二传队员站在网前或从后排插上准备二传不接发球外，其余 5 名队员都负担着一传任务的接发球站位阵形。其优点是：队员均衡分布，每人接发球的范围相对减小；接发球时，已站成了基本的进攻阵形，组织进攻比较方便，适合接发球水平不太高的球队。其缺点是：二传队员从 5 号位插上时距离较长，难度大；3 号位队员接球时，不便组成快攻战术；不利于队员间的及时换位；队员之间中间地带较多，配合不默契时，容易互相干扰。

(二) 4 人接发球站位阵形

4 人接发球站位阵形指插上的二传队员与同列的前排队员均站在网前不接发球，其他 4 人站成弧形接发球的站位阵形(如图 3 - 52 所示)。其优点是便于后排插上和不接发球的前排队员能及时换位；其缺点是对接发球的 4 人要求有较高的判断、移动能力和较好的接发球技术。

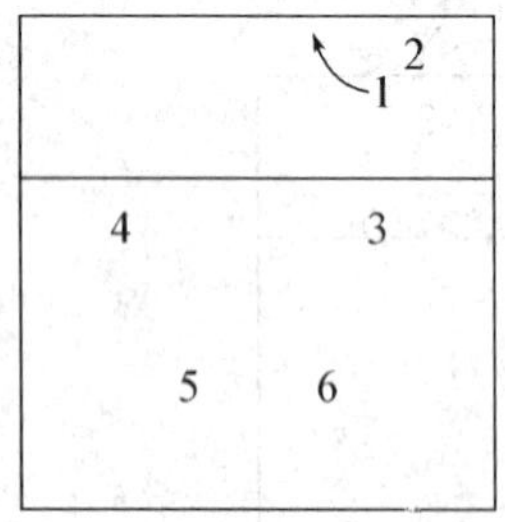

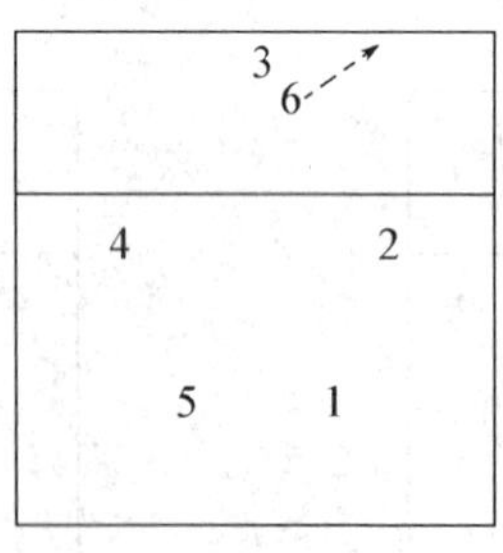

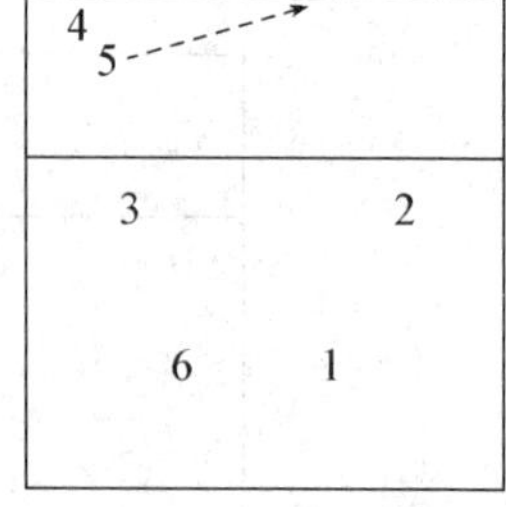

图 3 - 52

合理取位：5 人接发球的基本位置是前三后二。前排两侧队员应站在距中线 4.5 米、距边线大约 1 米处，后排队员以前排队员为基准，取前排队员两人之间的位置，以避免重叠和影响视线，距端线大约 3 米为宜。此外，还要根据对方发球的性能、特点，随时调整位置。

明确范围：接发球时，每个接发球队员都应明确自己的控制范围，做到分工明确，既不互争互抢，也不互让。特别要重视两人之间的“中间地带”和 3 人之间的“三角地带”。一般来说，可让一传较好的队员主动接球。

互相弥补:不接发球的队员应注意随时弥补同伴的一传。尤其是当后排队员接球时,前排队员应转身注视接球队员,随时准备快速移动,弥补垫不到位的球。

二、接扣球的防守战术

接扣球的防守与组织反攻是密不可分的,只有防守成功才能有富有成效地反攻。接扣球的防守战术是前排拦网与后排防守的整体配合,根据对方进攻情况、本队队员特长、防守后的反攻打法,一般可分为不拦网、单人拦网、双人拦网和三人拦网。

(一) 不拦网的防守阵形

在对方进攻较弱,没有必要进行拦网时,可以采用不拦网的防守阵形。这种阵形与 5 人接发球站位阵形相似。前排进攻队员要撤到进攻线后,准备防守和防守后的反攻;后排队员后退,准备防后场球;二传队员留在网前,准备接吊到网前的球和组织进攻(如图 3-53 所示)。

单人拦网的防守阵形:当对方扣球威胁不大、扣球路线变化不多、轻打吊球较多时,可以主动采用单人拦网的防守阵形。拦网队员拦扣球人的主要进攻路线,不拦网队员及时后撤防守前区或保护拦网人,后排队员后撤加强后场防守(如图 3-54 所示)。

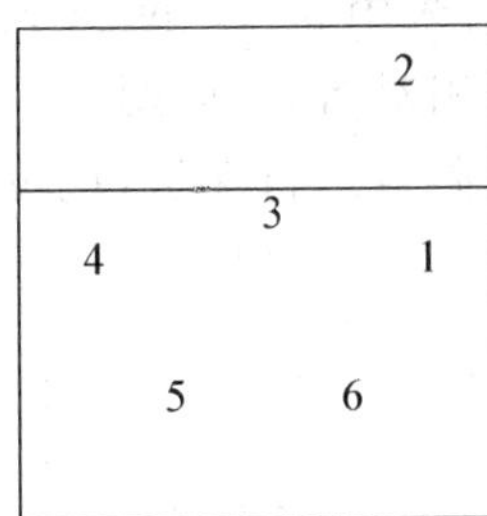

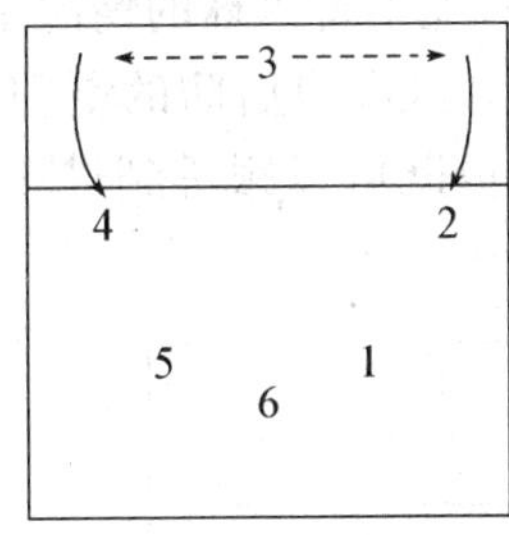

图 3-53

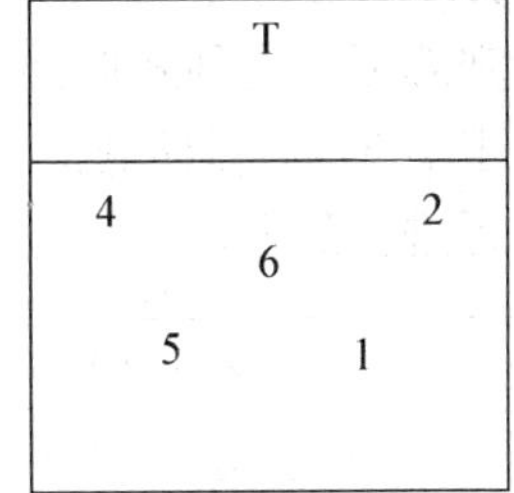

图 3-54

(二) 双人拦网的防守阵形

对方水平较高、进攻力量较强、进攻线路变化较多时,多采用这种防守阵形,即两人拦网、4 人接球。通常分为"边跟进"和"心跟进"两种。

1. "边跟进"

多在对方进攻较强、吊球较少时采用。当对方 4 号位队员进攻时,我方 2、3 号位队员拦网,其他 4 个队员组成半圆弧形防守(如图 3-55a 所示)。如遇对方吊前区,由边上 1 号位队员跟进防守(如图 3-55b 所示)。其优点是加强了拦网,缺点是边上的队员既要防直线,又要跟进防前区,比较困难。

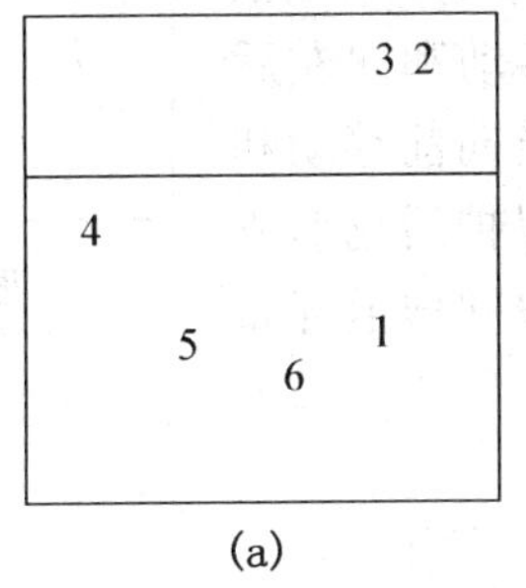

(a)

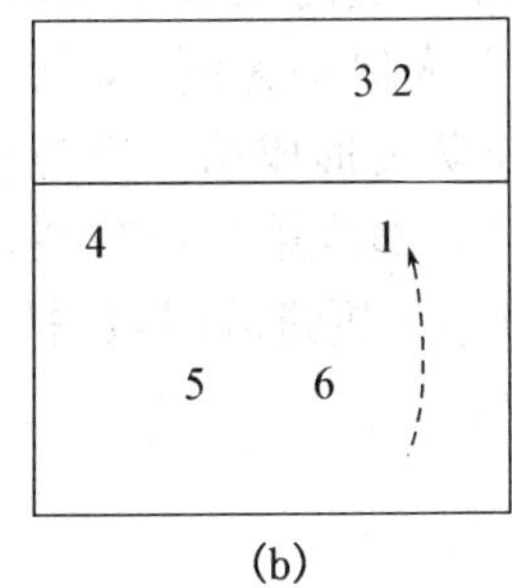

(b)

图 3-55

2. “心跟进”

在本方拦网能力强、对方采取打吊结合时采用。当对方 4 号位队员进攻时，我方 2、3 号位队员拦网，后排中心的 6 号位队员在本方拦网时跟在拦网队员之后进行保护，其余 3 名队员组成后排弧形防守(如图 3－56 所示)。其优点是加强了前区的防守能力，缺点是后排防守队员之间的空当较大。

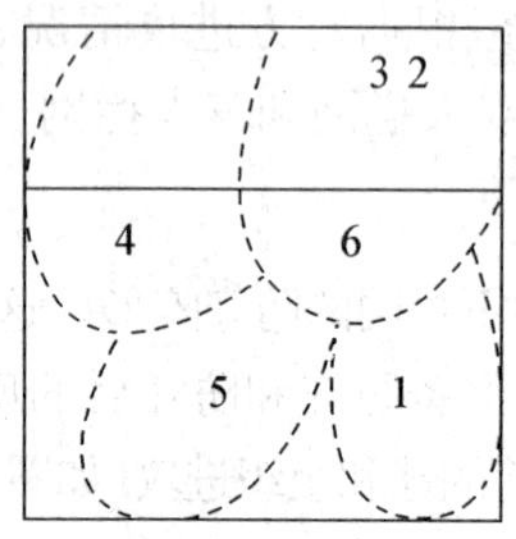

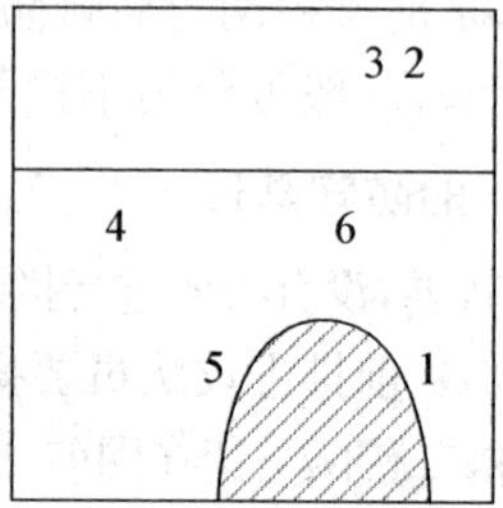

图 3－56

3. 3 人拦网时的防守阵形

在对方主要扣球手的进攻实力很强，但不善吊球的情况下可采用 3 人拦网、3 人后排接球的防守阵形。这种阵形加强了网上力量，但后防的空隙也相对增大(如图 3－57 所示)。3 人拦网时，后排防守的 6 号位队员既可以跟进到进攻线附近进行保护，也可以退至端线附近进行防守。

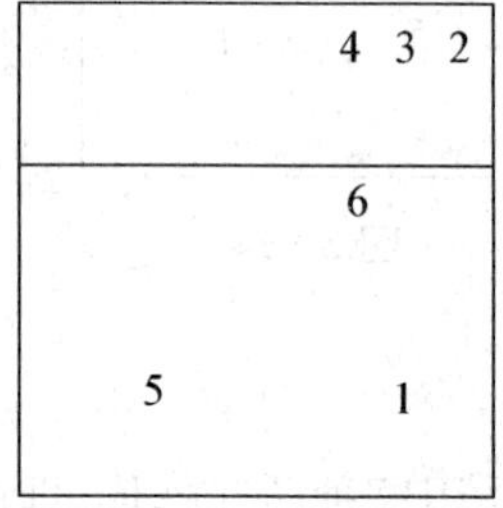

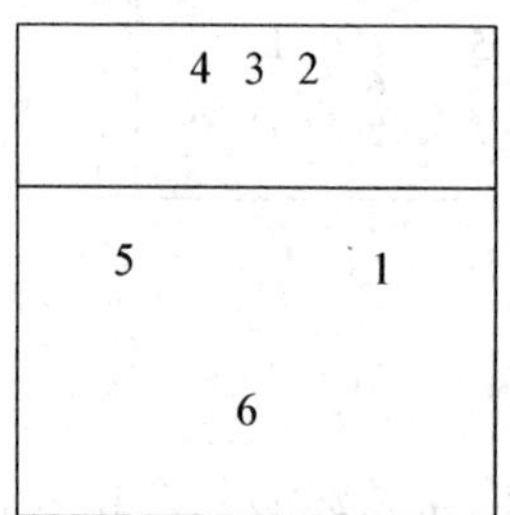

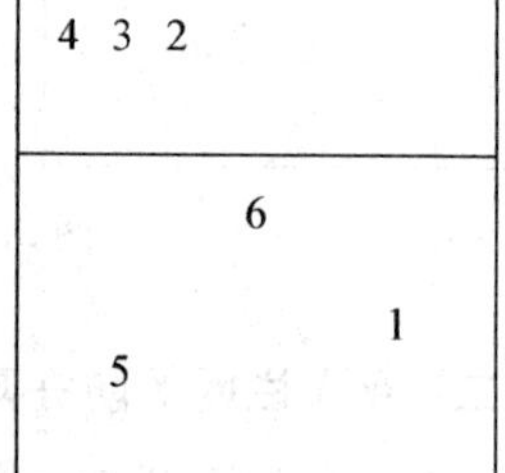

图 3－57

4. 接拦回球的防守战术

本方扣球时必须加强保护，积极防守被拦回来的球，并及时组织继续进攻。由于拦网队员可以将手伸过网拦球，拦回球通常速度快、角度小。因而，接拦回球的保护阵形应形成多道防线的弧线形状，且第一道防线紧跟在扣球人身后。以我方 4 号位队员进攻，其他 5 人保护为例。5 号位队员向前移动和向左后方移动的 3 号位队员形成第一道防线，6 号位队员向前移动和内撤的 2 号位队员形成第二道防线，1 号位队员保护后场形成第三道防线。其他位置进攻时，保护的阵形也可按同样道理布置(如图 3－58 所示)。

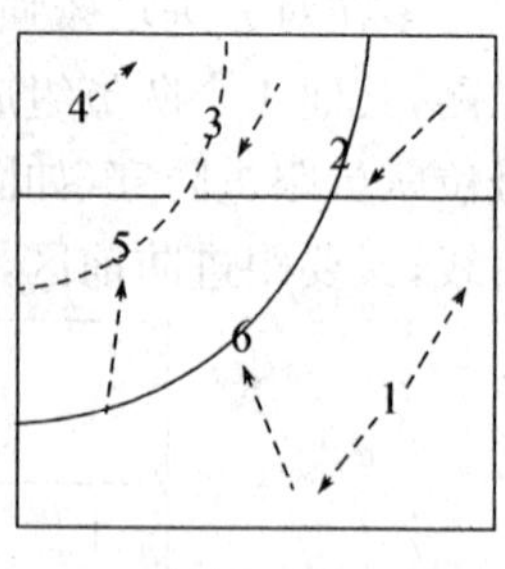

图 3－58

三、接传、垫球的防守战术

当对方无法组织进攻，被迫用传、垫球将球击入本方时，本方的防守便称之为接传、垫球的防守。这种情况在初学者中出现较多。由于来球的攻击性小，所以本方的防守阵形与不拦网情况下的防守阵形相同，即前排除二传队员外，其他的队员都迅速后撤到各自的位置，准备接球后组织进攻。需要注意的是，在后撤和换位的过程中，动作要迅速并随时做好接球的准备。

四、攻防转换

在排球比赛中，攻与防是密切联系、相互转换、连续进行的。这不仅在于排球技术本身具有攻与防的双重含义，还在于全攻全守、攻防兼备是当前排球运动的发展趋势。正在进攻的一方，必须同时注意防守；处于防守的一方，必须随时准备反攻。在进攻与防守的转换中，如果准备不充分，动作不连贯，误进攻，不注意保护和防守，或是只重防守，不能迅速转入反攻，都可能贻误战机、导致失败。因而，在进攻的时候准备防守，在防守的时候想到进攻，才能有备无患、立于主动。同时，在阵容部署上也要有相应的措施和方法。

（一）由进攻转入防守

当球扣入对方区后，进攻的一方转入防守状态。当球扣过网或二传不慎传球过网后，前排队员应迅速靠网前站位，准备拦网；后排队员由上前保护扣球，迅速退守原位，准备防守。其阵形一般有“三一二”站法（如图 3－59 所示）和“二二一”站法（如图 3－60 所示）两种。前者适合于“心跟进”防守阵形，后者适合于“边跟进”防守阵形。

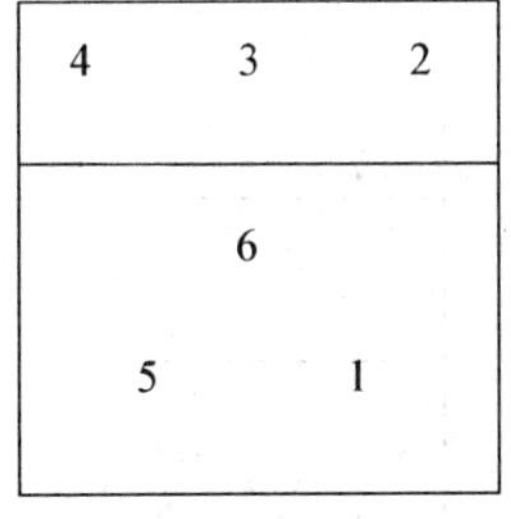

图 3－59

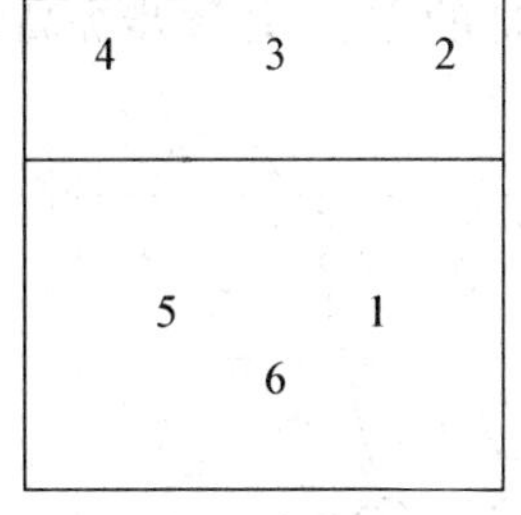

图 3－60

（二）由防守转入进攻

当对方扣球过网后，防守一方在防守的一刹那就转入了进攻。这是由于后排队员在防守来球时，必须根据本队所采用的进攻战术，有目的地将球防起到预定目标，并根据保护扣球的部署，立即跟进保护前排队员进攻。前排参加拦网的队员，在完成拦网动作之后，必须立即转身或后撤，准备接应或反攻扣球。前排未参加拦网的队员，在后撤防守之后，转入接应或反攻扣球。

第十三节　基本战术的练习方法

一、“中、边一二”阵形的练习

(一) 基本要求

(1) “中一二”。二传队员具有传正面一般球和背传一般球的能力,进攻队员应基本掌握2、4号位的正面扣球技术。

(2) “边一二”。二传队员具备传快球和拉开球的能力,3号位队员会扣近体快球,4号队员具有扣拉开球的能力。

(3) 场内队员有一定的接发球和接扣球的能力。

(二) 练习步骤

1. 基本阵形练习

“中一二”进攻阵形练习。教师在6号位抛球,3号位队员把球分别传给2、4号位队员进攻(如图3-61所示)。队员跑位、扣球熟练后,可采用隔网抛球、专人垫球的方法,并逐步提高难度。

“边一二”进攻阵形练习。教师在5号位抛球,2号位队员把球分别传给3号位队员扣近体快球、4号位队员拉开进攻(如图3-62所示)。队员跑位、扣球熟练后,可采用隔网抛球、专人垫球的方法,并逐步提高难度。

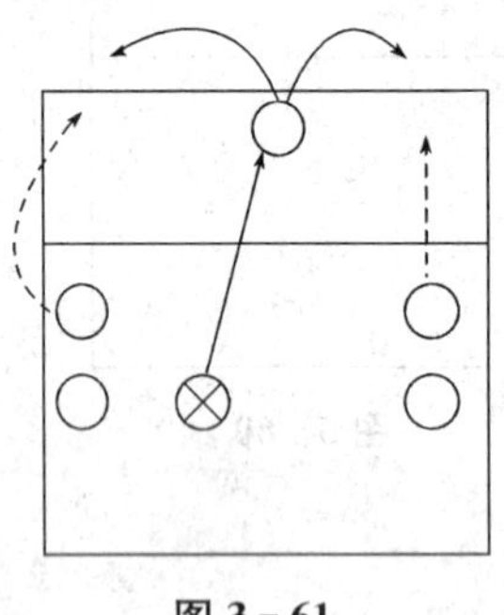

图3-61

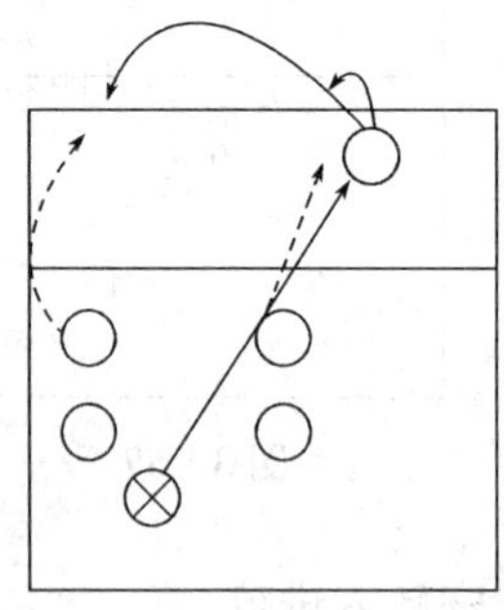

图3-62

2. 结合接发球练习

(1) 教师隔网抛球,后排队员垫球,2号位队员扣前快球,4号位队员扣一般球(如图3-63所示)。

(2) 教师隔网抛球,6号位队员垫球,4号位队员扣近体快球,3号位队员跑动到4号位扣一般球,5号位队员进行后排进攻(如图3-64所示)。

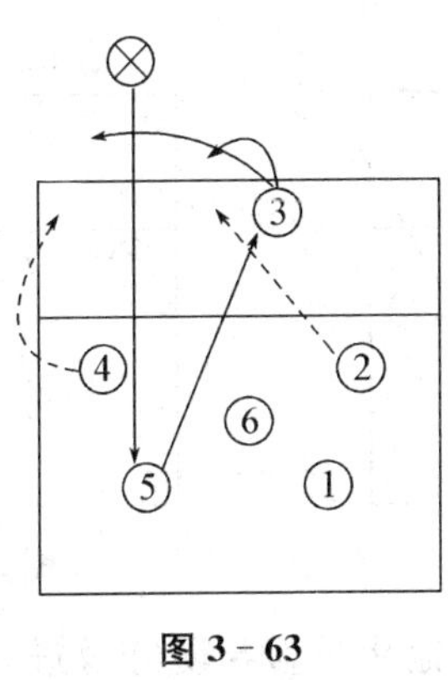

图 3－63

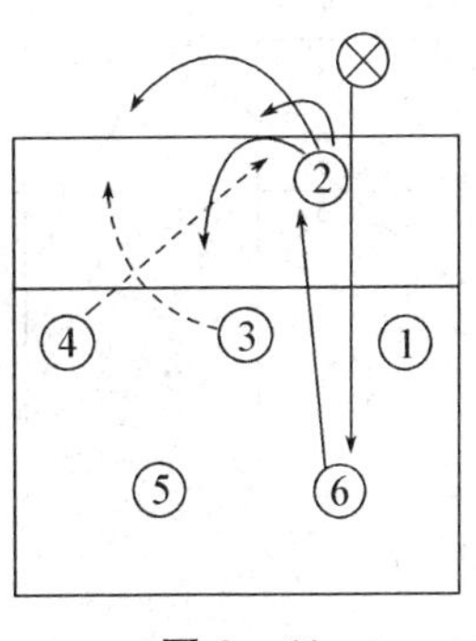

图 3－64

（3）教师隔网近距离发球，5 号位队员接发球，3 号位队员传球，2、4 号位队员扣一般球，后排队员可进行后排进攻（如图 3－65 所示）。

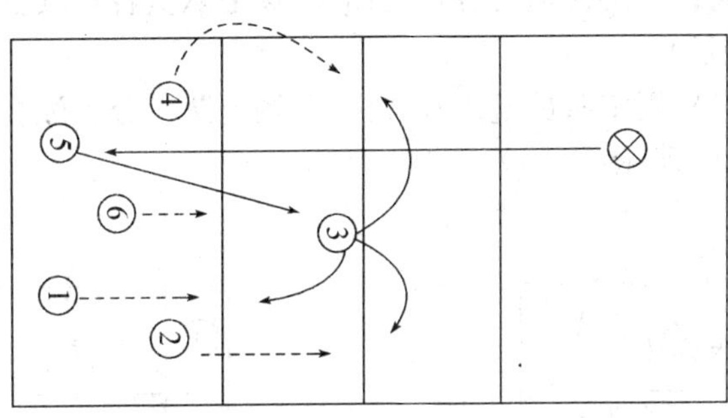

图 3－65

（4）教师的发球位置可以灵活多变，以利于接发球队员对不同来球的适应性。

（5）教师隔网近距离发球，5 号位队员接发球，3 号位队员扣快球，4 号位队员扣一般球. 后排队员可进行后排进攻（如图 3－66 所示）。

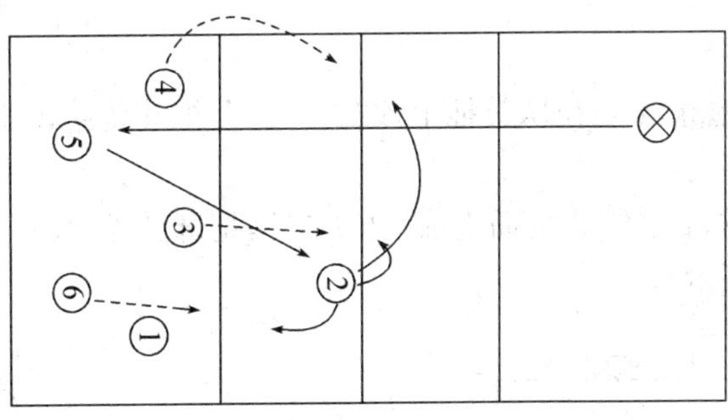

图 3－66

3. 结合接扣球练习

（1）教师在场边扣球，6 号位队员防守，2、4 号位队员扣一般球，1、5 号位队员可进行后排进攻（如图 3－67 所示）。

（2）教师在场边扣球，6 号位队员防守，3 号位队员扣快球，4 号位队员扣一般球，5 号位队员进行后排进攻（如图 3－68 所示）。

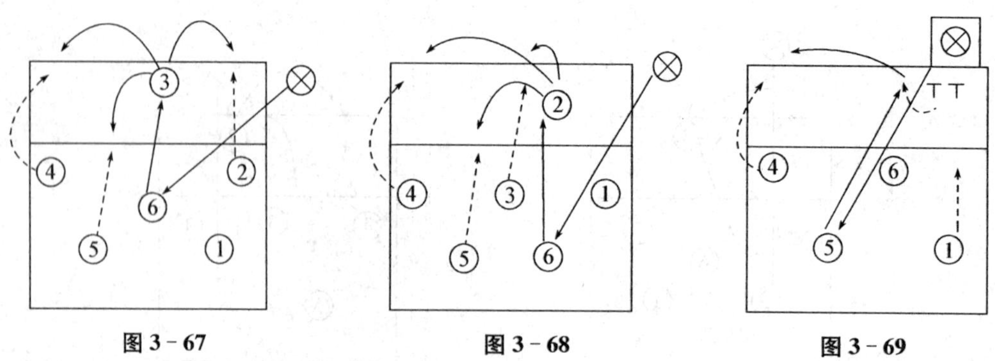

图 3-67　　图 3-68　　图 3-69

(3) 教师在 4 号位高台扣球，两名队员拦网，其他队员参与防守及进攻(如图 3-69 所示)。

4. 结合接拦回球练习

(1) 教师可站在高台上掷模拟的各种拦回球，场上队员各负其责，力争将球防起并组织进攻(如图 3-70 所示)。

(2) 教师责任同(1)，固定队员组织双方拦网，场上队员分工配合，力争将拦回球防起并组织进攻(如图 3-71 所示)。

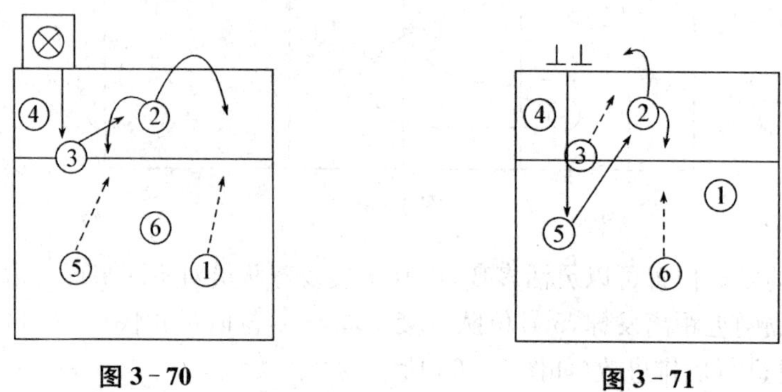

图 3-70　　图 3-71

5. 结合后插上练习

(1) 教师在后排抛球，1 号位队员插上成“边一二”，把球传给 2、3、4 号位队员进攻(如图 3-72 所示)。

(2)教师隔网抛球，1 号位队员插上成“边一二”，把球传给 2、3、4 号位队员或后排队员进攻(如图 3-73 所示)。

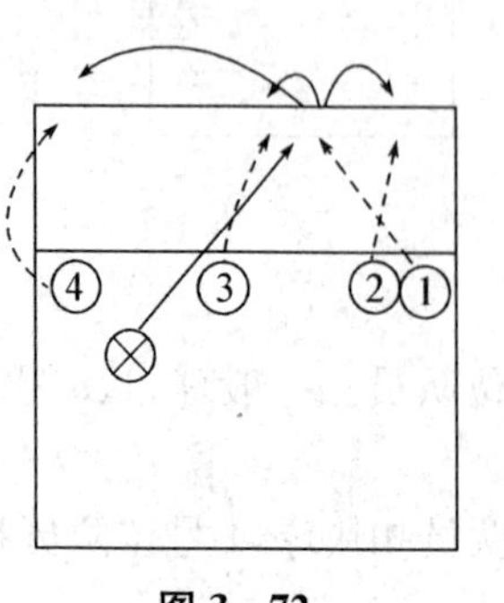

图 3-72

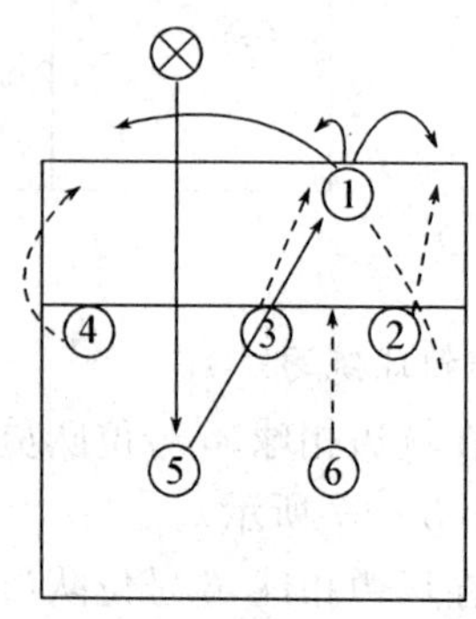

图 3-73

二、战术练习方法示例

(一) 接发球及其进攻的练习

接发球及其进攻，主要包括接发球、一、二传一扣球等技术环节。

1. 发球一接发球练习

(1) 短距离一发一接练习：三人一组，1 人发低平球，1 人接发球，相距 8—9 米，发球的速度由慢到快，到位 10—20 个球后相互交换(如图 3 - 74 所示)。

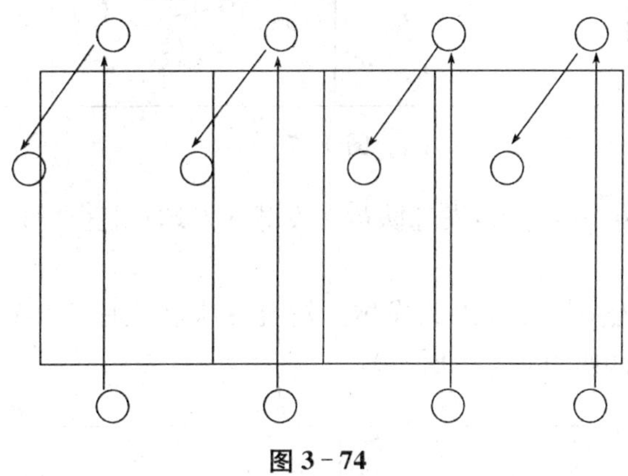

图 3 - 74

(2) 三发三接比赛：六人一组，3 人站于发球区发球，3 人接发球，两边同时进行。比谁先完成到位 10 个球，接发球连续失误 2 个，扣除 1 个到位球，发球连续失误 2 个则计接发球到位 1 个。

(3) 发一接对抗：1 人发球，5 人接发球，两边同时进行，到位 5—10 个球转一轮。可根据本队的战术需要，选择 4 人接发球或 3、2 人接发球。

2. 发球一接球一传球(调整)练习

(1) 一发三接一调练习：两边同时进行对抗，比哪一方先传 10 个好球(如图 3 - 75 所示)。

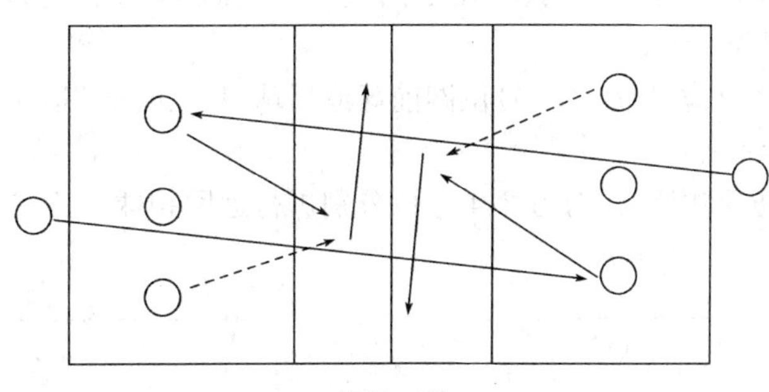

图 7 - 75

(2) 一发二接一调练习：为了增加接发球的难度，教师或队员站在后场区的高台上发球，两人一组接发球，1 号位队员轮流插上传球(如图 3 - 76 所示)。

3. 发球一接球一调球扣球练习

(1) 一发一接一传一扣练习：发球队员在发球区发球，对区 3 号位专人二传，4 号位队员接发球后扣一般球。

(2) 二发二接一传一扣练习:2 人发球区轮流发球,1 人固定传球,2 人接发球后直线扣球,可两边同时进行(如图 3-76 所示)。

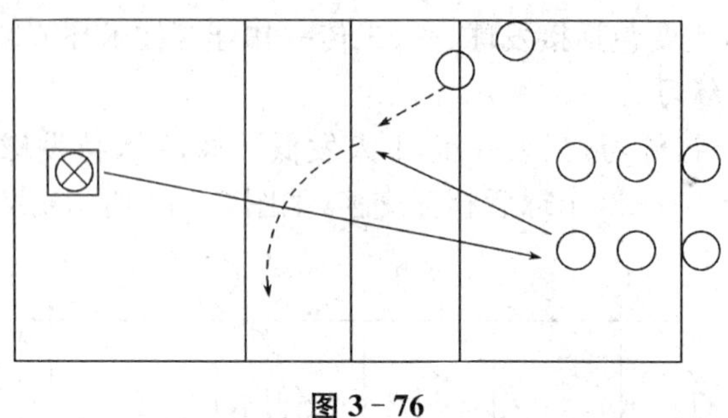

图 3-76

(1) 一发一接一传一扣练习:发球队员在发球区发球,对区 3 号位专人二传,4 号位队员接发球后扣一般球。

(2) 二发二接一传一扣练习:2 人发球区轮流发球,1 人固定传球,2 人接发球后直线扣球,可两边同时进行(如图 3-77 所示)。

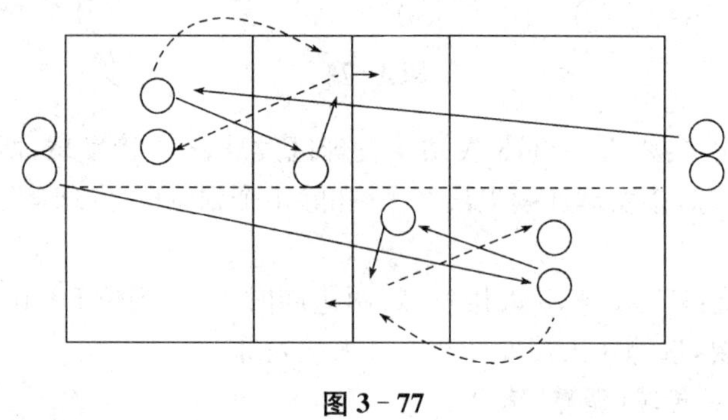

图 3-77

(二) 接扣球及其进攻的练习

(1) 三人连续专位防守练习:教师在地面或高台上向指定区域扣球、吊球,3 人连续防守 10—20 个好球为一组。

(2) 二扣三防练习:教师在 2、4 号位网前球或吊球,1、5、6 号位队员防守及接应,计时轮换(如图 3-78 所示)。

(3) 三人一组防重扣练习:对方 2、4 号位分别进行远网扣球,1、5、6 号位防守,10—15 个好球一组(如图 3-79 所示)。

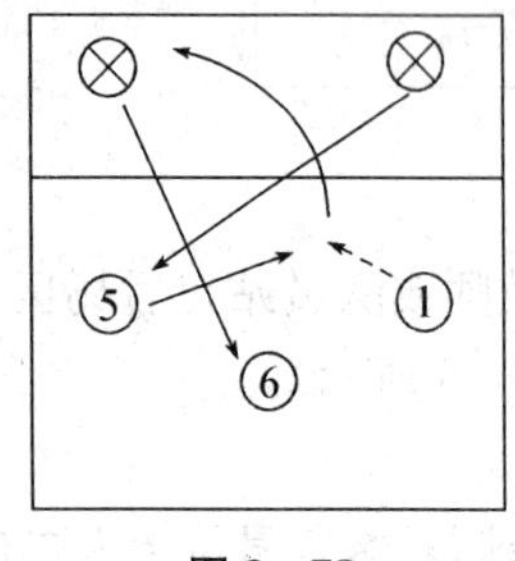

图 3-78

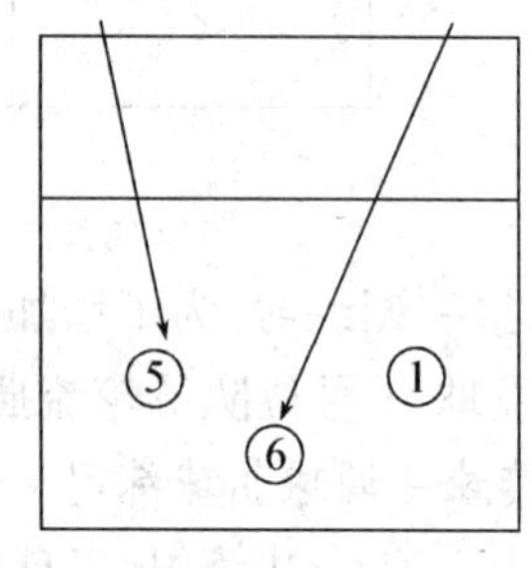

图 3-79

(三) 接拦回球及其进攻的练习

1. 保护练习

双人拦网的保护练习：对方两人一组定点拦网，二传队员组织各种进攻后，场上队员参加保护。也可能组成 3 人定点拦网，以强化保护练习(如图 3－80 所示)。

2. 保球—调球—扣球练习

(1) 模拟拦回球“保攻”练习：4 号位队员跳起扣球，教师在高台抛模拟拦回球，场上队员积极保护，力争起球组织进攻。2、3 号位队员也可参照进行。

(2) 集体拦网的“保攻”练习：2 号位队员扣球，对方组成 2—3 人的集体拦网，可有意识的扣在拦网队员的手上，场上队员积极保护，力争起球组织进攻。3、4 号位队员也可参照进行(如图 3－81 所示)。

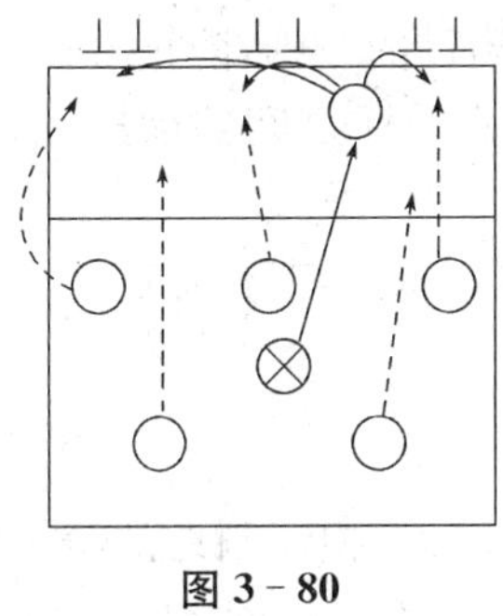

图 3－80

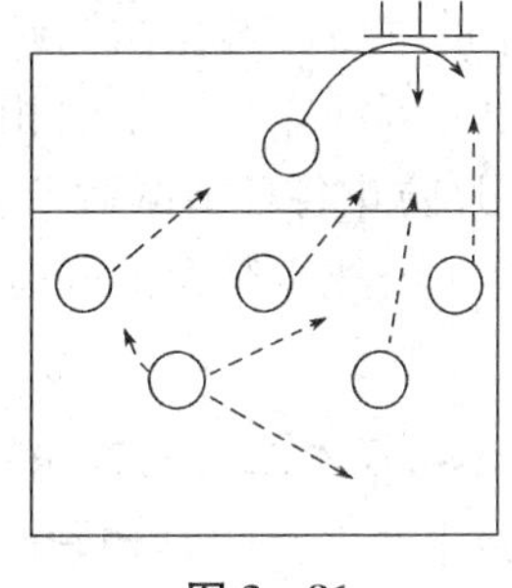

图 3－81

(四) 接传、垫球及其进攻的练习

1. “边一二”进攻

教师可有意识地将球抛向中场或远角附近，3、4 号位队员迅速下撤准备接球或进攻，2 号位队员做好打“两次球”或接应传球的准备，后排队员主动接球，以保证前排快攻的组成，同时也可以参加后排进攻(如图 3－82 所示)。

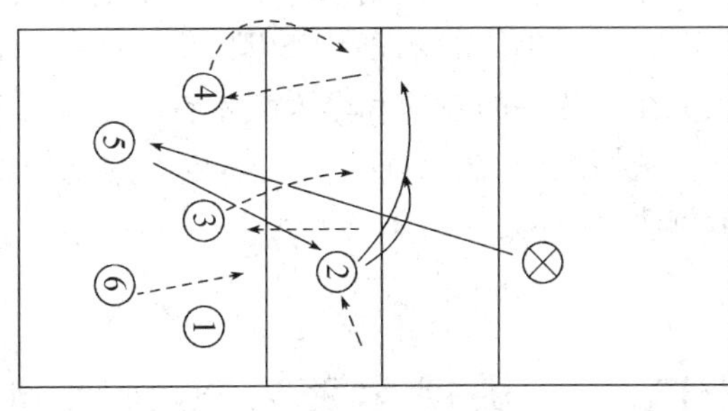

图 3－82

2. 后排插上“边一二”进攻

教师将球抛向后场或远角附近，2、3、4 号位队员迅速下撤准备接球或进攻，1 号位队员快速“插上”组织进攻，后排 5、6 号位队员接球后也可以参加后排进攻(如图 3－83 所示)。

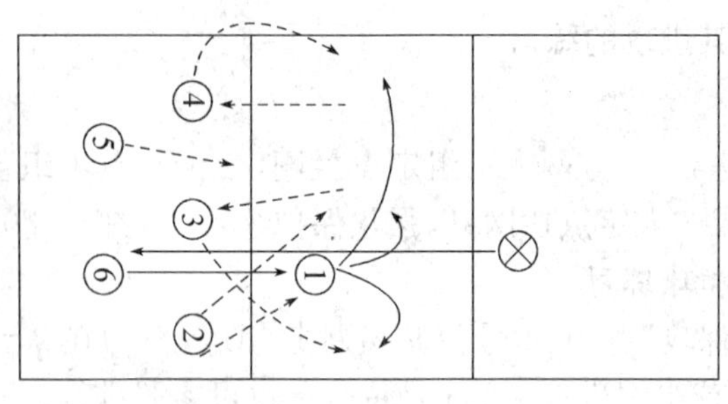

图 3 - 83

(五) 排球战术练习的注意事项

(1) 根据本队的实际情况，选择适宜的战术进行练习，避免华而不实。

(2) 战术的练习应遵循由简到繁、由易到难、循序渐进的原则，防止盲目冒进。

(3) 采用分解和完整教学法相结合，先攻后防，注意攻防之间的衔接，加强技术与战术的串连练习. 防止各环节的脱节。

(4) 抓好主要战术练习的同时，加强“小球”等简单技术的练习，提高队员处理各种来球的能力。

(六) 战术与技术之间的关系

战术与技术两者之间是相互联系、相互依存、相互促进、相互制约的辩证关系。技术是战术的基础，没有全面、熟练的技术为基础，战术就无从谈起；战术是技术的合理组合与有效运用。技术决定战术；战术又可以反作用于技术，对技术提出新的要求，促进技术的发展与提高。

战术和技术是在实践中不断发展起来的。技术的发展往往走在战术的前面，原有技术的改进或某种新技术的出现就可能促进新的战术的形成。但是，先有新战术思想，再着手改进、练习技术，也可以促进新技术的发展与提高。

个人战术与集体战术之间的关系：个人战术与集体战术的关系是局部和全局的关系。个人战术要促成集体战术的实现，集体战术要利于发挥个人战术的特长和作用，两者是相辅相成、互相弥补的。队员在比赛中的技术和个人战术首先必须服从集体战术的需要，并以集体战术为依据，与队友密切配合，在保证实现集体战术的前提下，充分发挥和运用个人战术，丰富全队的战术打法，弥补集体战术的不足。

第十四节　排球主要竞赛规则简介

一、排球比赛的特征

排球比赛是两队在由球网分开的场地上进行比赛的集体项目。它可以有多种比赛方式，以适应各种不同性质比赛的需求，从而不断推动该项运动的广泛开展。比赛时，各队遵照规则，将球击过球网，使其落在对方场区的地面上，并防止球落在本方场区的地面上。

每队可击球3次(拦网触球除外),将球击回对区。比赛由发球开始,发球队员击球,使其从网上飞至对区,比赛由此连续进行,直至球落地、出界或某一队不能合法地将球击回对区。排球比赛采用的是每球得分制,发球队得分并继续发球,接发球队得分时,同时获得发球权,同时队员按顺时针方向轮转一个位置。

二、排球比赛场地的规格

排球比赛场地包括比赛场区和无障碍区(如图3－84所示)。

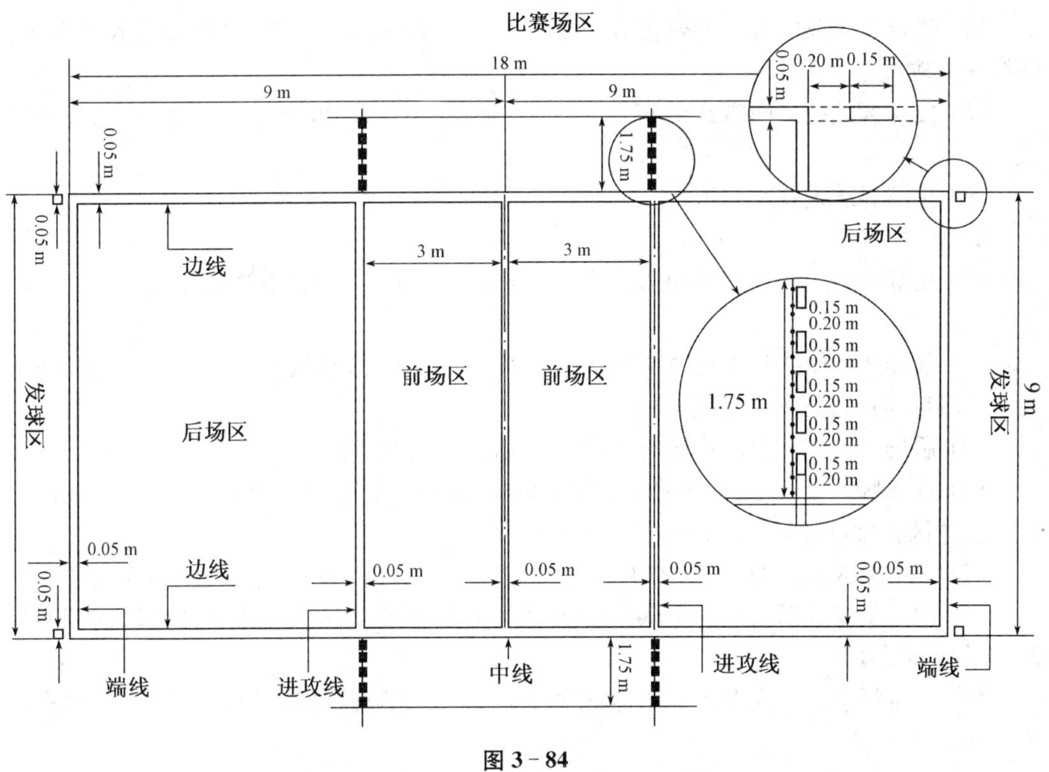

图3－84

(一)场地的面积与地面

1. 场地面积

比赛场区为长18米、宽9米的长方形。

2. 无障碍区

比赛场区四周至少要有3米宽的无障碍区,从地面量起向上至少有7米高的无障碍区。正式国际比赛要求边线至少有5米宽,端线外至少有8米宽的无障碍区。从地面量起向上至少有12.5米高的无障碍区,世界锦标赛要求边线外至少有6米宽,端线外至少有9米宽的无障碍区。

3. 场地地面

比赛场地的地面必须平坦、水平、并且划一。场地的地面不得有任何可能伤害队员的隐患,不得在粗糙、湿或滑的场地上进行比赛。国际排联世界性比赛场地的地面只能是木质或合成物质的。室内比赛场地的地面必须是浅色。室外场地为了排水可有5毫米每米的坡度，不得用任何坚硬的物体作为地界线。

（二）比赛场地上的界线与场区

1. 界线

（1）边线。比赛场地的两边的长线称边线。

（2）端线。比赛场地两端的短线称端线。

（3）中线。在网下连接两条边线的中点的线称中线。中线的中心线将场地分为两个9米见方的相等的比赛场区。

（4）进攻线。离中线3米处各有一条长12.50米（实线长9米，两条虚线长3.5米）的线称进攻线。

（5）发球区短线。两端线后有两条15厘米长，距端线20厘米的短线，称为发球区短线。

（6）排球界线线宽5厘米。

2. 场区

（1）比赛场区。两条边线和两条端线划定了比赛场区。边线和端线都包括在比赛场区之内。

（2）前场区。中线与进攻线所组成的区域为前场区，进攻线包括在前场区的场地之内。前场区是向边线外无限延长的。

（3）后场区。端线至进攻线的后沿所组成的区域为后场区。

（4）发球区。端线外、边线的延长线上的发球区短线至无障碍区的终端所组成的区域为发球区。发球区短线包括在发球区之内。

（5）正常换人区。两条进攻线的延长线之间至记录台一侧边线的范围为换人区。

（6）教练员指导活动区。球队座席前的进攻线，无障碍区内至准备活动区的范围为教练员指导活动区。

（7）准备活动区。大型正式比赛，在替补席远端，无障碍区外设有3米×3米的准备活动区。

（8）自由人换人区。进攻线至端线内的区域为自由人上、下场换人区。

（9）判罚区。离球队座席后15米处，用红线框成的1米见方的区域，内设两把凳子，供被判罚下场的队员坐。

（三）场地的温度与照明

1. 温度

一般比赛时，最低温度不得低于10 ℃；国际排联世界性比赛的室内温度，不得高于25 ℃，最低不得低于16 ℃。

2. 照明

国际排联世界性比赛室内照明度在距地面1米高度进行测量，应为1 000—1 500勒克斯。

三、器材与设备

(一) 球

(1) 球的形状和质地。球是圆形的，由柔软皮革或人造革制成外壳，内装橡皮或类似材料制成的球胆。人造革材料必须经国际排联批准。

(2) 球的颜色。可以是一色的浅色，或国际排联批准的多色球。

(3) 球的气压、圆周、重量。球的气压为 0.30—0.325 kg/cm。球的圆周周长为 65—67 厘米，重量为 260—280 克。

(4) 球的统一性。在一次比赛中所用的球的圆周、重量、气压、牌号都必须是统一的。国际比赛的用球必须是国际排联所批准的用球。

(5) 同际排联世界性比赛采用三球制。

(二) 网柱

(1) 网柱是两根高 2.55 米、可以调节高度的光滑圆柱。网柱一般有拉链式或插穴式，但正式比赛要求必须用插穴式网柱，网柱外应有海绵类软式护套或用类似软布将网柱包好，以保护运动员不受伤害。

(2) 两根网柱应垂直安装、固定在两条边线的外侧，距边线 0.50—1 米的中线中心线的延长线上。

(三) 球网

(1) 球网为黑色，长 9.50 米、宽 1 米，网孔 10×10 厘米。

(2) 球网应安置在中线中心线的垂直面上空。

(3) 球网上端部分缝有 5 厘米宽的白帆布带，用柔软的钢丝穿在其中。球网下面用直径 0.5 厘米的线绳从小网格中穿过。球网安装应上下拉紧，固定在网柱上，使网面张紧，使击入球网的球能正常反弹。

(4) 比赛规定的球网高度。成年男子为 2.43 米，女子为 2.24 米，少年男子为 2.24—2.35 米，女子为 2—2.15 米、基层比赛及儿童比赛网高可根据具体情况自行确定。

(5) 球网丈量应从网中间开始，以中间丈量的网高为球网高度，球网两端的高度不得超过规定网高 2 厘米。

(四) 标志带

(1) 标志带宽 5 厘米、长 1 米。颜色为白色。

(2) 标志带分别安置在球网两端，垂直于边线。两条标志带的安置应紧贴于球网上。

(3) 标志带被认为是网的一部分，其作用相当于网上的界线。

(五) 标志杆

(1) 标志杆高 1.80 米，直径 10 毫米，它是由玻璃纤维或类似材料制成的两根有韧性的杆子。

(2) 两根标志杆分别设置在两标志带外沿球网的不同两侧。

(3) 标志杆高出球网 80 厘米。高出部分每 10 厘米涂有明显对比的颜色，一般是红白相间。

(4) 标志杆是球网的一部分,被视为过网区的边界。

(六) 裁判台

(1) 裁判台规格无特殊规定,但必须是高度可调节,便于裁判员进行工作的工作台。

(2) 裁判台应牢固、平稳。外部应有海绵或类似材料护套,以避免运动员受伤。

(3) 裁判台高度应以裁判员的水平视线高出球网上方 50 厘米为宜。

四、比赛方法

(1) 正式比赛一般采用五局三胜制。但在各级比赛中,参赛队较多时也有时采用三局两胜制。

(2) 当队员的比赛行为与规则的要求不符时,裁判员鸣哨,判其犯规。犯规的后果为对方胜一球得 1 分。

(3) 先得 25 分并同时超出对方 2 分的队胜一局。胜三局的队胜一场。

五、比赛的组织

(一) 抽签

准备活动之前由第一裁判员主持抽签,决定首先发球的队和场区。进行决胜局比赛前,第一裁判员应再次召集抽签。抽签由双方队长参加。抽签的获胜方可选择发球或接发球以及场区。另一方在获胜方选择之后,挑选余下部分。

(二) 准备活动

在比赛开始前,如另有场地供比赛队进行活动,则每队可上网活动 3 分钟;如另无场地,则每队可活动 5 分钟。

(三) 上场阵容

场上每个队必须始终保持 6 名队员进行比赛。队员轮转次序应按位置表登记的顺序进行,直至该局结束。

(四) 位置

发球队员击球时,双方队员(发球队员除外)必须在本场区按轮转次序站位。如果队员不在其正确位置上,则构成位置错误犯规,判罚如下:位置错误的一方被判失 1 分,队员恢复到正确的位置。

(五) 轮转

轮转次序包括发球及其他队员的站位,在整局中均按位置表填写顺序进行。接发球队获得发球权后,该队队员必须按顺时制方向轮转一个位置(2 号位队受转至 l 号位发球,1 号位队员转至 6 号位等)。没有按照轮转次序进行发球,应判为轮转错误,判罚该队失 1 分,队员恢复到正常的位置上去。

(六) 队员的替换

在裁判员的准许下,1 名队员离开比赛场地,而由另一名队员占据其位置的行为,称为替换。每一局每队最多可替换 6 人次。可以同时替换 1 人或多人。自由人除外。

小知识

起初，世界各队都是选择一传、防守较好的队员担任自由人这一角色。所以，即使在女排各队，自由人的身高也有不少超过 1.80 米的，俄罗斯女排的自由人甚至达到了 1.90 米。但是，随着时间的推移，专业的自由人陆续出现，在"第二代后排自由防守队员"中，给人们印象最深的是世界女排锦标赛冠军得主意大利队的自由人，波拉·卡杜萝的身高仅有 1.58 米。在意大利队夺冠后她还发表谈话，感谢国际排联给了她这样的机会，在自由人合法化之前，由于身高所限，她只能作为一名排球爱好者，观看高水平排球赛。

国际排联增设自由防守队员的初衷，并不是为了给矮个子选手感受排球比赛氛围的机会，而是在排球技术出现攻守失衡的情况下，为了提高各队的防守能力，适应攻击力日益增长的发展趋势，使排球比赛更为激烈精彩。

《规则》规定，"各队在最后确认的 12 名队员中，可选择一名队员为后排自由防守队员"。并注明"不能担任队长和场上队长"。"必须穿着区别于其他队员颜色的服装"和"必须有同全队一样的号码"。自由防守队员最为得意的是"可以替换后排任何一名队员"和"他的替换不计在该队的换人次数之内，且没有次数限制"。只要是在后排的场上队员，都可由自由人替换，不管他是主攻手、副攻手、接应二传手，甚至是主二传手。

但是，自由人并不自由，自由人在比赛中所受的限制很多，如"不可在任何位置(包括场区和无障碍区)时高于球网的球完成进攻性击球"、"不允许发球、拦网和试图拦网"。也就是说，一切对对方有威胁的技术，自由人都不能实施。除此之外，有些辅助进攻的动作也受到一定的限制，"如果他在前场区运用上手进行传球，其同伴不允许在高于球网处完成对该球的进攻性击球.但他可以在后场区自由传球"。这项规定成了自由人很少替换主二传的原因，因为他不能到三米线前组织进攻战术，只能在后排调整球给攻手。

因为每队只有 1 名自由防守队员，所以他如果意外受伤，"经第一裁判员同意，教练员可指定场下的任何一名队员替换"，但他在本场比赛中"不能再次上场比赛"，"被指定替换他的队员须按照后排自由防守队员规定完成本场比赛"。

第十五节　裁判员执行比赛的主要手势图解

一、发球一方

一手侧平举，举向将要发球的一方(如图 3-85 所示)。排球比赛采用每球得分制。前四局中，先得 25 分而且超出对方 2 分的队胜这一局。24—24 时，比赛继续进行，直至某一队领先两分获胜。

决胜局规定，先得 15 分并领先对方 2 分才算获胜。正式比赛为五局三胜制。

二、允许发球

摆动发球队一侧的手臂(如图 3-86 所示)。如果第一裁判员没有鸣哨允许发球，而发球队员将球发出，则应当重新发球。

三、发球延误

举起八个手指并分开(如图 3－87 所示)，发球队员在第一裁判员鸣哨允许发球后 8 秒钟内必须将球击出。否则应判为发球延误犯规，换由对方发球，对方得 1 分。

图 3－85

图 3－86

图 3－87

四、发球时未将球抛起

一手平举，掌心向上，上下摆动(如图 3－88 所示)。发球队员将球抛起后，必须在球落地前用一只手将球击出。如果没有将球抛起(或撤离)，则判为犯规。身体的其他部位触球亦为犯规。

五、发球触网和队员触网

一手触网顶或触犯规一侧的球网(如图 3－89 所示)。

六、位置和次序错误

一手食指在体前水平绕环(如图 3－90 所示)。在发球队员击球时，其余的队员应在各自场区内分两排站立，每排三名队员，各排可以站成折线形。队员的位置应以脚的着地部分来判断。

图 3－88

图 3－89

图 3－90

靠近球网的三名队员是前排队员，他们的位置分别称 4 号位(左)。3 号位(中)和 2 号位(右)。另外一名队员为后排队员，位置分别称 5 号位(左)、6 号位(中)和 1 号位(右)。

发球击球时，后排队员不能站到相应的前排队员前面去，也不能平行。例如，后排 5、

6、1 号位队员是分别与 4、3、2 号位队员相对应的，5 号位队员就不能站在 4 号位队员前面，也不能平行。但 5 号位队员站在 3 号位队员前面就不一定是犯规了（如图 3－91 所示，如图3－92 所示）。

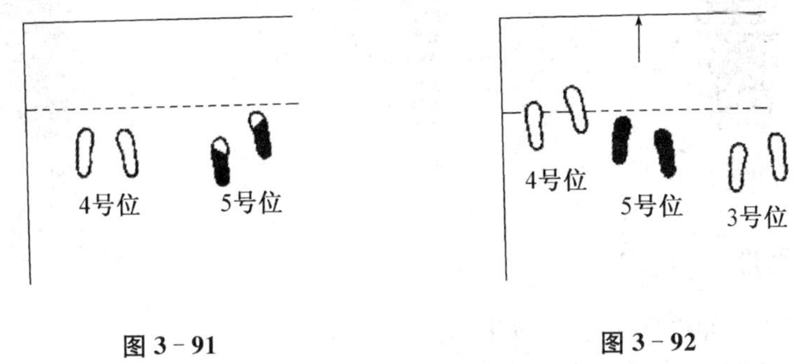

图 3－91　　图 3－92

同排队员中，中间的队员不能向两侧超越两侧的队员，也不能平行。按规则的说法是“右边（左边）队员至少一只脚的一部分，比同排中间队员的双脚距右（左）边线更近”（如图 3－93 所示，如图 3－94 所示）。

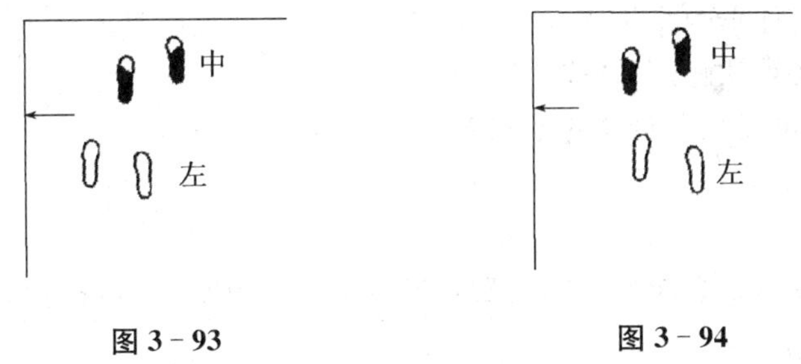

图 3－93　　图 3－94

球发出后，队员可以在本场区和无障碍区的任何地方，甚至跑到无障碍区外去救球，不再受位置约束。

如果某队被判为位置错误犯规，则失 1 分。队员应恢复到正确的位置上。

排球比赛中，接发球队胜一球后得 1 分并获得发球权。该队队员必须按顺时针方向轮转一个位置。原先站在 2 号位的队员轮转到 1 号位发球。轮转是按照每局开始前教练员填写的位置表，并且登记在记分表上的次序进行的。如果没有按照正确的轮转次序发球，则判该队发球次序错误。判处方法同位置错误。如果在发球次序错误中已造成得分，则应取消其得分，但对方的得分仍有效。

七、界内球

整个手臂和手斜指向地面（如图 3－95 所示）。

八、界外球

两臂屈肘上举，手掌向后摆动（如图 3－96 所示）。

九、触手出界

一臂屈肘抬起，手指向上，掌心向后，另一手摩擦其手指（如图 3－97 所示）。

图 3-95

图 3-96

图 3-97

十、四次击球

一臂屈肘举起，伸出四个手指(如图 3-98 所示)。每个队最多击球三次(拦网除外)，将球从网上击回对方。不论是队员主动击球，还是被球触及，都算作该队击球一次。出现第四次击球，应判为“四次击球”犯规。

十一、连击

一臂屈肘举起，伸出两个手指(如图 3-99 所示)。一名队员不能连续击球两次(拦网除外)。连续击球或被球触即是“连击”犯规。连续的意思是两次触球有先后，而且中间没有其他人触球。球可以触及身体的不同部位，但必须是同时。

十二、持球

臂屈肘慢慢举起，掌心向上。队员没有将球击出，造成接住或抛出，应判为“持球”犯规(如图 3-100 所示)。

图 3-98

图 3-99

图 3-100

十三、过网

一手掌心向下，前臂放置在网上(如图 3-101 所示)。

十四、进入对方场区

手指指向中线(如图 3-102 所示)。

十五、后排进攻犯规

一臂向上举起，前臂向下摆动(如图 3-103 所示)。后排队员在前场区完成进攻性击

球，而且击球时球的整体高于球网上沿，应判为“后排队员进攻性击球”犯规。

所谓“在前场区”，是指站在前场区或踏及前场区起跳（包括边线外的延长部分）。“完成进攻性击球”，是指球的整体越过球网垂直面，或者触及对方队员，再加上球的整体高于球网上沿。只有这三个条件同时满足，才被认为足“后排队员进攻性击球”犯规。

图 3－101

图 3－102

图 3－103

十六、掩护和后排队员拦网犯规

两臂上举，掌心向前（如图 3－104 所示）。

十七、双方犯规

两臂屈肘举起，竖起拇指（如图 3－105 所示）。如果双方队员同时犯规，则判为“双方犯规”。该球成死球，由原来发球队员重新发球。

图 3－104

图 3－105

十八、延误判罚

以黄牌触手腕（如图 3－106 所示，如图 3－107 所示）。延误比赛的行为包括以下几个方面：换人延误时间；裁判员鸣哨恢复比赛后，仍拖延暂停时间；请求不合法的替换；在同一局中再次提出不适合的请求；场上队员拖延比赛的继续进行等。

图 3－106

图 3－107

十九、换人

两臂屈肘，在体前绕环（如图 3-108 所示）。

二十、暂停

一臂屈肘抬起，另一手放在该手手指上（如图 3-109 所示）。

每局每队可以请求两次暂停，每次 30 秒钟。暂停时，队员必须离开场区，到替补席附近的无障碍区。

图 3-108

图 3-109

二十一、警告与判罚

一手持黄牌为警告，一手持红牌为判罚（如图 3-110 所示）。

图 3-110

二十二、判罚出场和取消比赛资格

一手持红牌是判罚出场；一手持红、黄牌是取消比赛资格（如图 3-111 所示）。

同一队员在同一场比赛中重犯“粗鲁行为”或第一次“冒犯行为”，要给以判罚出场的判处。

同一队员在同一场比赛中重犯“冒犯行为”和第一次“侵犯行为”，给以红、黄牌判罚取消比赛资格。被判罚的队员要离开比赛场地和替补队员席。

二十三、一局或全场比赛结束

两手在胸前交叉（如图 3-112 所示）。

图 3-111

图 3-112

二十四、交换场区

两臂在体前体后绕环旋转(如图 3-113 所示)。

图 3-113

第四章 足球

第一节 足球运动简介

一、足球运动的地位

足球运动,是目前全球体育界最具影响力的单项体育运动,故有“世界第一大运动”的美称。足球是主要以脚支配球为主,但也可以使用头、胸部等部位触球(除守门员外,其他队员不得用手或臂触球;如果守门员出了本方的禁区,那也不能用手或臂触球)的两个队在同一场地内进行攻守的体育运动项目。一场精彩的足球比赛,吸引着数以亿计的观众,它已成为电视节目中的重要内容,有关足球的报道,占据着世界各种报刊的篇幅,当今足球运动已成为人们生活中不可缺少的组成部分。

二、足球的起源及发展

足球运动是一项古老的健身体育活动,源远流长。最早起源于我国古代的一种球类游戏“蹴鞠”,后来经过阿拉伯人传到欧洲,发展成现代足球。现代足球运动起源于英国,最先在英伦四岛流行,然后向世界各地传播。1857 年,英国成立了第一个足球俱乐部——谢菲尔德足球俱乐部。1863 年 10 月 26 日,英格兰 11 个足球俱乐部的代表在伦敦举行会议,成立了第一个足球运动组织——英格兰足球协会。它的成立标志着世界足球运动进入了新阶段,人们把这一天称为现代足球的诞生日。会上修改并制定了统一的足球竞赛规则。尽管规则只有 14 条,但它是现代足球比赛规则的基础,推动了现代足球运动的发展。1904 年 5 月 21 日在巴黎成立了“国际足球联合会”,简称国际足联(FIFA),它是国际奥林匹克委员会的一个单项体育组织。从此世界各国足球协会不断成立,会员国由原来的 7 个发展到 2002 年的 204 个。1896 年,首届奥林匹克运动会就有了足球比赛项目,当时只有英、法两国派队参加。到了 1908 年奥运会时,参赛球队增至 8 支队伍,但都是欧洲国家的球队;直到 1924 年,南美洲国家才开始参加奥运会足球比赛。当时奥委会规定参赛队员必须是业余选手。1928 年,国际足联决定从 1930 年起每四年举行一届世界足球锦标赛(即世界杯赛),并如期在乌拉圭举办了第 1 届世界足球锦标赛。因第二次世界大战,锦标赛中断了 12 年,直到 1950 年才恢复并举行第 4 届比赛。

三、足球比赛的特点

(1) 整体性。足球比赛每队由 11 人上场参赛。场上的 11 人思想统一，行动要一致，攻则全动，守则全防，整体参战的意识要强。只有形成整体的攻守，才能取得比赛的主动权及良好的比赛结果。

(2) 对抗性。足球运动是一项竞争激烈的对抗性项目，比赛中双方为争夺控制权，达到将球攻进对方球门，而又不让球进入本方球门的目的，展开短兵相接的争斗，尤其是在两个罚球区附近时间、空间的争夺更是异常凶猛、扣人心弦。一场高水平的比赛，双方因争夺和冲撞倒地次数多达 200 次以上，可见对抗之激烈。

(3) 多变性。足球运动是一项技术上多彩多姿、战术上变幻莫测、胜负结局难以预测的非周期性运动项目，比赛中运用技、战术时要受对方直接的干扰、限制和抵抗。技、战术是依临场中具体情况而灵活机动地加以运用和发挥。

(4) 强负荷。足球比赛中，运动员要在近 8 000 平方米的场上奔跑 90 分钟，跑动距离少则 6 000 米，多则 10 000 米以上，而且还要伴随完成上百个有球和无球的技术动作，若平局后需决定胜负的比赛则要加时 30 分钟，如仍无结果，还需以踢点球决定胜负，因而运动员的能量消耗是很大的。一名运动员在一场激烈的比赛后体重可下降 2—5 公斤。

(5)易行性。足球竞赛规则比较简练，器材设备要求也不高。一般性足球比赛的时间、参赛人数、场地和器材也不受严格限制，因而是全民健身中一项十分易于开展的群众性的体育运动项目。

四、足球运动的锻炼价值

(1) 有利于良好的心理品质及思想品德的形成。经常从事足球运动，不仅对自身良好性格的形成能产生巨大的影响，而且还可以培养人的意志、自制力、责任感及勇敢顽强、机智果断、坚韧不拔、勇于克服困难、团结协作、密切配合、集体荣誉感、守纪律等思想品德。

(2) 有利于增强体质、促进健康。足球运动是全面锻炼和健全体魄的良好手段，是全民健身活动中一项行之有效的体育运动项目。经常从事足球运动，可以提高人们的力量、速度、灵敏、耐力、柔韧等身体素质，并能使人的高级神经活动得到改善，尤其能增强人体的心血管系统、呼吸系统等内脏器官的功能，从而促进人体的健康。据测定，一名优秀足球运动员的肺活量比正常人要高 2 000—3 500 毫升，安静时的心律要比正常人低 15—22 次/分。

(3) 有利于精神文明建设。足球已成为我国许多城市中人们生活的一部分。人们从踢足球中得到情绪体验、从看足球中得到艺术享受、从谈论足球中得到思想交流，足球运动丰富了人们的业余文化活动，提高了人们的生活质量。足球已成为一些城市的政治、经济、文化、生活的重要组成部分。它吸引着千千万万市民，它反映了城市的精神面貌，它是城市形象的标志之一，它是精神文明建设的载体。

(4) 有利于振奋民族精神。重大国际足球比赛，能激发人民团结拼搏、进取向上的精神和爱国主义热情。

五、足球运动发展趋势

(1) 全攻全守是发展的方向。
(2) 战术是取胜的关键。
(3) 进攻是足球运动的生命。
(4) 快速是现代足球的核心。
(5) 控制比赛节奏。
(6) 球星的作用。

第二节　足球基本技术

一、足球技术概念

足球技术就是指运动员在足球比赛中所采取的合理动作的总称。它是在比赛实践中逐步形成、发展和完善起来的。

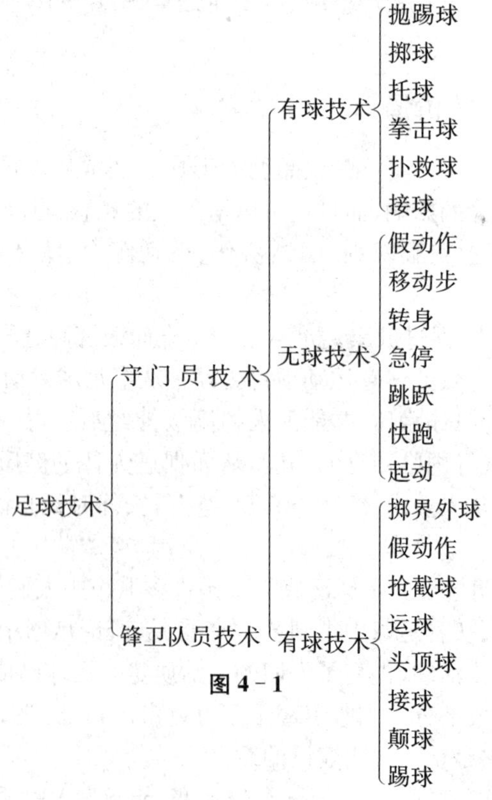

图 4－1

二、无球技术

无球技术是指运动员在比赛中,不控球的情况下所采用的合理动作的总称。包括:① 起动;② 快跑;③ 急停;③ 转身;⑤ 跳跃;⑥ 移位;⑦ 假动作。

三、有球技术

有球技术是足球技术的主要部分,它是最终体现完成攻守任务技术的技术。

(一) 颠球

颠球是指运动员用身体的各个有效部位连续地触击球,并加以控制尽量使球不落地的技术动作。其技术动作要领如下:

(1) 双脚脚背颠球:脚向前上方摆动,用脚背击球,击球时踝关节固定,击球的下部。两脚可交替击球,也可一只脚支撑,另一只脚连续击球。击球时用力均匀,使球始终控制在身体周围。

(2) 双脚内侧、外侧颠球:抬脚屈膝,用脚的内侧或外侧向上摆动,击球的下部,两脚内侧或外侧交替击球。

(3) 大腿颠球:抬腿屈膝,用大腿的中前部位向上击球的下部,两腿可交替击球,也可一只脚做支撑,用另一侧的大腿连续击球。

(4) 头部颠球:两脚开立,膝盖微屈,用前额部位连续顶球的下部。顶球时,两眼注视球,两臂自然张开,以维持身体平衡。

(二) 易犯错误与纠正方法

1. 双脚脚背颠球易犯错误与纠正方法

(1) 脚击球时踝关节松弛,造成用力不稳定,纠正方法是适当保持踝关节紧张,击球的下中部,以膝关节为轴屈伸小腿。

(2) 踢球时脚尖向下或向上勾,造成球受力后向前或向后触碰身体,使球难以控制,纠正时要求脚背与地面平行,脚尖微翘,初学者可采用颠一次让球落地反弹后再颠。体会触球时与球磨擦使球带有回旋。逐步过渡到连续颠球练习。

2. 双脚内侧、外侧颠球易犯错误与纠正方法

(1) 脚在颠球时脚内翻或小腿向上摆动不够,不能造成球直向上。纠正时加强柔韧性练习,两人一组、一人坐在地上两腿屈膝,脚掌相对,成盘腿状,尽量靠近大腿,另一人在身后两手扶膝关节用力下压持续几秒钟后,交换进行练习,可提高脚内翻和小腿向上摆的幅度。

(2) 因支撑腿膝关节弯曲不够,造成脚外侧颠球时球不能靠近身体失去控制,纠正方法是支撑腿膝关节有意识弯曲,上体向支撑脚一侧稍倾斜,膝关节屈,脚外翻使脚外侧成水平状态的姿势,持续几秒钟后交换支持脚的练习。

3. 头部颠球时易犯错误和纠正方法

击球时间和部位不准,难以控制球的方向和高度。纠正时要求颈部稍紧张用力控制好顶球点。加强收腹和屈膝伸腿蹬地协调用力的练习。

(二) 控球

(1) 拖球。拖球是以前脚掌触球的上部，将球由前向后或由左(右)向右(左)进行拖拉的动作。当拖球到位后，一般均以脚内侧做一下挡球动作，然后进入下一动作(如图 4-2 所示)。

图 4-2

(2) 拨球。拨球是指持球者用脚腕类似抖拨的动作，以脚背内侧或脚背外侧触球，使球向侧方或侧后、前方滚动。用脚背内侧拨球称为"内拨"，以脚背外侧拨球称为"外拨"。一般是在与对手相持时，在对手伸腿抢球的一刹那，以拨球技术从对手的一侧越过(如图 4-3 所示)。

图 4-3

(3) 扣球。扣球是指持球者突然转身变向，以踝关节的急转压扣动作，用脚背内侧或脚背外侧触球，使球向侧或侧前(后)方改变方向。用脚背内侧扣球，称为"内扣"。用脚背外侧扣球，称为"外扣"。当扣球动作完成后，身体重心应立即跟上，迅速进入下一个动作(如图 4-4 所示)。

图 4-4

(三) 运球

1. 前脚掌拉球练习

(1) 动作要领。

① 将前脚掌放在球的上部或侧上部,另一脚在球的侧后方支撑,然后触球脚向后下方用力将球拉回;

② 回拉球一般都是躲开或引诱对方出脚抢球的瞬间将球拉回造成对方抢球落空,使其重心随抢球脚前移,趁对手难于返回的瞬间将球迅速推送出去越过防守者(如图 4－5 所示)。

图 4－5

教学重、难点:拉球时脚接触球的部位与力量,身体重心随球移动;身体协调用力(如图 4－6 所示)。

图 4－6

(2) 练习方法。

① 原地前脚掌拉球练习。

方法:根据老师所做示范动作模仿练习;

提示:拉球时注意触球部位,拉球与拨球的力量适中控制好球,身体重心随球移动,注意动作协调性;

② 有目标方向的前脚掌拉球练习。

方法:根据老师规定的拉球方向,运用正确技术动作完成练习;

提示:拉球时注意抬头,拉球时改变球的运行方向,身体重心跟随球的方向变化移动。

2. 原地脚内侧推拨球

(1) 动作要领。

① 两脚脚内侧触球;

② 拨球时，膝关节稍弯屈，上体前倾，身体重心随球的方向左右移动；

③ 运球时脚脚后跟提起脚内侧推拨球的后中部分(如图 4-7—4-8 所示)。

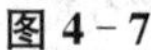

图 4-7

图 4-8

教学重、难点：脚内侧触球的后中部；身体协调与重心移动。

(2) 练习方法。

① 原地脚内侧推拨球练习。

方法：根据老师所做示范动作模仿练习；

提示：推拨球时注意触球部位，触球力量适中控制好球，身体重心随球的方向左右移动。

② 有目标方向的脚内侧推拨球练习。

方法：根据老师规定的推拨方向，运用正确技术动作完成练习；

提示：推拨球时注意抬头，推拨球时改变球的运行方向，身体重心跟随球的方向变化移动。

(3) 易犯错误与纠正方法。

① 只顾低头看球，而不能随时观察场上情况，以致不能及时传球或射门。练习时前面设定目标，学生要提醒自己注意观察目标的变化；

② 运球时，不是推拨球，而是踢球以致球离身体过远而失去控制。练习原地脚内侧推拨球，体会脚内侧与球接触的感觉。

3. 脚背外侧运球

动作的特点是灵活性、可变性强，可做直线、弧线和向外变向运球，易于控制运球方向和发挥运球速度，并便于对球进行保护(如图 4-9 所示)。

图 4-9

(1) 动作要领。

① 跑动中，身体自然放松，步幅稍小；

② 运球脚在身体正面提起，膝稍内扣，脚跟提起，脚尖内转；

③ 在迈步前伸着地前，用脚背外侧推拨球(如图 4－10 所示)，随后脚顺势落地。

教学重、难点：运球时脚接触球的部位与力量，身体重心随球移动；运球时协调用力脚接触球的部位。

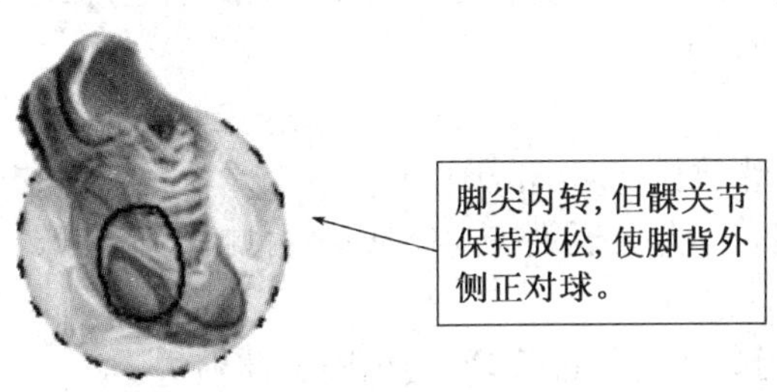

图 4－10

(2) 练习方法。

① 直线运球练习。

方法：单人练习，确定行进路线自主练习时进行；

提示：运球时，脚触球和小腿及脚踝的发力是柔和的，尤其脚与球接触瞬间的细微缓冲动作是控制好球的要领。初学时常常因为腿部肌肉和关节过于紧张，动作僵硬，出现“踢球”发力的错误。

② 运球绕杆练习。

方法：在做变向时交换运球脚(如图 4－11 所示)；

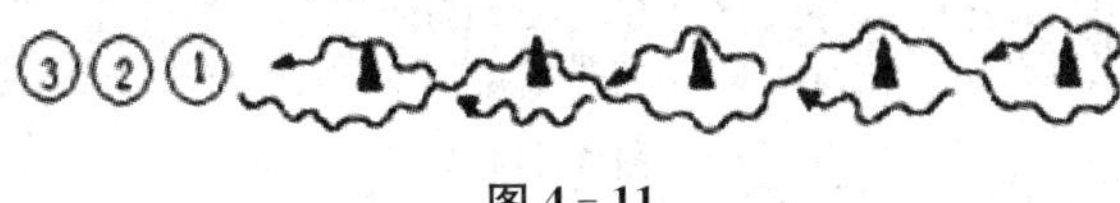

图 4－11

提示：绕杆运球涉及到变向，在支撑脚落地时应考虑身体重心的控制、球的运行速度和运球脚的动作空间变向前的步伐调整。运球脚大跨步踏在球的侧面偏前位置，距球稍远，为变换运球脚完成动作留出空间，同时屈膝制动降低重心，缓冲助跑冲力(如图 4－12 所示)。

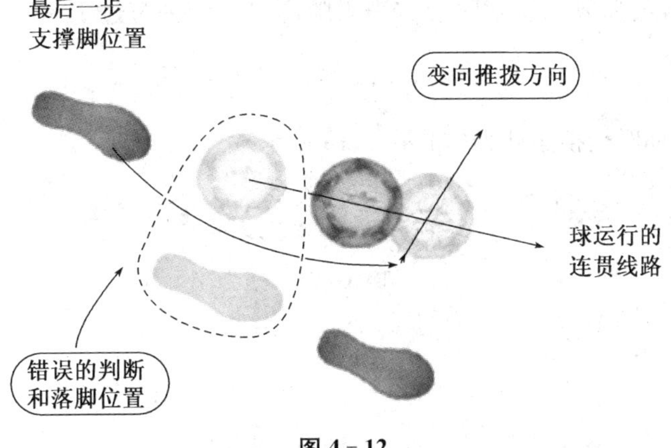

图 4－12

(3) 易犯错误与纠正方法：

① 低头看球，无法观察场上情况，用眼睛的余光观察，兼顾球和周围情况；

② 用力方法不当，成踢球发力，注意脚踝的放松，触球时踝关节稍加缓冲；

③ 脚跟未提起，成勾脚触球，将球挑起，保持脚背与地面角度基本垂直。

4. 脚背内侧运球

动作的特点是控球稳，运球速度较慢，适用于掩护性运球或运球变向(如图 4－13 所示)。

(1) 动作要领。

① 跑动中，身体自然放松，步幅稍小；

② 运球腿屈膝提起，脚尖稍外转，使脚背内侧正对运球方向；

③ 运球脚落地前用脚背内侧推拨球，使球随身体前进。

教学重、难点：运球时脚接触球的部位与力量，身体重心随球移动；运球时协调用力(如图 4－14 所示)。

图 4－13

图 4－14

(2) 练习方法。

① 直线运球练习。

方法：单人练习，确定行进路线自主练习时进行；

提示：运球时，脚触球和小腿及脚踝的发力是柔和的，尤其脚与球接触瞬间的细微缓冲动作是控制好球的要领。初学时常常因为腿部肌肉和关节过于紧张，动作僵硬，出现“踢球”发力的错误。

② 运球绕杆练习。

方法：在做变向时交换运球脚(如图 4－15 所示)；

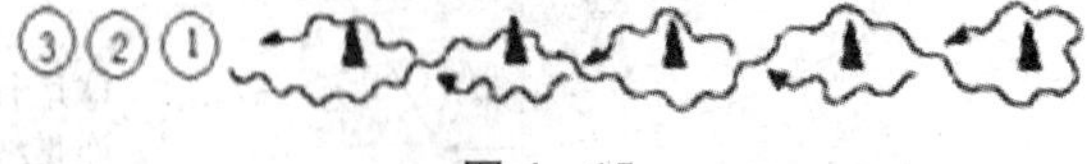

图 4－15

提示：绕杆运球涉及到变向，在支撑脚落地时应考虑身体重心的控制、球的运行速度和运球脚的动作空间变向前的步伐调整。运球脚大跨步踏在球的侧面偏前位置，距球稍远，为变换运球脚完成动作留出空间，同时屈膝制动降低重心，缓冲助跑冲力。

(3) 易犯错误与纠正方法。

① 身体重心过高或侧倾不够，影响运球变向，运球过程中，要保持重心稍下沉、躯体略侧倾的状态；

② 推拨球动作不稳定，影响控球效果，推拨球动作的相对稳定，才能有效地控制推拨球力量与方向；

③ 脚跟未提起，成勾脚触球，将球挑起，保持脚背与地面角度基本垂直。

5. 脚背正面运球

动作的特点是直线推拨，速度快，但路线单一，运进时前方需有较大的纵深距离，技术多用在运球前方一定距离内无对手阻拦时(如图 4－16 所示)。

(1) 动作要领。

① 运球时身体持正常跑动姿势，上体稍前倾，步幅不宜过大；

② 运球腿提起，膝关节稍屈，髋关节前送，提踵，脚尖下指；

③ 在着地前用脚背正面部位触球后中部将球推送前进。

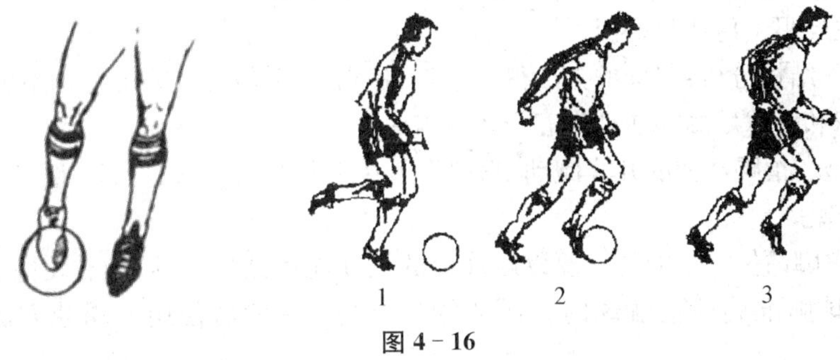

图 4－16

教学重、难点：运球时脚接触球的部位与力量，身体重心随球移动；运球时协调用力

(2) 练习方法。

① 直线运球练习。

方法：单人练习，确定行进路线自主练习时进行；

提示：运球时，脚触球和小腿及脚踝的发力是柔和的，尤其脚与球接触瞬间的细微缓冲动作是控制好球的要领。初学时常常因为腿部肌肉和关节过于紧张，动作僵硬，出现"踢球"发力的错误。

② 规定距离的运球练习。

方法：教师规定脚背正面运球距离，两人合作，运用正确动作完成练习；

提示：运球身体自然放松，控制重心，球的运行速度和运球脚的步伐调整，快速协调的完成运球练习，同伴间注意相互观察合作练习(如图 4－17 所示)。

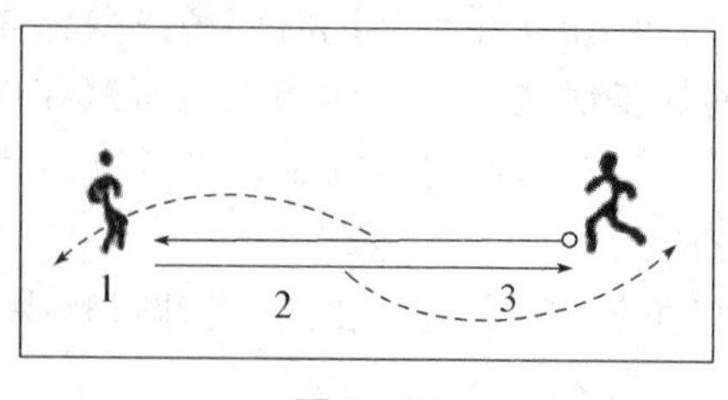

图 4－17

（3）易犯错误与纠正方法。

① 运球脚推拨球部位及方法不当，难以控制运球的力量和方向。强调运球脚脚跟提起，脚尖下指，以脚背正面推拨球；

② 膝、踝关节僵硬，变推拨为捅击动作，控制不住球；

③ 运球腿膝、踝关节要张驰交替、放松协调，要以推拨方式控制运球的力量和方向。

④ 支撑脚偏后，推拨球后重心滞后，导致人球分离。要求支撑脚尽可能地接近球，使球始终处于身体的有效控制范围。

（四）踢球

踢球指运动员有目的地用脚把球击向预定目标的技术。踢球是足球有球技术中最重要的技术，主要用于传球和射门。

技术动作结构分析：踢球的方法很多，每一种踢法都是由助跑、支撑脚站位、踢球腿的摆动、脚触球和踢球后的随前动作五个环节组成。

（1）助跑。指踢球前的几步跑动，它的作用在于调整人与球的方向、距离。分直线助跑和斜线助跑。

（2）支撑脚站位。它的位置要以踢球腿的摆动能达到最大的摆幅、发挥最大的速度和有利于踢球腿准确地接触球的合适部位为原则。一般由使用的踢球方法（脚法）来决定。

（3）踢球腿的摆动。这是踢球力量的主要来源，它关系到踢球的力量、出击球的速度和球的运行距离。

（4）脚触球。包括踢球脚的部位和击球的部位，它主要控制球的运行路线。

（5）踢球后的随前动作。随前动作易于控制出球方向和加大踢球力量，又能缓冲前冲惯性，维持身体的平衡。

（五）各种踢球技术

（1）脚内侧踢球（适宜于做短传）。踢定位球时，直线助跑，支撑脚踏在球的侧方 15 厘米左右处，膝盖微屈。踢球腿以髋关节为轴，由后向前摆动，在前摆过程中膝盖外转，踢球腿内侧与出球方向成 90°。脚尖稍翘起，小腿加速前摆，脚跟前送，脚掌与地面平行，踝关节用力绷紧，用脚内侧（舟骨部位）击球的后中部。踢球后，踢球腿随球继续前摆，以保证击球平直、有力。

（2）脚背内侧踢球（踢定位球、远距离球或进行转身踢球）。斜线助跑，助跑方向与出球方向的反方向延长线约成 45°，支撑脚以脚掌外沿积极着地，踏在球的侧后方 25—30 厘米处，膝盖弯曲，支撑脚脚尖指向出球方向，并踏在球的横轴（与出球方向成垂直的轴）的延长线上，身体稍向支撑脚一侧倾斜，在支撑脚着地的同时，踢球腿以髋关节为轴，大腿带动小腿由后前摆，脚尖稍外转，脚面绷直，脚趾扣紧，脚尖指向斜下方，以脚背内侧踢球的后中部。踢球后，踢球腿随球继续前摆。

(3) 脚背正面踢球(适合远距离的传球、射门，发任意球、球门球)。直线助跑，最后一步稍大，并积极着地，支撑脚踏在球侧约10—15厘米处，脚尖正对出球方向，膝关节微屈；同时踢球腿向后提起，膝盖弯曲。在支撑脚着地的同时，以髋关节为轴，大腿带动小腿，由后向前摆，当膝盖摆至接近球的垂直上方的刹那，小腿加速前摆，脚背绷直，脚趾扣紧；用脚背的正面击球的后中部。踢球后，踢球腿随球继续前摆。

(4) 脚背外侧踢球(多用于踢定位球，弧线球或弹拨球，进行传中或射门)是指用脚背外侧部位(外侧几个趾骨背面)接触球的踢球方法。

脚背外侧踢球动作要领直线助跑，最后一步稍大，并积极着地，支撑脚踏在球侧约10—15厘米处，脚尖正对出球方向，膝关节微屈；同时踢球腿向后摆起，膝盖弯曲。在支撑脚着地的同时，以髋关节为轴，大腿带动小腿由后向前摆。当膝盖摆到接近球的垂直上方的刹那，小腿加速前摆时，膝盖和脚尖内转，脚面绷直脚趾扣紧，以脚背外侧部位踢球的后中部。踢球后，踢球腿随球继续前摆。

(5) 脚尖踢球(用于距离身体较远的用正常脚法无法踢到的球)以脚尖部位接触球的方法。

(6) 脚跟踢球(动作隐蔽，向后传球)用脚跟接触球的一种踢球方法。

(六) 接球(停球)

所谓接球就是指队员有目的地用身体的合理部位，把运行中的球接当住，并使其处于所需要的控制范围内。

1. 脚内侧停地滚球

动作特点：脚内侧停地滚球是最常用的停球技术，其特点有利于技术的衔接，可根据临场形势需要，借助脚形、停球角度和力量的调整直接完成停球摆脱、停传球、假动作过人等隐蔽而实用的技术变化。有两种方式可选择：缓冲式停球和切压式停球(如图4-18所示)。

图4-18

(1) 缓冲式停球动作要领(如图4-19所示)。较适合接停球速快、力量大的来球。

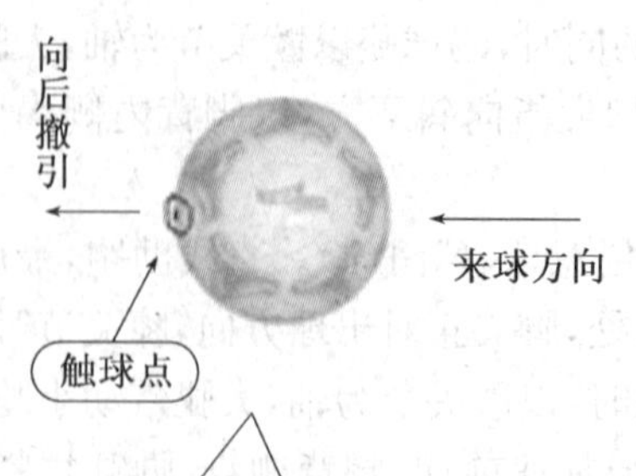

缓冲式停球：

当球接近时停球脚前迎，触球前瞬间停球脚随球向后撤引，并在后撤过程中触球，完成缓冲动作

图 4－19

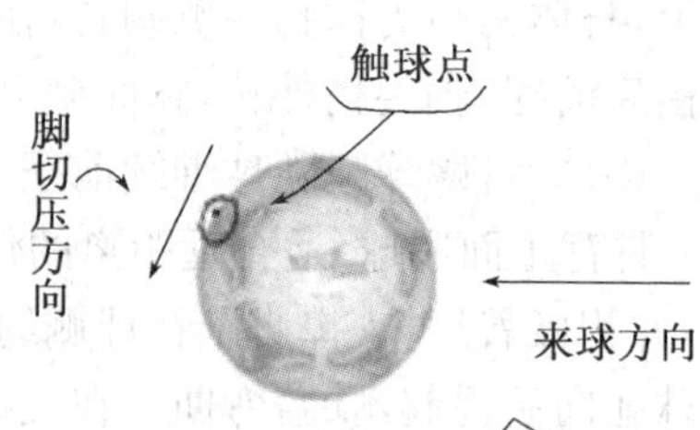

切压式停球：

判断好球的运行方向，速度。停球脚在支撑脚侧面直接提起，看准触球点。主动下压，使脚从触球点向下方切压球，达到阻拦和缓冲球的目的

图 4－20

(2) 切压式停球动作要领（如图 4－20 所示）。停球过程中有主动加力动作，实战中可以对停球位置作出各种变化控制，有利于技术的衔接。

2. 脚内侧停反弹球

动作的特点：脚内侧停反弹球技术是处理空中下落球的理想选择，相比胸部停球、大腿停球和脚内侧空中停球，能够比较容易地一次把球停到地面，减少了过渡调整的环节，有利于快速衔接技术动作（如图 4－21 所示）。

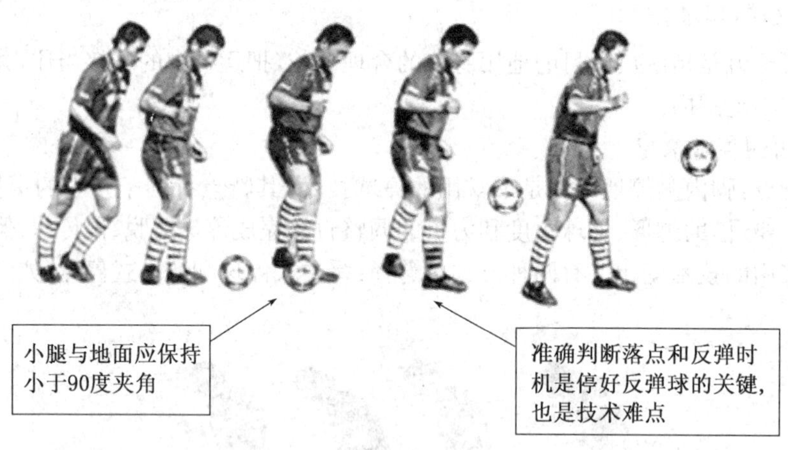

图 4－21

(1) 准确判断落点，并及时选择支撑脚位置，踏在落点的侧前方（如图 4－22 所示）。

(2) 停球腿提起，在落点的后上方等球反弹。

(3) 触球时机应选择在球刚刚反弹离开地面的瞬间。

(4) 力量控制，可以采取被动触球缓冲，或者根据需要加力推压，把球停到适当的位置上。

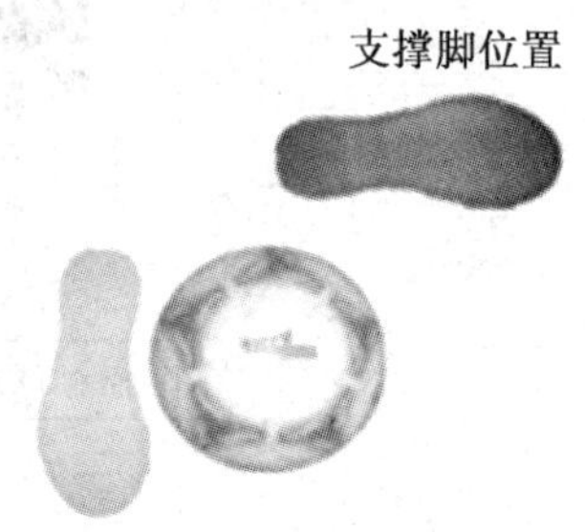

图 4－22

3. 挺胸式停球

动作的特点主要用来处理齐胸高度的来球，多见于接停长传球。但是，胸部停球不能一次把球停到地面，不利于作出快速的技术衔接，所以一般利用脚内侧、外脚背和脚底反弹球进行调整（如图 4－23 所示）。

图 4－23

（1）准确判断球的运行方向合落点，调整站位面对来球。

（2）两脚前后开立，重心落在两腿之间，屈膝稳定身体，两臂自然置于体侧。

（3）当球接近身体垂直面时，上体稍后仰，同时蹬地、展腹、挺胸，使球弹起改变运行方向然后落于体前。

4. 头顶球

动作的特点顶球技术是传球、射门、抢截的有效手段，特别是争高空球时头顶球技术最为重要。顶球技术的特点是争取时间，不需要等球落地就可以在空中直接处理或破坏球，因此它可以争取时间和空间上的优势和主动。

顶球应该用前额骨触球。因前额骨是头部最坚硬、最平坦和最宽大的部分，它处于头的正前方和两眼的上面，便于在顶球时观察来球及周围的情况，而且出球准确有力。顶球一般分为正额顶球和额侧顶球两种。具体方法有原地、助跑、跳起（单脚和双脚）和鱼跃顶球等。

（1）动作要领。

① 正额原地顶球。面对来球，两脚前后开立，膝微屈，重心放在两脚上。顶球前，上体先后仰，重心移到后腿上，两臂自然摆动，保持身体平衡，两眼注视来球。顶球用力蹬地，两腿迅速伸直，上体由后向前快速摆动，借腰腹及颈部力量，用前额正面将球顶出。顶球过程中，身体重心从后腿移到前腿（如图 4－24 所示）。

图 4－24

② 单脚跳起顶球。起跳前要有三至五步的助跑。最后一步踏跳时要用力，步幅要稍大些，踏跳脚以脚跟先着地再迅速移到脚掌，同时另一腿屈膝上提，两臂向上摆动。身体腾起后上体随之后仰。顶球时，上体由后向前摆动，借助腰、腹和颈部力量将球顶出。然后两脚自然落地(如图 4-25 所示)。

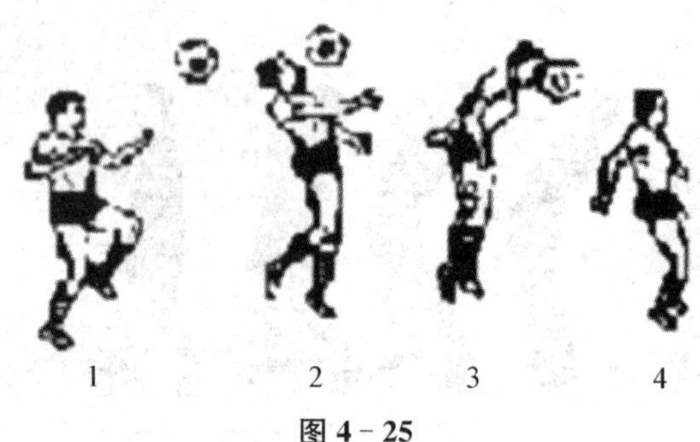

图 4-25

③ 双脚跳起顶球。两膝先弯曲，然后两脚蹬地向上跳起，同时两臂屈肘上摆，上体后仰，两眼注视来球，接着两臂自然张开，以保持身体平衡。当跳到最高点并在来球接近身体垂直线时，收腹、甩头，用正额将球顶出(如图 4-26 所示)。

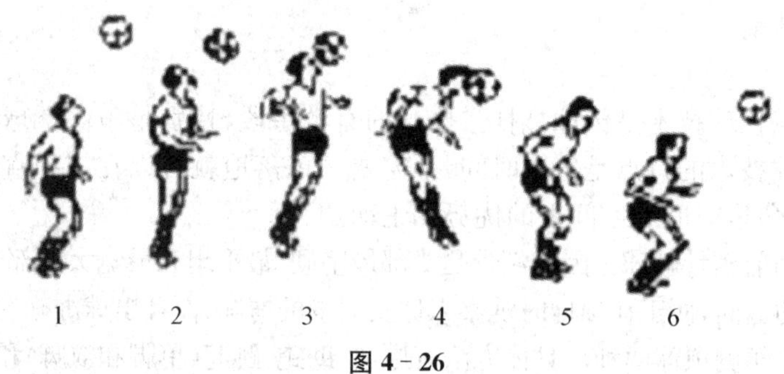

图 4-26

(2) 练习方法。

① 一人一球练习，自抛自掷；

② 两人一球练习，一人抛球，一人回顶球；

③ 两人一球练习，相互抛球，同时练习顶球。

(3) 易犯错误及纠正方法。

① 易犯错误：顶球时闭眼、缩脖，不敢主动迎击球；顶球点选择的不正确，顶不到球或只是蹭击球；击球的用力摆体动作过早、过晚，出球无力或力量过大；蹬地、摆体或收腹曲体与颈部紧张用力不协调。

② 纠正方法：原地练习其自抛自顶，张开眼睛，用额头顶球；

两人一组一球，一人抛，另一人用头部将球顶回，要求准确；

干扰式练习：三人一组一球，一人抛球，另一人顶球，第三者在其身旁同时跳起争顶，但力度不要太大，只需稍微起到干扰的作用。

(七) 抢截球技术

抢球：是用规则所允许的条件和动作，把对方控制的将要控制的球夺过来，踢出去或破坏掉。

截球：是把对方队员间传出的球堵截或破坏掉。

1. 抢截球的方法

（1）正面抢截球。这是控制对方队员从正面运球前进时采用的方法。

正面抢截球动作要领：

两脚前后开立，两膝稍弯曲，身体重心下降，重心平均落在两脚上，面对对手。对手运球前进，当脚触球即将着地或刚着地时，一脚立即用力蹬地，抢球脚以脚内侧对正球并向球跨出一步，膝关节弯曲，上体前倾，身体重心移至抢球脚上。另一脚立即前跨成支撑脚。如双方的脚同时触球时，则要顺势向上提拉，使球从对方脚背滚过。身体要迅速跟上，把球控制住。

（2）侧面抢截。是与运球者平行跑动或从后面追成平行时采用的抢球方法。

侧面抢截球动作要领：

当与对手并肩跑动时，身体重心稍下降，同对方接触一侧的臂要紧贴身体。当对手靠近自己一侧的脚离地时，用肘关节以上部位，冲撞对方相应部位，使对方失去平衡而离开球，乘机将球控制过来。

（3）铲球。一般是在对手运球或接球越过防守者时，而防守者又来不及用其他方法抢球时采用的倒地抢球方法。

侧面铲球动作要领：

当控制球的对手拨出球的刹那，抢球者后脚（同侧脚）用力后蹬成跨步，上体后仰，前脚（异侧脚）以脚外侧沿地面向前内侧滑动中，用脚底将球蹬出，接着小腿外侧、大腿外侧和臀部依次着地滑动。

（八）假动作

就是在比赛中，运动员运用各种动作的假象，迷惑和调动对方，使其产生错误的判断或失去身体的平衡，从而取得时间、位置、距离等有利条件，更好地实现自己的真正意图。

作用：为了摆脱对手的阻挠，突破对方的防守、抢夺对方的球或破坏对方对球的控制。

对假动作的要求：

- 动作要逼真、突然。
- 动作要有目的。
- 动作要快速。
- 真、假结合，随机应变。
- 要掌握好做假动作的时间和距离。

（九）掷界外球

由于掷界外球时接球人不受越位规则的约束，因此可以作为一种重要的进攻手段。尤其是在前场 30 米内掷界外球，将球直接掷入门前，可以给对方造成很大威胁。

第三节 足球基本战术

一、足球战术概述

足球战术就是指比赛双方为了比赛的预期目的，根据主客观的情况所采用的个人或集体的手段和方法。比赛实践证明，熟练而巧妙地运用全队是夺取胜利的重要因素。足球比赛是攻和守这对矛盾组成的，攻和守不断地变换组成了比赛的全过程。因此，足球战术可分为进攻和防守战术两大系统，攻防战术又分为个人战术、局部战术和全队战术。个人战术是局部战术的基础，而局部战术又是全队战术的基础，全队战术则是个人战术和局部战术的综合。

二、攻守战术分析

（一）进攻战术分析

1. 个人进攻战术

(1) 摆脱与跑位。摆脱就是使对方失掉对自己的看守，以便在没有阻挠的情况下完成战术配合。跑位是指无球队员在进攻中为自己创造更好的接球、射门机会或为同伴创造这些所实施的有计划、有目的的战术行动。

(2) 运球过人。是破密集、破紧逼的重要的个人战术。

(3) 传球。是集体配合的基础，它是完成战术配合、创造射门机会的主要手段。传球的时机、传球的力量和传球目标、落点是传球的主要战术因素。

传球的分类：

① 按传球的距离分。短传、中传、长传；

② 按传球的高度分。高球、平直球、低球、地面球；

③ 按传球的目的分。向脚下传球和向空当传球；

④ 按传出球的方向分。直传、横传、斜传；

⑤ 按球运行路线分。直线球和弧线球；

⑥ 按传球前的触球次数分。直接传球和间接传球；

(4) 射门。是决定一场比赛胜负的关键。

2. 局部进攻战术

(1)“二过一”。“二过一”是指在比赛中的局部地区，两名进攻队员运用传球（通常是发动者与接应者各运用一次传球）和跑位来突破对方一名防守的配合方法。

一般常用的“二过一”配合方法有（以发动传球与跑位路线命名）：

① 横传（斜传）斜插“二过一”（如图 4 - 27 所示）；

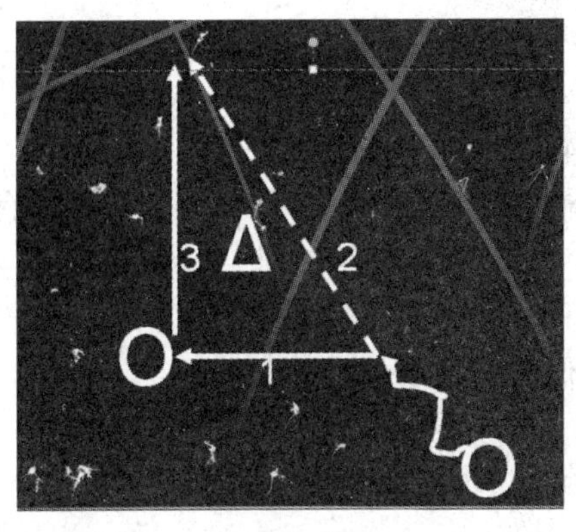

图 4－27

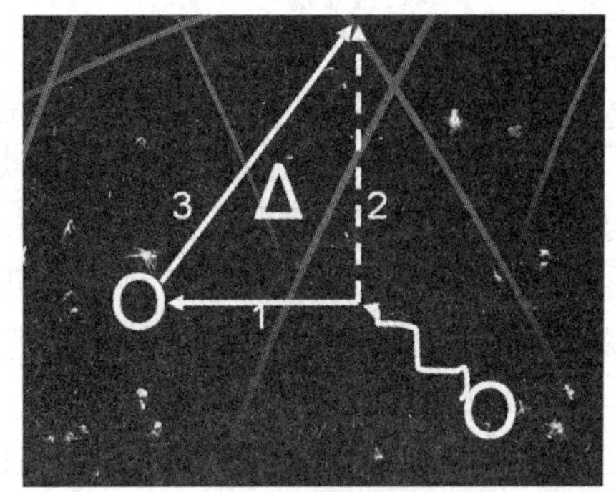

图 4－28

② 横传(斜传)直插“二过一”(如图 4－28 所示)。

③ 踢墙式“二过一”(如图 4－29 所示)。

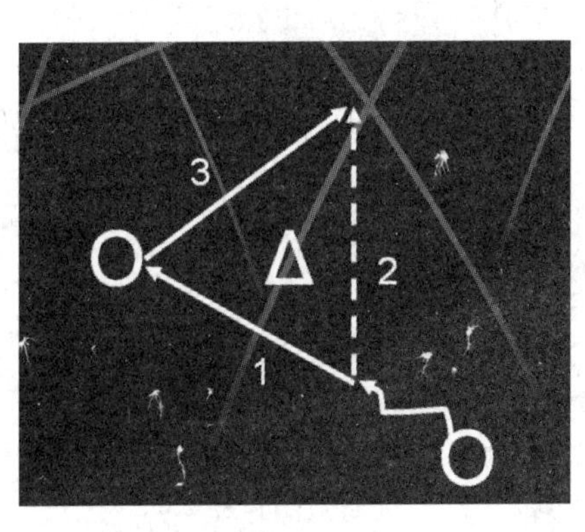

图 4－29

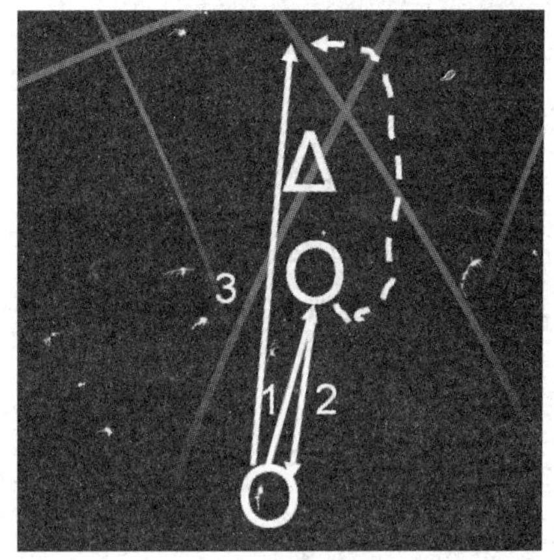

图 4－30

④ 回传反切“二过一”(如图 4－30 所示)。

(2) “三过二”。

① 是一个队员利用自己跑向空挡牵制一个防守队员，其他两个队员利用传切突破另一名防守队员；

② 是三个队员通过传球进行间接“二过一”或连续两次“二过一”配合突破两个防守队员。

3. 全队进攻战术

全队进攻战术是指进攻的面比较广，投入的人数比较多的进攻配合。一次完整的进攻是由发动、发展和结束三个阶段组成的。

(1) 边路进攻是指在对方半场两边线地区发展的进攻，主要是沿边线地带快速运球突破，传球推进切入、传中、包抄射门。

(2) 中路进攻是指在对方半场中间地带发展的进攻。

（二）防守战术分析

1. 个人防守战术

（1）站位与盯人。站位的原则是站在对手与本方球门中心所构成的一条线上。

盯人是指防守者通过各种方法，紧紧跟随并看守住自己的对手，严格控制对方的有效战术活动。主要有紧逼盯人和松动盯人两种。

（2）抢截。抢截是指防守者有意识地运用各种规则允许的争抢动作、主动地向控球者发动进攻，把球抢过来、破坏掉或是把持球者的传球断下来的行动。

2. 局部防守战术

（1）保护与补位。保护：是指在同伴紧逼控球队员时，自己选择有利位置来保护同伴，防止对手突破的行为。

补位：指防守队员补同伴在防守中出现的漏洞的相互协作防守的方法。

补位有两种：一是补空当，二是相互补位。

（2）围抢是指几个防守队员同时围堵，抢断某局部位置的对方控制球队员。

3. 全队防守战术

（1）人盯人防守。

（2）区域防守。

（3）混合防守。

（4）制造越位。

（三）比赛原则

1. 进攻原则

（1）制造宽度。

（2）加大深度。

（3）机动灵活。

（4）应变能力。

2. 防守原则

（1）延缓进攻。

（2）保持平衡。

（3）收缩保护。

（4）紧盯控制。

（四）比赛阵形

比赛阵形是指在比赛中队员的位置排列，是本队攻守力量搭配和职责分工的形式。要根据本队队员的特点和参赛队的特点来决定。

1. 阵形演变的简史

（1）第一阶段（1863—1930年）

攻多守少是这个阶段阵形的共同特点。直到1884年在英国诞生攻守人数排列基本平衡的塔式阵形，才改变了攻多守少的状况。

（2）第二阶段（1930—1970年）

这是现代足球水平提高较快的阶段。阵形变化频繁，发展较快，攻守矛盾尖锐，对世界足球发展影响较大。

① 四前锋阵形；

② 4—2—4 与 4—3—3 阵形；

③ 4—4—2 等防守阵形。

第四节　足球竞赛规则简介

一、比赛场地

如图 4－31 所示。

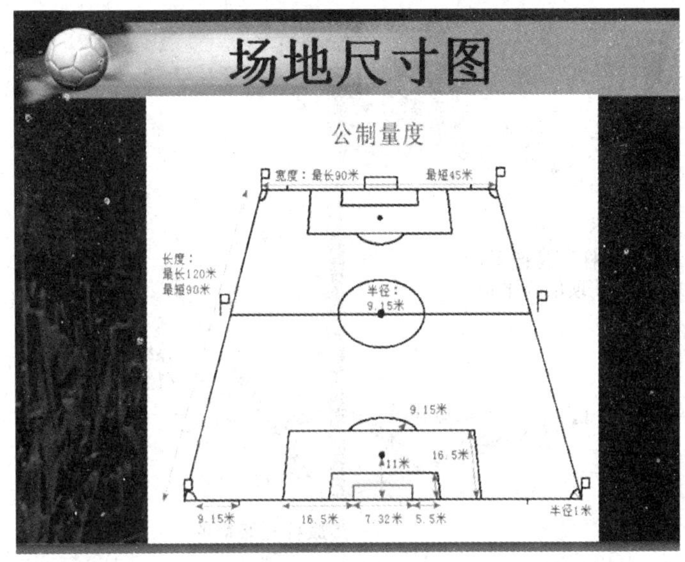

图 4－31

二、场地标记

比赛场地是用线来标明的，这些线作为场内各个区域的边界线应包含在各个区域之内。两条较长的边界线叫边线。两条较短的线叫球门线。所有线的宽度不超过 12 厘米(5 英寸)。比赛场地被中线划分为两个半场。在场地中线的中点处做一个中心标记，以距中心标记 9.15 米(10 码)为半径画一个圆圈，叫做中圈。

三、球门区

球门区在场地的两端，规定为：从距每个球门柱内侧 5.5 米(6 码)处，画两条垂直于球门线的线。这些线伸向比赛场地内 5.5 米(6 码)，与一条平行于球门线的线相连接。由这些线和球门线组成的区域范围是球门区。

四、罚球区

罚球区在场地的两端,规定为:从距每个球门柱内侧 16.5 米(18 码)处,画两条垂直于球门线的线。这些线伸向比赛场地内 16.5(18 码)米,与一条平行于球门线的线相连接。由这些线和球门线组成的区域范围是罚球区。在每个罚球区内距球门柱之间等距离的中点 11 米(12 码)处设置一个罚球点。在罚球区外,以距每个罚球点 9.15 米(10 码)为半径画一段弧,叫做罚球弧。

五、旗杆与角球弧

旗杆:在场地每个角上各竖一根不低于 1.5 米(5 英尺)的平顶旗杆,上系小旗一面。在中线的两端、边线以外不少于 1 米(1 码)处,也可以放置旗杆。

角球弧:在比赛场地内,以距每个角旗杆 1 米(1 码)为半径画一个四分之一圆。

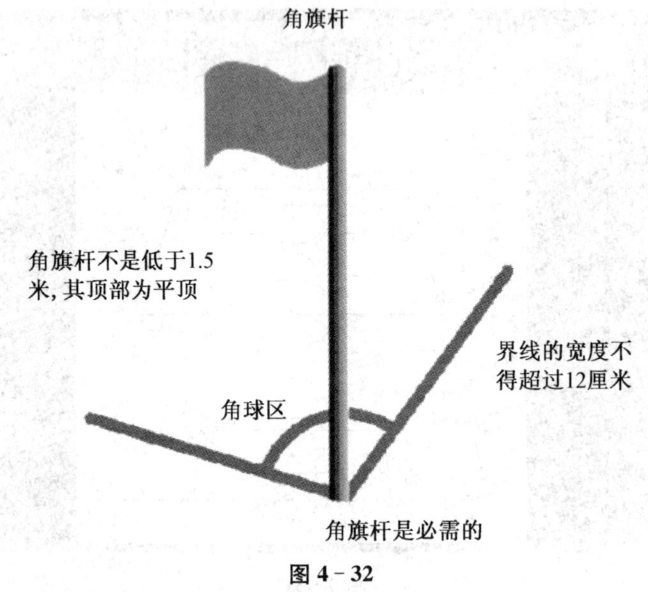

图 4－32

六、球门

球门必须放置在每条球门线的中央。它们由两根距角旗杆等距离的垂直的柱子和连接其顶部的水平的横梁组成。两根柱子之间的距离是 7.32 米(8 码),从横梁的下沿至地面的距离是 2.44 米(8 英尺)。两根球门柱和横梁具有不超过 12 厘米(5 英寸)的相同的宽度与厚度。球门线与球门柱和横梁的宽度是相同的。球门网可以系在球门及球门后面的地上,并要适当地撑起以不影响守门员。球门柱和横梁必须是白色的。

七、球

圆周不长于 70 cm、不短于 68 cm。重量在比赛开始时不多于 450 g、不小于 410 g。压力在海平面上等于 0.6—1.1 个大气压。

八、队员人数

队员一场比赛应有两队参加，每队上场队员不得多于 11 名，其中必须有一名守门员。如果任何一队少于 7 人则比赛不能开始。在由国际足联、洲际联合会或国家协会主办的正式比赛中，每场比赛最多可以使用 3 名替补队员。竞赛规程应说明可以有几名替补队员被提名，从 3 名到最多不超过 7 名。

九、裁判员的手势

如图 4 - 33 所示。

图 4 - 33

十、助理裁判员的旗示

如图 4-34 所示。

图 4-34

十一、计胜方法

(1) 进球得分。当球的整体从球门柱间及横梁下越过球门线,而此前未违反竞赛规则,即为进球得分。

(2) 获胜的队。在比赛中进球数较多的队为胜者。如两队进球数相等或均未进球,则比赛为平局。

图 4－35

十二、越位

越位位置：队员处于越位位置本身并不是犯规。

队员处于越位位置：队员脚球和最后第二名对方队员更接近于对方球门线。

队员不处于越位位置：他在本方半场内；他齐平于最后第二名对方队员；他齐平于最后两名对方队员。

对越位判罚的两个条件：

(1) 位置条件：队员较球和最后第二名对方队员更接近对方球门线，即处于越位位置。

下列情况除外：

① 该队员在本方半场内；② 他齐平于最后第二名或最后两名对方队员。

(2) 时间条件：队员在传球一刹那，其同队队员处于越位位置，裁判员认为该队员有下列情况时，应判越位：① 干扰比赛或干扰对方队员；② 利用越位位置获得利益。不应判为越位的情况是仅仅是处于越位位置；或直接接得球门球、角球、界外球。

(3) 判罚越位后，由对方队员在越位犯规地点踢间接任意球。

判别身体是否处于越位位置：① 何谓进入对方半场队员身体的有效部位(除手和手臂外)进入对方半场；包括头、躯干和脚的任一部分；② 何谓队员和最后第二名对方队员更接近于对方球门线。

队员身体的有效部位(除手和手臂外)超过最后第二名对方队员。包括头、躯干和脚的任一部分。

十三、犯规与不正当行为

(1) 判罚直接任意球的 10 种情况。

① 踢对方队员；

② 绊摔对方球员；

③ 跳向对方球员；

④ 冲撞对方球员；

⑤ 打或企图打对方球员；

⑥ 推对方球员；

⑦ 为了得到对球的控制而抢截对方球时，于触球前触及对方球员；

⑧ 拉扯对方球员；

⑨ 向对方球员吐唾沫；

⑩ 故意手球(不包括守门员在本方罚球区内)。

(2) 判罚间接任意球的 8 种情况。

① 守门员用手控制球后，在发出球之前持球超过 6 秒；

② 守门员在发出球之后未经其他队员触及，再次用手触及球；

③ 守门员用手触及同队队员故意踢给他的球；

④ 守门员用手触及同队队员直接掷入的界外球；

⑤ 队员动作具有危险性；

⑥ 队员阻挡对方球员；

⑦ 队员阻挡对方守门员从其手中发球；

⑧ 违反以前未提及的任何其他规则，而停止比赛被警告或罚令出场。

(3) 被警告并出示黄牌的 7 种情况。

① 犯有非体育行为；

② 以语言或行动表示异议；

③ 持续违反规则；

④ 延误比赛重新开始；

⑤ 当以角球或任意球重新开始比赛时，不退出规定的距离；

⑥ 未得到裁判员许可进入或重新进入比赛场地；

⑦ 未得到裁判员许可故意离开比赛场地。

(4) 被罚令出场并出示红牌的 7 种情况。

① 严重犯规；

② 暴力行为；

③ 向对方或其他任何人吐唾沫；

④ 用故意手球破坏对方的进球或明显的进球机会(不包括守门员在本方罚球区内)；

⑤ 用可判为任意球或点球的犯规破坏对方向本方球门移动着的明显的进球得分机会；

⑥ 使用无礼的、侮辱的或辱骂的语言及动作；

⑦ 在同一场比赛中得到第二张黄牌。

课后问答

1. 什么叫足球战术？它包括那些内容？
2. 个人进攻战术包括哪些？传球的分类如何？
3. 什么叫“二过一”战术？一般的“二过一”战术有哪些？请画图说明。
4. 常用的全队防守战术有哪几种？
5. 什么是比赛原则？进攻和防守原则是什么？
6. 什么是比赛阵形？常用的比赛发阵形有哪几种？画图说明 4—3—3 阵形。

第五章 羽毛球

第一节 羽毛球运动概述

现代羽毛球运动起源于1873年，在英国格拉斯哥郡的伯明顿镇有一位叫鲍弗特的公爵，在庄园里进行了一次“蒲那游戏”的表演。因这项活动极富趣味性，很快就风行开来。此后，这种室内游戏迅速传遍英国，“伯明顿”(Badminton)即成为英文羽毛球的名字。

羽毛球运动是比赛双方在一块长13.40米，宽5.18米(单打)或6.10米(双打)的长方形、中间隔着一网的特定场地上用球拍轮流击打一个羽毛球，以把球击落在对方场区内或使对方击球失误为胜的一项球类运动。1992年巴塞罗那奥运会列为正式比赛项目。

1934年由英国等十几个国家发起成立了国际羽毛球联合会。1939年国际羽联通过了《羽毛球规则》，从此羽毛球国际比赛日渐增多；有汤姆斯杯赛(男子团体锦标赛)、尤伯杯赛(女子团体锦标赛)、世界杯赛(单项比赛)、全英锦标赛等。中国羽毛球技术处于世界领先地位。在世界大赛中多次获得男子单打、男子双打、男子团体、女子单打、女子双打、女子团体冠军称号。

羽毛球运动是一种全身运动项目，规则及设备并不复杂，无论是进行有规则的羽毛球比赛还是作为一般性的健身活动，都要在场地上不停地进行脚步移动、跳跃、转体、挥拍，合理地运用各种击球技术和步法将球在场上往返对击，从而增大了上肢、下肢和腰部肌肉的力量。羽毛球运动游戏性较强，运动量可大可小，不受场地、年龄、性别的限制，运动量可根据个人年龄、体质、运动水平和场地环境的特点而定。

羽毛球作为一种娱乐活动，参与者在球的对击过程中，通过不停地奔跑和身体的变化，努力地去把球击到对方的场地。同时球的飞翔又有快慢、轻重、高低、远近、狠巧、飘转等变化，需要练习者有较好的力量素质、速度素质、耐力素质、灵敏素质、柔韧素质以及快速的反应能力。经常从事该项体育活动可以发展人体的灵活性、协调性，可以提高人们上下肢及躯干的活动能力，改善呼吸系统和心血管系统的功能，提高有氧供能和无氧供能的能力，调节神经系统并提高其抗乳酸的能力，而且能起到增进健康、抗病防衰、调节精神、培养顽强的意志品质和坚定的信念的作用。由于羽毛球技术的千变万化，羽毛球运动又具有很高的观赏价值。

第二节　羽毛球基本技术

一、握拍法

羽毛球拍握法正确与否，对于掌握和提高羽毛球技术水平有着重要的影响。羽毛球技术中的握拍和指法是多种多样的，但是基本的握拍法有两种，即正手握拍法和反手握拍法（如图 5－1 所示）。

(一) 正手握拍法

握拍之前，先用左手拿住球拍，使拍面与地面垂直；再张开右手，使手掌在球拍的握柄底托部位，虎口对着球拍框，小指、无名指、中指自然并拢，食指与中指稍稍分开，自然弯曲贴在球拍握柄上。握拍的时候，不要过于用力，手部肌肉要放松。只是在击球的一刹那，手指突然紧握拍柄发力（如图 5－1 所示）。

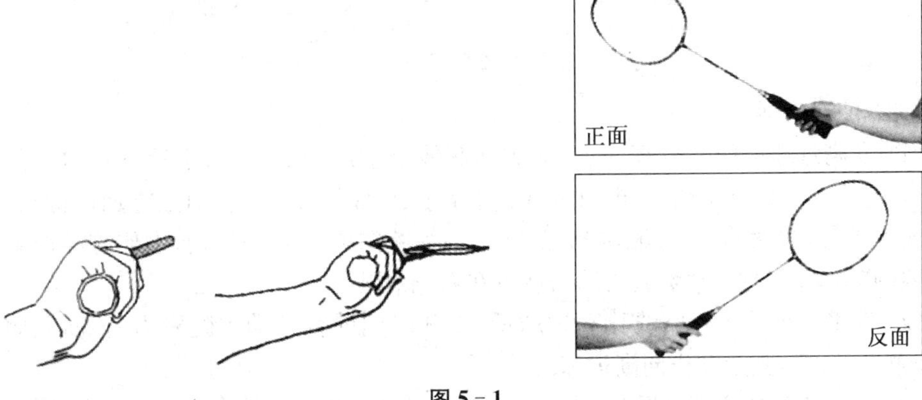

图 5－1

(二) 反手握拍发

反手握拍法有两种：一种是由正手握拍法把球拍向外转，拇指前内侧部位贴在球拍柄的窄面部位，食指向中指方向稍回收。另一种是由正手握拍法将球框向外转，拇指伸直贴在球拍把的宽面，食指、中指、无名指、小指并拢。

(三) 动作要领

(1) 正手握拍法如同与人握手方式。注意虎口不是对着拍柄宽面，而是对着拍柄窄面内沿。

(2) 注意握拍的松紧度。握拍太紧，动作必然僵硬；握拍太松，击球无力，且动作可能变形。

(3) 注意握拍的调整。击高球和扣杀球时，击球的瞬间需要握紧拍柄发力，握拍有些变化，虎口变成对着侧面的窄面上，才能以球拍正面击球，击球后则应调整恢复到虎口对着拍柄窄面内沿的原有正手握拍法。

（四）练习方法

（1）固定球拍，以持拍手的正确部位握拍，体会握拍感觉。

（2）正、反手握拍的转换练习。从正手握拍举在右肩上，到反手握拍举在左肩上。反复练习体会拇指和食指将拍柄捻动后，手指和拍柄接触部位不同的要求和变化。

二、发球

单打时站在中线附近，离前发球线约 1 米；双打时可稍站前些。左肩侧对球网，左脚在前，脚尖向网，右脚在后，脚尖稍向右侧，两脚距离与肩同宽，身体重心放在后脚上，右手握拍向右后侧举起肘部微屈，两眼注视对方站位位置。

发球按球在空中飞行弧线分为发高远球、平高球、平快球、网前球（如图 5－2 所示）。

图 5－2

（一）动作要领

（1）发高远球把球发得高而远，球到达底线上空后，几乎垂直下落，落点接近底线。发球时，左手松开使球下落，同时有手握拍沿着自下而上的弧线朝前上方加速挥摆（其仰角要大于 45°），自然伸腕，将触球时，前臂带动手腕向前上方“闪”动，由伸腕经前臂内旋至屈腕，使击球瞬间造成“爆发力”，击球点在右侧前腰下。

（2）发平高球球飞行路线比高远球低，击球时用前臂带动手腕发力，拍面稍向前推进，仰角小于 45°，其余动作同高远球。

（3）发平快球站位稍靠后，击球时拍面仰角小于 30°。发平快球带有突击性，使球越网而过，直插后场，向对方反手或空当进攻。

（4）发网前球击球时挥拍幅度较小，力量较轻，拍面稍后仰，使球恰好越网，落在对方接球区前发球线附近。

（二）练习方法

（1）正手向上颠球的练习先要求保持展髋，握拍放松，用前臂内旋，中指、无名指和小指由松到紧发力击球，加上手腕的回环动作击球。

（2）用吊线球进行正手发球练习。将球系在 5 米以上吊线的下端，球的高度调至与练习者膝关节平齐或稍低些。用球拍向前上方击球，模仿正手发高球的动作。要求以完整的发球动作击吊线球。

（3）对墙发球练习体会球下落时间和挥拍速度之间的时空关系。首先注意技术动作的准确性，然后再强调击球的准确性。

（4）在场地上正式发球练习。始终强调注意动作的正确性，然后才是飞行弧度和落点的质量要求。

(5) 上肢力量练习。

绕腕练习：手持哑铃于体前或体侧做绕 8 字练习。

挥拍练习：挥网球拍，重点进行前臂、腕、指的各种击球动作以发展击球爆发力。

转臂练习：手持哑铃于体侧做旋内、旋外练习。

三、接发球

单打时，站位离前发球线约 1.5 米处，站在右发球区则靠近中线。站在左发球区则在中间位置，以防对方直线进攻反手部位。双打时，发球线比单打短 0.75 米，发高远球易被扣杀，因此双打多发网前球。接发球时可站在离前发球线较近处，球拍要举得高些，利用网前击球点高争取主动。

对方发来高远球或平高球时，可用平高球、吊球或扣杀球还击。对方发来网前球时，可用平高球、高远球、放网前球、平推球还击。对方发来平快球时，可用平推球、平高球还击，以快制快，亦可用高远球。

四、击球法

(一) 高手击球点高、速度快、力量大，是快攻打法的最基本技术

(1) 高远球进攻时可逼迫对方退离中心位置，削弱对方进攻威力，消耗对方体力，使对方回球失误；防守时，当对方连续进攻使自己步法出现忙乱时，用高远球争取时间，回到中心位置，摆脱被动局面。打高远球有高手和低手两种击法。高手高远球又分正手、反手和头顶三种。

击正手高远球时，判断来球的方向和高度，适当移动位置，使击球点尽量在右肩稍前的上空，左脚在前，右脚在后，身体重心放右脚前脚掌上；屈臂举拍肩上，握拍前臂向后移动，肘关节向后侧提高，使球拍后引到头后，自然伸腕；接着大臂带动前臂向上，肘关节迅速上升，前臂前"甩"，触球时手臂伸直，"闪"动手腕(如图 5－3 所示)。

图 5－3

击反手高远球时，反手握拍，右脚前交叉跨到左侧底线，背向网，身体重心在右脚，球拍举左胸前，拍面朝上，双膝微屈，利用腿和腰腹协调力，大臂带动前臂，肘部上抬与肩并行时，前臂带动腕部的“闪”动，在右侧上方伸直手臂向后击球（如图 5－4 所示）。

（2）吊球将对方击来的高远球从后场还击到对方网前区，以打乱对方阵脚。吊球打法用力较小，但要准确地把球击到对方前发球线以内离边线 50 厘米附近。

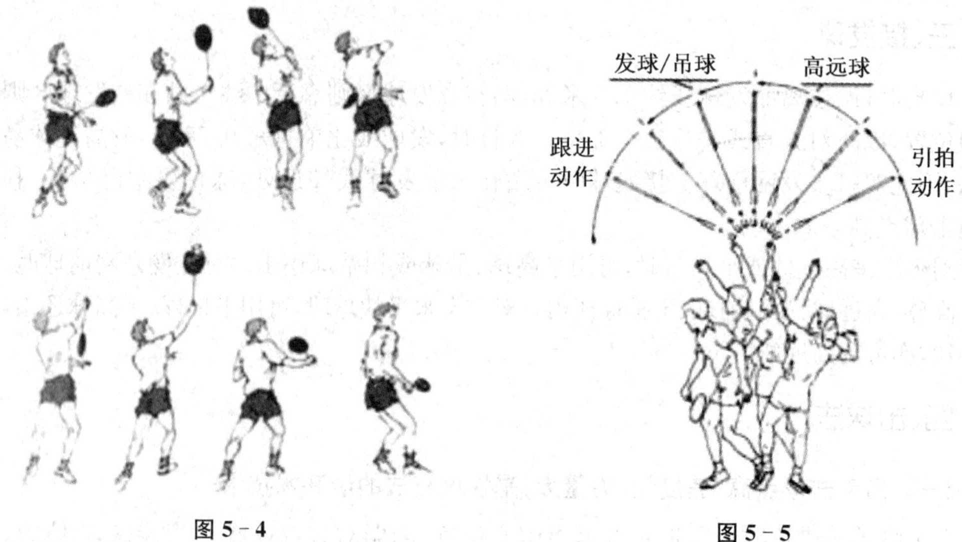

图 5－4　　图 5－5

吊球有多种打法，初学者应先学好高手吊球。高手吊球按球飞行弧线和击球动作的不同，分为劈吊和拦截吊球（如图 5－5 所示）。劈吊击球用力较轻，挥拍时拍面偏斜，击球一刹那，前臂突然减速，利用手腕快速“闪”动，向左下“切削”，球拍触球托的偏右部位。拦截吊球是把对方的平高球拦截回去，拍面正对来球，当拍面和球接触时，轻轻一挡，将球以较平弧线、较慢速度越网垂直下坠。

（3）扣杀球是一项主要进攻技术。可分正手、反手和头顶扣杀三种，初学者应先掌握好正手扣杀。击球动作大体和正手高远球一样，不同的是击球一刹那需用全力，前臂快速带动手腕下压，触球时拍面前倾，向前下方用力，击球点在右肩稍前上方。

（4）练习方法。持拍做好准备、引拍、挥拍、击球（还原）的基本功练习。握拍要正确、合理，左右手、前后脚及转体收腹等动作协调，在最高点击球。

原地进行起跳转 90°着地后即返回原地，再反复起跳并完成上手挥臂动作的练习。

多球式喂球或一对一陪练式喂球，让练习者移动到位击球。练习规律：原地完成动作→起跳完成动作→固定回击一点直线球→回击球点靠前；杀球比吊球更靠前。强调用力顺序，即高球是以肩关节为轴，大臂带小臂，小臂带手腕，向前上方用力击球；杀球是肩关节为轴，大臂带小臂，小臂带手腕，但手腕积极向前下方重压；击两点直线加斜线球。

两人分边，用高吊、高杀直线或斜线球进行对练。要求开始速度慢些，逐步加快；注意到位击球，提高稳定性、准确性。

强调高、吊、杀动作的一致性，即在准备、引拍、挥拍到击球前期动作的一致性。注意击球点不同，即高远球是在右侧前上方；吊球和高球相比，吊球则是以肘关节为轴，手腕积极下压，切削球的右侧后下部。

(二) 网前击球要求握拍活，击球点高，步法快，搓、推、钩击球前的动作一致

(1) 搓球是右脚跨前成弓箭步，侧身对网，重心在右脚，手臂向前伸出，出击要快，击球点要高，握拍的腕部和手指自然放松，拍面右边稍高斜对网。击球前，前臂外旋，手腕外展，引拍至右侧。击球时，用于腕和手指发力加快挥拍的速度，“切”、“搓”球托的底部使搓出的球翻滚贴网(如图 5－6 所示)。

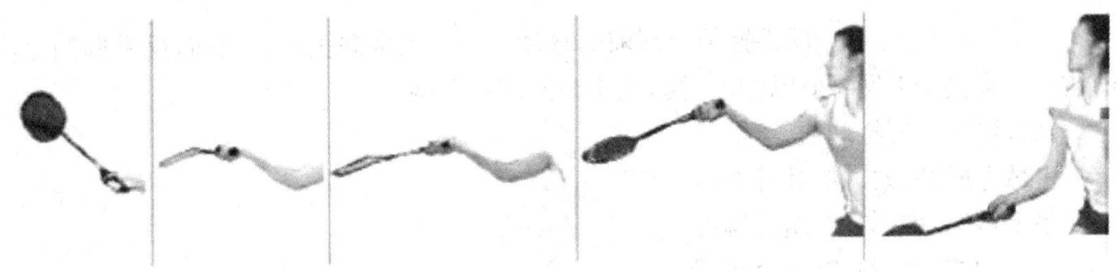

图 5－6

(2) 推球是在网前将球以低平弧线快速推到对方底线，是一种进攻技术。动作与搓球相似，只是在击球一刹那拍面几乎与网平行，靠腕部转动及手指力量向前快速“闪”动(如图 5－7 所示)。

图 5－7

(3) 扑球是对方发网前球时，或放网前球时，在球刚越到网顶(偏高时)即迅速上网向斜下扑压，是威力较大的一种进攻技术。动作要领是，蹬步上网，身体右侧扑向网前，迅速举拍向前，拍面前倾，击球时用腕部和手指力量向前下方“闪”击，球触拍后立即回收，以免拍触网违例(如图 5－8 所示)。

图 5－8

(4) 挑高球是在被动情况下的防守技术。举拍在身前,前臂略弯曲,右脚向网前跨出一大步,侧身向网。击球时以肩为轴,自下而上用前臂带动腕部和手指快速朝前上方挥拍。如来球离网较远,拍面可后仰向前上方击球;如来球较贴网,拍面应接近于朝上,击球时要带点向上的"提拉"。

(5) 勾球是在网前回击对角线的球。它和搓球、推球结合起来运用,常能达到声东击西的效果。

(6) 练习方法。正、反手握拍上网前的移动练习。正手握拍上右网前,反手握拍上左网前。一步垫步上网,两步跨步上网,三步交叉跨步上网。

两人隔网对练搓球或钩球:

多球上网搓、勾、推、扑球练习。

吊上网搓、推、勾、扑组合练习。

杀上网搓、推、勾、扑组合练习。

(三) 低手击球是技术难度较大的防守技术

(1) 抽球是应付对方长杀、半场球和平球对攻的反攻性技术。有半场正、反手抽球和底线正、反手抽球。半场正、反手抽球时,击球点在肩部以下,用力特点是以躯干为竖轴,做半圆式(与地面平行)的挥拍击球动作,击球点都应争取在身前。击球时,脚的步位要配合好,正手抽球时,右脚向侧稍后跨出。反手抽球时,一种是左脚向侧稍后迈出步,一种是右脚前交叉,向左侧前迈出一小步,背向网。挥拍发力时,重心放在右脚,要借助腰部的扭转,然后以前臂带动腕部,手指作"抽鞭式"向前"闪"动击球。

(2) 网前接杀球双脚平行站立,略宽于肩,重心稍下降,双目注视来球方向,判断、移动。接球时,握拍要松,主要靠手腕和手指掌握球拍,预摆动作要小,球拍摆在体侧,挡直线网前球时,拍面稍后仰正对网,身体重心移向接球一侧脚上。球拍触球一刹那,或稍向上提拉触球,或稍向下"削"球。挡网前球主要借来球速度和力量将球反弹回去。挡对角线网前球时,要调整拍面朝向对方网前斜对角。

(3) 练习方法。半场正手抽球与反手抽球。在正手放半场球基础上,由多球抽多球定向抽球练习;在反手放半场球基础上,由多球抽多球定向抽球练习。

正手接杀放网与反手接杀放网。先做无球正、反手模仿练习、多球练习、两人对练。

(4) 速度结合练习。

听口令看信号的各种起动挥球拍反应速度练习。

听口令快速转身跑击球练习。

高频率跨越障碍物(羽毛球)——10 个羽毛球一字排开,两球间距离 1.2—1.5 米。

五、步法

(一) 步法的构成

初学羽毛球的人往往重视学习手上的击球功夫,而忽略脚上的移动。在羽毛球运动中,如果步子慢、跑不到位,球拍就常打不到球,就只能被人"攻死"。所以,在某种意义上讲,比赛也是在场上比步法,步法稍差的人,则常被击败。

羽毛球步法是由起动、移动、到位配合击球和回动四个环节构成的。

(1) 起动包含着判断和反应,判断正确、反应快,就能迅速起动。因此在起动这一环节中,除抓好反应速度练习外,也要提高判断能力。

(2) 移动是从中心位置起动后用步子移到击球位置,包含着步数、步频、步幅。步数多少、步频快慢、步幅大小决定了运动员在场上的速度。

(3) 到位配合击球时,上肢与下肢要配合好,协调用力;到位后,步子做小调整,形成一个合理的击球姿势,以便发力击球;下肢位置的适度直接影响击球的速度、力量和准确性。

(4) 回动击球后要尽快保持身体平衡,并回到中心位置,做好迎击下一来球的准备。

(二) 常用步法

羽毛球步法中通常运用并步、垫步、交叉步、单足跳步、跨步、蹬步、腾跳步等组成一次移动步法。从中心位置开始向场区各个角落移动,大致可分为上网步法、两侧移动步法和后退步法三种。

(1) 上网步法是指从中心位置向网前移动的步法。有正手上网、反手上网以及蹬跳上网扑球步法。

① 正手上网步法:左右脚稍前后开立,做好准备姿势。距来球较近时,采用一步上网,以左脚向后蹬,右脚向前跨一大步;距来球稍远时,采用两步上网,以左脚向来球方向迈出一小步,接着左脚稍向后蹬,右脚向前跨一大步;采用三步上网时,右脚向右前方迈一小步,接着左脚后交叉越过右脚向右前方迈出一步,然后右脚冲着来球方向跨出一大步。

② 反手上网步法:脚步移动方法如同正手上网步法,只是方向朝左前方移动,用反手握拍法击球;起动后,右侧髋部转向左前方,脊部半侧向网。右脚在前,击球时姿势成弓箭步,右脚着地是缓冲和回动的关键。

③ 蹬跳步上网扑球步法:这是一种特殊的上网步法,当对方发球或回击网前球,球距网顶略高时,为了争取时机,省略了上网步法中的移动过程,从起动开始,身体前倾,双脚蹬地,右脚前跨,身体在空中扑球;扑球后,腾空的身体下降,双脚落地,往往右脚先落地。然后调整身体重心,恢复正常姿势回位。

(2) 后退步法是指从中心位置后退到底线的步法。

① 正手后退步法:与上网步法一样,根据来球远近用一、二、三步后退。一步后退是指右脚尖向后蹬离地面同时右髋部转向右后场,右脚向右后跨一大步;二步后退是指左脚向右后退一小步,右脚再向右后迈一大步;三步后退,右脚蹬转后,向右后迈出一步(这时侧身向网),左脚立即向右脚并拢(或左脚后交叉一步),然后右脚再向右后迈一大步。

② 反手后退步法:脚步移动方法如同正手后退步法。只是方向朝左后方移动,用反手握拍法击球;起动后,右侧髋部转向左后方,背部向网。

(3) 两侧移动步法。

① 向右侧移动步法:来球不是很靠边线,以左脚内侧蹬地,上体倾向右侧,右脚向右侧跨步,脚尖朝外;若来球靠边线,可以左脚向右脚靠拢垫一步,然后左脚蹬地,右脚向右侧跨步。

② 向左侧移动步法:来球不很靠边线时,可用右脚内侧蹬地,左脚向左侧跨出一步;来球靠边线,以左脚向左侧迈一小步,右侧髋部转向左侧,右脚前交叉向左侧跨一步,背向网。

(4) 练习方法。进行垫步、并步、蹬步、交叉步、跨步等单个步法的反复练习。

上网步法。中心位置上右网前回中心位置上左网前回中心位置。

正手后退右后场步法练习。从起动开始,右脚向右后侧移动,髋部带动身体转向右后场，以并步或交叉步向后移动到接近底线的位置，然后起跳（单、双脚均可）击球。完成击球后回中心位置再多次重复练习。

后退左后场区正手绕头顶击球步法练习。从起动开始，右脚向左后方移动，髋部带动身体转向左后方，以并步或交叉步移动到位。右脚起跳，随即左侧髋部迅速转向左后方，带动左腿后摆到身后落地，缓冲并支撑身体重心。当右脚落地时，身体前倾，重心移向右脚，左脚开始回动。回中心位置后再多次重复练习。

第三节　羽毛球基本战术

一、单打战术

（一）发球抢攻战术

发球不受对方干扰，发球者可以根据规则，随心所欲地以任何方式将球发到对方接球区的任意一点。善于利用多变的发球术，能先发制人、取得主动。以发平快球和网前球配合，争取创造第三拍的主动进攻机会，组成了发球抢攻战术。

（二）攻后场战术

采用重复打高远球或平高球的技术，压对方后场两角，迫使对方处于被动状态，一旦其回球质量不高，便伺机杀、吊对方的空当。

（三）逼反手战术

一般说来，后场反手击球的进攻性不强，球路也较简单。对于后场反手较差的对手要毫不放松地加以攻击。先拉开对方位置，使对方反手区露出空当。然后把球打到反手区，迫使对方使用反拍击球。例如：先吊对方正手网前，对方挑高球，便以平高球攻击对方反手区。在重复攻击对方反手区迫使其远离中心位置时，突然吊对角网前。

（四）打四点球突击战术

以快速的平高球、吊球准确地打到对方场区的四个角落，迫使对方前后左右奔跑，当对方来不及回中心位置或失去重心时，抓住空当和弱点进行突击。

（五）吊、杀上网战术

先在后场以轻杀配合吊球把球下压，落点要选择在场地两边，使对方被动回球。若对方还击网前球时，便迅速上网搓球或勾对角快速平推球；若对方在网前挑高球，可在其后退途中把球直接杀到他身上。

（六）先守后攻战术

这一战术可用来对付那种盲目进攻而体力又差的对手。比赛开始，先以高球诱使对方进攻，在对方只顾进攻疏于防守时，即可突击进攻，或者在对方体力下降、速度减慢时再发动进攻。这是以逸待劳、后发制人的战术。

二、双打战术

双打比赛不仅是比赛双方在技术、战术、体力上的较量，同时也是同伴间默契程度的较量。

(一) 攻人战术

即“二打一”或避强击弱战术。集中力量攻击对方较弱的队员，迫使对方的特长得不到发挥，充分暴露对方的弱点，是此战术的目的。

(二) 攻中路、攻半场战术

当对方队员分边站位时，要尽可能地将球攻到对方两人之间的空隙区，以造成对方争夺回击或相互让球而出现失误。当对方成前后站位时，将球还击到两人之间靠边线的位置上。这是对付配合欠佳、动作不灵活、接半场球技术较差的对手的有效战术。

第四节 羽毛球竞赛规则简介

一、比赛规则

(一) 场地

单打场地长 13.40 米，宽 5.18 米，球场中间挂一张网，两端高 1.55 米，网中央离地面高为 1.524 米。双方各占网的一边，本场区前有前发球线，此线中点与端线中点连成的一条中线，把场区分成左、右发球区(在发球和接发球时起作用)。双打场地不同处是宽6.10 米，离端线前 0.76 米处有一条横线叫后发球线(如图 5－9 所示)。

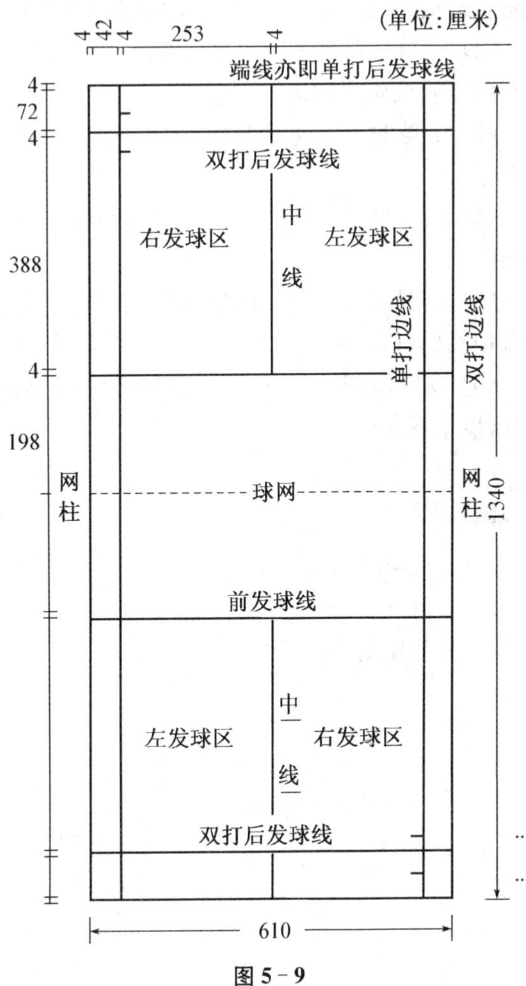

图 5－9

一场比赛采用三局两胜制，一方先胜两局即结束比赛。比赛不受时间限制，先得 21 分即结束一局的比赛，然后交换场区，继续比赛。如在第三局(决胜局)中，某方先得 11 分时，也应交换场区。

(二) 选择发球或场区

由裁判员召集双方掷挑边器，先选择者只能挑选其中之一。

二、发球次序和方位

（一）双打

每局先由右发球区第一发球员发到对方右发球区内，由对方第一发球员接球。每局开始，先发球队只有一次发球权，以后每队都有两次发球权。每次换发球时，都由右发球区队员开始。发球队每得一分，同队两队员互换左右发球区，由原发球员继续发球，对方站位不动。发球队分数是零或双数时，第一发球员应在右区；分数成单数时，第一发球员应在左区。

（二）单打

发球者得分是零或双数时，双方都站在右发球区内；得分成单数时，双方都站在左发球区。单打出现平分后的发球方位同双打。

三、违例与犯规

（1）发球时双脚不能触线，必须有一部分与地面接触，不能移动；球与球拍的接触点不能超过腰部；同时球拍框必须明显低于握拍；不能做晃动球拍的假动作。

（2）接球员在接发球时也不能移动；不能做影响对方发球的行动。发球时任何一方都不允许无故延误发球。

（3）击球时不能连续两次击球，双打时不能连续两人各击一次；不能持球或有拖带动作。

（4）比赛进行中任何人不得触及网或网柱；不能过网击球；身体任何部位不能侵犯对方场区。

（5）在网前不许高举球拍（超过网高）企图把球拦击过去。但可以在低于网高时用球拍保护脸部，以免被球击中。

（6）发球擦网后，若球落在合法区内即为好球，落在界外即为失误。但挥拍没有击中球，可以重发。

课后问答

1. 羽毛球拍的握法有几种？
2. 如何进行低手击球？
3. 羽毛球基本战术有哪些？

第六章 乒乓球

第一节 乒乓球运动概述

一、乒乓球运动的起源

乒乓球运动起源于英国，是在网球的发展过程中派生出来的。19 世纪中期包括网球在内的球类运动朝着两个方向发展：一是向室外露天场地发展；二是向室内场馆发展，于是出现了“室内网球”。19 世纪后期英国的大学生从网球中得到启示，将“室内网球”搬到桌上，以餐桌为球台，以书作球网，用羊皮纸贴面作拍子，用橡胶或软木作球，在餐桌上打来打去。当时媒体报界称它为“桌上网球”。

大约在 1890 年，英国的著名越野跑运动员 J·吉布从美国带了一些作为玩具的赛璐珞球回英国。由于这种赛璐珞球用到桌上网球中，并在两面贴羊皮纸的空心球拍或木制的球拍触球时发出“乒乓”之声，随后就有人将这项运动称为“乒乓”球。乒乓球最初作为一项娱乐项目流行于欧洲一些国家中，因无统一的名称，也无统一的规则，故而停留在游戏阶段。

1902 年在英国游学的日本东京高等师范学校教授坪井玄道，将乒乓球的整套用具带回日本，乒乓球运动传入了亚洲。1905—1910 年前后，乒乓球运动又传入了中欧一些国家，以后逐渐扩展到北非的埃及等地，为乒乓球运动的国际化奠定了基础。

二、乒乓球运动的发展

20 世纪初期，乒乓球运动在世界各国逐渐发展起来。欧洲的国家除举行全国性比赛外，也经常举行一些国际性的邀请赛，乒乓球运动引起了人们的兴趣和重视，许多国家相继成立了乒乓球协会。为了便于各协会之间交流经验和促进乒乓球技术的提高，1926 年 1 月，在柏林举行的国际乒乓球邀请赛期间，由德国的 G·勒曼博士倡议，在柏林网球俱乐部召开了一次座谈会。当时到会的有德国、英国、奥地利、匈牙利乒协的代表，会议决定成立国际乒联，并委托英国乒联举办第一届欧洲乒乓球锦标赛。

1926 年 12 月，在英国伦敦举行的第一届欧洲乒乓球锦标赛期间，召开了第一次国际乒联全体代表大会。会议通过了正式成立国际乒乓球联合会的决议和国际乒联章程，讨论了乒乓球规则，推选英国乒协的负责人 I·蒙塔古为国际乒联的第一任主席。

参加第一届欧洲乒乓球锦标赛的国家有德国、匈牙利、威尔士、英格兰、奥地利、印度、捷克斯洛伐克、瑞典、丹麦，共64名男、女运动员。由于印度是亚洲国家，提出更改名称，于是国际乒联决定把第一届欧洲乒乓球锦标赛改为第一届世界乒乓球锦标赛。第一届世界乒乓球锦标赛只举行了男子团体、男子单打、男子双打、女子单打及混合双打五个项目的正式比赛。第二届增加了女子双打，第八届增加了女子团体。此后，每届世界乒乓球锦标赛都举行上述七个正式项目的比赛。世界乒乓球锦标赛从1926年起每年举行一次，1939—1946年因第二次世界大战而中断，1957年以后改为每两年举行一次，到2000年共举行了45届。

综观世界乒乓球运动的历史，其技术的发展经历了以下几个阶段：

1926—1951年是欧洲的全盛期。在此期间共举行了18届世界乒乓球锦标赛，除第13届在埃及外，其余17届均在欧洲举行，欧洲国家获得了绝大多数的冠军。这一阶段的前期，技术上以欧洲稳削为主的打法占主导地位。第11届锦标赛后，由于规则作了修改，为攻球创造了条件，从此削攻结合的打法逐渐发展起来，同时出现了以攻为主的新打法。因攻球技术尚未达到足以能对付削球的程度，故而这一时期以削为主和削攻结合的打法占据世界乒坛的主导地位。

1952—1959年日本称雄世界乒坛。1952年日本选手在第19届世界乒乓球锦标赛中，利用海绵拍，采用远台长抽的进攻型打法，一举夺得了女团、男单、男双、女双四项世界冠军，冲破了欧洲选手保持20多年的传统削球的防线。日本选手创造的“长抽攻击型”打法使日本队从第19届一直到第25届世界乒乓球锦标赛均获得了优异成绩。

1961—1971年中国乒乓球运动崛起。在这一时期，我国运动员创造了具有“快、准、狠、变”独特风格的近台快攻打法。另外，还发展了以“稳、低、转、攻”为技术风格的削球打法，把世界乒乓球技术向前大大地推进了一步。

20世纪七十年代至八十年代初欧洲复兴和欧亚争夺。欧洲从五十年代负于日本，六十年代败于中国，整整用了20年的时间，经过反复的摸索，终于明确了自己技术发展的方向。欧洲吸取了日本弧圈球和中国快攻的优点，创造了适合他们的以弧圈球为主和快攻结合的新型打法，从此步入与亚洲抗衡的态势。

20世纪八十年代中期至今欧亚抗衡、亚洲略占优势。这一时期随着乒乓球打法不断交叉融合，不断创新，乒乓球运动在全球更加广泛普及，欧亚争夺日趋炽热化，技术流派发展为快攻型、弧圈型、削攻型三种。

当前，乒乓球运动正朝着“积极主动、特长突出、技术全面、战术灵活多变”的方向发展。

三、乒乓球运动的主要特点

(1) 器材设备简单，室内室外都可以进行，运动量可大可小，不同年龄、性别和身体条件的人都可以参加，很容易被大众所接受。

(2) 乒乓球速度快、变化多，要求练习者在短时间内对瞬息万变的击球有较强反应能力和应变能力。它能提高人体神经系统的灵敏性、协调性。

(3) 乒乓球项目有单项、双打、团体项目。团体项目通过个体来实现，所以乒乓球项目可以培养独立思考、单独作战及集体主义的精神。

四、常用术语

1. 球台

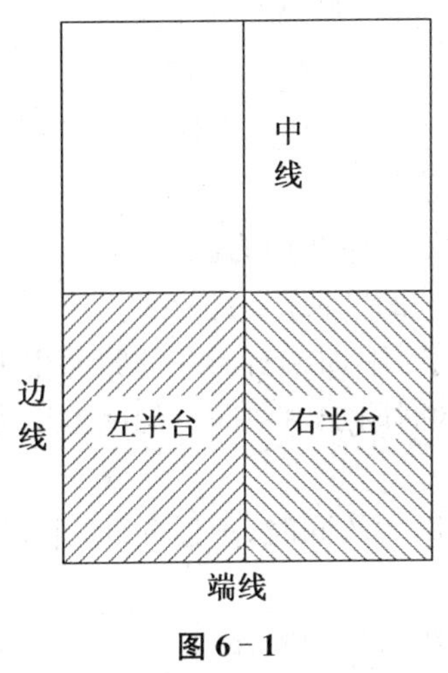

图 6－1

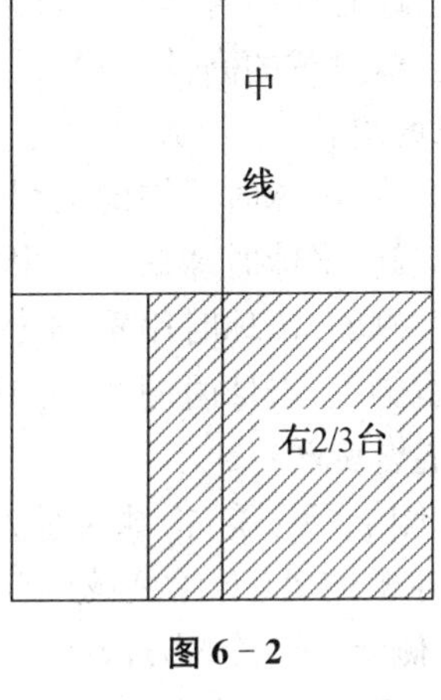

图 6－2

2. 击球部位

球拍触及球的部位：上部、中上部、中部、中下部、下部。

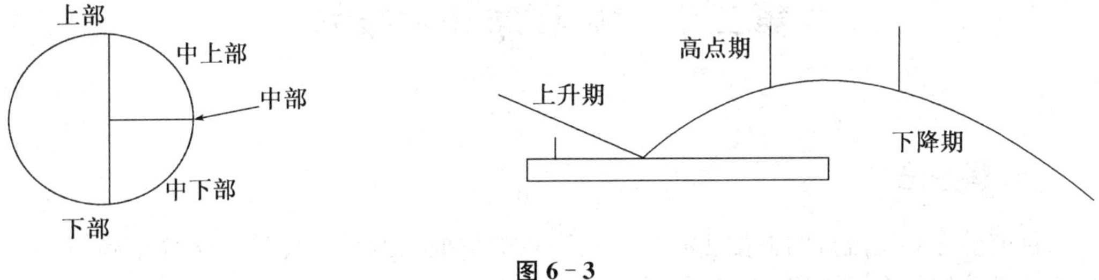

图 6－3

3. 击球时间

球在本方台面弹起后，顺其运行方向上升再下落至触及地面之前球拍击球的时间。

(1) 上升期：球从台面弹起后上升到接近最高点的阶段。

(2) 高点期：球上升到最高点的阶段。

(3) 下降期：球从最高点下降到接近地面之前的阶段。

4. 击球路线

球拍击球后，球在球台上面的飞行路线。

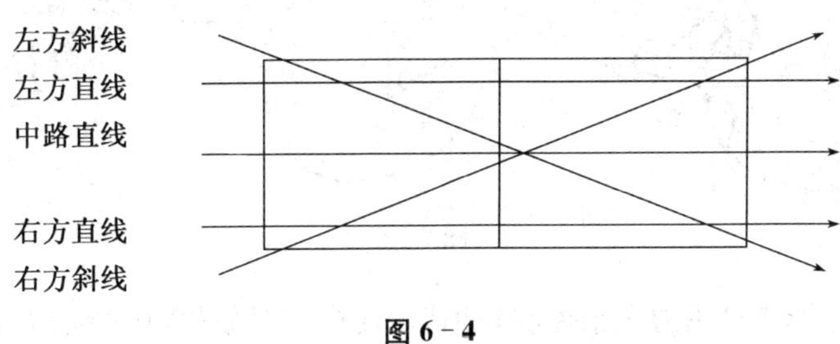

图 6－4

5. 击球点

击球时球拍与球接触的那一点时的空间位置。

三个位置：

(1) 击球时球处于身体的前后位置。

(2) 击球时球与身体的远近距离。

(3) 击球时球的高低位置。

6. 球的旋转

(1) 下旋：击球时球拍向前用力的同时，附加向下的摩擦用力。

(2) 上旋：击球时球拍向前用力的同时，附加向上的摩擦用力。

(3) 左侧旋：击球时用垂直的拍面向前用力的同时附加由右向左的摩擦用力。

(4) 右侧旋：击球时用垂直的拍面向前用力的同时附加由左向右的摩擦用力。

(5) 混合旋转：

① 左侧上(下)旋：击球时垂直的拍面从右向左用力的同时，附加向上(下)的用力，使球产生向左侧向上(下)的强烈旋转；

② 右侧上(下)旋：击球时垂直的拍面从左向右用力的同时，附加向上(下)的用力，使球产生向右侧向上(下)的强烈旋转。

第二节　乒乓球基本技术

一、握拍法

目前世界乒坛流行的握拍法有直拍握法和横拍握法两种。握拍方法的正确与否，影响着技术动作的合理程度。在进行乒乓球技术学习时，乒乓球练习者一定要掌握正确的握拍方法，随意地握拍而不考虑握拍的合理性，则不利于正确掌握乒乓球技术动作。

1. 直拍握法

拍前：以食指第二指关节和拇指第一指节扣拍，拇指与食指间距离适当。

拍后：三个手指自然弯曲，中指第一指节贴于拍的背面。

特点：出手快，击球快速有力，灵活，反手进攻较难掌握，防守范围小(如图 6-5 所示)。

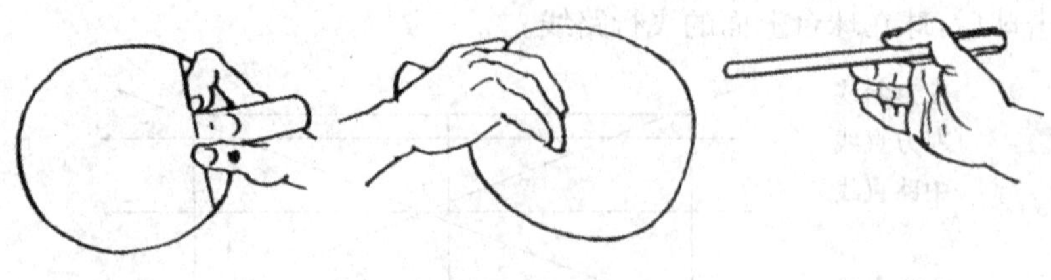

图 6-5

正手攻球时，拇指稍用力压拍控制好拍形，食指相对放松，中指指尖顶在球拍背面起到决定发力方向和发力支撑点的作用。反手攻或推挡时，食指稍用力压拍，拇指稍放松，用中指顶于拍后，拇指和食指保持拍形的稳定，并辅助发力。

易犯错误与纠正方法：

(1) 易犯错误。

① 顶底板的三个手指分开过大，不利于反手推挡技术使用。

② 食指过于内伸，不利于正手进攻技术的使用。

③ 拇指过于内伸，容易形成拍头过于下垂。

(2) 纠正方法。

① 进攻型选手握拍时球拍背面的三指要并拢。

② 拇指内伸一些，使拍柄处在虎口的正中间。

③ 食指内伸一些，使拍柄处在虎口的正中间。

2. 横拍握法

以中指、无名指和小指自然弯曲握住拍柄，拇指放在球拍正面，食指自然伸直斜放于球拍反面，虎口轻靠在球拍上(如图 6－6 所示)。

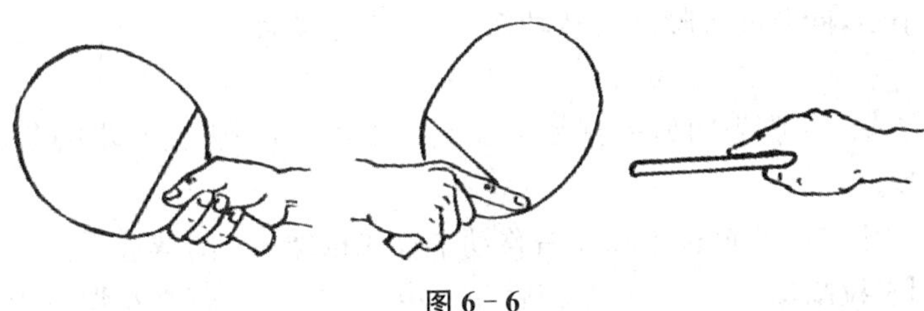

图 6－6

易犯错误与纠正方法：

(1) 易犯错误。

① 拍肩偏食指一侧，利于反手技术使用但不利于正手进攻技术使用。

② 拍肩偏拇指一侧，利于正手进攻技术使用但不利于反手进攻技术使用。

③ 握拳式握拍，不利于手指对球拍的控制。

(2) 纠正方法。

① 拍肩向拇指侧略移动，使拍肩基本正对虎口中间。

② 拍肩向食指侧略移动，使拍肩基本正对虎口中间。

③ 食指和拇指分开，分别轻压在球拍的两面。

二、基本站位和基本姿势

1. 站姿

乒乓球运动员的基本姿势应该是：两脚平行开立，略比肩宽，微提踵，脚前掌内侧用力着地，两膝稍屈，上体略前倾，略收腹含胸，头颈部平稳自然两眼注视来球。两肩放松，上臂自然下垂，执拍手的前臂自然弯曲置于身体右侧，肘稍内收，腕自然放松。一个较好的基本姿势应该是紧凑的，各关节富有弹性。

2. 站位

根据不同类型的打法，乒乓球运动员的站位略有区别：

(1) 直拍攻击型打法运动员的基本站位在近台中线偏左的位置，左脚稍前。

(2) 两面攻打法运动员的基本站位在近台中间。

三、基本步法

1. 单步

(1) 移动方法：以一只脚为轴，另一只脚向前、后、左、右不同方向移动，身体重心随之落在移动脚上。

(2) 实际运用：① 接近网小球；② 削追身球；③ 单步侧身攻击在来球落点位于中线稍偏左或对推中侧身突袭直线以及对搓中提拉球时常用。

2. 跨步

(1) 移动方法：一脚蹬地，另一脚向移动方向跨一大步，蹬地脚随后跟上半步或一小步，身体重心即移到跨步脚上。

(2) 实际运用：① 近台快攻打法，用来对付离身体稍远的来球；② 削球打法，左、右移动击球；③ 跨步侧身攻，当来球速度较慢，但离身体稍远时，左脚向左前上方跨一大步，右脚随即跟上一小步，同时配合腰部右转动作，完成侧身移动。

3. 并步

(1) 移动方法。一脚先向另一脚并半步或一小步，另一脚在并步脚落地后随即向来球方向移动一步。

(2) 实际运用。① 快攻选手在左右移动中攻或拉球；② 削球选手正反手削球；③ 并步侧身攻，多用于拉削球，右脚先向左脚后并一步，以便转体，随之左脚向侧跨一步。

四、发球技术及练习方法

1. 平击发球

平击发球是一种一般上旋和一般速度的发球，它是初学者容易掌握的最基本的发球方法，也是掌握其他发球的基础。

(1) 正手平击发球。身体离球台约 40 厘米，左脚在前身体稍向右转，两脚开立，略宽于肩，持球手向上抛球时，持拍手向后方引拍，拍形略前倾，在球略高于网时，持拍手从身体后方向前挥拍，击球的中上部。

(2) 反手平击发球。身体离球台约 40 厘米，右脚在前，持球手向上抛球时，持拍手从左后向前挥拍，拍形略前倾，在球略高于网时，击球的中上部。

(3) 学练方法。在学习发球时，应由浅入深，先学习平击发球，待发球的准确性有所提高，基本上能掌握发直线和斜线球之后，再学习发下旋球。

① 徒手模仿动作；

② 在台前用多球进行练习；

③ 先练发斜线球，再练习法直线球；先练发不定点球，再练习法定点球。

2. 下旋球

发下旋球是乒乓球运动中发球的一种，分加转与不加转，拍面后仰较大，击球的中下部后向底部摩擦。发不加转球与发加转球的动作基本相同。主要区别是前臂旋内稍慢，拍面后仰角度较小，球拍触球的中下部或中部后有一个向前推送的动作，使挥拍的作用力线接近球心，以减少旋转。

(1) 正手发下旋球。左脚在前，身体略向右偏斜站立，双膝微屈。左手向上抛球，右上臂稍外展，前臂内旋并向身体后上方引拍。拍面适当后仰，手臂手腕适当放松，以利于发力。当球下降到适当位置，持拍手迅速用力向上向前下方挥拍，前臂迅速旋内。用球拍的下半部去摩擦球的中下部，触球瞬间，拇指食指和手腕加强用力，作下旋的摩擦。

(2) 反手发下旋球。右脚在前，身体略向左偏斜站立，双膝微屈。左手向上抛球，右上臂稍外展，前臂内旋并向身体后上方引拍。拍面适当后仰，手臂手腕适当放松，以利于发力。当球下降到适当位置，持拍手迅速用力向上向前下方挥拍，前臂迅速旋内。用球拍的下半部去摩擦球的中下部，触球瞬间，拇指食指和手腕加强用力，作下旋的摩擦。

(3) 学练方法。① 徒手模仿动作；② 在台前用多球进行练习；③ 先练发斜线球，再练习法直线球；先练发不定点球，再练习法定点球。

五、反手快推球和快拨技术及练习方法

1. 反手快推

(1) 特点是站位近，动作小，借力还击，速度快，线路变化多。适用于回击一般的拉球、推挡球和中等力量的攻球；在相持中能发挥回球速度快的优势，推压两大角或袭击对方空当，为自己的进攻创造条件。它是推挡球最常用的一项技术。

(2) 动作要领是：左脚稍前，或两脚平行，自然开立，身体离台约 50 厘米，大多站在球台左半台的 1/3 处，持拍手臂和肘关节内收，前臂略向外旋。击球前手臂迅速迎前，同时手腕外旋，食指压拍，拇指放松使拍形前倾。在来球的上升期触球的中上部，将球快退回去。击球后，手臂继续前送，手腕配合外旋使球拍下压。

(3) 学练方法：① 徒手的快推挡球的模仿动作，体会动作要点；② 用正反手对墙做挡球练习；③ 多球练习、分组练习，每组有组长发球，其余同学做多球练习；④ 两人在台上对练挡球，不限落点，只要求动作正确并能击球过网；⑤ 两人在台上先练推中线，再练习推斜线或直线。要求逐渐加力，主要体会前臂和手腕的推挡动作；⑥ 一点推两点或一点推不同落点。

2. 反手快拨

特点是动作小，球速快，借来球反弹力反击，在近台快攻中可发挥速度上的优势，是横拍选手必须掌握的一项基本技术。

(1) 动作要领。横板在反手拨球时，前臂外旋，向前、向外摆动，拍眼前倾，在球的上升期击球的后中上部向顶部摩擦，借助来球的反弹力，前臂手腕迅速前伸外展，向右前上方发力，快拨来球。击球后前臂继续摆动，随后快速还原。挥拍迎球的过程中，要求手腕轻微内曲、放松，在触球瞬间，跟着前臂的向右前方的舒展，手腕要有外展的动作，同时，手腕还应该稍为外转一些，外转是为了控制一下弧线的高度，以防止拨球出界或下网。

(2) 学练方法。① 徒手模仿动作，体会动作要点；② 用正反手对墙做挡球练习；③ 多球练习、分组练习，每组有组长发球，其余同学做多球练习；④ 两人在台上对练拨球，不限落点，只要求动作正确并能击球过网；⑤ 两人在台上先练拨中线，再练习拨斜线或直线。要求逐渐加力，主要体会前臂和手腕的发力动作；⑥ 一点拨两点或一点拨不同落点。

六、近台快攻技术及练习方法

特点是站位近、动作小、速度快、有一定的力量、进攻性强。

(1) 动作要领。左脚稍前,右脚稍后,身体离台约50厘米,手臂自然放松,保持一定弯度,不要小于90°大于120°,拍面稍前倾(约80°),随着身体向右移动,手臂向身体右后侧方引拍,在来球上升期,手臂迅速向左前上方挥动(肘部不要夹得太紧,手臂要呈半圆形挥动),击球的中上部,同时身体重心由右脚移至左脚,击完球后,迅速还原,准备下一板击球。

(2) 学练方法。① 根据具体的动作要领,进行徒手模仿练习;② 多球练习、分组练习,每组有组长发球,其余同学做多球练习;③ 打一板球的练习。一人发平击球,另一人练习攻球,攻一板后即重新发球;④ 一攻一挡的练习;⑤ 对攻练习;⑥ 由单一技术的规定落点练习,逐渐过渡到变化落点和不同技术的配合。

七、搓球技术及练习方法

1. 正反手慢搓

(1) 特点。搓球是回接下旋来球的基础技术。慢搓动作幅度大,在来球的下降期击球,回球速度慢,但有利于增加搓球的旋转强度。慢搓一般适用于回接旋转较强,线路稍长的来球。在对搓中,快慢搓结合起来,可以变化击球节奏,牵制对方。

(2) 动作要领。站离球台约40厘米,右脚稍前,击球前,手臂引拍至左肩处,屈肘成80°,手腕内收(微勾),拍面稍后仰。击球时,以肘关节为轴前臂发力带动手腕迅速向前下方挥拍,同时伸肘,前臂略内旋和上翘手腕,在左胸前一前臂距离处,迎来球下降后期,击球中下部,并向底部摩擦。击球后,手臂肌肉放松,并随即收回还原,准备下次击球。

(3) 学练方法。① 徒手模仿搓球动作;② 自己向球台抛球,弹起后将球搓过网;③ 多球练习、分组练习,每组有组长发球,其余同学做多球练习;④ 在接发球时,将球搓回对方球台;⑤ 对搓练习;⑥ 规定左方斜线对搓。

2. 正反手快搓

(1) 特点。动作幅度小,回球速度快,借来球的前进力将球搓回,常用于接发球或削过来的近网下旋球,在对搓中,利用快搓变化击球节奏,缩短对方回球的准备时间。

(2) 动作要领。站离球台约50厘米,右脚稍前,上体竖直,重心居中。击球前,手臂引拍至左肩处,屈肘成80°,手腕内收(微勾),拍面稍后仰。击球时,以肘关节为轴前臂发力带动手腕迅速向前下方挥拍,同时伸肘,前臂略内旋和上翘手腕,在左胸前一前臂距离处,迎来球下降后期,击球中下部,并向底部摩擦。击球后,手臂肌肉放松,并随即收回还原,准备下次击球。快搓一般借力还击,若来球下旋弱可用力下切。

(3) 学练方法。① 徒手模仿搓球动作;② 自己向球台抛球,弹起后将球搓过网;③ 多球练习、分组练习,每组有组长发球,其余同学做多球练习;④ 在接发球时,将球搓回对方球台;⑤ 对搓练习;⑥ 规定左方斜线对搓。

第三节 乒乓球基本战术

一、发球抢攻战术

发球抢攻是我国直板快攻打法的“杀手锏”，是力争主动、先发制人的主要战术。各种类型打法的运动员都普遍采用发球抢攻来抢占每个回合的上风。发球战术运用的效果主要取决于发球的质量和第三板进攻的能力。

发球抢攻战术因打法的类型不同而有所差异但常用的发球抢攻战术，主要有以下几种：

(1) 正手发转与不转。

(2) 侧身正手(高抛或低抛)发左侧上(下)旋球。

(3) 反手发右侧上(下)旋球。

(4) 反手发急球或急下旋球。

(5) 下蹲式发球。

二、接发球战术

接发球战术与发球抢攻战术同样重要，在某种意义上讲，接发球水平的高低可以反映运动员的实战能力以及各项基本技术的应用程度。事实上，接发球者只是暂时处在被控制状态，如果你破坏了发球者的抢攻意图或者为他制造了障碍，减弱了对方抢攻的质量，也就意味着已经脱离被控制状态，变被动为主动了。控制与反控制是辩证的统一。

常用的接发球战术：

(1) 稳健保守法。

(2) 接发球抢攻。

(3) 盯住对方的弱点处，寻找突破口。

(4) 控制接发球的落点。

(5) 正手侧身接发球。

三、搓攻战术

搓攻战术是进攻型打法的辅助战术之一，主要利用搓球旋转的变化和落点的变化为抢攻创造机会。这一战术在基层比赛中被普遍采用。搓攻战术也是削球型打法争取主动的主要战术之一。

常用的搓球战术有：

(1) 慢搓与快搓结合。

(2) 转与不转结合。

(3) 搓球变线。

(4) 搓球控制落点。

(5) 搓中突击。

(6) 搓中变推或抢攻。

四、对攻战术

对攻战术是进攻型打法在相持阶段常用的一项重要战术。快攻类打法主要依靠反手推挡(或反手攻球)和正手攻球(或正手拉弧圈球)的技术,充分发挥快速多变的特点来调动对方。

常用的对攻战术有以下几种:

(1) 紧逼对方反手,伺机抢攻或侧身抢攻、抢拉。

(2) 压左突右。

(3) 调右压左。

(4) 攻两大角。

(5) 攻追身球。

(6) 变化击球节奏,加力推和减力挡结合,发力攻、拉与轻打轻拉结合,也可造成对手的被动局面。

(7) 改变球的旋转性质,如加力推后、推下旋;正手攻球后退至中远台削一板,对方往往来不及反应,可直接得分或创造机会球。

第四节　乒乓球竞赛规则简介

一、场地器材

1. 球

自从2014年10月初的韩国亚运会结束后,乒乓球正式进入了塑料球时代(以前的材料是赛璐珞)。塑料化合物制成,不易点燃,更具安全性。以前不管是双鱼也好,红双喜也好,球上写的尺寸是"40",现在是"40+"了,新球比旧球大了0.6毫米,在速度上旋转上都不如以前。

我国经国际乒联批准的国际用球有两种:红双喜和双鱼牌。

2. 球台

(1) 球台的上层表面叫"台面",长2.74米,高76厘米(台面不包括侧面),台面可用任何材料制成,应平整,具有均匀的弹性。

(2) 台面应呈暗绿色或蓝色,无光泽。

(3) 球台各边有一条2米宽的白线,2.74米长的线为边线,1.525米长的线为端线。球台中画一条宽3毫米的白线为中线(双打用)。

2. 球网

包括网、网柱、支架。网高15.25厘米,长183厘米。网柱缘离边线15.25厘米。球网柱为深绿色。

3. 比赛条件

正规比赛：场地长 14 米，宽 7 米，高 5 米，用 75 厘米高的深暗色挡板围起。一般用顶灯，尽量不用日光灯。光照度不低于 1 000 勒克斯。

4. 其他

量网尺、抽签器、记分器、裁判桌、裁判椅等。

二、竞赛规则

1. 合法发球

(1) 球停在不执拍手掌上，手掌张开伸直，四指并拢，拇指不限。

(2) 球在不执拍手上静止的最后一刻起，直至击球，球拍应始终高于比赛台面及端线之后。

(3) 用近于垂直地向上抛球，不得使球旋转，球离开手掌后至少上升 16 厘米。

(4) 球从最高点下落时方可击球。

(5) 击球点不能在身后。

2. 合法还击

对方发球或击球后，本方队员必须击球，使球直接越过或绕过球网，再触及对方台面。

3. 比赛次序

(1) 单打中，首先由发球员合法发球，再由接发球员合法球击，然后交替合法还击。

(2) 双打中，首先由发球员发球，再由接发球员还击，再由各自同伴还击，按此次序轮流还击。

4. 重发球

(1) 球擦网。

(2) 接发球员未准备好球已发出，而接发球员或同伴均未企图去击球。

(3) 外界干扰，使运动员未能发球、还击或遵守有关规则。

(4) 裁判员或副裁判员中断比赛(如：纠正发球或发球次序方位；处罚队员；处理外界干扰等)。

5. 一分

除被判重发球的回合，下列情况运动员得 1 分：

(1) 对方运动员未能合法发球。

(2) 对方运动员未能合法还击。

(3) 运动员在发球或还击后，对方运动员在击球前，球触及了除球网装置以外的任何东西。

(4) 对方击球后，球没有触及本方台区而越过本方台区或端线。

(5) 对方阻挡。

(6) 对方故意连续两次击球。

(7) 对方用不符合规定的拍面击球。

(8) 对方运动员或他穿戴的任何东西使比赛台面移动。

(9) 对方运动员不执拍手触及台面。

(10) 对方运动员身体或他的穿戴触及球网装置。

(11) 双打中对方运动员击球次序错误。

(12) 实行轮换发球法时,接发球方连续13次合法还击,包括接发球。

(13) 擦边。

① 裁判员或副裁判员必须判定一个触及球台边缘的球是触及球台的上表面还是触及了球台的侧面,球在触及球台前后的飞行路径能够帮助裁判员或副裁判员做出正确的判定;

② 最难判定的擦边球是从外面飞向比赛台面,而且这个球的弧线又高于台面的水平面,原则上来讲没有好的方法可以直接认定球是触及了比赛台面还是侧面。比较好的方法是,如果触及了球台边缘后向上飞行,有理由认为它触及了比赛台面;反之,如果继续向下,则有可能触及了球台的侧面。

6. 一局比赛

一局比赛中,先得11分方为胜方;10平后,先多得2分者为胜方。

7. 发球、接发球的次序和方位

(1) 比分达到2分后,依次轮换发球,直到该局结束;或双方达到10平后,每一分换一次发球。

(2) 第一局中首先发球的一方,第二局应首先接发球。

(3) 双打第一局以后各局中选出第一个发球员后,第一个接发球员应是前一局发球给他的运动员。

(4) 局与局间应交换方位比赛。

(5) 决胜局中一方先得5分时,双方应交换方位。

三、竞赛裁判法

(一) 准备阶段

1. 进场前检查

主裁判负责检查比赛用球、量网尺、抽签器、记分表、秩序册、笔、板夹等。

2. 进场后检查

主裁判用秩序册核对队员,进场后检查裁判椅、翻分器、球台、球网等。副裁判准备记分表、量网尺、擦桌布等并放在记分桌内。

3. 组织队员挑边

(1) 先检查运动员号码布、服装、球拍等。

(2) 挑边、选择发球或接发球。

(3) 挑选比赛用球,备用球放在裁判员处。

4. 组织运动员入场

由裁判长负责组织裁判员、运动员整队入场。

(二) 临赛阶段

1. 开始阶段

(1) 队员向观众致意及与运动员、裁判员致意。

(2) 将球在台面上滚给发球员,做手势宣布练习2分钟,运动员练习时可再次核对号码等。

2. 准备发球

宣布“停止练习”，将球收回，向接发球方报“准备”并做手势，然后将球从台面上滚给发球员，坐上裁判椅后做手势，报“发球”。双打时应明确第一发球与接发球员后，再报“准备—发球”。

(三) 比赛阶段

1. 主裁判

(1) 主裁判决定每回合胜负，举手示意并立即报分，副裁判员翻分。

(2) 报分方法：① 球结束比赛状态，立即报分，同时举拳齐肩高，示意一方得分；② 报分时应先报发球一方的分数，然后报另一方的分数；③ 在一局开始和交换发球前，裁判员用手指向应该发球的一方；④ 判重发球时，裁判员手高举过头，并报“重发球”。

(3) 主裁判注意发球次序，擦网和发球是否犯规，以及双打发球是否落在规定区域内。

(4) 正确判断擦边球：球落在台面上边缘为“擦边”，上边缘以下部分为“出界”。

(5) 正确判断球台移动，中断比赛，拦击和阻挡球等。

2. 副裁判

(1) 副裁判员翻分。

(2) 靠近副裁判一侧的擦边球由副裁判判断。

(3) 副裁判员也可对发球犯规进行判决。

(四) 比赛进行中的其他规定

(1) 局与局之间运动员可休息 1—2 分钟。

(2) 如遇连场比赛运动员可要求休息 5 分钟。

(3) 运动员因意外事故，暂时丧失比赛能力时，可允许中断比赛，但一般情况下不能超过 10 分钟。

(4) 每局比赛中每打完 6 分球后或决胜局交换方位时，可允许运动员短时间擦汗，毛巾应放在靠近裁判员的地方。

(5) 比赛中球拍损坏应立即更换，随身带来的球拍或场外递进的球拍。

(6) 在替换球或球拍后可练习 1—3 个回合再继续比赛。

四、竞赛组织

(一) 竞赛项目

团体比赛：男子团体、女子团体。

单项比赛：男子单打、女子单打、男子双打、女子双打和混合双打。

(二) 竞赛方法

循环赛和淘汰赛两种。

1. 单循环赛

(1) 含义。各队或各队员之间轮流比赛一次。

(2) 特点。能增加比赛的场次，有利于交流球艺，得到锻炼，偶然性小，能基本上真实地反映各队和选手的技术水平。

(3) 计分方法。胜一场得 2 分,输一场得 1 分,弃权 0 分。得分多者名次列前。如积分相同,按相互间的胜负决定名次,胜者列前;如互有胜负,则计算比赛场次、局和分的胜负比率(胜/负),直到算出结果为止。

(4) 场数和轮数的计算。

一轮:各队或各队员出场比赛一次。

一场:两队员之间比赛一次。

场数计算:场数=n(n-1)/2(n 为队数或人数)。

轮数计算:人(队)数为单数时轮次数等于人(队)数;如人(队)数为双数时轮次数等于人(队)数减 1。

(5) 比赛次序的轮转(一般采用"逆时针轮转法")。

方法:1 号位置不动,其他号每轮按逆时针方向转一位置,可排出一顺序。

例:有 6 人(队)参加比赛则:

第一轮	第二轮	第三轮	第四轮	第五轮
1—6	1—5	1—4	1—3	1—2
↙ ↑				
2—5	6—4	5—3	4—2	3—6
↓ ↑				
3—4	2—3	6—2	5—6	4—5
→				

注:当人(队)数为单数时,用"0"补成双数,遇"0"为轮空。

2. 单淘汰赛

(1) 含义。所有人(队)编排成一定的比赛秩序,由相邻的两名选手(队)比赛,胜者进入下一轮,败者淘汰,直到淘汰成最后一对选手,败者为第二名,胜者为第一名。

(2) 号码位置数。2 的乘方数,即:2^n 如:23=8、24=16、25=32、26=64。

(3) 轮空数。当人(队)数不等于号码数时,需在第一轮设置轮空位置,以便第二轮比赛时人(队)数正好是 2 的乘方数。即:轮空数=号码位置数-人(队)数。如:30 个位置数有 2 个轮空号。

(4) 单淘汰赛轮数计算。

2 的乘方数即为轮次数。

例:

4 个号码位置数=2^2=2(轮)

8 个号码位置数=2^3=3(轮)

16 个号码位置数=2^4=4(轮)

32 个号码位置数=2^5=5(轮)

(5) 场次计算。

场数=人数-1

例:16 人参赛,比赛场数为 16-1=15 即有 15 场比赛。

(6)“种子”的确定。

① 为避免强队(人)和强队(人)早相遇,把一部分强队(人)定为“种子”,抽签时将他们分开,第一轮不相遇,尽量在最后相遇,这样可使比赛名次比较合理;

② 是否为“种子”要依据在最近各种比赛中的成绩而定,也可由组委会协商确定;

③ 种子选手应均匀分布在各区上、下半区,种子选手分别处在上半区的顶部和下半区的底部。

(8)抢号。

为避免轮空过多,可采用抢号的方法解决,即两队(人)在一个位置上先进行一场比赛,胜者进入该位置,一般“抢号”也视为一轮。

附:团体比赛

每队报3—5名队员,3名参赛。由双方队长抽签决定主场A、B、C和客场X、Y、Z,并将队员排名表交裁判员。

5场3胜制比赛为:

① A对X;

② B对Y;

③ C对Z;

④ A对Y;

⑤ B对X。

(三) 竞赛的编排工作

1. 制定规程发放报名表

内容是竞赛名称、日期、地点、比赛项目、比赛办法、报名人数(办法)、报名时间、领会时间、录取名次、采用的竞赛规则及其他一些特殊规定等。

2. 组织抽签

当参赛队较多时,一般采用分组单循环及单淘汰的办法,淘汰赛要对所在位置号进行抽签。

抽签的原则是:第一,种子队(人)合理分开;第二,本单位队员分开;第三,先抽种子队(员)再抽非种子队(员)。

3. 计算总场次、轮次

根据规程和报名情况先确定采用何种赛制,再计算出总场次、轮次、各场比赛开始时间、球台数等。

4. 日程分配

根据比赛办法、比赛天数、球台数、比赛轮次、场数制定比赛日程,并另抄写一份或多份进行张贴。

一般编排原则:

① 团体赛安排在单项比赛前,团、单比赛间安排休息时间;

② 一个队员一天中不超过7场比赛;4小时为一单元的比赛不超过3场;

③ 团体赛中,一个队一天中不超过三次比赛;

④ 一张球台一般1小时内四场三局两胜制的比赛,五局三胜制的比赛1小时安排两场,五场三胜制的团体赛为4小时一场;

⑤ 可让几个比赛项目交叉进行，如，男子单打后为女子单打。

5. 印发秩序册

打印秩序册装订成册，发放到各单位或各部门。

单循环比赛秩序表(如表 6 - 1 所示)：

例：第一组，4 队。①②为球台号。

表 6 - 1　单循环比赛对阵成绩登记表

	甲	乙	丙	丁	得分	胜负比率	名次
甲		8 日，19:00，①	8 日，14:00，①	8 日，8:00，①			
乙			8 日，8:00，②	8 日，14:00 ②			
丙				8 日，19:00，②			
丁							

单淘汰比赛秩序表：(如表 6 - 2 所示)

表 6 - 2　单淘汰比赛战表

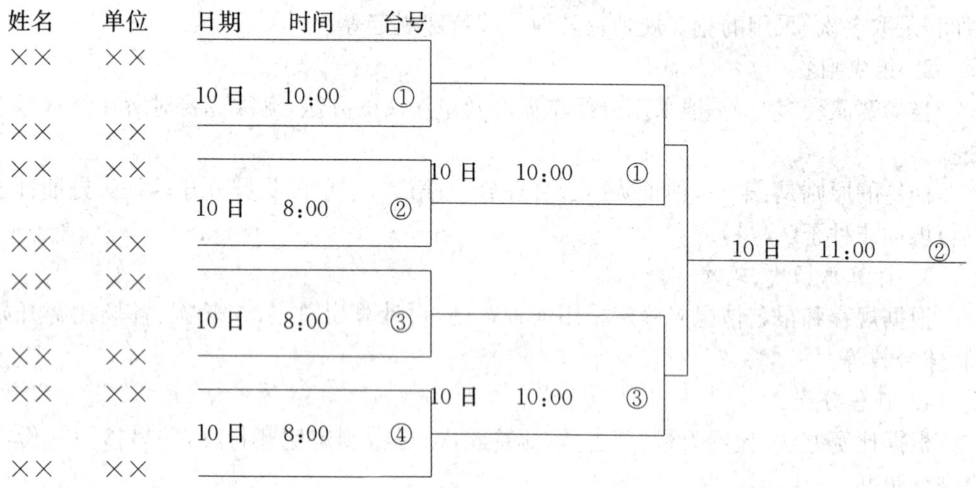

6. 成绩公布

(1) 准备好成绩公告表(与比赛秩序表格式相同)。

(2) 公布成绩：一般采用书写的办法，胜方在前用红色(如 5:2、3:0)，负方在前蓝色(如 2:5、0:3)，要求准确、清晰、匀称。

(3) 编印成绩册。

例：单循环赛成绩表(如表 6 - 3 所示)。

表 6－3 单循环赛成绩表

	甲	乙	丙	丁	得分	胜负比率	名次
甲		$\frac{5:0}{2}$	$\frac{5:1}{2}$	$\frac{5:3}{2}$	6		1
乙	$\frac{0:5}{1}$		$\frac{0:5}{1}$	$\frac{0:5}{1}$	3		4
丙	$\frac{1:5}{1}$	$\frac{5:0}{2}$		$\frac{5:4}{2}$	5		2
丁	$\frac{3:5}{1}$	$\frac{5:0}{2}$	$\frac{4:5}{1}$		4		3

单淘汰比赛成绩表(如表 6－4 所示)。

表 6－4 单淘汰比赛成绩战表

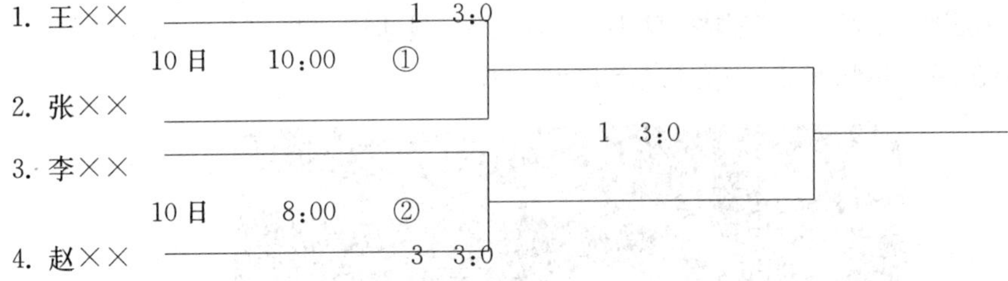

第七章 网球

第一节 网球运动概述

网球与高尔夫球、保龄球、台球并称为世界四大绅士运动。网球的起源可以追溯到12—13世纪的法国。1875年，英国板球俱乐部制定了网球比赛规则。1877年7月，由全英板球俱乐部在温布尔顿举办了第一届草地网球赛。

图 7 - 1

1877年在英国温布尔顿举行了第一届草地网球锦标赛。温布尔顿网球赛是历史最悠久的世界网球比赛，已经有一百余年的历史。目前世界上除了许多国际性的公开赛，最有影响的赛事有：英国温布尔顿网球赛、美国公开赛、法国公开赛、澳大利亚公开赛、戴维斯杯男子团体赛、联合会杯女子团体赛以及年终的大满贯网球赛。

打网球具有很高的锻炼价值，经常参加网球活动，便能培养出准确的判断、快速的反应，并能提高人的速度、耐力、灵敏等素质，由于网球是通过人们的脚的跑动移位，通过手臂击球来完成技术战术动作，因此对调节肌肉用力的感觉和发展协调性有积极作用。同时网球运动是一项老少皆宜的运动，长期坚持网球活动，能使青年人保持青春活力和健美形态；老年人能保持旺盛精力、推迟衰老。

每当你坐在电视机前欣赏着激动人心的世界网球大赛，看到各国网坛群英的绝伦的球技、精彩的表演，或当你观看到我国网坛高手，中华健儿拼搏厮杀的激烈鏖战，工作一天的疲劳消逝，紧张一天的精神会放松，遇到的一切烦恼会忘却……尤其运动员那龙飞虎跃的多彩多姿，机智灵活的战略战术，会令你全神贯注、神采飞扬，尽情地领略网球艺术给你带来沁人心脾的温馨和愉悦。此时，你身心完全地投入，忘记了过去、忘记了烦恼、甚至忘记了自我，眼随绒球走，心随比分飞，这是一种消遣、是一种娱乐、是一种休息、是一种观摩、是一项智力的开发、又是一次情操的陶冶。

第二节　网球基本技术

一、正手击球

正手击球是网球运动中最重要的击球方式之一。在当今的现代网球比赛中，多数高水平球员在底线对攻中经常采用的击球方式就是正手击球。

对于所有类型的球员来说，好的正手击球可发展为强有力的武器(如图 7 - 2 所示)。这种击球方式常用来迫使对手处于被动并控制比赛局势。

图 7 - 2

在当今的现在网球比赛中用于正手击球地握拍法有以下几种：

(一) 东方式握拍

东方式握拍是最传统的正手击球。用东方式握拍可在半分腿或全分腿姿势中击球。其触球点比用半西方式或西方式握拍得触球点低，并且离身体较远。用此种握拍法可击平球或旋转不强的上旋球。

(二) 半西方式握拍

此种握拍有两个特点：

(1) 手腕后转。

(2) 引拍和挥拍时拍面下转。

通常在介于半分腿和全分腿姿势之间使用这种握拍法。

下面还将论及半西方式握拍正手击球。

(三) 西方式握拍

此种握拍方法能挤出极强的上旋球，它是对付高球(肩上球)的理想的握拍法，但是使用这种握拍法的球员通常在击低球时遇到困难。因此，此种握拍法更适合于慢速的场地。

图 7-3

(四) 双手握拍

像塞莱斯和拜伦·布莱克这样的球员在女子和男子比赛中的成功使得双手握拍正手击球成为公认的现代击球方式，尤其是对有足够的速度的球员弥补击球缺少力量更是如此。用东方式或半西方式双手握拍正手击球时，支配手置于拍把的底部(如图 7-3 所示)。

(五) 大陆式握拍(如埃德博格)

这种握拍法更长用于发球、截击和高压，因为在使用正手击球和反手击球(截击)时不必改变握拍，同时它能最大限度地转腕并使球产生侧旋(发球和高压)。它还能用于基本击球动作演变成的所有其他击球，如短吊、空中截击、低空截击等。

大陆式握拍不十分常用于正手击落地球，因为它难以对付高球。用这种握拍法时，通常稍“慢”一些击球，因为此时力量减弱。这种握拍法通常可用于草地球场的正手小球和正手回球时的挡球。

顶尖球员尤为最常用、最有效的握拍法当属半西方式正手握拍法。但是教练员应该认识到，正手握拍有许多不同的方式，他们必须更多地注意击球的效果，而不是击球动作的外观。

让我们对东方式正手握拍和半西方式正手握拍作一分析。

1. 东方式正手握拍击球

(1)准备姿势和引拍。拍把置于拍身之后，拍面舒适地至于垂直状态，这样就可作出特定的拍头向后“绕圈”动作而进入准备状态。重心的转移可从种准确地看到，移至后脚。

(2) 挥拍和触球。挥拍的根本特征就是由后向前，触球时，将球呈小弧度向球平击。触球时身体的角度略呈半收缩状态，利用重心移至前脚产生附加力。因为挥拍需要空间，故在身体的侧前方触球。

(3) 随球动作。由于产生的力量击向场地，球员面对球网朝左侧立，拍头绕左肩前挥向球的方向。

2. 半西方式正手握拍击球

(1) 准备姿势和引拍。半西方式正手击球的准备姿势通常是由肘部开始。一般来说,由于球是对手击出的,离球较近的脚转动,接着抬肘(向后移动)并同时转肩。为了帮助引拍和转肩,可利用左手将球拍后推。

不论何种情况,球拍向前挥动前,拍头位置高于肘部。

(2) 挥拍和触球。向前挥拍动作有许多要领:

① 由于在挥拍的第一阶段球拍朝下,已经弯曲的双膝开始伸直,协助由低向高的挥拍动作;

② 肘部(或大臂)贴紧身体,以便在向前挥拍的最初阶段保持击球的稳定;

③ 触球前肘部加速;

④ 上体转动;

⑤ 开始挥拍时,肘部伸直,以使挥臂成水平姿势;

⑥ 右髋抬起后,转髋带动击球肩上提;

⑦ 向前挥拍过程中拍头移动的弧线是由低向高;

⑧ 在挥拍的整个过程中,拍把控制着拍面的直至与球接触;

⑨ 正是在触球前,球拍移动的弧度增加,球拍的轨迹主要是肘关节弯曲形成的。

触球要领:

① 触球时拍把带动手腕后转,头部绝对静止,双眼注视击球区;

② 触球时,双脚通常分开站立,研究表明,顶尖球员(男、女)正手击球时,90%的情况下采用分腿站立姿势;

③ 膝部伸直的同时转动右髋,可确保在触球前后的拍头移动过程中的重心转移;

④ 触球时,拍头可稍低于手腕;

⑤ 如果拍头过于低于手腕,结果是握拍力量和控球能力减弱。

(3) 随球动作。向前挥拍动作是从球的下面向上至击球的位置,动作继续直至将球击出,为了证实随球动作在击球后已经完成,肘部和肩部之间的手臂必须与地面平行。

在随球动作的结束阶段,动作各式各样。然而,为避免受伤,右脚通常有一个旋转动作,动作结束时与左脚处于同一个水平线上。

随球动作的一个有趣特征就是触球后由于转体,肘部抬至肩高,这样能确保拍头在触球时获得最大速度并减少受伤危险。因为击球臂有了减速的空间而不致发生伤情。如动作正确,击球的拍面应面对球被击出的方向的地面。

重要的技术要领有:

① 拍头的速度;

② 屈肘以发力并保证稳定;

③ 触球位置;

④ 挥拍动作和随球动作(击球全过程)。

3. 西方式正手握拍击球

西方式正手握拍击球要求球拍挥动时有一个很高的弧线。触球时球拍的速度很快。击球时两腿完全分开。触球点比用东方式握拍或半西方式握拍击球时更高,更靠近身体。随球动作结束时的位置更偏向一侧,更低(如图 7-4 所示)。

图 7－4

4. 正手削球

正手削球可用大陆式或东方式正手握拍法。球拍在来球的水平线以上向上向后移动。拍面在做自高向低击球动作前稍微打开，使球产生下旋。触球时通常双脚稍微靠拢，触球点在身体一侧和前脚的上方。

在随球动作中，球拍移动的轨迹是向前向下，动作结束时通常与双肩在同一水平面上。

5. 正手击球的变化

球员正手击球时不论使用何种握拍法，在当今的比赛中变得越来越重要的是球员具备跑向反手一侧正手侧身攻的能力，它抑或制造空当，抑或直接得分。

球员的击球技术提高后，他们将为自己确定一个进攻区（即他们认为可跑向反手一侧打这种正手侧身攻的场区）。球员们还需训练专门的步法，以便打出这种特殊的击球。

教练员应从小时候（即 10—11 岁）开始对运动员进行这种特殊击球的训练。

二、反手击球

（一）握拍法

（1）东方式握拍法。这是顶尖球员中用单手握拍反手击球最常见的握拍法。这种握拍的拇指指节置于拍把的上部以保证拍面在触球时成垂直角度，让手腕处于舒适而有力的位置。

（2）手腕置于拍把后的握拍或末端反手握拍。

将手腕置于拍把后的握拍的优势性在于：

① 能在胸部的高度或胸部以上击球；

② 能在球处于上升阶段时击球；

③ 能在正常弹跳高度击球。

它的弱点在于不利于在快速场地击低球和接发球。

单手握拍反手击球技术将在下面论述。

（3）大陆式握拍。以前的顶尖球员（如麦肯罗、麦德利卡瓦）曾采用过大陆式握拍法。这种握拍法由手腕控制球拍，以使拍面在触球时成垂直角度并能做出有效的挥拍动作。

为了用这种握拍法击平击球或上旋球，球员必须有强劲的手腕和极好的掌握时机能力。在当今比赛中，此种握拍法很少用于单手握拍反手击上旋球（如图 7－5 所示）。

图 7－5

(4) 双手握拍。

① 双手东方式正手握拍（左手执拍，如桑切斯、维卡利奥）；

② 下手控制的传统的反手握拍和上手控制的（右手执拍）东方式正手握拍（如阿加西、辛吉斯）。

尽管双手握拍的球员的握拍方式各具特点，对于右手执拍的球员，建议右手用东方式反手握拍或大陆式握拍，左手舒适地靠近右手成东方式正手握拍或半西方式正手握拍。这样的握拍在做不同的击球动作时，尤其是在反手一侧单手反手削球时更具灵活性（如图 7－6 所示）。

图 7－6

(二) 单手握拍反手击上旋球

反手击上旋球已成为当代比赛中的一种武器。它可用来：

- 在对攻中击出强有力的上旋球，使球高高地落入对手的背后。
- 在对攻中增加爆发力和提高稳定性。
- 打上网进攻的对手的超身球。
- 打强有力的直线穿越球。
- 打大角度（利用上旋球打出大角度）的斜线球。

反手击上旋球还可用来击出上旋高吊球。为了击出隐蔽的高吊球，向后引拍应近似于反手击上旋球动作。

由于现在许多网球比赛是在沙地和硬地的塑胶地面进行，反手上旋球已成为一名高水平球员的兵器库中的组成部分。

(1) 握拍法。于绝大多数球员来说，不论他们采用东方式、半西方式西方式正手握拍法，用单手反手击球时必须变换握拍。

向后引拍时，用非执拍手转拍。可用于单手反手击球的握拍法有三种类型：东方式、末端反手握拍和大陆式。

(2) 准备姿势和引拍。从准备姿势开始，双肩和手（和球拍）在球接近时作为一个整体转动。

引拍到最后阶段时有种主要方法，即执拍手上提至大约肩高，球拍抬至头部高度或高于头部，例如转肩，执拍手后摆，然后上提到准备姿势（近似半个 U 字形），或专练并立即上提执拍手至准备姿势，引拍时划一个圈。

(3) 向前挥拍和触球。当球员右脚朝来球向前跨步，球拍下坠低于来球高度（低于手腕）时，形成基本的向挥拍的轨迹。

屈膝以帮助拍头从球的下方击球，拍头不需过分下坠。

正是在触球前，球拍移动的弧度增大，使球产生向前的旋转（上旋）。髋部展开，击球肩抬高，帮助球拍的向上挥动的动作。

触球时，在前脚的前方击球。拍面垂直，拍身与地面平行。下坠的拍头在触球时，会使握拍无力。

还要注意的是，肘关节通常是伸直的，为此，手臂在触球时几乎成直臂，这样就能提高球拍的速度。触球时，大臂同身体保持一个舒适的距离。

(4) 随球动作。触球后，球拍继续向上移动。重要的是要在触球后立即使球员的头部保持稳定（因而要使身体保持平衡）。

球拍移至身体前方，拍头处于手腕上方时，随球动作结束。

身体击球后需要慢慢地减速以防受伤。在多数情况下，随球动作的开始部分结束后，后脚前移击球手和球拍继续下移至腰部高度时停止，即可达到这一目的。

(三) 双手握拍反手击球

(1) 双手握拍反手击球有许多特点，其中包括：

① 使用双手容易握拍；

② 假如需要使用单手反手削球时（即在紧急情况下），伸拍并无困难；

③ 要求小的肌力（与单手握拍反手击球比较而言）；

④ 对付高挑球时，可击出攻击性的球；

⑤ 能击处于上升的弧圈球；

⑥ 触球时用双手而不是单手减震；

⑦ 击上旋球时，由于触球稍晚，比单手握拍反手击球更具有隐蔽性。

一些研究提示，单手握拍反手击球时使用了五个身体部位，而双手握拍反手击球时使用的身体部位较少，故这种击球动作容易掌握。

(2) 握拍法。双手握拍法有：

① 双手东方式正手握拍（右手执拍）；

② 下手控制的传统的反手握拍法和上手控制的（右手执拍）东方式正手握拍法。

(3) 准备姿势和引拍：

① 由于用双手向后引拍，双手自动地转动；

② 正是在向前跨步前向后转跨转体；

③ 球员向前跨步，从而转换线动量；

④ 球拍在身后呈弧形上提；

⑤ 开始转髋。

(4) 挥拍和触球。上述连续动作表明以下特点：

① 双髋带动上体转动；

② 双髋随上体转动，肘部或腕部稍微移动至触球。在前脚的前方击球。注意拍头降低，拍面微微打开向前推送，随着球慢慢脱离拍面时，拍头微微领先手腕，关闭拍面。

(5) 随球动作。随球动作因人而异，但球员通常应有手臂和球拍绕臂动作。双手反手握拍的最大弱点在于紧急情况下的单手握拍。克服以上弱点的途径就是确保双手握拍球员在其成长过程中及早学会单手反手削球。这种打法不仅能在紧急情况下采用，而且可成为一种演变的打法(上网击球、变速球、小斜线球等)。学会单手反手削球也能帮助球员提高单手反手截击技术。

图 7－7

(四) 反手削球

(1) 握拍法。可用于单手反手削球的握拍法有(如图 7－7 所示)。

① 东方是反手握拍法；

② 大陆式握拍法。

(2) 准备姿势和引拍。上述连续动作表明以下特点：

① 上提转动，球拍向后向上转动；

② 非执拍手置于拍颈以保持动作的稳定，使上体后转；

③ 身体重心向后向上移动；

④ 引拍动作结束时，肘部弯曲，拍面几乎与地面平行并置于肩高。

(3) 向前挥拍和触球。上述连续动作表明以下特点：

① 拍面从上而下，从后下向前作直线运动；

② 非执拍手松开球拍，身体重心向前向下移动；

③ 肘部伸直，挺住手腕，拍面在触球时稍微展开(最大为 5°)；

④ 由于作用——反作用原理，非执拍臂后摆并协助保持平衡。

(4) 随球动作。随球动作因人而异，但在动作结束前，球员的球拍和手臂通常应在肩高继续向前向下挥动。

三、发球

（一）绪言

在学习一种好的发球的初期阶段，有以下几个要领（如图 7－8 所示）：

① 动作简练；

② 动作连贯；

③ 保持平衡和球的落点；

④ 握拍较正确（开始时间东方式下正手握拍法并逐步过渡到大陆式握拍法）。

图 7－8

显然，发球时的节奏是保证发球动作流畅的重要准则。在学习发球的初期，应该传授正确的握拍和站立姿势，并通常结合“一起向下，一起向上“的指令传授有节奏的挥拍动作。

这一指令的含义是双臂（执拍臂和执球臂）协调动作。传授给学员的另一重要概念就是控制球的落点以及当你击球时有效地向球转移重心。

当运动员提高后，通常要介绍发球的另一些要领，就是：

① 将握拍法改为大陆式握拍法；

② 使用手腕控制落点；

③ 加转、下旋和上旋；

④ 鼓励发大力平击球。

然而，懂得发球的生物力学也是重要的，因为这样，先进的发球技术可使发球成为一种强有力的武器。

身体各个部分的作用犹如一个链条系统中的各个链环，一个链环（或身体的一部分）产生的能源（或力量）连续不断的传至下一个链环。这一链环系统已在前一章作了介绍。

身体在发球中的运用（如表 7－1 所示）：

表 7－1

身体部分	产生的力量
腿部用力	增加髋部速度
转体转肩	增加肩部速度
大臂抬起	增加肘部速度
小臂伸直下转	球拍对准，准备击球并增加腕部速度
手弯曲	增加球拍速度

应该懂得，并非依靠躯干和手臂产生爆发力（力量），爆发力（力量）的主要来源是地面的反作用力。“对于每一种动作来说，反作用都是等量的和对应的”——牛顿第三定律。

这样，先进的发球的爆发力的主要来源在腿部动作中（屈膝和伸膝）。正是这一动作产生的爆发力传递至整个链条系统。这种爆发力的有效传递将在下面论述。

（二）握拍法

当今球员发球常用的握拍法是大陆式。然而，在过去的几年里，多数顶尖球员有过一种趋势，即采用界于东方式正手握拍和大陆式握拍之间的握拍法，因为这种握拍法似乎能产生更大的爆发力。

（三）提高发球的根本力量

如果蹬腿就是提高力量（和提高爆发力）的方法，那么，膝部的屈伸则是掌握蹬腿的关键技术。

腿部屈伸何种程度最适当因人而异，取决于发球手的力量和协调性。有两个问题与膝部使用不合理有关的是膝部屈伸不够或过度，链条系统的效能要求良好的协调性。如果膝部的屈伸和蹬腿（屈和伸）二者不协调，发球动作的链环处于静止状态，则发球的爆发力受到制约。

从施教的观点出发，有几点是重要的：

持球手开始上提时，左手和右膝应在有节奏的运动中配合；发球手的身体脱离地面并非有意跳起所至，而是向前用力击球的结果。

（四）转髋

链条系统中链环的第一部分就是使用髋部。高水平球员能将膝部产生的爆发力通过髋部转移至躯干。

膝部先屈伸，然后转髋。这种向上的动作促使肩部向上向外移动，迫使球拍继续向下，想发球手后侧移动。这种现象称之为位移，而且要求极好的协调性。

（五）转体

当力量从地面通过腿部转移至髋部，髋部获得最大的转动速度时，上体立刻转动。多数的发球手都具有相当好的转体能力。

要注意在转体时，左臂斜向贴近胸前。手臂的这一动作是为了降低转体的速度，以加剧击球臂挥向目标的动作。

（六）手臂绕肩（动力环）

转体后，链条系统的下一链环就是手臂绕肩。发球手臂朝背后挥拍的下端时，他已完成肩外环绕动作。在向上或向前挥拍时，大臂以极快的速度向内环绕。

（七）肘部伸展——小臂外转

链环的下一部分涉及肘部的两个动作：

- 当球拍移至背部后面时（在动力环中），肘部伸展。
- 小臂和手环绕肘部外转。

这两个动作的速度极快，应注意避免受伤。

（八）转腕

向后（背部后面）挥拍和在开始向前挥拍时，腕部极度伸展（手在腕部处后屈）。拍头朝触球点向前加速运动时，持拍手在腕部处一直保持后屈，它与小臂比较，较为伸展，然后，拍头以高速继续运动直至转髋。

腕部从极度伸展状态经过触球时然后转腕（触球后），这是产生大力发球的链条系统的最后阶段。

(九) 随球动作和落地脚

重心前移的完成使身体向场内移动。拍面的向外转动使紧张的肩关节放松。拍面移向身体的一侧并减速。身体开始恢复平衡准备再次击球。教练员们普遍地认定大力发球与触球后后脚先落地的交叉步有关。研究已向我们表明,无论是前脚先落地还是后脚先落地的技术都与提高发球速度无关。因此,球员的个人爱好决定采用什么技术。

四、上旋发球

(一) 绪言

研究表明,高水平的球员很少使用大力的平发球。他们通常在触球前立即使用一个向上动作,触球后立即使用一个向外动作(即加一点旋转)发出快速的大力发球。

发上旋球时,接发球的失误率较高,因为它过网时弧度高,落地后反弹更高。场地地面越粗糙,球的反弹越高。因此这种发球在沙地上使用奏效。

(二) 准备姿势和挥拍

连续动作镜头中的准备姿势和挥拍动作表明以下特点:

(1) 发上旋球时,通常将球从头上或稍靠头部后面抛向左肩上方(用于右手执拍球员),然而,对于高水平球员来说,各种类型发球的抛球动作应基本一样,使发球具有隐蔽性。

(2) 上体稍向一侧转动并向后弓身。

(3) 上体继续后倾。

(三) 触球

上面的连续动作镜头表明以下特点:

(1) 身体朝击球方向向上向前转动;

(2) 从球的后面将球从发球手头部左侧击出,球拍挥动的弧线向上,从球的一侧的上部击球;

(3) 朝击球点挥拍的角位向上;

(4) 右脚移向击球的方向;

(5) 触球点比基本发球动作稍靠左侧。

(四) 随球动作

上面的连续动作镜头表明以下特点:

(1) 随球动作的第一部分更偏向右侧。

(2) 起初,球拍继续向外向右挥出。

(3) 然后,上体稍微倾向左侧,然后转向击球方向。

(4) 左脚落地并支撑球员身体的重心,同时右脚因作用——反作用原理而抬起。

五、侧旋发球

(一) 绪言

发侧旋球使球员有可能将对手逼至场外,因为这种球过网落地后弹向一侧。场地地面越平滑,球的侧旋越强,故而在室内场地和草地地面这是一种了不起的武器。

发侧旋球时,球拍移动的轨迹是平直的,产生的旋转是侧旋多于前冲。

(二) 准备姿势和挥拍

上面的连续动作镜头表明以下特点:

(1)发侧旋球时,通常将球抛向正前方稍靠右侧(用于右手执拍的球员),然而,对于高水平球员来说,抛球动作应基本一样,使发球具有隐蔽性;

(2) 上体略向一侧,向后转动;

(3) 上体继续后倾。

(三) 触球

上面的连续动作镜头表明以下特点:

(1) 击球点靠近球的重心和后部,球拍向上切球;

(2) 身体朝击球方向向上向前转动;

(3) 上体向前急转;

(4) 球拍成一侧角向击球点回去;

(5) 触球点比基本发球动作稍靠右侧。

(四) 随球动作

上面的连续动作镜头表明以下特点:

(1)上体朝球方向随着球的轨迹移动;

(2) 右脚落地并支撑球员身体的重心。

注:上面的连续动作镜头显示的是左手执拍手的发球。

六、截击及其变化

图 7-9

图 7-10

（一）握拍法

高水平的球员通常使用大陆式握拍法正反手截击。然而也有一些球员使用东方式握拍法正反手截击，因为他们有时间准备击球。研究表明，有充分的时间改变握拍法进行正手和反手截击。

（二）准备姿势和引拍

当对手就要击球时，所有善于打截击球的球员使用跨步准备动作的一部分。

跨步有不同的特点：

① 球员跳起进入双脚分开与肩同宽的姿势；

② 双脚通常与球网平行；

③ 球员站立的姿势应有利于快速起动。

跨步有以下优越性：

① 使球员保持平衡；

② 能够向各个方向移动；

③ 腿部肌肉的预张储存弹性能，使落地时产生爆发力；

④ 增强朝来球方向快速移动的潜能；

⑤ 调整上体向前的角度。

在许多教材中提倡截击时使用小幅度的引拍（与击落地球比较而言），因为注意截击的准确和控制。

然而，在澳大利亚进行的研究中所提供的数据清楚地表明，许多教科书，尤其是针对高水平球员的教科书需要修改。在这一研究中，在发球线上正反手截击时，引拍都远离后肩。正手引拍结束时，球拍几乎与场地垂直，反手一侧截击时，上肢的转动时球拍向场地地面展开。

在教练员可以对于初学者继续强调球拍后摆不得超过后肩的同时，必须允许高水平的青少年球员增加引拍的弧度，特别是发球上网第一截击时更是如此。在这一研究中的所有高水平球员（尽管他们在所有的网前斜线截击中的引拍都超过后肩）都能像教科书中所强调的那样在身前将球击出。

（三）向前挥拍和触球

正手截击时，球拍向下向前移动。在这一动作过程中，前脚朝来球跨步成半开放站立姿势。双肩也向球转，肘部伸展，拍面稍开使球产生下旋。

反手截击时的特点相似，但转体动作很小，触球点比正手截击更靠前。正反手截击都需要身体各个部分的协调，击球时各个关节均应相对固定。

（四）随球动作

球拍向前向下移动。身体各部分逐渐减速。随球动作幅度极小，但在完成推球动作时，球员就在随球动作的开始阶段使球拍保持几乎与球网平行的位置。

（五）截击的变化

1. 低位截击

低空截击是网前区最难的击球动作。球员必须靠近地面和球网击球，而且还要将球送过网，这是一种防守型击球，但是如果击出的球很低而且靠近底线，则可变成进攻型击球。这种变型的截击具有以下特点：

① 球员必须使用与截击相同的握拍法，而且引拍动作小；

② 击球时通常膝部完全弯曲，上体前倾；

③ 向前挥拍时由高向低的动作，触球时拍面稍开，腕部固定而灵活，击球稍带下旋，它要求极好的触球、控制和球感；

④ 随球动作是随着球的线路由低向高的幅度小的动作，球员保持平衡。

2. 高位截击

高空截击对于截击球员来说，不仅是改变击球的高度。通常，球员必须从中场的不高不低的高度(正常截击和高压的击球点之间)击球。这是一种防守型的击球；但是，如果击出的球有力、角度刁并靠近边线，它可能变成进攻性的击球。这种变型的截击有以下特点：

① 球员必须使用与截击相同的握拍法和几乎完整的引拍动作；

② 向前挥拍是一个由高向低的幅度小的动作。触球时拍面与球网平行，腕部固定而灵活，击球稍带侧旋，它要求极好的触球、控制和球感，而且还有爆发力；

③ 随球动作是随着球的线路由高向低的幅度大的动作。

3. 网前短击

网球短击是截击和短吊的结合。这种击球的特点如下：

① 球拍击球时慢速移动；

② 触球时拍面稍开；

③ 触球时前臂和腕部放松，产生挡截动作；

④ 触球后拍面向后向下移动，随球动作幅度极小。

4. 击反弹球

击反弹球的高级技术不仅包括防守型的变型击球法(即从发球线区域及反弹球)，而且还有进攻性的变型击球法(即从靠近底线处将球击出，用对攻中的变速突击对手)。这种变型的截击有以下特点：

① 球拍向后向下做一个小幅度的引拍动作，同时转体，球员应侧向站立；

② 后腿深屈，球拍向前移动，它的轨迹几乎与地面平行；

③ 触球区差不多是在前脚的前方踝骨的高度；

④ 身体重心前移并稍微向上以保持平衡；

⑤ 随球动作是一个由低向高的慢速动作。

5. 抽球截击

抽球截击是击高跳落地球和截击的结合，通常用正手。这是一种极具攻击性的截击，而且常带上旋。这种变型的截击具有以下特点：

① 这种击球通常在中场会击肩高的慢速弧圈球时使用；

② 球员应使用击落地球时使用的同样握拍法，要有完整的击球动作；

③ 向前挥拍是一种既上旋球或“屏风”式击球动作，在跑动中击球，触球区在网高以上，球拍的速度相当快；

④ 随球动作是完整的，球员继续奔向网前。

6. 挑高球式的截击

挑高球式的截击是挑高球和截击的结合。根据球员和对手的位置以及球击出的高度和深度,它可以是进攻性的或防守性的截击。这种变型有以下特点:

① 球员应使用击落地球或截击时相同的握拍法,它的引拍动作幅度小;

② 击球时通常屈膝,上体前倾;

③ 向前挥拍是一个由低向高的动作,触球时拍面打开,腕部固定,击球时通常略带下旋;

④ 随球动作是随着球的线路由低向高的幅度小的动作。

图 7-11

七、高压球及其变化

(一) 绪言

高水平球员应力求打出稳而有威力的高压球。先进的高压技术基本特点包括对来球线路的判断、站位、击球落点和力量。

高压动作与发球十分相似,然而,击球的某些特点却完全不同。打高压球时,球员无法控制来球的线路,因而,它必须移动寻找打高压球的最佳位置。因此,时机是关键。正因为这个原故,打高压球时用 1/2 的发球动作,手臂伸直进入准备姿势,用一小幅度的引拍动作,而不是用齐下齐上的动作。

(二) 握拍法

球员应使用大陆式活动方式正手握拍法打高压球。

(三) 准备姿势和引拍

准备姿势和引拍有以下要领:

① 球员用小碎步侧身并做好迎击来球的准备;

② 上体后倾,身体的全部重心移动至后腿;

③ 与此同时,球拍有一个简单的准备(引拍动作缩短,没有像发球时的摆动动作);

④ 引拍动作结束时,屈肘至肩高,拍面至于球员头部的后上方;

⑤ 非执拍臂向上伸展以保持平衡和协调,理想的是从对准来球飞行线路的非执拍臂的手指尖到执拍臂弯曲的肘部能画一条直线;

⑥ 拍面向下移向球员的背后(动力环);

⑦ 如果球员的站位正确,来球的方向应是对准伸展的左手。

(四) 向前挥拍和触球

向前挥拍和触球有以下特点:

① 由于动力链产生的力量,拍头向上向前加速;

② 上提前转,后肩移动高于前肩;

③ 身体重心移至前腿,后脚跟抬起;

④ 小臂和肘部在触球时完全伸展;

⑤ 小臂外转以便平击;

⑥ 可能时，球拍应在球员头部的前方击球；
⑦ 拍面与网平行，与击球方向垂直；
⑧ 作为作用——反作用原理的结果，非执拍臂开始向下移动。

（五）随球动作

随球动作有以下特点：
① 小臂外转（外转的继续）；
② 上体跟随球的线路继续向前屈体；
③ 非执拍臂在执拍臂下放交叉移动以协助平衡；
④ 身体重心移至前腿；
⑤ 球员向前移动，恢复平衡准备再次击球。

第三节　网球基本战术

一、单打战术

（一）发球

发球要考虑落点、力量和旋转等因素的变化才能有良好效果，如果发出的球有角度而使球反弹出边线，就能迫使对手离开基本位置，则发球效果好。若对手站位离中线较远，可发球至接发球人的中线附近，以牵制对方。第一次发球应尽量利用大力发球，以加强攻击性，给对手造成压力；第二次发球应具有稳健性，以保持较高的命中率。

（二）接发球

在第一回合较量中，对手发角度大而弹出边线的球时，若球速慢，可用进攻方法回击，亦可回击大角度球，以牵制对手发球后抢攻。接大角度球时，不要向后跑，而应向前迎球，用拉球回击。接发球时应选择合适位置，其标志是使正手和反手各有 1/2 的机会接球。切忌在中场等球，应将中场视为接球时不站人的区域。

（三）把球打深

把球打深是指打出的球其落点要靠近球场端线附近。在单打比赛中，把球打深能将对手压在底线附近，这样可以防止对手上网，还能使自己有更充裕的时间为下次击球做好准备。另外，还能使对手回击的角度减小。对准备随球上网的队员来说，将球打深也有重要作用。这里应当注意，在底线击球要想把球打深，就应使球在网的上空较高处通过，大约离网上空至少 1.5 米。

（四）调动对手

调动对手就是把对手调离其能较好发力击球的位置，使其在场上出现空当，这样就能争取比赛的主动权。一般通过打斜线球和打直线球达到调动对手的目的。

打斜线球可以有较高的安全系数，因为斜线球要通过球网上空的中间位置，而球网中间的网高要比两侧立柱的高度低 15 厘米,故容易击球过网,它对提高命中率有较大作用,这是球网特点所形成的,应充分利用。还有打斜线球比打直线球飞行距离长,经计算一般要长 1.98 米。

打直线球对调动对手也有特殊意义,因为直线球距离比斜线球相对来说要短一些,故它能适当加快回击速度。当对手打来斜线球时,以直线球回击,可以左右调动对手。在对手出现空当时,用直线球回击,可增大击球的威胁性。

(五) 网前截击

当队员处于较有利的网前位置时,可充分发挥网前快速截击的威力,截击时采用变线打法,能够向空当回击,取得良好效果。所谓变线打法就是对手打斜线球,用直线球回击,或对手打直线球,用斜线球回击。

二、双打战术

(一) 基本站位

双打时除发球和接发球队员在端线附近外,一般都站在网前位置。发球的队员站在规定发球区内,接发球的队员则站在规定发球区的另一侧的端线附近准备接发球。发球队员的同伴一般站在网前,有时也可以站在端线附近,位于发球队员的另一侧。接发球队员的同伴一般站在网前,有时也有不直接站在网前,而是站在发球线附近,当对手打球后再向左前或右前扑截球。

(二) 发球

双打发球落点要深,如果发球有足够深度,就能控制对手冲到网前进行截击。第一发球应采用大力发球,发球后随球上网,这时动作要迅速,先冲前三四步,然后停下来,准备进行第一次截击。

(三)接发球

对方发球时,接发球的同伴一般站在发球线附近,接发球队员回球的情况将直接影响其同伴的动作。如果接球队员能有效地接过发球,并且能够上网,这时两个人都应同时上网;如果接发球回击的球力量较弱,这时接球队员的同伴就应立即退到端线附近,不要停在原地。对发过来的球不能做有力的回击,就要想到在端线附近进行防御。如果两人同在后场站位时,应保持使球落在中间地带,以减小对手回球的角度。

(四) 及时补位

双打比赛中两个人及时补位很重要,它可以补救场上出现的薄弱地区。例如发球队员的同伴由于截抢冲力过大而冲过中线,这时发球队员就应及时向空当补位。如果遇到两个对手同时上网时,同伴向中路回球较低,被对手截击,这时处在截击队员对面的网前队员应及时截抢。如果接球队员将球打给网前队员,这时接球队员的同伴应迅速后退到中场。

(五) 双上网和双底线

双打是两个人互相配合而进行的比赛,两个人应当发挥出整体水平。优秀运动员双打时,采用的理想阵势是两人在前或是两人在后,如果两个人是处于双上网的位置,而同时对方也是双上网，这种情况下双方都会向有球的一侧移动。很多球是在中场来回击打，因此球场另一部分就会出现一个很大的空区。这一空区往往是对手进攻偷袭的地区，比赛中应当有意识地注意这一地区。如果两个人是处于双底线位置，那么回击时就应当使球多落在中间场区，以减小对方回球的角度。另外，双打比赛应随时重视防御中间地带，因这一地带是被攻击的主要目标，所以要求两人配合默契。

表 7－2　选手在比赛中可用来对付不同类型的对手的一些基本对策

	擅长穿越球的选手	攻击型的底线选手	技术全面型选手	发球上网截击型选手
擅长穿越球的选手（张德培、桑切斯）	要耐心。 减少失误。 打近网低球和小斜线。 力求吸引对手上网。	要稳。 不要加速。 结合使用各种击球技术。 力求吸引对手上网。 减速。	坚持打深。 调动对手移动。 提高一发成功率。 结合使用超身球和挑高球。 坚持打深。	回球准确。 结合使用超身球和挑高球。 提高一发成功率。
攻击型的底线选手（科里尔、阿加西）	要耐心。 调动对手。 减少失误。 有时打守球。 将耐心和进攻战术相结合。	将高球送至对手较弱的一侧。 调动对手移动。 坚持打深。	将对手控制在底线移动。 接二发时要具攻击性。 提高一发成功率。	将球击至对手截击较弱的一侧。 挑高球和打超身球。
技术全面型选手（桑普拉斯、诺沃特娜）	打持久战。 调动对手。 向弱的一侧送高球。 结合使用各种截击技术。 队机会球要进攻。	结合使用你的各种击球技术。 变化球速。 击回有力的来球。 变换你的进攻方式和时机。	让对手打被动球。 结合使用你的各种击球技术。 调动对手。 击回有力的来球。	先上网。 尽快回到底线。 结合使用挑高球和超身球。 一发时发球上网，截击，二发时结合使用它。
发球上网型选手（埃德博格、纳夫拉蒂洛娃）	变换发球、截击和上网击球的落点。 不要出现太多的自杀性失误。	变换你的击球速度、旋转和落点。 提前上网。 控制节奏。	一发时发球后上网，截击，二发时结合使用它。 控制节奏。	提高一发成功率。 一有机会就上网。 变换你的回球方式。 提前挑高球。

第四节　网球竞赛规则简介

一、网球比赛规则

（一）场地

网球场地应该是长方形，长度为 23.77 米（78 英尺），单打比赛的场地宽度为 8.23 米（27 英尺），双打比赛场地的宽度为 10.97 米（36 英尺）。

场地由一条挂在绳索或钢丝绳上的球网从中间处分隔开，所使用的绳索或钢丝绳附着或挂在 1.07 米(3.5 英尺)高的两根网柱上。球网应充分伸展开，使之能够填满两个网柱之间的空间，其上网孔的大小以确保球不能穿过为宜。球网中心的高度应当为 0.914 米(3 英尺)，并且用中心带向下绷紧固定，网绳或钢丝绳和球网的上端应当用一条网带包裹住，中心带和网袋都应完全为白色。

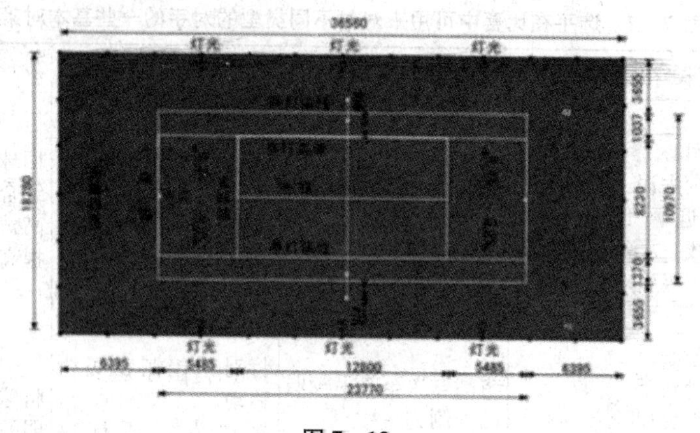

图 7－12

● 网绳或钢丝绳的最大直径为 0.8 厘米(0.33 英寸)。

● 中心带的最大宽度应为 5 厘米(2 英寸)。

● 球网每一边垂直向下的网带宽度应当为 5 厘米(2 英寸)与 6.35 厘米(2.5 英寸)之间。

双打比赛中，每侧网柱的中心应距双打场地的外沿 0.914 米(3 英尺)。

单打比赛中，如果使用单打球网，每侧网柱的中心应距单打场地的外沿 0.914 米(3 英寸)。

如果使用双打球网，那么球网要用两根高 1.07 米(3.5 英尺)的单打支柱支撑起来，每侧单打支柱的中心距单打场地的外沿 0.914 米(3 英寸)。

● 网柱的边长不应超过 15 厘米(6 英寸)或直径不应超过 15 厘米(6 英寸)。

● 单打支柱的边长不应超过 7.5 厘米(3 英寸)或直径不应超过 7.5 厘米(3 英寸)。

● 网柱和单打支柱的上端不能超过网绳顶端以上 2.5 厘米(1 英寸)。

● 球场两端的界线称为底线，两侧的界线称为边线。

在两条单打边线之间画两条距球网 6.40 米(21 英尺)并且与球网平行的线，这两条线称为发球线。在球网每一边的发球线和球网之间的区域，被一条发球中线分成相同的两个部分称为发球区，发球中线应当和单打边线平行并且与两条边线的距离相等。

每一条底线都被一条长 10 厘米(4 英寸)的中心标志分为相等的两个部分，中心标志要被画在场地内并且和单打边线平行。

● 发球中线和中心标志的宽度为 5 厘米(2 英寸)。

● 除底线的最大宽度可以为 10 厘米(4 英寸)外，场上其他所有的线的宽度均应介于 2.5 厘米(1 英寸)和 5 厘米(2 英寸)之间。

所有场地的测量都应以线的外沿为标准，所有场地上的线的颜色均必须相同，并且和场地的颜色有明显的区别。

(二) 永久固定物

场地上的永久固定物,不仅包括后挡板和侧挡网、观众、观众的座位和看台,以及所有场地周围和上方的固定物,而且还应包括处于各自规定位置的主裁判、司线员、司网裁判和球童。

在一个使用双打球网和单打支柱的场地上举行单打比赛时,网柱、单打支柱以外的球网部分属于场地上的永久固定物,而不能视其为网柱或球网的一部分。

(三) 球

在比赛中根据网球规则被允许使用的球必须符合国际网联的规定。

赛事组织者必须在赛前公布:

- 比赛中用球的数量(2 个、3 个、4 个或 6 个);
- 换球的方案。

如果换球,可采用以下方式中的任何一种:

(1) 在一个规定换球的单数局结束后。在这种情况下,由于热身活动用球的原因,比赛中第一次换球必须比整场比赛的其他任何时候的换球要提前两局。平局决胜局在换球时也作为一局计算,但如果换球时刚好是平局决胜局开始时,则不应当换球。在这种情况下,换球应当推迟到下一盘第二局的开始前,或者按以下方法进行。

(2) 在一盘的开始时换球。

如果在比赛期间球破了,这一分应当重赛。

判例 1:如果在赛完一分后发现球软了,这一分球是否应重赛?

答案:如果只是球软了而没有破,这一分不应重赛。

注:再按照网球规则进行的比赛中,任何用球都必须是由国际网联颁布的已被列入官方名单上的批准用球。

(四) 球拍

在比赛中按照网球规则被允许使用的球拍必须符合国际网联的规定。

国际网联即可以自行作出此类裁决,也可以根据所有对此真正感兴趣的团体或个人,包括任何的运动员、器材生产厂商或国家网球协会或其会员等所提出的申请进行裁决。这类申请与裁决应当按照国际网联的审查与听证程序来进行。

(五) 一局中的计分

(1) 常规局。在一个常规局的比赛中,报分时应首先报发球运动员的比分,计分如下:

无得分—0
第一分—15
第二分—30
第三分—40
第四分—局比赛结束

若两名运动员/队都获得了三分,则比分为“平分”。“平分”后如果一名运动员/队获得下一分,则比分为“占先”,如果“占先”的这名运动员/队又获得了下一分,他即赢得了这一局；如果“占先”后是另一名运动员/队获得了一分，则比分仍为“平分”。一名运动员/队需要在“平分”后连续获得两分，该运动员/队才能赢得这一局。

(2) 平局决胜局。平局决胜局中，使用 0、1、2、3 分等来计分。首先赢得 7 分并净胜对手两分的运动员/队赢得这一局及这一盘。在需要时决胜局必须继续进行，直到一方运动员/队净胜对手两分为止。

轮及应该发球的运动员在平局决胜局中首先发第一分球，随后的两分由他的对手发球(在双打比赛中，双方对中轮及应该发球的运动员进行发球)。此后，每一名运动员/队轮流连续地发两分球直到平局决胜局结束(在双打比赛中，两队应按照与该盘中相同的发球顺序轮流连续发球)。

在平局决胜局中首先发球的运动员/队应当在下一盘的第一局开始时首先接发球。

(六) 一盘中的计分

一盘中的计分有不同的方法。主要的计分方法是“长盘制”和“平局决胜局制”两种。比赛中两种计分方法中的任何一种都可以使用，但必须在赛前事先宣布。如果使用的是“平局决胜局制”的计分方法，还必须在声明决胜盘将采用的是“平局决胜制”还是“长盘制”。

(1)“长盘制”。先赢得 6 局并净胜对手两局的运动员/队才赢得这一盘。如果需要的话，这一盘必须持续到一方运动员/队净胜两局为止。

(2) “平局决胜制”。先赢得 6 局并净胜对手两局的运动员/队才赢得这一盘。如果局数比分达到 6:6 时，则需进行“平局决胜局”。

(七) 一场比赛的计分

一场比赛可以采用三盘两胜制，先赢得两盘的运动员/队赢得这场比赛；或采用五盘三胜制，先赢得三盘的运动员/队赢得这场比赛。

(八) 发球员和接发球员

运动员/队应当分别相对站于球网两侧。发球员是指在开始比赛时发出第一分球的运动员，接发球员是指准备回击发球员所发出球的运动员。

(九) 场地和发球的选择

在准备活动开始前，通过掷币的方法决定获得挑选场地和比赛的第一局谁作为发球员或接发球员的权利。掷币获胜的运动员/队可以进行以下方式的选择：

(1) 在比赛的第一局中选择发球员或接发球员，在这种情况下，对手应选择在比赛的第一局所处那一边的场地。

(2) 选择在比赛的第一局所处那一边的场地，在这种情况下，对手应选择在比赛的第一局作为发球员或接发球员。

要求对手对以上两种方法作出任何一种的选择。

(十) 交换场地

运动员应在每一盘的第一局、第三局和随后的每一个单数局结束后交换场地。运动员还应在每一盘结束后交换场地，除非在这盘结束后双方所得局数之和为偶数时，在这种情况下运动员则在下一盘第一局结束后交换场地。

在平局决胜局中，运动员应在每 6 分后交换场地。

(十一) 活球期

除了作出发球失误或重发的呼报之外，球从发球员击出的那一时刻开始直到该分结束都为活球。

(十二) 压线球

如果球接触到线，则这个球被认为是落在由该线作为界线的场地之内。

(十三) 球触永久固定物

如果活球状态下的球落在正确的场地内后弹起触到了永久固定物，则击出该球的运动员赢得该分；如果活球状态下的球在落地前触到了永久固定物，则击出该球的运动员失分。

(十四) 发球次序

在每一个常规局结束后，该局的接发球员在下一局中应该成为发球员，该局的发球员在下一局中应该成为接发球员。

双打比赛中，在每一盘第一局开始前，由先发球的那队选手决定哪一名运动员先在该局发球。同样，在第二局开始前，他们的对手也应当作出由谁在该局先发球的决定。第一局先发球的运动员的同伴在第三局发球，第二局先发球运动员的同伴在第四局发球。这个轮换次序一直延续，直到该盘结束。

(十五) 双打的接发球次序

在每一盘的第一局，首先接发球的那队要决定哪一名运动员在该局接第一分发球。同样，在第二局开始前，他们的对手也应当决定哪一名运动员在该局接第一分发球。先接第一分发球的运动员的同伴应当接本局的第二分发球，这个次序一直延续，直到该局和该盘结束。

接球员接完发球后，该队中的任何一名运动员都可以回击球。

(十六) 发球

在开始发球动作前，发球员必须立即双脚站在底线后(即远离球网的那一侧)，中心标志的假定延长线和边线的假定延长线之内的区域里。

然后，发球员应当用手将球向任何方向抛出并在球触地前用球拍将球击出。在球拍击到球或没有击到球的那一刻，整个发球动作即被认为已经完成。对于只能使用一只手臂的运动员，可以用他的球拍完成抛球。

(十七) 发球的程序

在一个常规发球局中，每一局的发球员都应当从场地的右半区开始，交替站在同侧场地的两个半区后面发球。

在平局决胜局中，第一分发球应当从场地的右半区开始发球，然后交替从场地的两个半区后面发球。

发出的球应当越过球网，在接球员回击发球之前落到对角方向的发球区内。

(十八) 脚误

在发球的整个动作过程中，发球员不可以有以下动作：

- 通过走动或跑动来改变位置，但脚步轻微的移动时是允许的；
- 或者任何一只脚触及底线或场地内的地面；
- 或者任何一只脚触及边线假定延长线外的地面；
- 或者任何一只脚触及中心标志的假定延长线。

如果发球员违反了这些规定就是一次“脚误”。

（十九）发球失误

下列情况为一次发球失误：

- 发球员违反了规则第16、17或18条；
- 发球员试图击球时未能击中；
- 发出的球在触地前碰到了永久固定物、单打支柱或网柱；
- 发出的球触到了发球员或发球员的同伴，或发球员和发球员同伴所穿戴的或携带的任何物品。

（二十）第二次发球

如果第一次发球失误，发球员应当立即从他该次发球失误的同一半区后面的规定位置再发一次，除非发球失误的这次发球是从错误的半区发出的。

（二十一）何时发球和接发球

发球员应该在接发球员做好准备以后再发球。不管怎样接发球员应当按照发球员合理的发球节奏来比赛，并且在发球员准备发球时，在合理的时间内做好接发球的准备。

接发球员试图回击发球时则被认为他已做好准备。如果能够证实接发球员未做好准备，那么该次发球也不能被判为失误。

（二十二）发球中的重发

如果出现下列情况应重新发球：

(1) 发出的球触到了球网、中心带或网带后落在有效发球区内；或在球触到了球网、中心带和网带后落地前接触到了接发球员或其同伴，以及他们所穿的或携带的任何物品；

(2) 球发出后，接发球员还没有做好准备。

在重发球时，引起重发的那次发球不被计算，发球员应重发该球，但是不能取消重新发球前的发球失误。

（二十三）重赛

除了在第二次发球时呼报重赛是指重发该次发球外，在所有其他情况下，当呼报重赛时，这一分必须重赛。

（二十四）运动员失分

如果出现下列情况，运动员将失分：

- 发球员连续两次发球失误；
- 在活球状态下，运动员在球连续两次触底前不能将球回击过网；
- 在活球状态下，运动员回击的球在落地前触到有效击球区外的地面或其他物体；
- 在活球状态下，运动员回击的球在落地前触到了永久固定物；
- 接球员在球没有落地前回击发球员发出的球；

- 运动员故意用他的球拍拖带或接住处于活球状态中的球，或故意用球拍触球超过一次；
- 在活球状态下的任何时候，运动员或他的球拍(无论球拍是否在他的手中)，或他穿戴的或携带的任何物品触到球网、网柱/单打支柱、网绳或钢丝绳、中心带或网带，或他对手场地的地面；
- 运动员在球过网前击球；
- 在活球状态下，除了运动员手中的球拍以外，球触及到运动员的身体或他穿戴的或携带的任何物品；
- 在活球状态下，球触到了运动员的球拍，但球拍不在他的手中；
- 在活球状态下，运动员故意并实质性的改变了球拍的形状；
- 双打比赛中，在一次回击球时，同队的两名运动员都触到了球。

(二十五) 有效回击

如果是下列情况，属于一次有效的回击：

- 球触到了球网、网柱/单打支柱、网绳或钢丝绳、中心带或网带并且越过球网上面后落到有效场地内；
- 在活球状态下球落在有效的场地内后由于旋转或被风吹回过网，该轮到击球的运动员越过网击球，将球击到有效场地内，并且运动员没有违反规则第24条的规定。
- 回击的球从网柱外侧，无论该球是高于还是低于球网的上部高度，即使触到网柱，只要落在有效场地内，规则第2和第24条除外；
- 球从单打支柱及其附属网球之间的网绳下面穿过而又没有触及球网、网绳或网柱，并且球落在有效场地内；
- 运动员的球拍在回击自己球网一侧内的球后随球过网，球落入有效场地内；
- 在活球状态下，运动员击出的球碰到了停在正确场地内另一个球。

(二十六) 干扰

如果运动员在某一分球的比赛中受到对手故意举动的干扰，那么这名运动员应当赢得该分。

然而，如果运动员在某一分的比赛受到对手非故意举动的干扰，或者某些运动员自身无法控制(除场地上的永久固定物外)的妨碍时，这一分应当重赛。

(二十七) 更正错误

作为一项原则，当比赛中发现一例违反网球规则的错误时，先前所有的比分都有效，发现的错误应当按照如下条款更正：

(1) 在一个常规局或一个平局决胜局中，如果一名运动员从错误的半区发球，此错误一经发现就应当立即被纠正，发球员要按照场上的比分从正确的半区发球。错误被发现前发球员已发生的发球失误有效。

(2) 在一个常规局或一个平局决胜局中，如果出现双方的站边错误，这次错误一经发现就应当立即被纠正，发球员要按照场上的比分从正确的一边场地发球。

(3) 在常规局中如果出现运动员的发球次序错误，此错误一经发现，原先该轮及发球的运动员应当立即发球。然而如果错误被发现前该局已经结束，则发球的次序就按照已改变的次序进行。在这种情况下，此后的所有换球必须比原先规定的局数推后一局进行。

如果发球次序错误被发现前，对手有一次发球失误，则此次发球失误无效。

在双打比赛中，如果是同队的两名运动员出现发球次序错误，则错误发现以前的一次发球失误有效。

(4) 在平局决胜局中，运动员出现发球次序失误，如果此错误是在双数比分结束后被发现的，则错误一经发现就应当立即纠正。如果错误是在单数比分结束后被发现的，则发球的次序就按照已改变的次序进行。

如果发球次序错误被发现前，对手有一次发球失误则此次发球失误无效。

在双打比赛中，如果是同队的两名运动员出现发球次序错误，则错误被发现前发球员同伴的一次发球失误有效。

(5) 在双打比赛的常规局或平局决胜局中，如果接发球次序出现错误，则按照已发生的错误次序继续进行，直到这一局结束。在这一盘的下一次接发球局时，这对运动员应当重新回到原先的接发球次序。

(6) 赛前规定的是"长盘制"的比赛，但如果在局数 6∶6 时错误的进行了"平局决胜局"的比赛，如果此时仅仅进行了第一分的比赛，则此错误应立即被纠正；如果错误被发现时第二分的比赛已经开始，则这盘比赛将按照"平局决胜制"继续进行。

(7) 赛前规定的是"平局决胜局制"的比赛，但如果在局数 6∶6 时错误的进行了"长盘制"的比赛，如果此时仅仅进行了第一分的比赛，则此错误应立即被纠正；如果错误被发现时第二分的比赛已经开始，则这盘比赛将按照"长盘制"继续进行，直到双方的局数达到 8∶8 时(或更高的偶数平局时)再进行"平局决胜局"的比赛。

(8) 如果赛前规定决胜盘采用"平局决胜局制"，但如果在决胜盘错误的开始了"平局决胜局制"或"长盘制"的比赛，如果此时仅仅进行了第一分的比赛，则此错误应立即被纠正；如果错误被发现时第二分的比赛已经开始，则这一盘比赛继续进行，直到一名运动员/队赢得 3 局由此赢得这一盘，或是到局数 2∶2 平时，再进行"平局决胜局"的比赛。然而，如果此错误在第五局的第二分比赛开始后才被发现，则这一盘将以"平局决胜局制"继续比赛。

(9) 如果没有按照正常的顺序换球，那么就要等到下一次再轮到这名运动员/队发球时更换新球。此后的换球顺序仍然应按照原先的规定，在达到既定的换球局数后再进行。在一局比赛进行中不能换球。

(二十八) 连续比赛

作为一个原则，比赛从整个比赛的第一分发球开始直到结束应当连续的进行：

(1) 分与分之间，最长间隔时间允许为 20 秒。运动员在单数局结束后交换场地时，最长间隔时间允许为 90 秒。

然而，在每盘的第一局结束后和在平局决胜局进行时，运动员应交换场地而没有休息，比赛应连续进行。

在每一盘结束后，最长盘间的间隔时间为 120 秒。

最长允许时间是指从上一分球结束时开始，直到下一分第一次发球时球被击出时为止。

赛事组织者可以向国际网联申请批准延长单数局结束时运动员交换场地的 90 秒间

隔时间,以及盘与盘之间 120 秒的间隔时间。

(2) 如果由于运动员不能控制的原因,如服装、鞋子或必要的装备(不包括球拍)损坏或需要对其进行更换时,可以允许给运动员一个合理的额外时间去解决这些问题。

(3) 不能因为一名运动员要恢复他的体力而给其额外的时间。但是,当运动员出现可以治疗的伤病时,可以获得一次 3 分钟的治疗时间来处理此伤病。如果赛前已公布,限定上卫生间/更换衣服的次数也是允许的。

(4) 如果赛事组织者赛前已经宣布,整场比赛允许有一次最长为 10 分钟的休息时间,这个时间可以在五盘赛制的第三盘结束之后,或三盘赛制的第二盘结束之后采用。

(5) 准备活动时间最长为 5 分钟,除非赛事组织者事先另有规定。

(二十九) 指导

以任何可听到的或可看到的方式对运动员进行交流、建议或各种指示都被认为是指导。

在团体赛中,运动员可以接受坐在场上的队长的指导,这种指导可在每盘结束后的间歇和单数局结束后运动员交换场地时进行,但是在每一盘的第一局结束后和决胜局中交换场地时不能进行指导。

在其他的任何比赛中,运动员都不能接受指导。

附录Ⅰ 备选的程序和计分方法

一、一局中的计分(规则第五条)

"无占先"计分法

这种备选的计分方法可以被使用。

在一个"无占先"局的比赛中,应先报发球运动员的比分,计分如下:

无得分————0
第一分————15
第二分————30
第三分————40
第四分————局比赛结束

如果双方运动员/队都赢得 3 分,这时的比分叫"平分",然后要打一个决胜分,接球方将选择从场地左半区还是从右半区接发球。在双打比赛中,进行决胜分比赛时接球方的两名队员不能改变接球占位。赢得决胜分的运动员/队赢得这一局。

在混双比赛中,与发球员同性别的接球员应当接决胜分的发球。接球方的两名运动员不能改变接球站位去接决胜分的发球。

二、盘中的计分(规则第6条和第7条)

(一)“短”盘制

谁先赢得四局并净胜对手两局的运动员/队赢得这一盘。如果局数比分达到4:4时,将进行一个“平局决胜局”的比赛。

(二)七分制平盘决胜局

当比赛的盘数比分达到1:1,或在五盘三胜制的比赛中盘数比分达到2:2时,用一个“平局决胜制”来决定比赛的胜负。这个“平局决胜局”代替最后的决胜盘。

谁先赢得对手7分并净胜两分的运动员/队,谁将赢得“平盘决胜局”和整场比赛。

(三)十分制平盘决胜局

当比赛的盘数比分达到1:1,或在五盘三胜制的比赛中盘数比分达到2:2时,用一个“平局决胜制”来决定比赛的胜负。这个“平局决胜局”代替最后的决胜盘。

谁先赢得对手10分并净胜两分的运动员/队,谁将赢得“平盘决胜局”和整场比赛。

注:当采用“平局决胜局”代替最后的决胜盘时:

(1)原先的发球顺序继续不变。(规则第五及第十四)

(2)在双打比赛中,就像在每盘开始时那样,各队的发球和接发球顺序可以改变。(规则第十四及第十五)

(3)在“平局决胜局”比赛开始前,应有一个120秒的盘间休息。

(4)即使在“平局决胜局”前本应该换球的,此时也不能换球。

交换场地:(规则十)

下述这个备选的交换场地次序可以在“平局决胜局”中采用。

在“平局决胜局”比赛期间,运动员应当在第一分后和随后的每四分之后交换场地。

发球中的重发:(规则二十二)

这个备选的发球规则不包括规则二十二条(1)款中有关重发球的内容。

这就是说发出的球在碰到球网、中心带或网带后,仍为活球。

这个规则通常被称为“擦网不重赛规则”。

三、网球竞赛规则

(一)竞赛规程是比赛的指导性文件

竞赛规程包括竞赛日期、地点、项目、参赛单位、参加人数、年龄规定、报名办法、比赛办法、竞赛规则、录取名次、计分方法、裁判员及其他有关特殊规定等内容。在制定规程时,必须精心设计规程的各项内容。在确定比赛办法时,既要考虑比赛的日期要求,又要注意运动员竞赛负担重的规定。在安排比赛场次时,要考虑节假日的情况,尽量把半决赛和决赛安排在周六或周日进行。

(1)抽签完成后,要具体安排出整个比赛每一天的比赛场次、时间和场地等。在制定赛程表时,应考虑网球运动员的负担量及先单打后双打的原则。在头几轮的比赛中,应采用紧跟前场的方法安排比赛秩序。即一个场地上几场比赛,只限定第一场的开赛时间,使时间得到充分利用,使比赛连续进行。在半决赛和决赛时,可采用限定比赛开始时间的方法进行安排，这样既有利于运动员的充分休息，又能为观众提供较准确的比赛时间和电视转播时间，有利于观众有选择地观看比赛。

(2) 国际上的网球比赛除戴维斯杯和联合会杯赛为团体赛外，大多数的国际网球赛基本上是单项比赛。由于参赛运动员多、场地少，但又需要在短时间内决出冠亚军，所以多采用单淘汰制。

① 单淘汰制的抽签办法；

② 种子选手的确定与排列；

③ 如何安排种子选手。

(3) 当参加比赛的运动员人数是 2、4、8、16、32、64、128 等 2 的乘方时，可按下列格式，采用累进的淘汰制进行比赛。若人数多于 128，则增加预选赛。

(4) 当参加比赛的运动员人数不是 2 的乘方时，第一轮将有“轮空”。其目的是使运动员在第二轮中形成一个“满档”，即 2 的乘方数，这样比赛才能顺利进行，一直到最后两名运动员参加决赛。

(5) 轮空数的计算方法是，所选定的号码位置数减去参加比赛的运动员人数。例如，有 27 名运动员参赛，则选 32 个号码位置数，其中有 5 号码是轮空的。与这个 5 个号码相遇的运动员，将直接参加第二轮比赛，然后他们和第一轮比赛的 11 点优胜者形成 2 的乘方数(16)。

(6)“轮空”先从两端开始，然后移向中间。第一个轮空先从下端开始，第二个“轮空”从上端开始，依此类推，交替进行下去。如果有 27 名运动员比赛，就需要在 31、2、29、4、27 号码位置上安置“轮空”。这是中国网球协会批准的在任何地区、区域或国家的锦标赛分配“轮空”的正式办法。

(7) 根据中国网协比赛规程规定，确定种子选手应依据前一年同一比赛的名次。在被批准的比赛中，每 4—8 人有一名种子选手，但种子选手最多不得超过 16 人。如果种子选手不够，则有多少算多少，其他人由抽签来决定其位置。双打时如非原配对，则不得当种子选手，除非另有明确标准。除 1、2 号种子选手外，其他种子选手的位置凭抽签来决定。1 号种子选手安置在最上端，2 号种子选手安置在最下端，如果抽签决定 3 号种子选手在上半区，那么 4 号种子选手的位置就应放在下半区，若 3 号抽在下半区，则 4 号应抽入上半区。其余种子选手的位置，也应根据这一原则分别抽签。国家、地区和区域性的锦标赛，其种子选手与“轮空”的分配，均应按上述规定进行。

(8) 种子选手的号码位置与抽签是 16 名运动员抽签，有两名种子选手时，1 号种子选手安置在 1 号码位置上，2 号安置在 16 号码位置上。32 号运动员抽签，有 4 名种子选手时，1 号种子选手在 1 号位置，2 号种子选手在 32 号码位置；3、4 号种子选手抽签决定第 9 和 24 号码位置。64 名运动员抽签，有 8 名种子选手时，1、2 号种子选手安置在第 1 和 64 号码位置上，第 3、4 号种子选手抽签决定安置在第 17 与 48 号码位置上；第 5、6、7、8 号种子选手抽签决定在 9、56、25 与 40 号码位置上。

128 名运动员抽签，有 16 名种子选手时(用 64 号码位置抽签表两份，一份在上，一份在下，以 U 代表上表，L 代表下表)，1、2 号种子选手安置在 U－1 与 L－64(或 128)号码位置上；3、4 号种子选手抽签决定在 U－33 与 L－32(或 96)号码位置上；9、10、11、12、13、14、15、16 号种子选手抽签决定在 U－9、L－56(或 120)，U－25、L－40(或 104)，U－41、

L－24(或 88)，U－57 和 L－8(或 72)号码位置上。如果在第二张表上重新编号，括号里的数字可使用 65—128。

(9) 非种子选手的号码位置与抽签是抽签应先抽种子选手，后抽非种子选手，一旦将种子选手填写在位置上，并注明哪些号码位置代表轮空时，即可进行非种子选手抽签。此时，可将所有剩余运动员姓名，按照抽签顺序，经抽签后填入剩下来的未经占据的号码位置上。

当采取上述抽签程序后，出现同一个队的运动员，同一地区的运动员或同一国家的运动员被抽入同一 1/4 区时，竞赛委员会有权决定，将同队第二名运动员安置在下一个 1/4 区的相同的位置上。

(二) 单循环制

若报名人数较少，场地较多，比赛日期较长，各队(人)均要求和其他队(人)进行比赛，这样可以多打几场，以丰富比赛经验。各队全部参赛队员出场比一次称为“一轮”，循环赛每轮比赛场数是相等的。

(1) 轮数和比赛场数的计算。

① 轮数计算：队(人)数为双数时，轮数等于队数减 1；队(人)数为单数时，轮数等于队数；

② 比赛场数计算：

比赛场数＝N(N－1)/2(N 代表队数或人数)

计算轮数和比赛场数的意义在于，它使比赛组织者能够在筹备比赛时，根据场地数量计算出比赛轮数和场数，就可以估算出比赛需要多少天打完以及需要多少裁判人员。

一般采用逆时针轮转法。该轮转方法是先将 1 号码位置固定不动，第一轮次序是将比赛队数的前一半号码依次写出，排在左侧，再将后一半号码，从下向上依次写出排在右侧，并用横线连起来即可。第二轮次序的轮转方法是 1 号固定不动，其他号码按逆时针方向轮换一个位置，即可排出。第三轮次序按第二轮次序的位置，逆时针轮换一次，依此类推可排出其他各轮比赛秩序。

例如：有 6 个队(人)参加比赛，比赛顺序(如表 7－3 所示)：

表 7－3　6 队参赛的比赛顺序

第一轮	第二轮	第三轮	第四轮	第五轮
1—6	1—5	1—4	1—3	1—2
2—5	6—4	5—3	4—2	3—6
3—4	2—3	6—2	5—6	4—5

如果是 5 个队参加比赛，还用上表，只需将 6 号换成轮空。

如进行团体赛，可由两场单打，一场双打组成，采用 3 场 2 胜制；或可由 4 场单打，一场双打组成，采用 5 场 3 胜制，每场可采用 3 盘 2 胜或 5 盘 3 胜制。

(2) 决定名次方法。单循环制按获胜场数多少决定名次，如积分相等，则按净胜盘数；若仍相等，则按净胜局数；再相等，则按净胜分数决定名次。

(三) 分组循环制

第一阶段先分几个小组进行单循环赛，然后第二阶段各组同名次的队(人)，进行单循比赛，排出全部名次。

(四) 混合制

在一次竞赛的不同阶段，分别采用循环制和淘汰制两种方法称为混合制。采用这种制度要把比赛分为 2 个或 3 个阶段。第一阶段采用淘汰制，后面则采用循环制。反之亦然。

主裁要完成一场比赛全过程的执法，需完成三个阶段的工作：

(1) 赛前工作。

① 准备装备，记分表、赛球及旧球、笔、秒表、挑边器、量网尺；

② 提前 30 分钟到场，检查场地、球网、裁判椅等情况；

③ 召开司线员赛前会议，明确各自工作责职及分工；

④ 赛前 10 分钟，面向裁判椅 2—3 米处召集运动员进行挑边。

- 检查运动员服装是否符合规则要求：
- 弄清运动员姓名及发音；
- 介绍裁判员、司线员职责分工情况；
- 主持挑边，确定场地和谁先发球后，宣布 5 分钟准备活动；
- 在运动员准备活动时，尽快填好记分表有关内容，并在准备活动还剩 2 分钟时，提醒运动员时间；
- 宣布准备时间到，开始比赛，活动 1 分钟时，介绍比赛名称、第几轮、项目、运动员情况、挑边结果等。

(2) 赛中工作。

- 执行网球规则和竞赛规程作出的有关规定；
- 裁决比赛中一切“事实”问题，并在每分结束时用规范的语言宣报并记录；
- 沙地比赛时负责检查球印；
- 维持观众秩序，确保比赛顺利进行；
- 负责换球并决定赛球是否适用；
- 决定场地能否继续使用，如遇天雨、天黑等，主裁应中断比赛并报告裁判长；
- 宣布比赛结果，谁获胜，比分情况。

(3) 赛后工作。

- 收拾好赛球、记分表等器具，尽快离开赛场；
- 登记好记分表，检查比分无误后，签上自己的名字；
- 将记录表交裁判长，并汇报有关运动员违反“行为准则”的情况。

(五) 司线员的分工职责

司线员是大型网球比赛中不可缺少的看线的裁判员。司线员的编制有 11 人制、7 人制、6 人制、5 人制等。司线员在场上的位置是固定不变的。边线和中线司线员应在端线后 6.40 米的地方就坐或站立；端线和发球线司线员应在边线后 3.70 米的地方就坐或站立。

司线员的具体工作职责有以下几点：

① 按国际网联裁判员职责和程序履行职责；

② 与其他司线员一起身着比赛大会统一规定的司线员服装，司线员不可身穿影响运动员视力的白色、黄色或其他浅色服装；

③ 每场赛前准时到场；

④ 为争取最佳看线位置，必要时可离开座位；

⑤ 只负责呼报自己所管辖的线，不可对他人的宣报发表意见；

⑥ 当不能作出呼报时，应立即做未看见手势；

⑦ 司线员的呼报要及时、准确。在运动员发球失误时要喊“fault(失误)”，在运动员往返击球中球出界要喊“out(出界)”，当司线员出现误判时，要立即更正错误呼报，呼报出“correction(更正)”；

⑧ 当球确实触地时(成死球)，方可呼报“出界”或“失误”；

⑨ 司线员的手势要及时、准确、大方，呼报和手势的顺序是先呼报后做手势，手势是声音的补充，做手势时手心正对主裁判，在呼报脚误(foot fault)时，手臂上举，手心朝前；当球落在线附近的界内时，司线员双手手背朝上，放在两腿之间；

⑩ 当主裁判改判时，司线员应保持沉默，运动员的一切询问要交主裁判处理；

⑪ 端线、边线或发球中线的司线员负责呼报脚误；

⑫ 当运动员违反行为准则而主裁判未看见时，司线员应立即向主裁判报告；

⑬ 不需要为运动员拾球或递毛巾；

⑭ 不要为运动员鼓掌；

⑮ 不要与观众交谈；

⑯ 未经主裁判允许不得离开场地，对主裁判的改判，司线员只能服从，不得申辩，对于运动员的出言不逊，司线员不可回敬，但可报告主裁判，请他作出处罚。

注：① 设 A、B 一对与 C、D 一对比赛，发球顺序为 A、C、B、D，开始 A、B 一对在裁判员左侧；

② 在选择场地和首先发球权后，根据主裁座的位置，将首先发球的运动员姓名的首写字母填写在第一局空格中。第二局填写对方运动鞋员姓名的首写字母，方位与第一局相同。第三局的方位改到另一面。第四局同第三局，依此类推，交替进行。根据这一规律，在比赛前可将第一盘各发球局运动员姓名的首写字母和所在的方位填于空格中；

③ 在局数总计一格中可根据第一局运动员所在的方位，将双方运动员姓名的首写字母或单位填于空格中；

④ 第×盘中开始时间的格中填写本盘开始比赛的时间；

⑤ 比分记在“point”下面的方格内。上半部为发球方的得分，下半部为接球方的得分。每一分球后，用铅笔划上一记号。

目前我国使用的记号是：

- 得分写“/”；
- 第一次发球失误，在发球方格内的下部中间画“·”；
- 发球直接得分并且对方未碰着球写“A”；
- 发球双误在接球方格内写“D”；

● 运动员违反守则在对方格内写“C”；

● 在第几局谁胜即在局数总计格中填上本方获胜局数的累积数；

● 在记分表中规定的换球局附近应作一明显标志，可画一横线“——”或“△”等；

● 当局数为 6∶6 时，即进行决胜局的比赛，采用 12 分 7 胜，即谁胜了该局谁就胜了该盘，在决胜局一格中填写双方运动员姓名的首写字母或单位，决胜局的记分要用数字表示（即 0、1、2、3、4……）；

● 每盘结束，应迅速填写结束的时间和局数比，局数比之间用破折号，如“6—4”。如来不及，可在下一盘第一局后交换场地的间歇时间填写。

以后每盘的记分方法同上。比赛结束应填写获胜方及盘数比，如 2∶0 决胜局比分应填入括号内。

最后主裁判核对比分后签字送交裁判长。

第八章 武术

第一节 武术的形成与发展

武术起源于古代人类的社会生产劳动，是中华民族在长期的历史演进过程中不断创造、逐渐形成的一个运动项目。在原始社会，兽多人少，自然环境十分恶劣，在“物竞天择，适者生存”的严酷斗争中，人们自然产生了拳打脚踢、指抓掌击、跳跃翻滚一类的初级攻防手段。后来又逐渐学会了制造和使用石制或木制的工具作为武器，并且产生了一些徒手的和使用器械的搏斗捕杀技能，这便是武术的萌芽。

从考古学中我们了解到，在旧石器时代，已出现了尖状石器、石球、石手斧、骨角加工的矛，而到了新石器时代末期，则出现了大量的石斧、石铲、石刀和骨制的鱼叉、箭镞，甚至还有铜钺、铜斧等。这些原始生产工具和武器，后来大部分成了武术器械的前身。

原始社会末期，部落战争的频繁发生，进一步促进了武术的发展。在部落战争中，远则使用弓箭、投掷器，近则使用棍棒、刀斧、长矛，凡是能用于捕斗搏击的任何生产工具都成为战斗的武器。据史籍记载，大禹时期三苗部族多次反叛，征伐多次未能使之降服。后来，禹停止进攻，让士兵持斧和盾进行操练，请三苗部族的人观看这种“干戚舞”以显示武力雄厚，三苗部族从此臣服。这是原始社会一次盛大的武术自卫演练。古代的“武舞”为后来武术套路的形成奠定了基础。

社会的战争实践向人们提出了军事技能的要求，于是人们不断地总结从战争实践中获得的攻防技能和经验，并代代相传。传说炎黄时代，东方有个以野牛为族徽的蚩尤部落，崇尚武技，勇猛善斗，特别善于徒搏角抵（摔跌）。他们头戴牛角或剑戟样的装束，当与人交斗时，除用拳打、脚踢外，最善抓扭对方，用头顶触对方，使之不敢接近。后人称其为“蚩尤戏”。蚩尤的角抵是一种徒手搏斗，包含踢、打、摔、抵、拿等多种方法，既可用于战场，又可用于平时演练，对后来的对抗性项目的发展有一定影响。

进入阶级社会，随着生产力的发展、兵器的改进，武术也进入一个新的发展阶段。商周时期，由于青铜业的发展，出现了矛、戈、戟、斧、钺、刀、剑等精良兵器，以及运用这些器械的方法，如劈、扎、刺、砍等技术，还有了较量武艺高低的比赛。当时的武技多称“手搏”、“手格”、“股肱”等。据《史记》记载，夏王桀、殷王武乙和纣王都是徒手生擒猛兽的技术能手。

春秋战国时期，诸侯纷争、七强图霸，战争十分频繁。武术的格斗技能在军队和民间

得到重视和迅速发展。这时铁器的出现和步骑兵的兴起，使武器的内容更加丰富，不仅质量精良，长短形态多样，武术的技击性进一步突出，同时武术的健身作用也受到重视。这时比试武艺已非常普遍并很讲究攻防技巧，拳术打法也出现了进攻、防守、反攻、佯攻等。当时诸侯各国"以兵战为务"，对拳技、臂力、筋骨强壮出众者都很重视。齐国宰相管仲，为使齐国强盛，实行兵制改革，责令官兵进行实战性武技训练，凡是民间有拳勇而不报告者按隐匿人才问罪。每年春秋两季，齐国都举行全国性的"角试"，选拔武艺高强的豪杰充实到军队中去。因面齐军举兵如飞鸟，动兵如闪电，发兵如风雨，前无人敢阻，后无人敢伤，独出独入，如入无人之境，赵国人荀况（又称荀子）目睹齐人崇尚武技的情况，回国后与赵王谈起齐国强盛的原因时说："齐人隆技击。"而剑术在当时的吴越则十分兴盛。古代有一位著名女击剑家就出在越国，时称"越女"。她不但剑技出众，而且有一套技击理论。据《吴越春秋》记载："凡手战之道，内实精神，外示安仪，见之似好妇，夺之似猛虎。布形候气，与神俱往，……一人当百，百人当万。"早在2 000多年前，我国就已有较为成熟的技击理论记载，并提出内外合一、形神兼备的见解。

秦汉三国时期，是中国封建社会的上升时期。秦始皇统一六国后，为了保全其统治地位，焚书坑儒，禁绝武艺，曾收天下兵器，于咸阳铸成十二座金人，使技击习武之风受到影响。但至汉时，尚武之风复兴，手搏颇为盛行。这一时期，由于人民生活处于相对安定状态，武术逐步由单纯军事技术向强身健体、娱乐表演方面发展。我们都知道楚汉之争"鸿门宴"的历史事件，其中有一个著名典故——项庄舞剑，意在沛公，可以看出，当时的武术已由过去单纯的攻防动作逐步发展成可以单独演练的套路形式。

汉代是武术大发展的时期，在宫廷的酒宴中常出现剑舞、刀舞、双戟舞等单人的、对练的或集体舞练的套路运动。徒手的拳术表演和比赛也深受统治者重视。东汉史学家班固在《汉书》中记载汉哀帝就是一个"卞戏"迷，说他"雅性不好声色，时览卞射武戏"。汉代还通过"试弁"（拳技的考试）选拔武职人员。后汉名将甘延寿就是通过"试弁"，被选用为"期门"军职的。汉代拳术除了"防身杀敌"、"以立攻守之胜"的实用之术外，还出现了观赏性和健身性的象形舞，如"沐猴舞"、"狗斗舞"、"醉舞"，还有"六禽戏"、"五禽戏"等，这些均可视为早期的象形拳术。这一时期的武术著述也明显增多。仅《汉书·艺文志》就收录《剑道》38篇、《手搏》6篇，这都是论述"攻守之道"的专著。两晋南北朝时期，既是战乱频繁、动荡不安的时期，同时也是民族大融合的时期，北方少数民族大量涌入中原，逐步实现民族融合。南北不同特点的武术也相应得到了交流，相互渗透与吸收。其另一特色是偏安南方长江流域的汉族政权多享乐苟安，崇尚声乐玩乐。在这种条件下，娱乐性武术得到了较大的促进。

隋唐时期唐代长安二年（公元702年）开始实行武举制，用考试的办法选拔武勇人才，对武术的发展起了极大的促进作用。武举制的创立无疑激发了更多人的习武热情，在一定程度上对唐代尚武之风的盛行产生了积极的影响，大大推进了武术的繁荣发展。在隋末以武功闻名于世的少林寺，在唐武德年间（618—626年），因助李世民铲平隋末割据势力王世充有功，少林寺更加声名大震，官府许其自立营盘、演练僧兵。僧徒一度达2 000余人，练武之风日盛。传说少林寺禅师"拳捷骁武"，能"引重千钧，横塌壁行"。唐朝开国皇帝李渊的四子李元吉骁勇善战，是率军独挡一面的将军，而李渊的次子李世民"结纳山东豪杰"，在秦王府蓄养"勇士"800余人，其中有大家熟知的《隋唐演义》中的历史人

物——尉迟恭、程咬金、秦琼，他们都是武艺超群的骁将。尉迟恭能空手夺枪，临阵作战时，常单枪匹马冲入敌阵，虽然刀枪如林，终不能伤他，反会被他夺枪刺杀，出入重围，如入无人之境。有一次李元吉要与他比试“空手夺枪”，元吉执枪跃马拼杀，尉迟恭左避右闪，不一会儿将元吉手中的枪夺走三次。可以看出当时尉迟恭的武艺已是十分高超了。当时在军旅之中，剑已逐渐被刀替代，但民间仍很盛行，不仅武人练，文人也以佩剑、舞剑为荣。诗人李白、杜甫青年时皆学过剑术。将军斐旻的剑术、李白的诗，张旭的草书被誉为唐代的三绝。有人赞美斐旻的剑是“剑舞若游龙，随风萦且回”，难怪画家吴道子请求斐旻舞剑，以激发创作豪情。更可叹为观止的是杜甫笔下的公孙大娘舞剑：“昔有佳人公孙氏，一舞剑器动四方。观者如山色沮丧，天地为之久低昂。㸌如弈射九日落，娇如群帝骖龙翔。来如雷霆收震怒，罢如江海凝清光。”说明当时剑术套路已有相当高的水平。

两宋时期，内忧外患，战火频仍，广大人民常结社习武以求自保。如“角抵社”、“英略社”、“弓箭社”都是比较大的民间习武组织。此时武技在农村及边远地区多侧重军事实用性；而在城市的街头巷尾多侧重套路，把武术做为表演内容，统称“百戏”，表演的武艺有角抵、使拳、踢腿、使棒、弄棍、舞刀枪、舞剑以及打弹、射弩等，对练的叫“打套子”，有“枪对牌”、“剑刀牌”等。“十八般武艺”一词也出现于宋代的典籍之中。据宋华岳《翠微北征录》载：“臣闻军器三十有六而弓为称首，武艺一十有八，而弓为第一。”此文原意强调弓箭在征战中的重要性，但已反映当时的兵器远不上 18 种。宋代武术的发展情况我们可以从几部古代小说中窥见一斑，如《说岳全传》、《杨家将》、《水浒传》等，都描写了众多武艺高强、功夫独到的男将女杰。

元代由于民族矛盾比较尖锐，蒙古统治者限制民间习武，不少武术家隐姓埋名，习武组织也转为秘密性的民间组织，使武术发展受到极大的抑制。

明清时期(1368—1911 年)是武术大发展时期，其繁荣的一个重要标志是流派林立，不同风格的拳种和器械得到了大发展，武术作为军事技术、健身手段及表演技艺的多种价值为人们所认识和利用。自明代以来，以戚继光、程宗猷、茅元仪为代表，对宋以来的武艺在技法、战术和教学训练方面总结出较为系统的基本理论，如戚继光的《纪效新书》、何良臣的《阵记》都总结出拳术是学习器械的基础等循序渐进的教学训练法则，并且明确提出了武术的健身强身功效。在清代，武术与道教养生、内丹术和导引术进一步结合，并逐步形成为武术内功。在此基础上，太极拳、形意拳、八卦掌等一批注重内练的新拳种出现并迅速发展。此后，冷兵器在军事上的地位明显消退，由于武术具有健身、防身、自卫的功效，所以能适应时代的变化，逐步成为中国近代体育的有机组成部分。在此基础上，进一步吸收传统文化的养料，丰富锻炼形式，升华技法理论，在不失攻防内涵的前提下，沿着体育方向不断发展。民国时期(1912—1949 年)，中华民族积弱积贫，社会各界提倡国粹体育的呼声高涨，中国传统的武术为国人重新认识，一些以研究武术和开展武术活动为主旨的新兴社团纷纷建立。1910 年，由著名武术家霍元甲在上海成立的“精武体育会”就是维持时间最长、影响最大的民间武术团体。1927 年，国民党政府在南京成立了中央国术馆，张之江任馆长，并于 1928 年和 1933 年在南京举办了两次国术国考，进行了拳术、长兵、短兵、散手和摔跤等比赛；此外，还组织过一些规模较大的武术表演活动，如 1929 年的杭州国术游艺大会及 1936 年的中国武术队赴柏林奥运会参加表演等。与此同时，受西方先进体育教育经验的影响，武术进入了各级各类学校的体育课堂；武术的研究也逐步开展，一

些武术论著先后出现，如武术史学家唐豪的《少林武当考》、《内家拳研究》、徐致一的《太极拳浅说》等，都开始用现代科学的观点来认识、研究武术。武术在民国时期有了极大的演变与发展。1936 年，中国武术队应邀参加了第十一届德国柏林奥运会的武术表演。

新中国成立后，党和政府非常重视挖掘、扶持和提高武术这项民族文化遗产。1949 年中华全国体育总会成立后，把武术提到了新中国体育工作的议事日程中。1958 年在北京成立了中国武术协会，随后各省、市、自治区也相继成立了地方性的武术协会，形成了一个较为完善的武术网络组织，为武术运动的发展起到了不可替代的作用。各体育院、系也相继设置了武术专业，培养出了很多武术专门人才和专业人员。教育部也把武术列入大、中、小学教学大纲，规定其为体育课的重要内容。这些都大大地促进了武术运动的普及和发展。1960 年，中国武术团首次出访，向国外介绍宣传中华武术，为宣传、扩大我国的武术影响，发展我国同世界各国人民的友谊，促进文化交流作出了很大贡献。1983 年至 1986 年，在国家体委武术挖掘整理领导小组的统一部署下，组织动员了全国 8 000 余名专职武术工作者和业余爱好者，耗资 100 多万元，开展了我国武术发展史上空前的“普查武术家底、抢救武术文化遗产”工作。经过 3 年的艰苦努力，最后查出“源流有序、拳理明晰、风格独特、自成体系”的拳种 129 个；各省、自治区、直辖市编写的各拳种理论、技术和传播、发展的典籍《拳械录》和《武术史志》等 651 万多字；录制 70 岁以上老拳师拳艺 394.5 小时；收集了有关文献资料 482 本、古兵器 392 件、实物 29 件，可以说这次浩浩荡荡的挖掘、整理工作，为武术事业的发展做出了重要贡献。

作为我国优秀传统文化代表性符号之一的武术，虽源于中国，但属于世界。随着上世纪 60 年代中国武术团前往前捷克斯洛伐克的首次出访，到改革开放后，在“要积极稳步地把武术推向世界”方针指引下，采用“走出去，请进来”的办法，武术运动在越来越多的国家广泛开展起来。特别是“郑州少林国际武术节”、“香港国际武术节”、“首届世界太极拳健康大会”等武术活动的胜利举行，向国外大大宣传了中华武术优秀文化，得到了世界人民的广泛喜爱，成为了沟通我国与世界各国人民的文化桥梁和友谊纽带，为东西方文化的交流、融合做出了积极的贡献。

第二节　武术的内容与分类

植根于华夏文明的武术，伴随着历史长河的发展，到今天可谓根深叶茂，内容丰富且形式多样，分类方法也不尽相同。有按照传统习武人习俗的分法，如按地域分为“南派”、“北派”功夫或“南拳北腿、东枪西棍”；按是否“主搏于人”分为内家拳与外家拳；依据山川河流又有少林、武当、峨眉和黄河、长江流域派之分。武术运动发展到今天，也有按传统武术与现代（竞技）武术之分，其实二者是源与流的关系。还有按照功能分为竞技武术、健身武术、学校武术、实用武术，其实它们之间都有着相互依存、相互渗透、相互贯通的性质。每种分类方法都有一定的现实依据，但本书本着科学系统的分类方法，主要按武术的运动形式进行划分，最终可分为套路运动、搏斗运动、功法运动三大类。

一、套路运动

套路运动是以踢、打、摔、拿等技击动作为主要内容，以攻守进退、动静疾徐、刚柔虚实等矛盾运动的变化规律编成的组合及整套练习形式。依据练习时的人数可分为单练、对练、集体演练三种形式。

（一）单练

指单人独自演练的套路，包括拳术和器械。

（1）拳术是徒手演练的套路运动。拳术的种类众多，主要包括长拳、南拳、太极拳、八卦掌、形意拳、少林拳、八极拳、通背拳、翻子拳、象形拳、戳脚、劈挂拳、地躺拳等。

（2）器械是指进行武术演练时使用兵器或器具的总称。器械的种类繁多，总的来说可分为短器械、长器械、双器械和软器械四类。短器械主要有刀、剑、斧、硬鞭、匕首、锏等；长器械主要有枪、棍、矛、大刀、月牙铲等；双器械主要有双刀、双剑、双鞭、双钩、双斧、双枪等；软器械主要有九节鞭、绳标、三节棍、流星锤等。

（二）对练

指两人或多人按照预定的程式进行的假设性实战攻防练习。主要包括徒手对练、器械对练、徒手与器械对练等。

（1）徒手对练是以踢、打、摔、拿等技法，两人或多人按照攻防进退的运动转换规律编成的拳术对练套路，如南拳对练、太极拳对练、对打拳、对擒拿等。

（2）器械对练是指两人或多人手持兵器或器具运用劈、砍、击、刺等技法动作编成的攻防套路形式，如单刀进枪、双匕首进枪、朴刀进枪、三节棍进枪等。

（3）徒手与器械对练是指一方徒手，一方手持兵器进行的攻防对练套路，如空手夺刀、空手夺枪、空手夺棍、空手进枪等。

（三）集体演练

是指多人（武术竞赛中要求六人以上）同时进行的徒手、器械或徒手与器械的套路演练形式。编排演练时可变换队形、图案，也可用音乐、锣鼓伴奏，要求队形整齐，动作协调划一。

二、搏斗运动

搏斗运动是指两人在一定条件下按照一定的规则进行的斗智斗勇、角力的攻防对抗形式。目前常见的有散打、推手、短兵等。

（一）散打

又称散手，是指两人按照一定的竞赛规则，使用踢、打、摔等方法制胜对手的竞技项目。古时候俗称“打擂台”、“手搏”、“白打”等。

（二）推手

是指两人按照一定的竞赛规则，使用掤、捋、挤、按、采、挒、肘、靠等手法，双方粘连黏随，通过肌肉的感觉来判断对方的劲力特点，寻机借劲发力将对方推出，以此决定胜负的竞技项目。

(三) 短兵

是指两人手持一种用藤、皮、棉等特制的短器械,按照一定的规则,以刀法或剑法攻防动作元素进行的竞技项目。

三、功法运动

功法运动是以单个武术动作为主进行多次练习,以达到健体或增强某方面体能的运动。主要包括内壮功、外壮功、轻功、柔功等。功法运动的练习主要为武术套路和格斗服务,但也有以强身健体为目的的习练者。如练习“浑圆桩”可使人达到调身、调心、调息的功效。

(一) 内壮功

内壮功又称“内功”、“内养功”,是指习练者通过专门的训练方法与手段,对人体内在脏腑、经络、血脉及精、气、神进行锻炼,以达到精足、气壮、神明、经络血管通畅的功效。

(二) 外壮功

外壮功又称“外功”,是指习练者通过专门的训练方法和手段,使人体各关节部位击打与抗击打的能力高于常人,以达到强筋骨、壮体魄的功效。如传统的鹰爪功、二指禅、铁砂掌、打千层纸、打木人桩、打沙包等。

(三) 轻功

轻功又称“弹跳功”,是指通过各种专门的练习方法和手段,以达到腿部力量蹦得高、跳得远的能力。至于对轻功能使人“飞檐走壁”、“蜻蜓点水”、“身轻如燕”的传说,缺乏科学依据,并不可信。

(四) 柔功

柔功是指通过各种专门的练习方法和手段,以达到人体各关节活动幅度和肌肉伸展性的功法运动。如武术基本功的压腿、劈叉、控腿、下腰、压肩等内容,都是柔功的练习形式。

第三节 武术的特点与作用

一、武术的特点

(一) 寓技击于体育之中

攻防技击性是武术的本质属性。最初武术作为军事训练手段,与古代军事斗争紧密相连,其技击的特性是显而易见的。在实用中,其目的在于杀伤、限制对方,它常常以最有效的技击方法,迫使对方失去反抗能力。这些技击术至今仍在军队、公安中被采用。武术作为体育运动,技术上仍不失为攻防技击的特性,而是将技击寓于搏斗与套路运动之中,搏斗运动集中体现了武术攻防格斗的特点,在技术上与实用技击基本上是一致的,但是从体育观念出发，其受到竞赛规则的制约以不伤害对方为原则。如在散手中对武术中有些传统的实用技击方法作了限制，而且严格规定了击打部位和护具，短兵中使用的器具也作了相应的变化，而推手则是在特殊技术规定下进行竞技对抗的。因此，可以说武术的搏斗运动具有很强的攻防技击性，但又与实用技击有所区别。

套路运动是中国武术的一个特有的表现形式，不少动作在技术规格、运动幅度等方面与技击的原形动作有所变化，但是动作方法仍然保留了技击的特性。即使因连结贯串及演练技巧上的需要，穿插了一些不一定具有攻防技击意义的动作，然而就整套技术而言，主要的动作仍然是以踢、打、摔、拿、击、刺诸法为主，是套路的技术核心。它的攻防技击特性是通过一招一式来表现的，汇集百家，它的技击方法是极其丰富的，在散打、短兵中不宜采用的技术方法，在套路运动中仍有所体现。

（二）具有内外合一，形神兼备的民族风格

中国武术既讲究动作的形体规范，又要求精气神传意、内外合一的整体观，是中国武术的一大特色。所谓内，指人的心、神、意等心志活动和气息的运行；所谓外，即手眼身步等形体活动。内与外、形与神是相互联系统一的整体。武术“内外合一，形神兼备”的特点主要通过武术的功法和技法来体现。“内练精气神，外练筋骨皮”是各家各派练功的准则，如太极拳主张身心合修，要求“以心行气，以气运身”；形意拳讲究“内三合，外三合”；少林拳也要求精、力、气、骨、神内外兼修。此外武术套路在技术上往往要求把内在精气神与外部形体动作紧密相合，完整一气，做到“心动形随”，“形断意连”，“势断气连”，以“手眼身法步，精神气力功”八法的变化来锻炼心身。这一特点反映了中国武术作为一种文化形式在长期的历史演进中倍受中国古代哲学、医学、美学等方面的渗透和影响，形成了独具民族风格的练功方法和运动形式。

（三）内容丰富多彩，具有广泛的适应性

武术的练习形式、内容丰富多样，有竞技对抗性的散手、推手、短兵，也有适合演练的各种拳术、器械和对练，还有与其相适应的各种功力练功方法。不同的拳种和器械有不同的动作结构、技术要求、运动风格和运动负荷，分别适应人们不同年龄、性别、体质、职业的需求，人们可以根据自己的条件和兴趣爱好进行选择练习内容，同时它对场地、器材、时间、季节的要求相对较低，俗称“拳打卧牛之地”，习武者只要有一块空地就可以进行练习，较之不少体育运动项目，具有更为广泛的适应性，武术能在广大民间历久不衰，与这一特点不无关系，因此，武术可为现代群众性体育活动提供方便，使武术进一步社会化。

二、武术的作用

（一）壮内强外的健身作用

中国人民千百年的习武实践和多年的科学研究，都说明武术由于注重内外兼修，对身体有着多方面的良好影响，经常练习能收到壮内强外的效果。例如长拳类套路，包括屈伸、回环、平衡、跳跃、翻腾、跌扑等动作，通过内在神情的贯注和呼吸的配合以及人体各个器官的共同参与，特别是基本功的刻苦锻炼能有效提高人体的反应速度、力量、灵巧、耐力、柔韧等素质。太极拳和许多武术练功方法一样，注重调息运气和意念活动，长期练习对治疗多种慢性疾病和调节人体内在环境平衡均有良好的医疗保健作用。因此，武术可

以说对外能利关节、强筋骨、壮体魄，对内能理脏腑、通经脉、调精神，是一项良好的强身健体的运动项目。

（二）提高防身自卫能力

“防身自卫”在武术形成之初就是其最根本的目的。在古时候，武术是为匡扶正义、保家卫国而驰战沙场的技击手段，同时也是个人行走江湖防身自卫的生存本领。现如今武术搏斗运动，虽属于体育范畴，但其技术方法和动作仍然在搏斗中可以直接运用。现代的武术套路虽然多数不适用于搏斗，但其动作素材和运动形式仍然可以提高格斗的意识，为搏斗运动打下坚实的基础，诸如许多优秀的散打运动员之前都是以武术套路出身。通过长期系统的武术练习，不仅可以增强体质，还可以学习到一定的攻防格斗技术，掌握防身自卫的知识和方法，提高人体的灵活性和对意外情况的应变能力，从而达到防身自卫、除暴安良、维护正义的目的。

（三）磨练意志，培养品德

练武对人的意志品质考验是多面的。练习基本功，要不断克服疼痛关，并且经受住“冬练三九、夏练三伏”的磨练，常年有恒，培养坚持不懈的意志品质。套路练习，要克服枯燥关，培养刻苦耐劳、砥砺精进、永不自满的品质。遇到强手克服消极逃避关，锻炼勇敢无畏、坚韧不屈的战斗意志。经过长期锻炼，可以培养人们勤奋、刻苦、果敢、顽强、虚心好学、勇于进取的良好习性和意志品德。

“教武育人”贯穿在武术教学习练的全过程中，俗话说“未曾习武先学礼，未曾习武先习德”，“武以德立、德为艺先”，传统中始终把武德列为习武教武的先决条件。武术在中国几千年绵延的历史中，一向重礼仪、讲道德，“尚武崇德”。诸如尊师爱友，包含了深刻广泛的道德内容，互教互学、以武会友、切磋技艺、讲礼守信、见义勇为、不凌弱逞强等品德。激烈的攻防技术和人生修行结合起来，是中国武术传统道德观念的体现。在社会的发展中，武德的标准和规范也不尽相同，尚武崇德不仅能很好地陶冶情操，还会大大有益于社会主义精神文明建设。

（四）竞技观赏，丰富文化生活

武术具有较高的观赏价值。无论是套路表演，还是散手比赛，历来为人们喜闻乐见。唐代大诗人李白好友崔宗字赞他“起舞拂长剑，四座皆扬眉”；杜甫在《观公孙大娘弟子舞剑器行》著名诗篇中有“昔有佳人公孙氏，一舞剑器动四方。观者如山色沮丧，天地为之久低昂”的描绘。汉代打擂台，“三百里内皆来观”。都说明无论是显现武术功力与技巧的竞赛表演套路，还是斗智较勇的对抗性散手比赛，都会引人入胜，给人以美的享受，都具有很高的观赏价值。通过观赏，给人以启迪教育和乐趣。

（五）交流技艺，增进友谊

武术运动蕴涵丰富，技理相通，入门后会有“艺无止境”之感。群众性的武术活动讲究“以武会友”，即人们通过切磋技艺，交流思想，增进友谊的良好手段。随着武术在世界广泛传播，还可促进与国外武术爱好者的交流。许多国家武术爱好者喜爱武术套路，也喜爱武术散手，他们通过练武了解认识中国文化，探求东方文明。武术通过体育竞技、文化交流等途径，在与世界各国人民友好交往中发挥着越来越大的重要作用。

第四节　武德修养

武德，武德是从事武术活动的人，在社会活动中所应遵循的道德规范和所应具有的道德品质。简而言之，就是武术道德，是习武之人文明礼貌的一种体现。最早始见于春秋战国时期左丘明所著的《左传》一书，他提出："武有七德，禁暴、戢兵、保大、定功、安民、和众、丰财者也。"以后随着时代的发展，武德的涵义也在不断地发展变化。过去大多以"尊师重道、孝悌正义、扶危济贫、除暴安良"，"虚心请教、屈已待人、助人为乐"，"戒骄奢淫逸"等作为武德信条。武术的各拳种流派也都订有自己的"门规"、"戒律"、"戒约"，并有"三不传"、"五不传"、"十不传"以及"八戒律"、"十要诀"等作为武德的标准。辛亥革命后，当时政局不稳，列强入侵，国土沦丧，涌现出了许多甘洒热血的武林豪杰，他们为了民族的尊严，国家的兴亡，表现出了崇尚的武德。

在武术发展的历史长河中，由于受中国古代文化思想的影响，武德教育的内容不可避免地有历史的局限性。如带有封建色彩三纲五常思想的"师命不可违"、"一徒不可二师""传男不传女"、"为朋友两肋插刀"、"为哥们义气卖命"等等。在现代，我们提倡的武德，不能不摈弃那些体现封建等级和宗法观念的糟粕，继承、发展传统武德中的精华，把习武同弘扬祖国文化联系起来，培养强烈的民族自豪感，维护中华民族的尊严，建立起新型的社会主义道德观，形成热爱祖国、热爱人民、忠诚党的武术教育事业，以国家和集体利益为重的武德思想。大力宣传"武以德先"、"未曾习武先习德"、"短德者不得与之教，短德者不得与之学"的指导思想。要求习武者要有宽广的心胸，对同志要以诚相待，对危害祖国、人民利益的坏人坏事要敢说敢管，见义勇为，维护社会治安，保持不为名利、乐于助人的美德；尊老爱幼、尊师重道、虚心好学，要认真钻研技术，刻苦用功，做文武双全、品学兼优的新一代武术人才。

一、武德的基本原则

崇德尚武，发扬民族精神，是今天我们所提倡武德的基本原则。武德在发展过程中，从最初维护民族利益的道德观，到现在把国家、民族的利益放在首位，冲破单一、狭隘的道德意识，终于使尚武与尚德紧密结合，构成了中国民族精神的主体。崇德是尚武的前提，尚武是崇德的反映，通过崇德尚武，最终要发扬"自强不息"、"厚德载物"的民族精神，为社会做出贡献！

二、武德的主要内容

武德是习武者的道德规范和道德品质。它包含着以下十个方面的基本内容：

(1) 武德高——爱国爱民，品德高尚。为武之道，以德为本。习武首先要重视武德的学习，要有好的思想品质，这是提高武技的前提。

(2) 武旨正——强身健体，卫国防身。学习武术的宗旨要正确，练武是为了强健身体，掌握武技为人民服务，保卫国家和人民安全，绝非恃艺为非作歹，损害群众利益。

（3）武纪严——不斗凶狠，遵规守纪。有了一定的武术技能，不能逞凶斗狠，无事生非，应该遵守各项法规制度，做遵纪守法的模范，并能够主动同坏人坏事做斗争。

（4）武风良——尊师爱生，互研拳学。在武林同仁中，要形成一种老师爱护学生，学生尊敬老师，互相尊重，共同研习武术的良好风气，为武术的发展贡献出一份力量。

（5）武礼谦——抱拳行礼，谦和礼貌。无论习武者之间，还是与其他人之间，都应该以礼相待，有礼有节，平易近人，谦虚诚恳，不能出口不逊，得意忘形，败坏武德。

（6）武志坚——意志坚强，百折不挠。武术，是一项内容繁多，技术性较高的运动项目，学习起来有一定难度，这就要求习武者有坚强的意志，不怕困难，立志为武术事业献身。

（7）武学勤——拳不离手，勤学苦练。要学习好武术，就应该拳不离手，坚持不懈地朝演夕练，勤学苦练。历史上武术有所成就的人，都是勤学的结果，只有这样才能学习好武术。

（8）武技精——钻研武技，精益求精。“艺无止境”，武术博大精深、内涵丰富，非一朝一夕所能穷尽，必须刻苦钻研、不断进取、精益求精，才能使武艺精湛。

（9）武仪端——举止庄重，容端体正。习武者应该仪表端正、举止文雅，表现出气宇轩昂的精神风貌，不能衣装不整、体态不端。

（10）武境美——环境优美，井然有序。练习武术，要主动保持练习场地、生活环境的卫生，特别是训练场地、衣物、器件等要摆放整齐，爱护公物，让习武环境、生活环境优美整洁。

三、武德的基本要求

武术学生“十不可”：不可轻师；不可忘义；不可逞斗；不可欺人；不可酗酒；不可赌博；不可吸烟；不可戏色；不可炫耀；不可无礼。

四、武术活动场所的布置及礼仪

（一）武术竞赛场所

（1）举行武术竞赛活动时，应有升、降国旗的仪式。在升国旗时应唱（奏）国歌，全体在场人员应面对国旗肃立，行注目礼。

（2）如无升降国旗仪式，也可事先将国旗悬挂在赛场的适当位置。在竞赛开始时，举行面对国旗、肃立唱（奏）国歌的仪式。

（二）武术训练场所

（1）在适当位置悬挂国旗。

（2）在适当位置悬挂中国武术协会会徽。

（3）在适当位置张贴中国武术协会颁布的“武德守则”和“习武十戒”。

（4）从武人员进入和离开训练馆时，必须向国旗行鞠躬礼；运动员（学生）还必须向教练员（教师）行抱拳礼。

五、武术礼节

(一) 徒手礼

1. 抱拳礼

(1) 行礼的方法。并步站立,左手四指并拢伸直成掌,拇指屈拢;右手成拳,左掌心掩贴右拳面,左指尖与下颏平齐。右拳眼斜对胸窝,置于胸前屈臂成圆,肘尖略下垂,拳掌与胸相距20—30厘米。头正,身直,目视受礼者,面容举止自然大方(如图8-1所示)。武术散手在戴拳套练习和比赛时,可模拟似地行抱拳礼,两拳套合抱于胸前即可(如图8-2所示)。

(2) 抱拳礼的涵义。抱拳礼的具体涵义是:① 左掌表示德、智、体、美"四育"齐备,象征高尚情操。屈指表示不自大,不骄傲,不以"老大"自居。右拳表示勇猛习武。左掌掩右拳相抱,表示"勇不滋乱","武不犯禁",以此来约束、节制勇武的意思。② 左掌右拳拢屈,两臂屈圆,表示五湖四海(泛指五洲四洋),天下武林是一家,谦虚团结,以武会友。③ 左掌为文,右拳为武,文武兼学,虚心、渴望求知,恭候师友、前辈指教。

(3) 抱拳礼的应用。在武术竞赛、表演、训练活动中应用。

2. 鞠躬礼、注目礼

(1) 行礼的方法。并步站立,两手垂置于体侧,手心向内贴于腿的外侧;上体向前倾斜15度(如图8-3所示)。并步站立,目视受礼者或向前平视,勿低头弯腰,表示对受礼者的恭敬、尊重(如图8-4所示)。

图8-1

图8-2

图8-3

图8-4

(2) 礼的应用。

① 见到师长或领导时使用此礼。

② 表演、比赛演练结束时使用此礼。

③ 不适于应用抱拳礼的正规场合。

(二) 持械礼

此礼是习练武术器械时行施的礼节,礼仪内涵同"抱拳礼"。

1. 抱刀礼

左手抱刀,屈臂使刀横于胸前,刀身斜向下,刀背贴附于小臂上,刀刃向上;右手拇指屈拢成斜侧立掌,以掌根附在左腕内侧;两腕部与锁骨窝同高,两臂外撑,肘略低于手;目视受礼者(如图8-5所示)。

图 8－5

图 8－6

图 8－7

图 8－8

2. 持剑礼

左手持剑，屈臂，使剑身贴小臂外侧，斜横于胸前，刃朝上下；右手拇指屈拢成斜侧立掌，以掌根附于左腕内侧；两腕部与锁骨窝同高，肘略低于手，两臂外撑；目视受礼者（如图 8－6 所示）。

3. 持棍礼

右手握棍把段（靠棍把三分之一处），屈臂于胸前，棍身直立，棍梢向上；左手拇指屈拢成侧立掌，掌指向上，掌心与右手指根节指面相贴；两臂外撑，肘略低于手，两手与锁骨窝同高；目视受礼者（如图 8－7 所示）。

4. 持枪礼

右手握枪把端，屈臂于胸前，枪身直立，枪尖向上；左手拇指屈拢成侧立掌，掌指向上，掌心与右手指根节指面相贴，两臂外撑，肘略低于手，两手与锁骨窝同高；目视受礼者（如图 8－8 所示）。

其他器械的持器械礼，参照上述规范统一，不再一一列举。

5. 递械礼

（1）递刀礼。并步直立，左手托护手盘，右手托刀前身，使刀平横于胸前，刀刃向里；目视接刀者（如图 8－9 所示）。

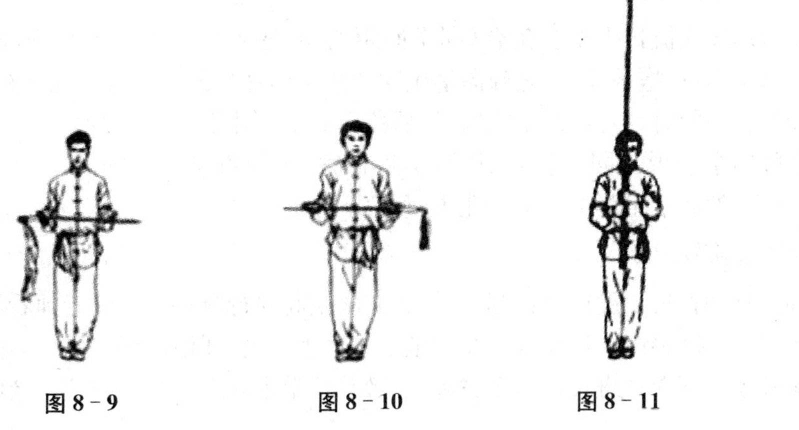
图 8－9　　图 8－10　　图 8－11　　图 8－12

(2) 递剑礼。并步直立,左手托护手盘,右手托剑前身,使剑横于胸前,剑尖朝右;目视接剑者(如图 8-10 所示)。

(3) 递棍礼。双手靠近握棍于把段(靠近棍把段约棍身 1/3),左手在上,两臂屈圆,使棍竖于体前,棍梢端朝上;目视接棍者(如图 8-11 所示)。

(4) 递枪礼。双手握枪于把段处,左手在上,两臂屈圆,使枪垂直于体前,枪尖朝上;目视接枪者(如图 8-12 所示)。

6. 接械礼

(1) 接刀礼。开步站立,左手掌心朝上托刀于递刀刃者两手之间,右手心朝下接握刀柄;目视右手接刀(如图 8-13 所示)。

(2) 接剑礼。并步直立,左手掌心朝上,托剑于递剑者两手之间,右手手心朝下接握剑柄;目视右手接剑(如图 8-14 所示)。

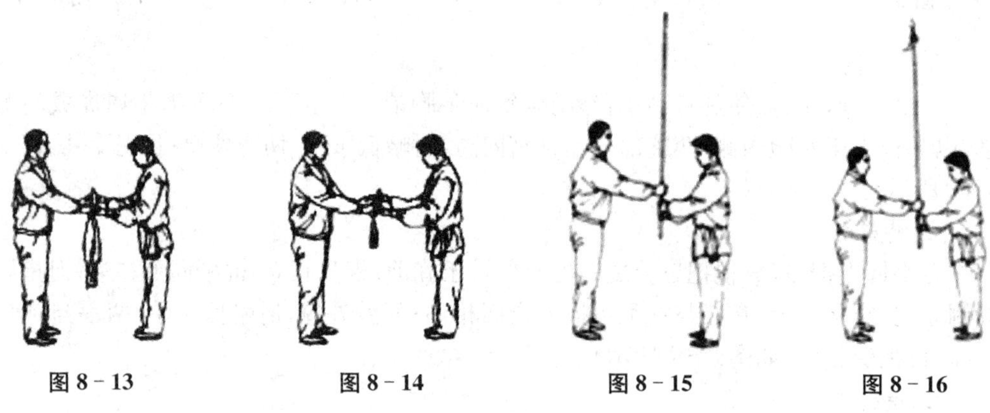

图 8-13　　图 8-14　　图 8-15　　图 8-16

(3) 接棍礼。并步直立,两手虎口朝上,上下靠拢,左手在上,靠近递棍者手下部接握;目视双手接棍(如图 8-15 所示)。

(4) 接枪礼。并步直立,两手虎口朝上,上下靠拢,左手在上,靠近递枪者手下部接握;目视双手接枪(如图 8-16 所示)。

六、教学礼节

武术课堂是一个严肃的教育场所。师生要用武术礼仪的标准来约束自己,言行有礼。

(一) 技术教学、训练礼节

上课铃响时,班长或值日生整队集合(同学间距约 10 厘米),清点人数完毕,向老师(教练)报告时,师生均行"抱拳礼"。老师向学生问:"同学们好!"的同时,行"抱拳礼"。学生在回答"老师好!"的同时,也行"抱拳礼"。然后落手立正。礼毕,上课开始。

下课时,老师向学生说:"同学们再见!",学生在答"老师再见!"的同时,互行"抱拳礼";老师落手站立,然后学生落手立正。礼毕,师生下课。

(二) 理论课堂礼节

当老师走向讲台时,班长发口令:"起立,敬礼!"学生起立行"鞠躬礼"。老师看学生已行礼端正,亦行"鞠躬礼"答谢。班长发口令:"坐下!"学生就坐,开始授课。

下课时,老师说:"下课!"班长发口令:"起立,敬礼!"学生起立行"鞠躬礼"。老师看学生都已行礼端正，亦行“鞠躬礼”回谢。礼毕，下课。

七、竞赛礼仪

（一）武术竞赛开幕式、闭幕式仪式

武术比赛开幕式上，当主持人宣布大会开幕，全体人员起立面向国旗方向肃穆站立。升国旗，唱国歌。闭幕式举行降旗仪式时，全体人员唱国歌。

（二）运动员礼节

套路运动员听到上场比赛的点名时，应向裁判长行“抱拳礼”。然后走到裁判长的右侧半场完成相同方向的起势和收势。听到宣布最后得分时，也应向裁判行“抱拳礼”，以示答谢。

散打运动员上场当被介绍时，先面向裁判长原地行“鞠躬礼”；再转向观众行鞠躬礼。场上裁判检查护具完毕，双方运动员面对，互行“鞠躬礼”。比赛结束，双方运动员上场。当听到宣布最后胜负时，应先向裁判长行“鞠躬礼”，然后转向观众行“鞠躬礼”，再面向对手行“鞠躬礼”。

（三）裁判员礼节

裁判员穿着统一的服装，佩带统一的裁判标志。比赛开始，广播员介绍技术监督委员会成员时，起立行“抱拳礼”；介绍仲裁委员会时，被介绍者原地行“抱拳礼”；当介绍总裁判长、裁判员时，被介绍者左脚向前一步，右脚跟上并步站立，行“抱拳礼”。礼毕，右脚后退一步，左脚向后与右脚并步站立。

在比赛开始或结束时，当运动员向裁判长行“抱拳礼”或“鞠躬礼”时，裁判长应点头示意，以示还礼。

八、表演或社会活动中的礼节

表演者在表演开始前，都应向主席台的贵宾、领导和现场观众行“抱拳礼”或“鞠躬礼”；表演结束后，行“鞠躬礼”。

在武术活动中，被人介绍时，应行“抱拳礼”或“鞠躬礼”。

递接器械是武术外在形象的一个重要方面。向对方递交器械时，刀尖、剑尖向下。切忌刀尖或剑尖指向对方。枪、棍垂直离地约 20 厘米递给对方。切忌枪尖朝向对方，以失礼节。

第五节　武术基本动作

武术基本动作，是指武术拳术中最基础、最具有代表性的动作。主要包括肩、肘、手、髋、膝、足的基本攻防方法与跳跃、平衡动作。如长拳的基本动作包括上肢动作中的冲拳、推掌、顶肘等基本手型、手法；下肢的弓步、马步等基本步型；以及进、退、跳、插等基本步法和蹬、弹、踹等腿法；还有通过躯干表现的折叠俯仰、闪展拧转等基本身法，即通常所说的

“三型四法”。

一、基本手型与步型

(一) 基本手型

1. 拳

(1) 各部位名称。拳眼、拳心、拳面、拳背、拳轮(如图 8－17 所示)。

(2) 动作说明。四指并拢卷握,拇指压于食指、中指第二指节上。

(3) 动作要点。拳握紧、拳面平、直腕。

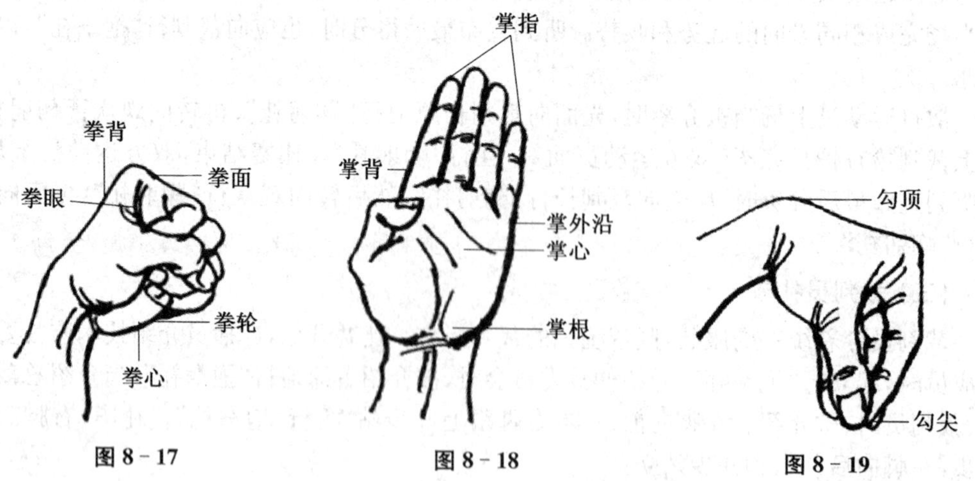

图 8－17　　图 8－18　　图 8－19

2. 掌

(1) 各部位名称。掌心、掌背、掌指、掌根、掌外沿(如图 8－18 所示)。

(2) 动作说明。四指伸直并拢,拇指弯曲紧扣于虎口处。

(3) 动作要点。掌心开展、竖指。

3. 勾

(1) 各部位名称。勾尖、勾顶(如图 8－19 所示)。

(2) 动作说明。五指尖捏拢,屈腕。

(3) 动作要点。指尖捏紧,屈腕。

(二) 步型

1. 弓步

(1) 动作说明。两脚前后开立(约本人脚长四倍);前脚微内扣,全脚掌着地,屈膝半蹲,大腿成水平,膝部约与脚面垂直;另一腿挺膝伸直,脚尖里扣斜向前方,全脚掌着地,上体正对前方,两手抱拳手腰间(如图 8－20 所示)。左脚在前叫左弓步,右脚在前呈右弓步。

(2) 动作要点。挺胸,立腰;前腿弓、后腿绷。

2. 马步

(1) 动作说明。两脚左右开立(约为本人脚长三至四倍);两脚尖正对前方,屈膝半蹲,大腿成水平,目视前方,两手抱拳于腰间(如图 8－21 所示)。

(2) 动作要点。头正、挺胸、立腰、扣足。

图 8－20

图 8－21

图 8－22

3. 虚步

（1）动作说明。两脚前后开立，重心落在后腿；后脚尖斜向前约 45°，屈膝半蹲，大腿接近水平，全脚掌着地；前腿微屈，脚面绷紧，脚尖虚点地面（如图 8－22 所示）。左脚在前为左虚步，右脚在前为右虚步。

（2）动作要点：挺胸、立腰、虚实分明。

4. 仆步

（1）动作说明。两脚左右开立；一腿全蹲，大腿和小腿靠紧，臀部接近小腿，全脚掌着地，膝与脚尖稍外展；另一腿平铺接近地面，全脚掌着地，脚尖内扣（如图 8－23 所示）。仆左腿为左仆步，仆右腿为右仆步。

（2）动作要点。挺胸、立腰、开髋，全脚掌着地。

5. 歇步

（1）动作说明。两腿交叉屈膝全蹲，前脚全脚掌着地，脚尖外展；后脚跟离地，臀部外侧紧贴后小腿（如图 8－24 所示）。左脚在前为左歇步，右脚在前为右歇步。

（2）动作要点。挺胸、立腰、两腿贴紧。

图 8－23

图 8－24

图 8－25

6. 丁步

（1）动作说明。两腿半蹲并拢，一脚全脚掌着地支撑，另一脚停在支撑脚内侧相靠，脚尖点地（如图 8－25 所示）。左脚尖点地为左丁步，右脚尖点地为右丁步。

（2）动作要点：挺胸、立腰、虚实分明。

二、基本手法与步法

（一）基本手法

1. 冲拳

冲拳包括平拳和立拳两种。拳心向下为平拳，拳眼向上为立拳。

(1) 预备姿势。两脚左右开立,两拳抱于腰间,拳心朝上(如图 8－26 所示)。

(2) 动作过程。右拳从腰间旋臂向前猛力冲出,力达拳面,目视前方(如图 8－27 所示)。

(3) 动作要点。挺胸、收腹、直腰、出拳快速有力,做好拧腰、顺肩、急旋前臂的动作。

图 8－26

图 8－27

图 8－28

图 8－29

2. 架拳

(1) 预备姿势。同冲拳(如图 8－28 所示)。

(2) 动作过程。右拳向右上方架起,拳眼向下,目视左方(如图 8－29 所示)。

(3) 动作要点。松肩、肘微屈、前臂内旋,力达前臂外侧。

3. 推掌

(1) 预备姿势。同冲拳(如图 8－30 所示)。

(2) 动作过程。右拳变掌,以掌外沿为力点向前猛力推出,目视前方(如图 8－31 所示)。

(3) 动作要点。同冲拳,注意沉腕、翘掌、力达掌外沿。

图 8－30

图 8－31

图 8－32

图 8－33

4. 亮掌

(1) 预备姿势。同冲拳(如图 8－32 所示)。

(2) 动作过程。右拳变掌,经身体右侧直臂画弧上举过头顶,随即翻掌抖腕亮掌,臂成弧形举于头上,目视左方(如图 8－33 所示)。

(3) 动作要点。抖腕、亮掌与转头要同时完成。

(二) 基本步法

1. 插步

(1) 预备姿势。两脚左右开步站立,两手叉腰(如图 8－34 所示)。

(2) 动作过程。右脚向左脚后横移一步,脚前掌着地,两腿呈交叉(如图 8－35 所示)。

(3) 动作要点。插步时身体不要转动，步幅要大。

图 8 - 34

图 8 - 35

图 8 - 36

图 8 - 37

2. 击步

(1) 预备姿势。同插步，唯两脚前后开立(如图 8 - 36 所示)。

(2) 动作过程。后脚蹬离地面向前以脚弓碰击前脚跟(如图 8 - 37 所示)，接着前脚直腿微提起，随即后、前脚依次落地；目向前平视(如图 8 - 38 所示)。

(3) 动作要点。跳起腾空时，保持上体正直并侧对前方。

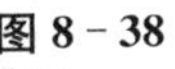
图 8 - 38

图 8 - 39

图 8 - 40

3. 垫步

(1) 预备姿势。同击步预备姿势(如图 8 - 39 所示)。

(2) 动作过程。后脚提起向前脚处落步，前脚以脚掌蹬地前跳落步，目向前平视(如图8 - 40 所示)。

(3) 动作要点。跳起腾空时，保持上体正直并侧对前方。

第六节　武术基本功

武术基本功，是指为更好地掌握武术技法，发展某项专门素质的基础功法练习。武术功法练习内容丰富、形式多样，主要有腰功、腿功、肩功和桩功等内容。腿功表现的是腿部的柔韧性、灵活性和力量等功夫；腰功体现的是腰部灵活性、协调控制上下肢运动的能力和身法技巧的功夫；肩功体现的是肩关节柔韧性、活动范围的大小以及力量等方面的功夫；桩功体现的是腿部力量和呼吸气息的锻炼。

一、腿功

(一) 正压腿

动作说明。左脚跟搁在肋木上，脚尖勾紧，上体向前下做振压动作(如图 8－41 所示)。

动作要点。两腿伸直，立腰、挺胸向下振压，压至疼痛时，进行耗腿练习。

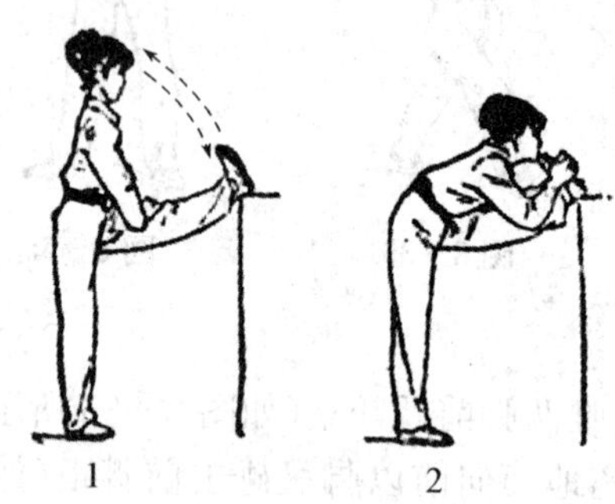

图 8－41

(二) 侧压腿

动作说明。右腿支撑站立，左脚从体侧放置到一定高度的物体上，脚尖勾起，右臂上举，左掌立于胸前，两腿伸直，腰部挺立，上体向左侧下振压，振压幅度要逐渐加大，直到上体能侧倒在左腿上。两腿交替进行(如图 8－42 所示)。

动作要点。两腿伸直，开髋、立腰、挺胸，上体完全侧倒。

图 8－42　　图 8－43

(三) 后压腿

动作说明。背对一定高度的物体，两手叉腰，右腿支撑站立，左腿后伸，脚背放到物体上，两腿伸直，上体向后下振压，并逐渐增大振压幅度。两腿交替进行(如图 8－43 所示)。

动作要点。两腿伸直，立腰挺胸，头随上体后仰。

(四) 仆步压腿

动作说明。右腿屈膝全蹲，全脚着地；左腿向左侧伸直，脚尖内扣；两手分别抓住两脚脚背，成左仆步；腰部挺直，左转前压(如图 8－44 所示)。左右仆步交替进行。

动作要点。直腰抬头，一腿全蹲，另一腿伸直，两脚压紧地面。

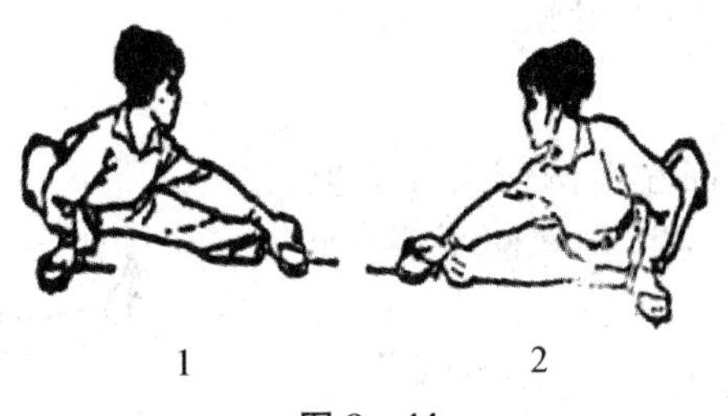

1 2

图 8－44

（五）正搬腿

动作说明。右腿伸直支撑，左腿屈膝提起，左手扶膝，右手抓住左脚，然后将左脚向前方伸出，直至膝关节挺直，左脚外侧朝前。两腿交替进行。也可由同伴托住脚跟做正搬练习(如图 8－45 所示)。

动作要点：两腿伸直，立腰挺胸，被搬腿的脚尖勾紧。

1 2 3

图 8－45

（六）侧搬腿

动作说明。左腿伸直支撑，右腿从体侧抬起，右手经右小腿内侧绕脚后抱住右脚跟，将右腿伸直，脚尖勾紧。两腿交替进行。也可由同伴托住脚跟做侧搬练习(如图 8－46 所示)。

动作要点。两腿伸直，立腰挺胸，身体直立平稳。

1 2

图 8－46

图 8－47

（七）竖叉

动作说明。两腿伸直前后叉开成直线。左腿后侧着地，脚尖上翘；右腿前侧着地，脚背扣在地上，两臂立掌侧平举。两腿交替进行(如图 8－47 所示)。

动作要点。立腰挺胸，沉髋挺膝。

（八）横叉

动作说明。两腿伸直向左右两侧叉开下坐成直线，两腿内侧着地。两臂立掌侧平举（如图8－48所示）。

动作要点：髋关节完全打开，立腰挺胸。

图8－48

二、腰功

（一）前俯腰

动作说明。并步站立，两手十指交叉，直臂上举，手心向上；上体前俯，挺胸，塌腰，两手尽力触地。再两手松开，用两手绕过双腿，抱住两脚跟部，尽量使自己的上体、脸部贴紧双腿（如图8－49所示）。

动作要点。两腿挺膝伸直，上体前俯时，挺胸、塌腰、收髋。

图8－49　　图8－50

（二）甩腰

动作说明。开步站立，两臂伸直前举，以腰为轴，上体做前后屈和甩腰动作，两臂也随之甩动（如图8－50所示）。

动作要点。两腿伸直，腰部放松，后甩时抬头挺胸，甩腰动作紧凑而有弹性。

（三）涮腰

动作说明。两脚开立，略宽于肩，上体前俯，以髋关节为轴，两臂向左前下方伸出。然后挥动两臂，随上体向前、向右、向后、再向左做翻转绕环。左右涮腰交替进行（如图8－51所示）。

动作要点。两腿伸直，以腰为轴，翻转绕环圆活、和顺。

（四）下腰

动作说明。两脚开立同肩宽，两臂伸直上举；腰向后弯，抬头，挺腰，双手撑地身体呈桥形（如图8－52所示）。

动作要点。两脚支撑站稳，膝关节尽量挺直，腰部后弯上顶，脚跟不能离地。

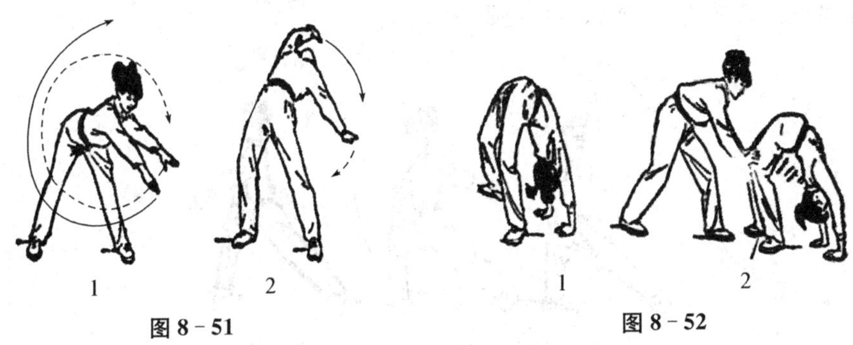

图 8-51　　图 8-52

（五）翻腰

动作说明。右歇步双摆掌。上体前俯，沿纵轴向左翻转一周，同时两臂先左后右依次轮绕成左歇步双摆掌（如图 8-53 所示）。

动作要点。上体必须沿纵轴翻转，快而有力，两臂要抡成立圆。

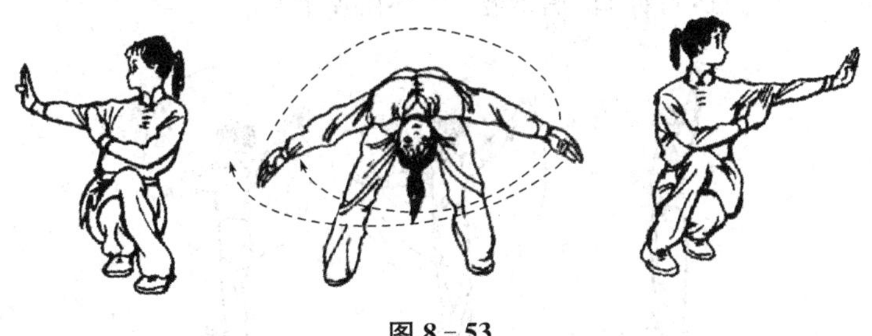

图 8-53

三、肩功

（一）压肩

动作说明。面对一定高度的物体，两脚开立同肩宽，上体前俯，两手抓住横杆，抬头挺胸，塌腰，用力向下振压（如图 8-54 所示）。也可两人一组面对面搭肩做向下振压的动作（如图 8-55 所示）。

动作要点。两腿伸直，肩部松沉，用力振压，力点集中于肩部。

图 8-54　　图 8-55

（二）单臂绕环

动作说明。左弓步站立，左手扶按左膝，右臂以肩为轴做直臂的顺、逆时针绕环。两臂交替进行（如图 8-56 所示）。

动作要点。臂伸直，肩放松，绕立圆。

图 8－56

（三）双臂绕环

动作说明。开步站立，以肩关节为轴，两臂分别向前和向后做直臂绕环。顺、逆时针绕环交替进行（如图 8－57 所示）。

动作要点。身体正直，臂伸直，肩放松，绕环协调和顺。

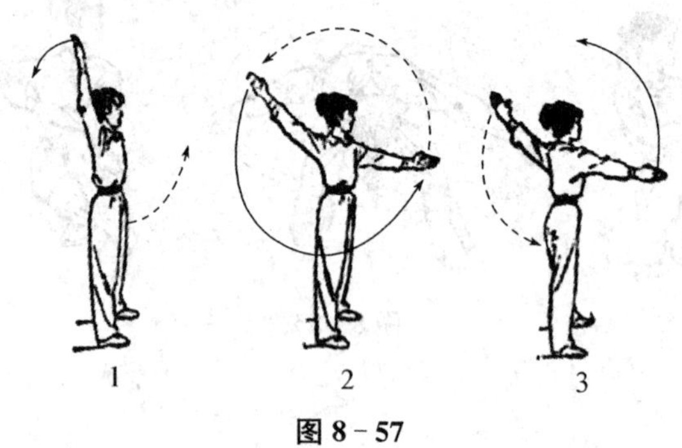

图 8－57

（四）两臂交叉绕环

动作说明。开步站立，两臂直臂上举，左臂以左肩关节为轴，向前下做顺时针绕环；同时，右臂以右肩关节为轴，向后下做逆时针绕环。两臂顺、逆时针交替进行（如图 8－58 所示）。

动作要点。身体正直，两臂伸直，绕环协调和顺。

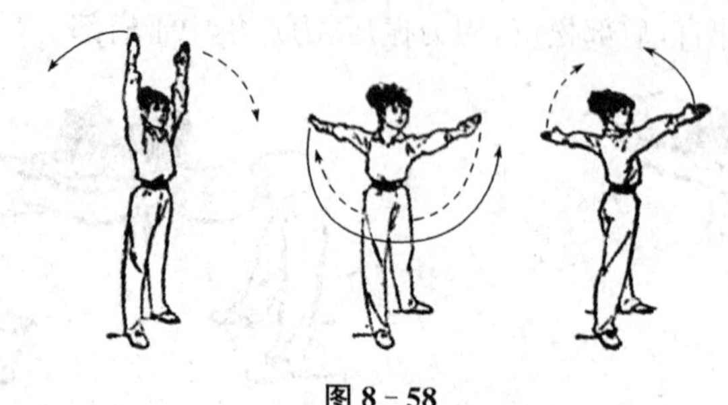

图 8－58

（五）仆步抡拍

动作说明。两脚开步站立，略宽于肩，上体左转成左弓步，同时右掌向前下方伸出，左掌心朝里，插于右肘关节处（如图 8－59 所示）；上动不停，成右弓步，同时右臂抡至右上方，左掌下落至左下方（如图 8－60 所示）；随即，上体右后转，同时右臂抡至后下方，左臂抡至前上方（如图 8－61 所示）；即而，上体左转成右仆步，同时右臂拍至右腿内侧拍他，左臂停于左上方；目随右手（如图 8－62 所示）。

动作要点。上抡贴近耳，下抡贴近腿，手臂划弧走立圆。

图 8－59　　图 8－60

图 8－61　　图 8－62

四、腿法

（一）直摆性腿法

1. 正踢腿

预备姿势。并步站立，两臂侧平举（如图 8－63 所示）。

动作说明。左脚上步直立，右腿挺膝，脚尖勾起向前额处猛踢；目向前平视（如图 8－64 所示）。

动作要点。挺胸、收腹、立腰。踢腿时，迅速收髋、收腹，脚尖勾起绷落，过腰后动作加快，要有寸劲。

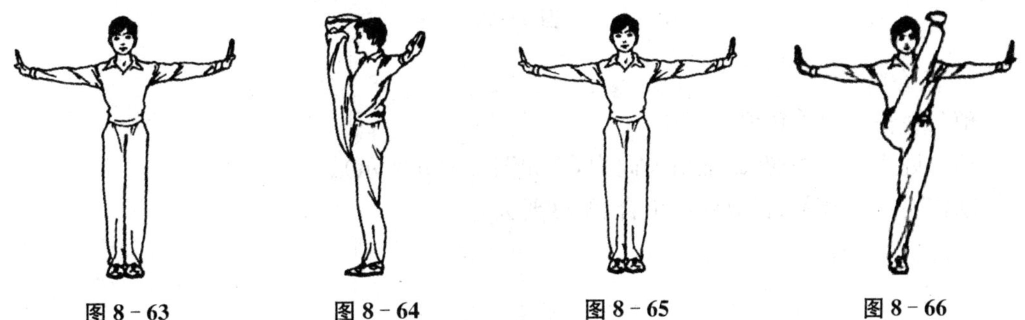

图 8－63　　图 8－64　　图 8－65　　图 8－66

2. 斜踢腿

预备姿势。同正踢腿(如图 8-65 所示)。

动作说明。向异侧耳际猛踢,动作同正踢腿;目向前平视(如图 8-66 所示)。

动作要点。易犯错误、纠正方法、教法提示同正踢腿。

3. 侧踢腿

预备姿势。同正踢腿。

动作说明。右脚上步,脚尖外展;左脚跟稍提起,身体略右转,两臂后举。随着,左腿勾脚向左耳际踢起,右臂上举亮掌,左臂立于右肩前;目向前平视(如图 8-67 所示)。

动作要点。开髋、侧身、猛收腹。

图 8-67

4. 外摆腿

预备姿势。同正踢腿。

动作说明。右脚上步;左脚尖勾紧,向右侧上方踢起,经面前向左侧上方摆动,直腿落在右脚旁;目向前平视,可用掌在面前依次迎击脚面(如图 8-68 所示)。

动作要点。展髋,腿成扇形外摆,幅度要大。

图 8-68

5. 里合腿

预备姿势。同正踢腿。

动作说明。同外摆腿,唯由外向内合(如图 8-69 所示)。

动作要点。合髋、腿成扇形里合,幅度要大。

图 8－69

6. 拍脚

预备姿势。并步站立(如图 8－70 所示)。

动作说明。左脚上步;右腿挺膝、绷脚面向上猛力踢摆。同时右拳变掌,于前上方迎击右脚面;目向前平视(如图 8－71 所示)。

动作要点。收腹、立腰。踢腿高度过胸,击拍脚面要准确、响亮。

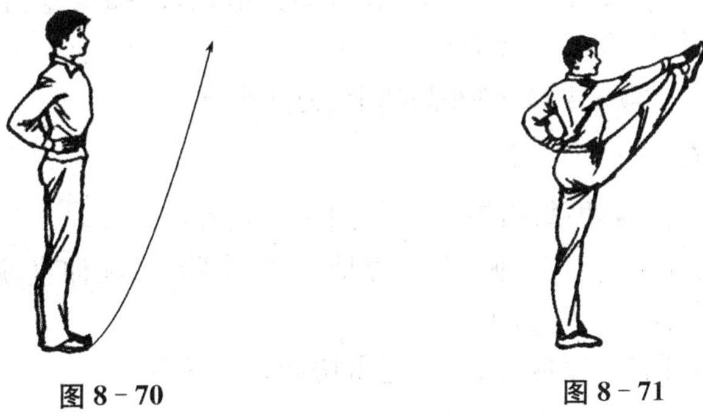

图 8－70　　　　图 8－71

(二) 屈伸性腿法

1. 弹腿

预备姿势。同拍脚。

动作说明。支撑腿直立或稍屈,另一腿由屈到伸向前弹出。脚面绷平,力达脚尖(如图 8－72 所示)。

动作要点。收髋,弹击有寸劲,力达脚尖。

图 8－72

2. 蹬腿

预备姿势。同弹腿。

动作说明。同弹腿，唯脚尖勾起，力达脚跟(如图 8-73 所示)。

动作要点。收髋，弹击有寸劲，力达脚跟。

图 8-73

图 8-74

图 8-75

3. 侧踹腿

预备姿势。成插步(如图 8-74 所示)。

动作说明。右腿伸直支撑；左腿由屈到伸，脚尖里扣，用脚掌猛力踹出，高与腰平，上体倾斜；目视左侧方(如图 8-75 所示)。

动作要点。挺膝、开髋、猛踹，脚外侧朝上、力达脚掌。

(三) 扶地后扫腿

预备姿势。成左弓步，两掌向前推出(如图 8-76 所示)。

动作说明。成右仆步，上体前俯，两掌撑地，左腿全蹲；右腿伸直，脚尖内扣，以左脚掌为轴贴地后扫一周(如图 8-77 所示)。

动作要点。转体、俯身、撑地、扫转要连贯协调，一气呵成。

图 8-76

图 8-77

五、跳跃动作

(一) 大跃步前穿

预备姿势。并步站立。

动作过程。左脚上一步蹬地向前跃出，两臂依次经前向上、向后划弧摆起，右、左脚随即落地成仆步，右掌变拳抱于腰间，左掌下落停于胸前成立掌；目视左掌(如图 8-78 所示)。

动作要点。跳得高、跃得远、步幅大。

图 8－78

(二) 腾空飞脚

预备姿势。并步站立。

动作过程。右脚上步蹬地跃起，左腿前上摆踢，两臂向上摆起，右手背迎击左手掌。在空中，右腿向前上方弹(摆)踢，脚面绷直，右手迎击右脚面。左腿屈膝收控于右腿侧。左掌摆至左侧方变勾手，上体微前倾；目平视前方(如图 8－79 所示)。

动作要点。

(1) 踢摆腿脚高必须过腰，左腿在击响一瞬间，屈膝收控于右腿侧。

(2) 在腾空的最高点完成击响动作。拍击动作必须连续、准确、响亮。

(3) 在空中，上体正直、微向前倾、不要坐臀。

图 8－79

(三) 旋风脚

预备姿势。高虚步亮掌。

动作过程。左脚向左上步，同时左掌前推；随即右脚上步，脚尖内扣，上体向左旋转前俯；重心右移，右腿屈膝蹬地跳起，左腿提起向左上方摆动。上体向左上方翻转的同时，两臂向左上方抡摆；身体旋转一周，右腿里合，左手在面前迎击右脚掌，左腿自然下垂(如图 8－80 所示)。

图 8－80

动作要点。

(1) 里合腿贴近身体；摆动时成扇形。

(2) 抡臂、踏跳、转体、里合腿等环节要协调一致,身体的旋转不少于 270°。

(四) 腾空摆莲

预备姿势。高虚步挑掌站立。

动作过程。左脚前上步,右脚随之向前上一大步,脚尖外展、屈膝、略蹲。身体右转,同时右臂顺势下落,左臂前摆;右脚蹬地跳起,同时左腿里合踢摆,两手上摆于头上击响。上体向右转体,身体腾空;右腿上踢外摆,两手先左、后右依次拍击右脚面,左腿伸直分开摆动控于体侧(如图 8-81 所示)。

动作要点。

(1) 上步要成弧形,右脚踏跳时,注意脚尖外展和屈膝微蹲。

(2) 上跳时,里合扣左腿。

(3) 右腿外摆成扇形,上体微前倾。两手依次击拍右脚面。

图 8-81

六、平衡练习

平衡泛指一腿支撑,另一腿抬高离开地面的单脚独立动作。分持久性平衡和非持久性平衡。依平衡动作的姿势可分为直立提膝平衡、直立举腿平衡、屈膝半蹲平衡、折身举腿平衡等。本节介绍提膝平衡和望月平衡。

(一) 提膝平衡

预备姿势。并步站立。

动作过程。右腿直立站稳,左腿屈膝高提近胸,脚面绷直,垂扣于右腿前侧,右臂上举于头上亮掌,左手反臂后举成勾手(如图 8-82 所示)。

动作要点。平衡要站稳、提膝过腰、脚内扣。

图 8-82

图 8-83

(二) 望月平衡

预备姿势。并步站立。

动作过程。右脚后撤一步站稳，同时两手左右分开上摆成亮掌。上体侧倾拧腰向支撑腿同侧方上翻，挺胸场腰。左腿在身后向支撑腿的同侧方上举，小腿屈收，脚面绷平；目视右后侧（如图 8－83 所示）。

动作要点。展髋、拧腰、抬头。

七、跌扑练习

跌扑翻滚泛指身体摔滚、旋转翻腾的动作。跌扑翻滚动作难度较大，有直体、屈体、直腿、屈腿的向前、向后、向侧的各种跌扑动作。如扑地蹦、扑虎、侧手翻、前手翻、乌龙绞柱、栽碑、鲤鱼打挺等。本节介绍扶地后倒、抢背和鲤鱼打挺。

（一）扶地后倒

预备姿势。并步直立。

动作过程。左腿支撑，屈膝降低身体重心，右腿前伸，两臂屈肘位于身体两侧，掌心向下；上动不停，上体后倒，以背部、臀部和前臂及两掌同时着地，头部微前倾（如图 8－84 所示）。

动作要点。后倒时，尽量降低重心，前臂要平行着地，切勿以手掌或肘关节撑地。着地时要闭口、屏气、低头。

图 8－84

（二）抢背

预备姿势。错步站立。

动作过程。左脚后上摆，右脚蹬地跳起。团前向前滚翻，两腿屈膝。滚动时以右臂外侧、右肩经背、腰、左臀、左腿外侧依次着地（如图 8－85 所示）。

动作要点。肩、背、腰、臀要依次着地；滚翻要圆、快；立起要迅速。

图 8－85

（三）鲤鱼打挺

预备姿势。仰卧。

动作过程。屈体使两腿上摆，两手扶按两膝；两腿下打。挺腹、振摆而起（如图 8－86 所示）。

动作要点。身体必须成半圆环形，两脚分开不得超过肩宽，打腿、振摆要迅速。

图 8－86

第七节　五步拳

五步拳是长拳套路中最简单的套路之一，而长拳又是融合查、华、洪、炮、弹以及少林等拳种而创编的一种拳术，其特点是动作舒展大方、快速有力、节奏分明、起伏多变、转折灵活，在技击上强调长击速打、适时出击、以快制慢、以刚为主。基本技法要求手要快捷、眼要明锐、身要灵活、步要稳固、精要充沛、气要下沉、力要顺达、功要纯清。

一、预备姿势

动作说明。并步抱拳；两脚并步站立，两手抱拳于腰间。目视前方（如图 8－87 所示）。

图 8－87　　图 8－88　　图 8－89

二、弓步冲拳

动作说明。成左弓步，左手向左平搂收回腰间抱拳；冲右拳。目视前方（如图 8－88 所示）。

三、弹腿冲拳

动作说明。重心前移，右腿向前弹踢，同时冲左拳，收右拳。目视前方（如图 8－89 所示)。

四、马步架打

动作说明。右脚落地,向左转体 90°,下蹲成马步,同时左拳变掌,屈臂上架,冲右拳。目视右方(如图 8－90 所示)。

五、歇步盖冲拳

动作说明。左脚向右脚后插一步,同时右拳变掌向左下盖,掌外沿向前,身体左转 90°,收左拳;目视右掌。上动不停,两腿屈膝下蹲成歇步,同时冲左拳,收右拳;目视左拳(如图 8－91 所示)。

图 8－90

图 8－91

六、提膝仆步穿掌

动作说明。两腿起立,身体左转。随即左拳变掌,顺势收至右腋下;右拳变掌,由左手背上穿出,手心向上。同时左腿屈膝提起,目视右手。上动不停,左脚落地成仆步;左手掌指朝前,沿左腿内侧穿至左脚面。目视左掌(如图 8－92 所示)。

图 8－92

七、虚步挑掌

动作说明。左腿屈膝前弓,右脚前上成右虚步。同时左手向后划弧成勾手,右手顺右腿外侧向上挑掌。目视前方(如图 8－93 所示)。

图 8-93

图 8-94

八、并步抱拳

动作说明：左脚向右脚并拢成并步。同时左钩手和右掌变拳，回收抱于腰间。目视前方（如图 8-94 所示）。

第八节　初级三路长拳

一、动作名称

（一）预备动作

（1）预备势。（2）虚步亮掌。（3）并步对拳。

第一段：

（1）弓步冲拳。（2）弹腿冲拳。（3）马步冲拳。（4）弓步冲拳。（5）弹腿冲拳。（6）大跃步前穿。（7）弓步击掌。（8）马步架掌。

第二段：

（1）虚步栽拳。（2）提膝穿掌。（3）仆步穿掌。（4）虚步挑掌。（5）马步击掌。（6）叉步双摆掌。（7）弓步击掌。（8）转身踢腿　马步盘肘。

第三段：

（1）歇步抡砸拳。（2）仆步亮掌。（3）弓步劈拳。（4）换跳步弓步冲拳。（5）马步冲拳。（6）弓步下冲拳。（7）叉步亮掌　侧踹腿。（8）虚步挑拳。

第四段：

（1）弓步顶肘。（2）转身左拍脚。（3）右拍脚。（4）腾空飞脚。（5）歇步下冲拳。（6）仆步抡劈拳。（7）提膝挑掌。（8）提膝劈掌。（9）弓步冲拳。

（二）结束动作

（1）虚步亮掌。（2）并步对拳。（3）还原。

二、动作说明

（一）预备势

两脚并步站立，脚尖向前；两臂垂于身体两侧，双手成掌自然贴靠腿外侧；眼向前平视

(如图 8－95 所示)。

要领。头正颈直,下颌微收,挺胸、收腹、塌腰、夹腿。

(二) 虚步亮掌

1. 退步砍掌

重心下降,右脚向右后方撤步成左弓步;右掌经体侧向胸前上方划弧,掌心向上,左臂屈肘,左掌提至腰侧,掌心向上;目视右掌(如图 8－96 所示)。

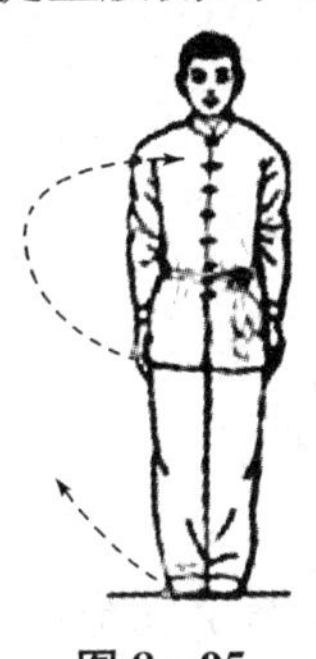

图 8－95

图 8－96

图 8－97

2. 后移穿掌

左腿蹬地发力使重心后移,右腿微屈;左掌经胸前从右臂上向前上弧线穿出伸直,掌心向上,同时右掌收至腰侧,掌心向上;目视左掌(如图 8－97 所示)。

3. 转头亮掌

重心继续后移,左脚稍向右后移,脚尖点地,成左虚步;左臂内旋经左侧向后下方划弧成勾手,勾尖向上,右手继续向后、向右、向前上划弧,屈肘抖腕,在头前上方成亮掌(即横掌),掌心向前,掌指向左;目视左方(如图 8－98 所示)。

4. 要领

三个动作连贯,双手路线走圆,成虚步时,重心落于右腿上,右大腿与地面平行,上体注意保持正直。

(三) 并步对拳

1. 提膝亮掌

右腿蹬直,左腿提膝,脚尖里扣;身体直立,上身姿势不变(如图 8－99 所示)。

图 8－98

图 8－99

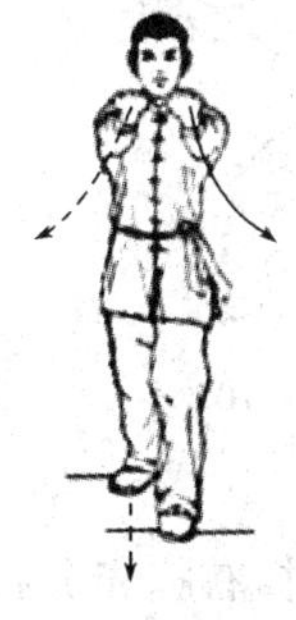

图 8－100

2. 上步穿掌

左脚向前迈步,重心前移;左臂屈肘,左勾手变掌经左肋前穿,右臂外旋向前下落于左

掌右侧，两掌同高，掌心均向上；头转正，目视前方（如图 8－100 所示）。

3. 上步后摆掌

右脚向前上一步，重心前移；两臂下垂，双手经髋侧向后摆掌（如图 8－101 所示）。

图 8－101

图 8－102

4. 并步转头对拳

左脚向右脚并步，身体直立；两臂向外、向上经胸前屈肘下按，两掌变拳，拳心向下，拳面相对，停于小腹前；目视左侧（如图 8－102 所示）。

5. 要领

并步后挺胸、塌腰。对拳、并步、转头要同时完成。

三、第一段

（一）弓步冲拳

1. 上步格挡

左脚向左横开一步，脚尖向斜前方，右腿微屈，上体微左转，成半马步；同时左臂屈肘向左格挡，拳眼向后，拳与肩同高，右拳收至腰侧，拳心向上；目视左拳（如图 8－103 所示）。

2. 蹬地冲拳

上体左转，右腿蹬直成左弓步；右拳成立拳向前冲出，高与肩平，拳眼向上，同时左拳收至腰侧，拳心向上；目视右拳（如图 8－104 所示）。

图 8－103

图 8－104

图 8－105

3. 要领

成弓步时，右腿充分蹬直，脚跟不要离地。冲拳时，尽量转腰顺肩。

（二）弹腿冲拳

重心前移至左腿，右腿屈膝提起，脚面绷直，猛力向前弹出伸直，高与腰平；左拳成立拳向前冲出，右拳收至腰侧，拳心向上；目视前方（如图 8－105 所示）。

要领。弹腿和冲拳要协调一致，弹出的腿要用爆发力，力点达于脚尖。

（三）马步冲拳

右脚向前落步，脚尖里扣，右脚脚跟后辗，上体左转，两腿下蹲成马步；右拳成立拳向前冲出，高与肩平，同时左拳收至腰侧；目视前方（如图 8－106 所示）。

要领。成马步时，大腿接近水平，脚跟外蹬，挺胸、塌腰，冲拳配合转体动作发力。

（四）弓步冲拳

1. 转体格挡

右脚尖外撇向斜前方，成半马步，上体右转 90°；右臂屈肘向右格挡，拳眼向后，拳与肩同高；目视右拳（如图 8－107 所示）。

图 8－106

图 8－107

图 8－108

2. 蹬地冲拳

左腿蹬直成右弓步；左拳成立拳向前冲出，右拳收至腰侧，拳心向上；目视左拳（如图 8－108 所示）。

3. 要领

与本段的第一个弓步冲拳相同。

（五）弹腿冲拳

重心前移至右脚，左腿屈膝提起，脚面绷直，猛力向前伸直弹出，高与腰平；右拳成立拳向前冲出，左拳抱拳于腰侧，拳心向上；目视前方（如图 8－109 所示）。

要领与本段的第一个弹腿冲拳相同。

（六）大跃步前穿

1. 收腿挂掌

左腿屈膝收腿，上体微前倾；右拳变掌内旋，以手背向左下挂至左膝外侧；目视右手（如图 8－110 所示）。

图 8－109

图 8－110

图 8－111

2. 上步后摆掌

左脚向前落步，重心移至前脚，两腿微屈；右掌继续向后挂，左拳变掌，向后下摆掌伸直；目视右掌(如图 8－111 所示)。

3. 跃步上摆掌

右腿屈膝向前提起，左腿立即猛力蹬地向前跃出，跳起后双小腿后背，身体右转；两掌向前向上划弧摆起；目视左掌(如图 8－112 所示)。

4. 仆步抱拳

右腿落地全蹲，左腿随即落地向前铲出成仆步；右掌变拳抱于腰侧，左掌由上向右、向下划弧成立掌，停于右胸前；目视左脚(如图 8－113 所示)。

图 8－112　图 8－113　图 8－114

5. 要领

跳起后在空中要挺身背腿；跃步要远，落地要轻，落地后立即接做下一个动作。

(七) 弓步击掌

右腿猛力蹬地，上体左转，重心移向左脚成左弓步；左掌经左脚面向后划弧至身后成勾手，左臂伸直，勾尖向上，右拳由腰侧变掌向前推出，掌指向上，掌外侧向前；目视右掌(如图 8－114 所示)。

(八) 马步架掌

1. 转体穿掌

重心移至两腿中间，上体右转，左脚脚尖里扣成马步；右臂向左侧平摆，稍屈肘，同时左勾手变掌由后经左腰侧从右臂内向左上穿出，掌心均朝上；目视左手(如图 8－115 所示)。

2. 转头亮掌

上体继续右转；右掌立于左胸前，左臂向左上屈肘抖腕亮掌于头部左上方，掌心向前上方；头部右转，目视右方(如图 8－116 所示)。

图 8－115

图 8－116

3. 要领

亮掌的抖腕动作和转头同时完成，发力要干脆；马步同前。

四、第二段

（一）虚步栽拳

1. 提膝转体

右脚蹬地，屈膝提起，左腿伸直站起，以前脚掌为轴向右后转体 180°；右掌由左胸前向下经右腿外侧向后划弧成勾手，勾尖向后，左臂随体转动并外旋，使掌心朝右；目视右手（如图 8－117 所示）。

2. 虚步栽拳

右脚向右落地，重心移至右腿上，下蹲成左虚步；左掌变拳下落于左膝上，拳眼向里，拳心向后，右勾手变拳，屈肘架于头右上方，拳心向前；头迅速左转，目视左方（如图 8－118 所示）。

图 8－117

图 8－118

（二）提膝穿掌

1. 转头盖掌

右腿稍伸直；右拳变掌收至腰侧，掌心向上，左拳变掌由下向左上划弧盖压于头上方，掌心向前；头转向右方（如图 8－119 所示）。

2. 提膝穿掌

右腿蹬直，左腿屈膝提起，脚尖内扣；右掌从腰侧经左臂内向右前上方穿出，掌心向上，左掌收至右胸前成立掌；目视右掌（如图 8－120 所示）。

图 8－119

图 8－120

图 8－121

3. 要领

(1)、(2)动作连贯完成，支撑腿与右臂充分伸直。

(三) 仆步穿掌

右腿全蹲，左腿向左后方铲出成左仆步，脚尖内扣；右臂不动，左掌由右胸前向下经左腿内侧，向左脚面穿出；目随左掌转视(如图 8-121 所示)。

(四) 虚步挑掌

1. 弓步前穿

右腿蹬直，重心前移至左腿，成左弓步；左掌随重心前移继续向前上方穿掌，右掌稍下降；目随左掌转视(如图 8-122 所示)。

图 8-122

图 8-123

2. 虚步前挑

右脚向左前方上一步，脚尖点地，左腿半蹲，成右虚步，上体向左转 180°；在右脚上步的同时，右掌由后向下、向前上挑起成立掌，指尖与眼平，左掌由前向上、向后划弧成立掌；目视右掌(如图 8-123 所示)。

3. 要领

上步要快，虚步要稳。

(五) 马步击掌

1. 掳手抱拳

右脚落实，脚尖外撇，重心稍升高并右移；右掌俯掌向外掳手，左掌变拳收至腰侧(如图 8-124 所示)。

2. 上步横击

左脚向前上一步，以右脚为轴向右后转体 180°，两腿下蹲成马步；左拳变掌从右臂上成立掌向左侧击出，力达掌根，右掌变拳收至腰侧；目视左掌(如图 8-125 所示)。

图 8-124

图 8-125

图 8-126

3. 要领

右手做掳手时，先使臂稍内旋、腕伸直，手掌向下向外转，接着臂外旋，掌心经下向上翻转，同时抓握成拳。收拳和击掌要同时进行。

（六）叉步双摆掌

1. 转头下摆掌

重心稍升高、右移；右拳变掌，同时两掌由下向右摆，掌指均向上；目视右掌（如图 8－126 所示）。

2. 叉步上摆掌

右脚向左腿后插步，前脚掌着地，上身拧紧；两臂继续由右向上、向左摆，停于身体左侧，均成立掌，右掌停于左肘窝处；目随双掌转视（如图 8－127 所示）。

3. 要领

两臂要划立圆，幅度要大，摆掌与后插步配合一致。

图 8－127　　图 8－128　　图 8－129

（七）弓步击掌

1. 转身按掌

两腿不动，身体右转；右掌向上、向右划弧，掌心向下按掌，左掌收至腰侧，掌心向上；头转向右方（如图 8－128 所示）。

2. 退步击掌

左腿后撤一步，成右弓步；右掌向下向后伸直摆动，成勾手，勾尖向上，左掌成立掌向前推出；目视左掌（如图 8－129 所示）。

3. 要领

退步和推掌协调一致，推掌发力前左腿要蹬住地面。

（八）转身踢腿马步盘肘

1. 转体抡臂

两脚以前脚掌为轴向左后转体 180°，重心移向左脚；在转体的同时，左臂向上、向前划半立圆，右手变掌，右臂向下、向后划半圆；目随左手转视（如图 8－130 所示）。

2. 顺势抡臂

上动不停，两脚不动；右臂由后向上、向前划半立圆，左臂由前向下、向后划半立圆；目视前方（如图 8－131 所示）。

图 8 - 130

图 8 - 131

图 8 - 132

3. 亮掌正踢腿

上动不停，重心移至左脚，重心升高；右臂向下成反臂勾手，勾尖向上，左臂向上成亮掌，掌心向前上方；右腿伸直，脚尖勾起，向额前正踢腿（如图 8 - 132 所示）。

4. 落步拧身

右脚主动向前下压落地，脚尖里扣，上体微向左拧转；右手不动，左臂屈肘下落至胸前，肘平抬，左掌心向下；目视左掌（如图 8 - 133 所示）。

5. 马步盘肘

上体左转 90°，两腿下蹲成马步；同时左掌向前、向左平掳，变拳后收至腰侧，右勾手变拳，右臂伸直，由体后向右、向前平摆，至体前时屈肘，肘尖向前，高与肩平，拳心向下；目视肘尖（如图 8 - 134 所示）。

6. 要领

两臂抡动时要划立圆，动作连贯。盘肘要快速有力，右肩前顺。

图 8 - 133

图 8 - 134

五、第三段

（一）歇步抡砸拳

1. 转头抡拳

重心稍升高，右脚尖外撇；右臂由胸前向上、向右抡直，左臂摆至体侧，两拳拳心向上；目随右拳转视（如图 8 - 135 所示）。

2. 转体抡摆

上动不停，重心升高，两脚以前脚掌为轴，向右后转体 180°；随身体转动，右臂向下、向后抡摆，左臂向上、向前抡摆（如图 8 - 136 所示）。

3. 歇步砸拳

紧接上动，两腿全蹲成歇步；左臂随身体下蹲向下平砸，力达拳背，拳心向上，臂部微屈，右臂伸直向上举起；目视左拳（如图 8－137 所示）。

4. 要领

抡臂动作要连贯完成，划成立圆。歇步要两腿交叉全蹲，左腿大、小腿靠紧，臀部贴于左小腿外侧，膝关节在右小腿外侧，脚跟提起；右脚尖外撇，全脚掌着地。

图 8－135

图 8－136

图 8－137

（二）仆步亮拳

1. 回身横击掌

左脚由右腿后抽出向前上一步，左腿蹬直，右腿半蹲，成右弓步；上体微向右转；左拳收至腰侧，拳心向上，右拳变掌向下经胸前向右横击掌，掌心向下，力达掌沿；目视右掌（如图 8－138 所示）。

2. 提膝穿掌

右脚蹬地屈膝提起，上体右转；左拳变掌从右掌上向前穿出，掌心向上，右掌回收，平放至左肘下，掌心向上（如图 8－139 所示）。

3. 仆步亮拳

右脚向右落步，屈膝全蹲，左腿伸直，成仆步；左掌向下、向后划弧成勾手，勾尖向上，右掌向右、向上划弧后，抖腕成亮掌，掌心向前，臂微屈；头随右手转动，至亮掌时，目视左方（如图 8－140 所示）。

4. 要领

仆步时，左腿充分伸直，脚尖里扣，右腿全蹲，两脚脚掌全部着地。上体挺胸塌腰，稍左转。

图 8－138

图 8－139

图 8－140

(三) 弓步劈拳

1. 上步掳手

右腿蹬地立起,左腿收回并向左前方上步;右掌变拳收至腰侧,拳心向上,左勾手变掌由下向前上经胸前向左做掳手,掌心横向外;目视左手(如图 8-141 所示)。

2. 上步挥摆

右腿经左腿前方向左绕上一步,左腿蹬直成右弓步;左手向左平掳后再向前挥摆,虎口朝前,在左手平掳的同时,右拳向后平摆,拳眼向上(如图 8-142 所示)。

3. 弓步劈拳

重心前移成弓步;右拳向上、向前做抡劈拳,力达拳背,拳高与耳平,拳心向上,左掌外旋接扶右前臂;目视右拳(如图 8-143 所示)。

4. 要领

左、右脚上步稍带弧形。

图 8-141

图 8-142

图 8-143

(四) 换跳步弓步冲拳

1. 缩身挂掌

重心后移,右脚稍向后移动,上体微前弓;右拳变掌,右臂内旋以掌背向下划弧挂至右膝内侧,左掌背贴靠右肘外侧,掌指向前;目视右掌(如图 8-144 所示)。

2. 提膝拧身

右腿自然上抬,上体稍向左扭转;右掌挂至体左侧,左掌留在右腋下;目随右掌转视(如图 8-145 所示)。

3. 震脚按掌

右脚以全脚掌用力向下震跺,与此同时,左脚急速离地向后勾起,同时上体右转;伴随转体,右手由左向上、向前掳盖,而后变拳收至腰侧,左掌伸直向上经头上方向前、向下横掌下按,肘关节平屈,掌心向下;目视左掌(如图 8-146 所示)。

4. 弓步冲拳

左脚向前上步,右腿蹬直成左弓步;右拳从左手手背上向前冲出(立拳),拳高与肩平,左掌回收藏于右腋下,掌背贴靠腋窝,掌指向上;目视右拳(如图 8-147 所示)。

5. 要领

换跳步动作要连贯、协调。震脚时腿要弯屈,全脚掌着地。左脚离地不要太高。

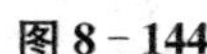

图 8-144

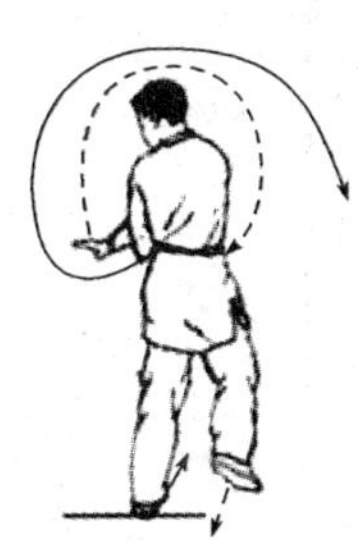

图 8-145

图 8-146

图 8-147

(五) 马步冲拳

左脚蹬转，脚尖内扣，上体右转 90°，重心移至两腿中间，成马步；左掌变拳向左冲出，拳眼向上，右拳收至腰侧，拳心向上；目视左拳(如图 8-148 所示)。

图 8-148

图 8-149

(六) 弓步下冲拳

右脚蹬直，左腿弯曲，上体稍向左转，成左弓步；左拳变掌向下经体前划弧向上架于头左上方，掌心向上，右拳自腰侧向左前斜下方冲出，拳眼向上；目视右拳(如图 8-149 所示)。

(七) 叉步亮掌侧踹腿

1. 十字交叉

上体稍右转；左掌由头上下落于右手腕上，右拳变掌，两手手腕处交叉成十字，手掌小指侧向前；目视双手(如图 8-150 所示)。

2. 叉步亮掌

右脚蹬地并向左腿后插步，以前脚掌着地；左掌由体前向下、向后划弧成勾手，勾尖向上，右掌由前向右、向上划弧抖腕亮掌，掌心向前；目视左方(如图 8-151 所示)。

3. 侧踹腿

重心移至右腿，左腿屈膝提起，向左上方猛力踹出，脚尖勾紧；上肢姿势不变；目视左侧(如图 8-152 所示)。

4. 要领

插步时上体稍向右倾斜，腿、臂的动作要一致。侧踹高度不能低于腰，大腿内旋，着力点在脚跟。

图 8 - 150

图 8 - 151

图 8 - 152

(八) 虚步挑拳

1. 落步左挑拳

左脚在左侧落地;左勾手变拳由体后向左上挑,拳背向上,右掌变拳稍后移,拳心向后(如图 8 - 153 所示)。

2. 提膝前挂拳

上体左转 180°,微含胸前俯;左拳继续向前、向上划弧上挑,右拳向下、向前划弧挂至右膝外侧,拳眼向上;同时右膝提起;目视右拳(如图 8 - 154 所示)。

3. 虚步右挑拳

右脚向左前方上步,脚尖点地,重心落于左脚,左腿下蹲成右虚步;左拳向后划弧收至腰侧,拳心向上,右拳向前屈臂挑出,拳眼斜向上,拳与肩同高;目视右拳(如图 8 - 155 所示)。

4. 要领

挑拳发力与脚尖点地同时完成;虚步大腿接近水平。

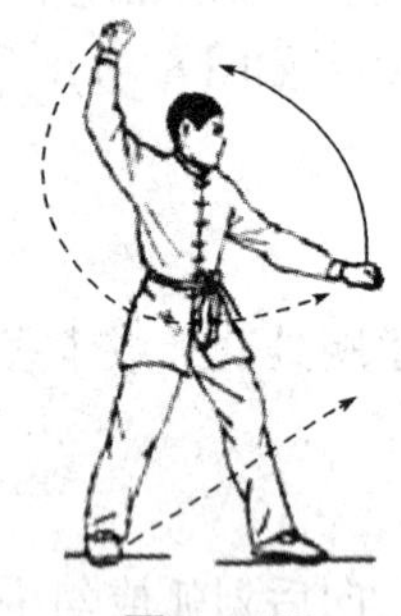
图 8 - 153

图 8 - 154

图 8 - 155

六、第四段

(一) 弓步顶肘

1. 缩身下挂

重心升高,右脚踏实,上身微含胸前俯;右臂内旋向下直臂划弧以拳背下挂至右膝内侧,左拳不变;目视前下方(如图 8 - 156 所示)。

2. 提膝摆臂

左腿蹬直,右腿屈膝上抬,上体右转;左拳变掌,右拳不变,两臂向前向上划弧摆起;目随右拳转视(如图 8－157 所示)。

3. 跳换步一

上动不停,左脚蹬地起跳,身体腾空;两臂继续划弧至头上方(如图 8－158 所示)。

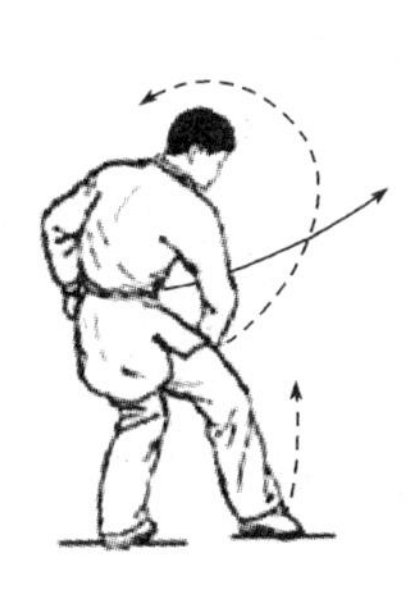
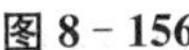

图 8－156

图 8－157

图 8－158

4. 跳换步二

右脚先落地,右腿屈膝,左脚向前落步,以前脚掌着地;同时两臂向右向下屈肘停于右胸前,右拳变掌,左掌变拳,右掌心贴靠左拳面,目视右方(如图 8－159 所示)。

5. 弓步顶肘

左脚向左上一步,右腿蹬直,左腿屈膝成左弓步;同时右掌推左拳,以左肘尖向左顶出,高与肩平;头随顶肘动作转向左方,目视前方(如图 8－160 所示)。

6. 要领

交换步时不要过高,但要快。两臂抡摆时要成圆弧。

图 8－159

图 8－160

(二) 转身左拍脚

1. 转身抡臂

以两脚前脚掌为轴向右后转体 180°,转体后左脚跟半步;随着转体,右臂向上、向右、向下划弧抡摆,同时左拳变掌向下、向后、向前上抡摆(如图 8－161 所示)。

2. 左拍脚

身体重心移至右脚,左腿伸直向前上迅速踢起,脚面绷平;左掌变拳收至腰侧,拳心向上,右掌由体后向上经头上向前拍击左脚面;目视右手(如图 8－162 所示)。

3. 要领

右掌拍脚时手指稍横过来,拍脚要准而响亮。

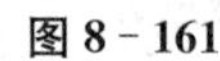

图 8－161

图 8－162

(三) 右拍脚

1. 左掌后摆

左脚主动向前下压落地;左拳变掌向下、向后摆,右掌变拳收至腰侧,拳心向上(如图 8－163 所示)。

2. 右拍脚

身体重心移至左脚,右腿伸直向前上迅速踢起,脚面绷平;左掌由后向上经头上向前拍击右脚面;目视左手(如图 8－164 所示)。

3. 要领

接转身左拍脚的上步动作要连贯;其余与本段的转身左拍脚相同。

图 8－163

图 8－164

(四) 腾空飞脚

1. 落脚上步

右脚主动向前下压落地,身体重心迅速移至右腿;上肢姿势保持不变(如图 8－165 所示)。

2. 起跳击掌

左脚向前摆起,右腿猛力蹬地跳起,左腿屈膝继续前上摆;同时右拳变掌向前上摆起,左掌先上摆而后下降拍击右掌背(如图 8－166 所示)。

3. 空中拍脚

左腿保持屈膝上提,右腿继续上摆,脚面绷平;右手拍击右脚面,左掌由体前向后侧上举,目视右手(如图 8－167 所示)。

图 8－165

图 8－166

图 8－167

4. 要领

蹬地要向上，不要太向前冲，左膝尽量上提。击响要在腾空时完成，右臂伸直成水平。

(五) 歇步下冲拳

1. 半马步按掌

左脚先落地，右脚随后向前落地成半马步；右掌下落前伸，掌心向下，左掌变拳收至腰侧，拳心向上；目视右手(如图 8－168 所示)。

2. 歇步下冲拳

身体右转 90°，两腿全蹲成歇步；右掌抓握、外旋变拳收至腰侧，左拳由腰侧向前下方冲出，拳心向下；目视左拳(如图 8－169 所示)。

图 8－168

图 8－169

(六) 仆步抡劈拳

1. 站起抡臂

两腿蹬地，重心升高；右臂由腰侧向体后伸直，左臂随身体重心升高向上摆起；目随左拳(如图 8－170 所示)。

2. 提膝转体

以右脚前脚掌为轴，左腿屈膝提起，上体左转 270°；左拳由前向后下划立圆，右拳由后向下向前上划立圆(如图 8－171 所示)。

3. 仆步劈拳

左脚向后落一步，屈膝全蹲，右腿伸直，脚尖里扣成右仆步；右拳由上向下抡劈，拳眼向上，左拳后上举，拳眼向上；目视右拳(如图 8－172 所示)。

4. 要领

抡臂时一定要划立圆。

图 8－170

图 8－171

图 8－172

（七）提膝挑掌

1. 弓步抡臂

左腿伸直，重心前移成右弓步；同时右拳变掌由下向上抡摆，左拳变掌稍下落，右掌心向左，左掌心向右（如图 8－173 所示）。

2. 提膝挑掌

左、右臂在垂直面上由前向后各划立圆一周，右臂伸直停于头上，掌心向左，指尖向上，左臂伸直停于身后成反勾手；同时右腿屈膝提起，左腿挺膝伸直独立；目视前方（如图 8－174 所示）。

3. 要领

抡臂时要划立圆。

图 8－173

图 8－174

（八）提膝劈掌弓步冲拳

1. 提膝劈掌

下肢不动；右掌由上向下猛劈伸直，停于右小腿内侧，用力点在小指一侧，左勾手变掌，屈臂向前停于右上臂内侧，掌心向左；目视右掌（如图 8－175 所示）。

2. 退步搂手

右脚向右后落地；身体右转 90°；同时左掌变拳收至腰侧，拳心向上，右臂内旋向右划弧做搂手（如图 8－176 所示）。

3. 弓步冲拳

上动不停，左腿蹬直成右弓步；右手抓握变拳收至腰侧，拳心向上，左拳由腰侧向左前方冲出，拳眼向上；目视左拳（如图 8－177 所示）。

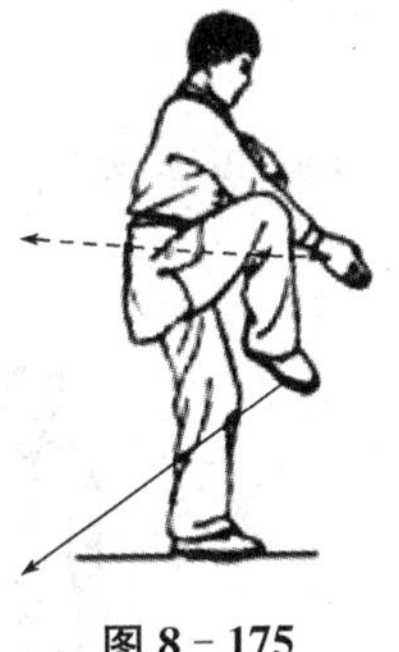
图 8－175

图 8－176

图 8－177

七、结束动作

（一）虚步亮掌

1. 扣膝抱掌

右脚蹬地，重心移至左脚，右脚扣于左膝后；两拳变掌，两臂右上左下屈肘交叉于左胸前，掌心向下；目视右手（如图 8－178 所示）。

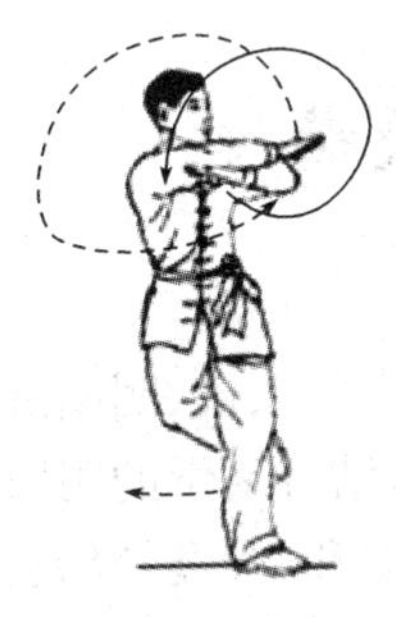
图 8－178

图 8－179

图 8－180

2. 退步舞花

右脚向右后落步，重心后移，右腿半蹲，上体稍右转；同时右掌向上、向右、体前划弧停于左腋下，左掌向左、向上划弧停于右臂上与左胸前，两掌心左下右上；目视左掌（如图 8－179所示）。

3. 虚步亮掌

左脚尖稍向右移，右腿下蹲成左虚步；左臂伸直向左、向后划弧成反勾手，右臂伸直向下、向右、向上划弧抖腕亮掌，掌心向前；目视左方（如图 8－180 所示）

4. 要领

亮掌和转头协调一致。

（二）并步对拳

1. 退步穿掌

左腿向后撤一步；同时两掌从两腰侧向前穿出伸直，掌心向上；目视前方（如图 8－181 所示）。

2. 退步后摆掌

右腿后撤一步；同时两臂分别向体后下摆（如图 8－182 所示）。

3. 并步转头对拳

左脚后退半步向右脚并拢；两臂由后向上经体前屈臂下按，两掌变拳，停于腹前，拳心向下，拳面相对；目视左方（如图 8－183 所示）。

图 8－181

图 8－182

图 8－183

图 8－184

（三）还原

两拳变掌，两臂自然下垂；头转向正前方，眼睛向前平视（如图 8－184 所示）。

第九节　二十四式简化太极拳

太极拳，国家级非物质文化遗产，是以中国传统儒、道哲学中的太极、阴阳辩证理念为核心思想，集颐养性情、强身健体、技击对抗等多种功能为一体，结合易学的阴阳五行之变化，中医经络学，古代的导引术和吐纳术形成的一种内外兼修、柔和、缓慢、轻灵、刚柔相济的汉族传统拳术，是中国武术优秀的代表性拳种之一，在我国乃至世界广为流传，具有广泛的群众基础。传统太极拳门派众多，常见流派有陈式、杨式、武式、吴式、孙式、和式等派别，各派既有传承关系，相互借鉴，也各有自己的特点，呈百花齐放之态。上世纪 50 年代，为了便于在广大群众中推广太极拳，原国家体委组织有关专家，在杨式太极拳的基础上，简化原有的套路而创编了二十四式简化太极拳。它不仅简单易练，而且保留了杨式太极拳的技术精华，具有极佳的健身功能和丰富的技击招法。

一、二十四式简化太极拳动作名称

第一组：(1) 起式。(2) 左右野马分鬃。(3) 白鹤亮翅。

第二组：(4) 左右搂膝拗步。(5) 手挥琵琶。(6) 左右倒卷肱。

第三组：(7) 左揽雀尾。(8) 右揽雀尾。

第四组：(9) 单鞭。(10) 云手。(11) 单鞭。

第五组：(12) 高探马。(13) 右蹬脚。(14) 双峰贯耳。(15) 转身左蹬脚。

第六组：(16) 左下式独立。(17) 右下式独立。

第七组：(18) 左右穿梭。(19) 海底针。(20) 闪通臂。

第八组：(21) 转身搬拦捶。(22) 如封似闭。(23) 十字手。(24) 收式。

二、二十四式简化太极拳动作说明

(一) 起式

(1) 身体自然并步直立，右脚轻轻提起，向左开步，与肩同宽，脚尖向前；两臂自然下垂，两手放在大腿外侧。眼向前平视(如图 8－185 所示)。

(2) 两臂慢慢向前平举，两手高与肩平，与肩同宽，手心向下(如图 8－186—8－187 所示)。

(3) 上体保持正直，两腿屈膝下蹲；同时两掌轻轻下按，两肘下垂与两膝相对。眼平视前方(如图 8－188 所示)。

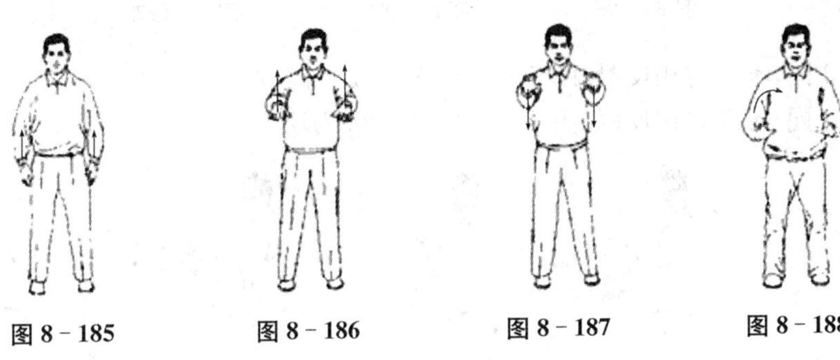

图 8－185　图 8－186　图 8－187　图 8－188

(二) 左右野马分鬃

(1) 上体微向右转，身体重心移至右腿上；同时右臂收在胸前平屈，手心向下，左手经体前向右下划弧放在右手下，手心向上，两手心相对成抱球状，左脚随即收到右脚内侧，脚尖点地。眼看右手(如图 8－189—8－190 所示)。

(2) 上体微向左转，左脚向左前方迈出，右脚跟后蹬，右腿自然伸直成左弓步；同时上体继续向左转，左、右手随转体分别慢慢向左上、右下方分开，左手高与眼平，肘微屈；右手落在右胯旁，肘也微屈，手心向下，指尖向前。眼看左手(如图 8－191—8－193 所示)。

图 8－189　图 8－190　图 8－191　图 8－192　图 8－193

(3) 上体慢慢后坐，身体重心移至右腿，左脚尖翘起，微向外撇(大约 45°—60°)，随后脚掌慢慢踏实，左腿慢慢前弓，身体左转，身体重心再移至左腿；同时左手翻转向下，左臂收在胸前平屈，右手向左下划弧放在左手下，两手心相对成抱球状，右脚随即收到左脚内侧，脚尖点地。眼看左手。(如图 8－194—8－196 所示)

(4) 右腿向右前方迈出，左腿自然伸直成右弓步；同时上体右转，左右手随转体分别

慢慢向左下、右上分开，右手高与眼平，肘微屈；左手落在左胯旁，肘亦微屈，手心向下，指尖向前。眼看右手。(如图 8－197—8－198 所示)

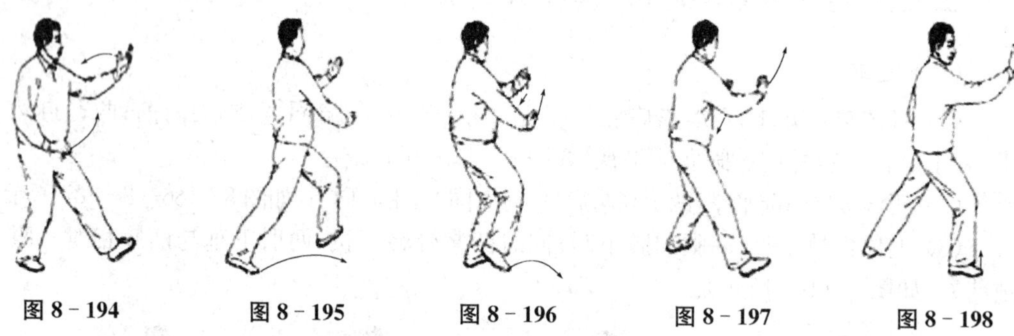

图 8－194　图 8－195　图 8－196　图 8－197　图 8－198

(5) 与 3 同，唯左右相反(如图 8－199—8－201 所示)。

(6) 与 4 同，惟左右相反(如图 8－202—8－203 所示)。

图 8－199　图 8－200　图 8－201　图 8－202　图 8－203

(三) 白鹤亮翅

(1) 上体微向左转，左手翻掌向下，左臂平屈胸前，右手向左上划弧，手心转向上，与左手成抱球状。眼看左手(如图 8－204 所示)。

图 8－204　图 8－205　图 8－206

(2) 右脚跟进半步，上体后坐，身体重心移至右腿，上体先向右转，面向右前方，眼看右手；然后左脚稍向前移，脚尖点地成左虚步；同时上体再微向左转，面向前方，两手随转体慢慢向右上、左下分开，右手上提停于右额前，手心向左后方，左手落于左胯前，手心向下，指尖向前。眼平视前方(如图 8－205—8－206 所示)。

(四) 左右搂膝拗步

(1) 右手从体前下落，由下向后上方划弧至右肩外侧，肘微屈，手与耳同高，手心斜向

上，左手由左下向上、向右划弧至右胸前，手心斜向下；同时上体先微向左再向右转，左脚收至右脚内侧，脚尖点地。眼看右手(如图 8－207—8－209 所示)。

图 8－207　　图 8－208　　图 8－209

(2) 上体左转，左脚向前(偏左)迈出成左弓步；同时右手屈回由耳侧向前推出，高与鼻尖平，左手向下由左膝前搂过落于左胯旁，指尖向前。眼看右手手指(如图 8－210—8－211 所示)。

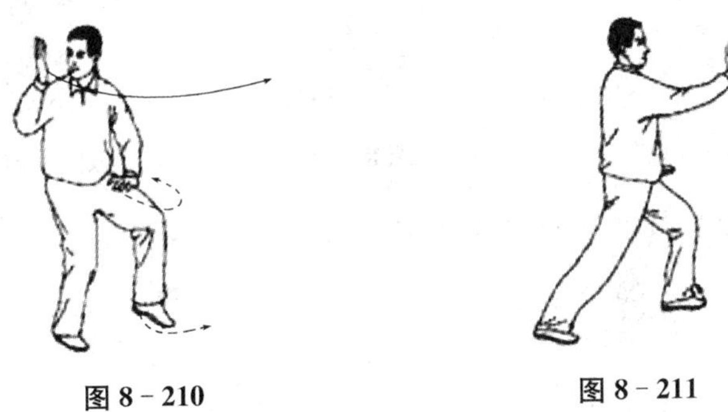

图 8－210　　图 8－211

(3) 右腿慢慢屈膝，上体后坐，身体重心移至右腿，左脚尖翘起微向外撇，随后脚掌慢慢踏实，左腿前弓，身体左转，身体重心移至左腿。右脚收到左脚内侧，脚尖点地；同时左手向外翻掌由左后向上划弧至左肩外侧，肘微屈，手与耳同高，手心斜向上，右手随转体向上、向左下划弧落于左胸前，手心斜向下。眼看左手(如图 8－212—8－214 所示)。

图 8－212　　图 8－213　　图 8－214

(4) 与 2 同，唯左右相反(如图 8－215—8－216 所示)。

图 8-215

图 8-216

(5) 与 3 同,唯左右相反(如图 8-217—8-219 所示)。

图 8-217

图 8-218

图 8-219

(6) 与 2 同(如图 8-220—8-221 所示)。

图 8-220

图 8-221

(五) 手挥琵琶

(1) 右脚跟进半步,上体后坐,身体重心转至右腿上,上体半面向右转,左脚略提起稍向前移,变成左虚步,脚跟着地,脚尖翘起,膝部微屈;同时左手由左下向上挑举,高与鼻尖平,掌心向右,臂微屈,右手收回放在左臂肘部里侧,掌心向左。眼看左手食指(如图 8-222—8-224 所示)。

图 8-222

图 8-223

图 8-224

(六) 左右倒卷肱

(1) 上体右转,右手翻掌(手心向上)经腹前由下向后上方划弧平举,臂微屈,左手随即翻掌向上。眼的视线随着向右转体先向右看,再转向前方看左手(如图 8-225—8-226 所示)。

(2) 右臂屈肘折向前,右手由耳侧向前推出,手心向前,左臂屈肘后撤,手心向上,撤至左肋外侧;同时左腿轻轻提起向后(偏左)退一步,脚掌先着地,然后全脚慢慢踏实,身体重心移到左腿上成右虚步,右脚随转体以脚掌为轴扭正。眼看右手(如图 8-227—8-228 所示)。

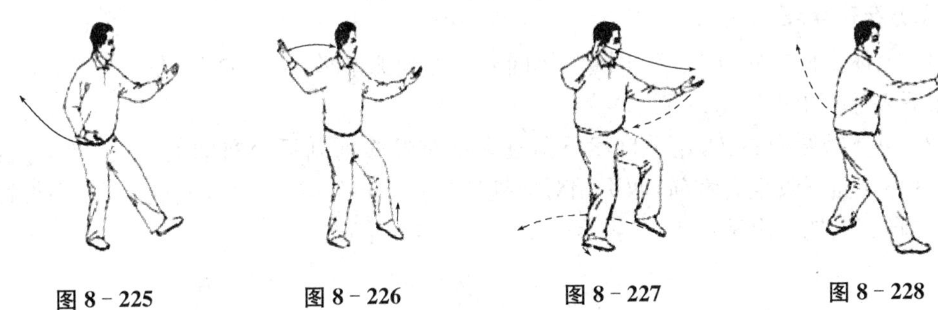

图 8-225　图 8-226　图 8-227　图 8-228

(3) 上体微向左转;同时左手随转体向后上方划弧平举,手心向上,右手随即翻掌,掌心向上。眼随转体先向左看,再转向前方看右手(如图 8-229 所示)。

(4) 与 2 同,唯左右相反(如图 8-230—8-231 所示)。

(5) 与 3 同,唯左右相反(如图 8-232 所示)。

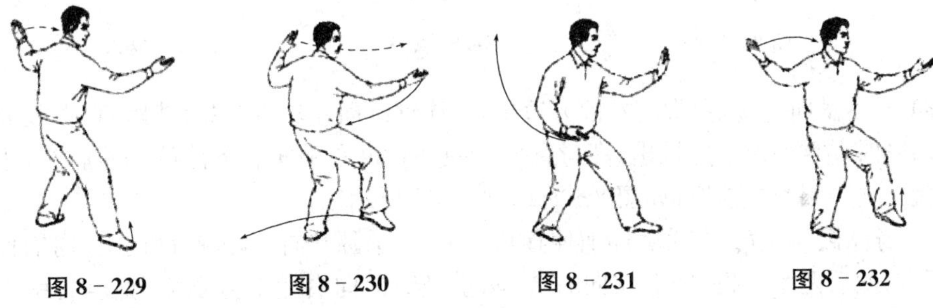

图 8-229　图 8-230　图 8-231　图 8-232

(6) 与 2 同(如图 8-233—8-234 所示)。

(7) 与 3 同(如图 8-235 所示)。

图 8-233　图 8-234　图 8-235

(8) 与 2 同,唯左右相反(如图 8 - 236—8 - 237 所示)。

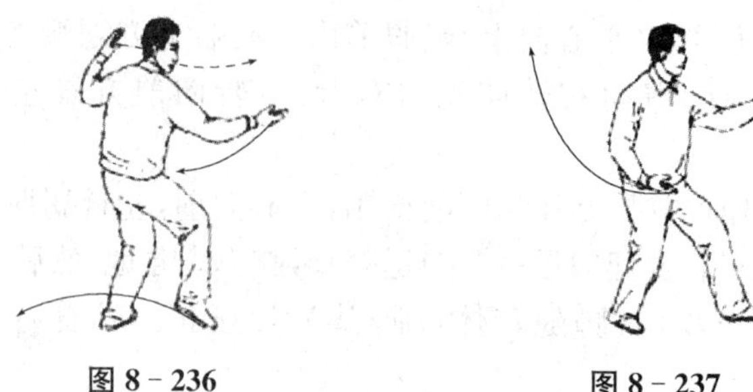

图 8 - 236　　图 8 - 237

(七) 左揽雀尾

(1) 上体微向右转,同时右手随转体向后上方划弧平举,手心向上,左手放松,手心向下。眼看左手(如图 8 - 238 所示)。

(2) 身体继续向右转,左手自然下落逐渐翻掌经腹前划弧至右肋前,手心向上,右臂屈肘,手心转向下收至右胸前,两手相对成抱球状;同时身体重心落在右腿上,左脚收到右脚内侧,脚尖点地。眼看右手(如图 8 - 239—8 - 240 所示)。

图 8 - 238　　图 8 - 239　　图 8 - 240

(3) 上体微向左转,左脚向左前方迈出,上体继续向左转,右腿自然蹬直,左腿屈膝成左弓步;同时左臂向左前方推出,高与肩平,手心向后,右手向右下落放于右胯旁,手心向下,指尖向前。眼看左前臂(如图 8 - 241—8 - 242 所示)。

(4) 身体微向左转,左手随即前伸翻掌向下,右手翻掌向上,经腹前向上、向前伸至左前臂下方;然后两手下捋,即上体向右转,两手经腹前向右后上方划弧,直至右手手心向上,高与肩齐,左臂平屈于胸前,手心向后;同时身体重心移至右腿。眼看右手(如图 8 - 243—8 - 244 所示)。

图 8 - 241　　图 8 - 242　　图 8 - 243　　图 8 - 244

(5) 上体微向左转，右臂屈肘折回，右手附于左手腕里侧，上体继续向左转，双手同时向前慢慢挤出，左手心向后，右手心向前，左前臂要保持半圆；同时身体重心逐渐前移变成左弓步。眼看左手腕部(如图 8－245—8－246 所示)。

图 8－245

图 8－246

图 8－247

(6) 左手翻掌，手心向下，右手经左手腕上方向前、向右伸出，高与左手齐，手心向下，两手左右分开，宽与肩同；然后右腿屈膝，上体慢慢后坐，身体重心移至右腿上，左脚尖翘起；同时两手屈肘回收至腹前，手心均向前下方。眼向前平视(如图 8－247—8－249 所示)。

(7) 上体不停，身体重心慢慢前移；同时两手向前、向上按出，掌心向前，左腿前弓成左弓步。眼平视前方(如图 8－250 所示)。

图 8－248

图 8－249

图 8－250

(八) 右揽雀尾

(1) 上体后坐并向右转，身体重心移至右腿，左脚尖里扣，右手向右平行划弧至右侧；然后由右下经腹前向左上划弧至左肋前，手心向上，左臂平屈胸前，左手掌向下与右手成抱球状；同时身体重心再移至左腿上，右脚收至左脚内侧，脚尖点地。眼看左手(如图 8－251—8－254 所示)。

图 8－251

图 8－252

图 8－253

图 8－254

(2) 同“左揽雀尾”3,唯左右相反(如图 8－255—8－256 所示)。

(3) 同“左揽雀尾”4,唯左右相反(如图 8－257—8－258 所示)。

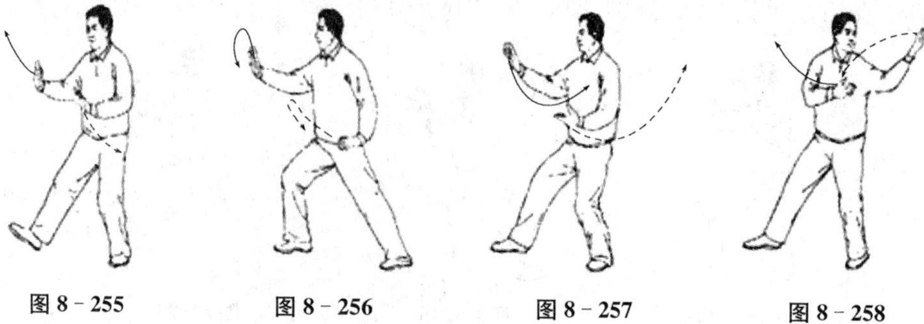

图 8－255　图 8－256　图 8－257　图 8－258

(4) 同“左揽雀尾”5,唯左右相反(如图 8－259—8－260 所示)。

(5) 同“左揽雀尾”6,唯左右相反(如图 8－261—8－263 所示)。

(6) 同“左揽雀尾”7,唯左右相反(如图 8－264 所示)。

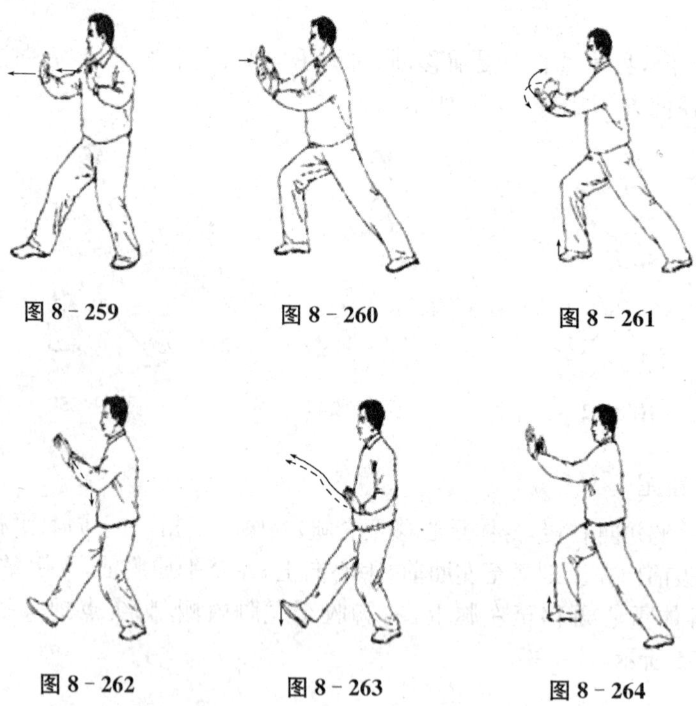

图 8－259　图 8－260　图 8－261

图 8－262　图 8－263　图 8－264

(九) 单鞭

(1) 上体后坐,身体重心逐渐移至左腿上,右脚尖里扣;同时上体左转,两手向左划弧,直至左臂平举伸于身体左侧,手心向左,右手经腹前运转至左肋前,手心向后上方。眼看左手(如图 8－265—8－266 所示)。

(2) 身体重心再渐渐移至右腿上,上体右转,左脚向右脚靠拢,脚尖点地;同时右手向右上方划弧,至右斜前方时变勾手,臂略高于肩,左手向下经腹前向右上划弧停于右肩前,手心向里。眼看左手(如图 8－267—8－268 所示)。

图 8－265

图 8－266

图 8－267

图 8－268

(3) 上体微向左转，左脚向左前侧迈出，右脚跟后蹬成左弓步；在身体重心移向左腿的同时，左掌随上体的继续左转慢慢翻转向前推出，手心向前，手指与眼齐平，臂微屈。眼看左手(如图 8－269—8－270 所示)。

图 8－269

图 8－270

(十) 云手

(1) 身体重心移至右腿上，身体渐向右转，左脚尖里扣；左手经腹前向右上划弧至右肩前，手心斜向后，右手变掌，手心向右前。眼看左手(如图 8－271—8－273 所示)。

图 8－271

图 8－272

图 8－273

(2) 上体慢慢左转，身体重心随之逐渐左移，左手由脸前向左侧划弧，手心渐转向左方，右手由右下经腹前向上划弧至左肩前，手心斜向后；同时右脚靠近左脚成小开立步。眼看右手(如图 8－274—8－275 所示)。

(3) 上体再向右转，同时左手经腹前向右上划弧至右肩前，手心斜向后，右手向右划弧，手心翻转向右；左腿随之向左横跨一步。眼看左手(如图 8－276—8－278 所示)。

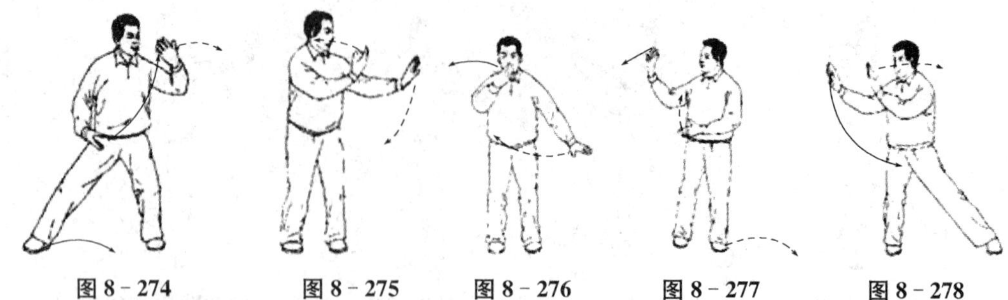

图 8 - 274　图 8 - 275　图 8 - 276　图 8 - 277　图 8 - 278

(4) 同 2(如图 8 - 279—8 - 280 所示)。

(5) 同 3(如图 8 - 281—8 - 283 所示)。

(6) 同 2(如图 8 - 284—8 - 285 所示)。

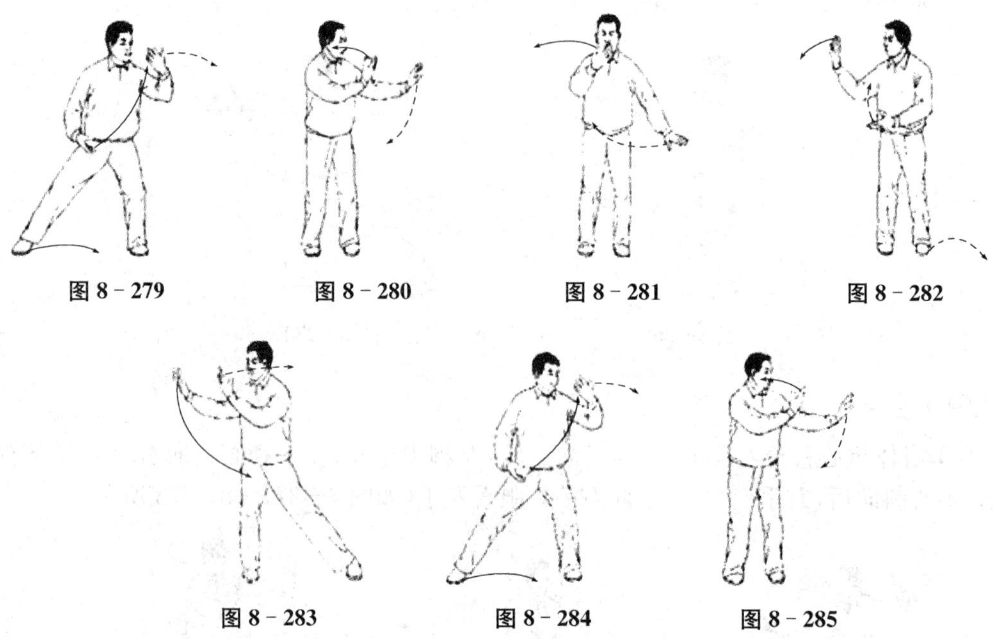

图 8 - 279　图 8 - 280　图 8 - 281　图 8 - 282

图 8 - 283　图 8 - 284　图 8 - 285

(十一) 单鞭

(1) 上体向右转,右手随之向右划弧,至右斜前方时变成勾手,左手经腹前向右上划弧至右肩前,手心向内;身体重心落在右腿上,左脚尖点地。眼看左手(如图 8 - 286—8 - 288 所示)。

图 8 - 286　图 8 - 287　图 8 - 288

(2) 上体微向左转，左脚向左前侧迈出，右脚跟后蹬成左弓步；在身体重心移向左腿的同时，上体继续左转，左掌慢慢翻转向前推出成“单鞭”式(如图 8－289—8－290 所示)。

图 8－289　图 8－290　图 8－291　图 8－292

(十二) 高探马

(1) 右脚跟进半步，身体重心逐渐后移至右腿上，右勾手变成掌，两手心翻转向上，两肘微屈；同时身体微向右转，左脚跟渐渐离地。眼视左前方(如图 8－291 所示)。

(2) 上体微向左转，面向前方，右掌经右耳旁向前推出，手心向前，手指与眼同高，左手收至左侧腰前，手心向上；同时左脚微向前移，脚尖点地成左虚步。眼看右手(如图 8－292 所示)。

(十三) 右蹬脚

(1) 左手手心向上，前伸至右手腕背面，两手相互交叉，随即向两侧分开并向下划弧，手心斜向下；同时左脚提起向左前侧进步，身体重心前移，右腿自然蹬直成左弓步。眼看前方(如图 8－293—8－295 所示)。

图 8－293　图 8－294　图 8－295

(2) 两手由外圈向里圈划弧，两手交叉合抱于胸前，右手在外，手心均向后；同时右脚向左脚靠拢，脚尖点地。眼平视右前方(如图 8－296 所示)。

(3) 两臂左右划弧分开平举，肘微屈，手心均向外；同时右腿屈膝提起，右脚向右前方慢慢蹬出。眼看右手(如图 8－297—8－298 所示)。

图 8－296

图 8－297

图 8－298

（十四）双峰贯耳

（1）右腿收回，屈膝平举；左手由后向上、向前下落至体前，两手心均翻转向上，两手同时向下划弧分落于右膝盖两侧。眼看前方（如图 8－299—8－300 所示）。

（2）右脚向右前方落下，身体重心渐渐前移，成右弓步，面向右前方；同时两手下落，慢慢变拳，分别从两侧向上、向前划弧至面部前方，两拳拳峰相对，拳眼都斜向内下，高与耳齐。眼看右拳（如图 8－301—8－302 所示）。

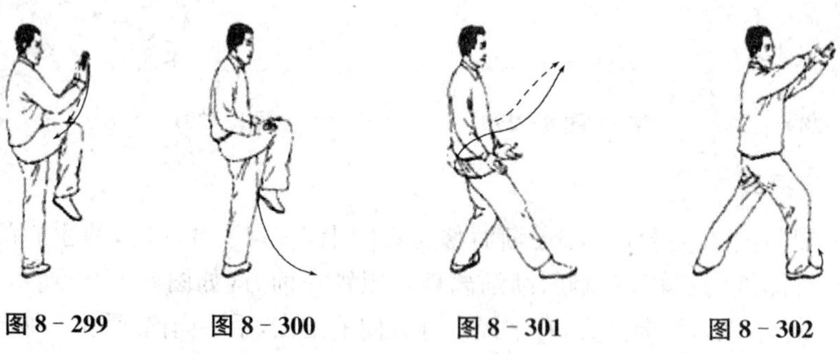

图 8－299　图 8－300　图 8－301　图 8－302

（十五）转身左蹬脚

（1）左腿屈膝后坐，身体重心移至左腿，上体左转，右脚尖里扣；同时两拳变掌，由上向左右划弧并分开平举，手心向前。眼看左手（如图 8－303—8－304 所示）。

（2）身体重心再移至右腿，左脚收到右脚内侧，脚尖点地；同时两手由外圈向里圈划弧合抱手胸前，左手在外，手心均向后。眼平视左方（如图 8－305—8－306 所示）。

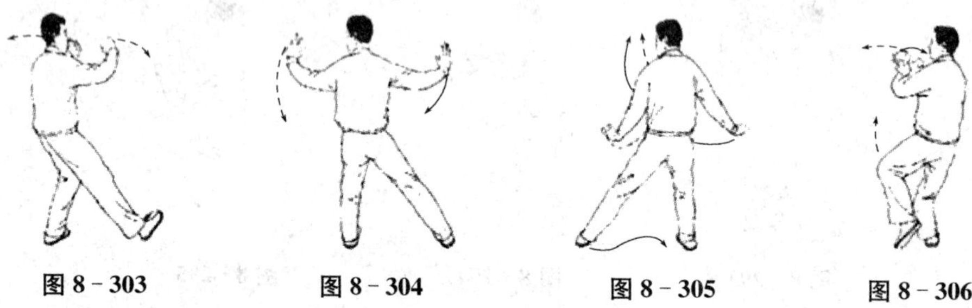

图 8－303　图 8－304　图 8－305　图 8－306

（3）两臂左右划弧分开平举，肘微屈，手心均向外；同时左腿屈膝提起，左脚向左前方慢慢蹬出。眼看左手（如图 8－307—8－308 所示）。

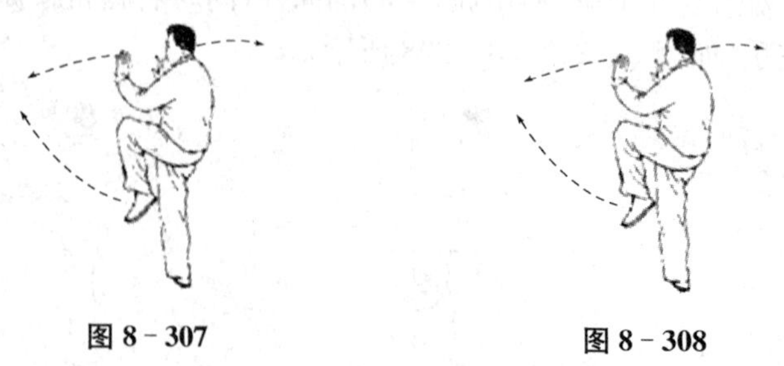

图 8－307　图 8－308

（十六）左下式独立

（1）左腿收回平屈，上体右转；右掌变成勾手，左掌向上、向右划弧下落，立于右肩前，

掌心斜向后。眼看右手(如图 8-309—8-310 所示)。

(2) 右腿慢慢屈膝下蹲,左腿由内向左侧伸出,成左仆步;左手下落,向左下顺左腿内侧向前穿出。眼看左手(如图 8-311—8-312 所示)。

图 8-309　图 8-310　图 8-311　图 8-312

(3) 身体重心前移,以左脚跟为轴,脚尖尽量向外撇,左腿前弓,右腿后蹬,右脚尖里扣,上体微向左转并向前起身;同时左臂继续向前伸出,掌心向右,右勾手下落,勾尖向上。眼视左手(如图 8-313 所示)。

(4) 右腿慢慢提起平屈,成左独立式;同时右勾手变掌,并由后下方顺右腿外侧向前弧形摆出,屈臂立于右腿上方,肘与膝相对,手心向左,左手落于左胯旁,手心向下,指尖向前。眼看右手(如图 8-314—8-315 所示)。

图 8-313　图 8-314　图 8-315

(十七) 右下式独立

(1) 右脚下落于左脚前,脚掌着地,然后左脚脚跟以前掌为轴转动,身体随之左转;同时左手向后平举变成勾手,右掌随着转体向左侧划弧,立于左肩前,掌心斜向后。眼看左手(如图 8-316—8-317 所示)。

(2) 同"左下式独立"(2),唯左右相反(如图 8-318—8-319 所示)。

图 8-316　图 8-317　图 8-318　图 8-319

(3) 同"左下式独立"(3),唯左右相反(如图 8-320 所示)。

(4) 同"左下式独立"(4),唯左右相反(如图 8-321—8-322 所示)。

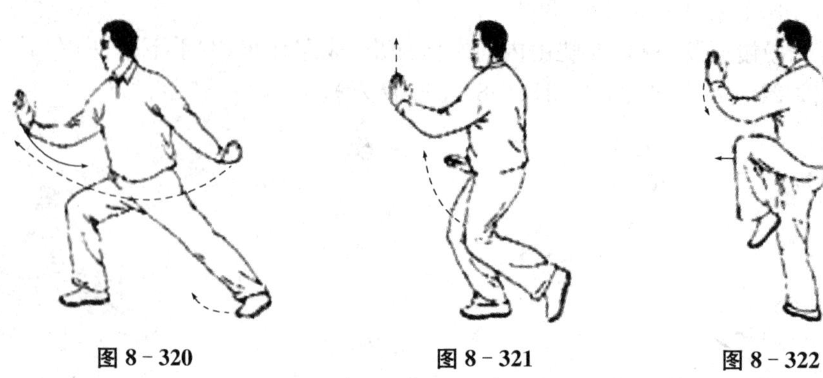
图 8 - 320　　图 8 - 321　　图 8 - 322

(十八) 左右穿梭

(1) 身体微向左转,左脚向前落地,脚尖外撇,右脚跟离地,两腿屈膝成半坐盘式;同时两手在左胸前成抱球状(左上右下);然后右脚收到左脚的内侧,脚尖点地。眼看左前臂(如图 8 - 323—8 - 325 所示)。

图 8 - 323　　图 8 - 324　　图 8 - 325

(2) 身体右转,右脚向右前方迈出,屈膝弓腿成右弓步;同时右手由脸前向上举并翻掌停在右额前,手心斜向上,左手先向左下再经体前向前推出,高与鼻尖平,手心向前。眼看左手(如图 8 - 326—8 - 328 所示)。

图 8 - 326　　图 8 - 327　　图 8 - 328

(3) 身体重心略向后移,右脚尖稍向外撇,随即身体重心再移至右腿,左脚跟进停于右脚内侧,脚尖点地;同时两手在右胸前成抱球状(右上左下)。眼看右前臂(如图 8 - 329—8 - 330 所示)。

图 8 - 329

图 8 - 330

(4) 同(2),唯左右相反(如图 8 - 331—8 - 333 所示)。

图 8 - 331

图 8 - 332

图 8 - 333

(十九) 海底针

右脚向前跟进半步,身体重心移至右腿,左脚稍向前移,脚尖点地成左虚步;同时身体稍向右转,右手下落经体前向后、向上提抽至肩上耳旁;再随身体左转,由右耳旁斜向前下方插出,掌心向左,指尖斜向下;与此同时,左手向前、向下划弧落于左胯旁,手心向下,指尖向前。眼看前下方(如图 8 - 334—8 - 335 所示)。

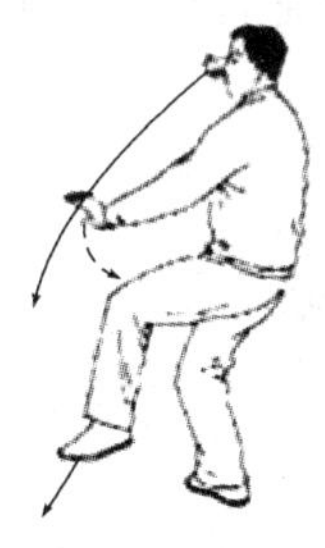
图 8 - 334

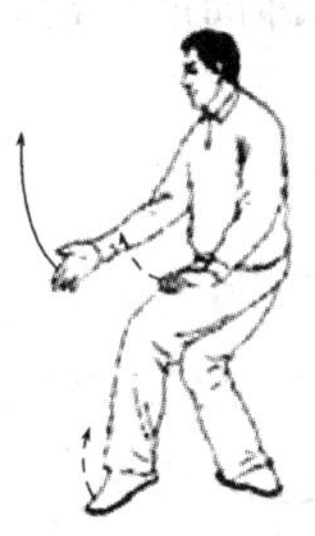
图 8 - 335

(二十) 闪通臂

(1) 上体稍向右转,左脚向前迈出,屈膝成左弓步;同时右手由体前上提,屈臂上举,停于右额前上方,掌心翻转斜向上,拇指朝下,左手上提经胸前向前推出,高与鼻尖平,手心向前。眼看左手(如图 8 - 336—8 - 338 所示)。

图 8－336

图 8－337

图 8－338

（二十一）转身搬拦捶

（1）上体后坐，身体重心移至右腿上，左脚尖里扣，身体向右后转，然后身体重心再移至左腿上；与此同时，右掌变拳随着转体向右、向下经腹前划弧至左肋旁，拳心向下，左掌上举于头前，掌心斜向上。眼看前方（如图 8－339—8－341 所示）。

图 8－339

图 8－340

图 8－341

（2）向右转体，右拳经胸前向前翻转撇出，拳心向上，左手落于左胯旁，掌心向下，指尖向前；同时右脚收回后即向前迈出，脚尖外撇。眼看右拳（如图 8－342—8－344 所示）。

图 8－342

图 8－343

图 8－344

（3）身体重心移至右腿上，左脚向前迈一步；左手经左侧向前上方划弧拦出，掌心向前下方，右拳向右划弧收到右腰旁，拳心向上。眼看左手（如图 8－345—8－346 所示）。

（4）左腿前弓成左弓步；同时右拳向前打出，拳眼向上，高与胸平，左手附于右前臂里侧。眼看右拳（如图 8－347 所示）。

图 8 - 345

图 8 - 346

图 8 - 347

(二十二) 如封似闭

(1) 左手由右腕下向前伸出,右拳变掌,两手手心逐渐翻转向上并慢慢分开回收;同时身体后坐,左脚尖翘起,身体重心移至右腿。眼看前方(如图 8 - 348—8 - 350 所示)。

图 8 - 348

图 8 - 349

图 8 - 350

(2) 两手在胸前翻掌,向下经腹前再向上、向前推出,腕与肩平,手心向前;同时左腿前弓成左弓步,眼看前方(如图 8 - 351—8 - 353 所示)。

图 8 - 351

图 8 - 352

图 8 - 353

(二十三) 十字手

(1) 屈膝后坐,身体重心移至右腿,左脚尖里扣,向右转体,右手随着转体动作向右平摆划弧,与左手成两臂侧平举,掌心向前,肘部微屈;同时右脚尖随着转体稍向外撇,成右侧弓步。眼看右手(如图 8 - 354—8 - 355 所示)。

(2) 身体重心慢慢移至左腿,右脚尖里扣,随即向左收回,两脚距离与肩同宽,两腿逐渐蹬直成开立步;同时两手向下经腹前向上划弧,腕部交叉环抱于胸前,两臂撑圆,腕高与肩平,成十字手,手心均向后。眼看前方(如图 8 - 356—8 - 357 所示)。

图 8 - 354

图 8 - 355

图 8 - 356

图 8 - 357

(二十四) 收式

(1) 两手向外翻掌，手心向下，两臂慢慢下落停于身体两侧。目视前方（如图 8 - 358—8 - 360 所示）。

图 8 - 358

图 8 - 359

图 8 - 360

第九章 健美操

第一节 健美操运动概述

一、健美操的概念

健美操是一项以有氧运动为基础，以健、力、美为特征，融体操、舞蹈、音乐为一体，通过徒手和使用健美器械的身体练习。它既是健身美体、陶冶情操的大众健身方式，又是竞技运动的一个项目。

二、健美操的起源

健美操作为一项独立的体育运动项目兴起于20世纪60年代末70年代初，源自于人们对健康和健美的追求，是体操、音乐、舞蹈、艺术结合与发展的产物。从服务于大众健身需要的现代健身健美操的诞生到高水平竞技健美操的出现，经历了一个飞速发展的过程。

1968年，美国太空总署运动医学博士库帕(cooper)根据宇航员所处的特殊环境以及对宇航员身体机能的特殊要求，为太空人的体能训练量身设计了Aerobics Exercise，这种有氧操出现不久便因其对身体机能，尤其对心血管和体型的作用引起了人们的注意。1969年杰希·索伦森综合了这种有氧操的特点，并结合当时流行于美国黑人的各种爵士舞和非洲民间舞，创编了一种操舞相结合的健身舞，这种舞带有较好的娱乐性，形式新颖，有较强的节奏性。人们逐渐减弱了较为枯燥单调的长跑热，开始热衷于既能增进健康又能健美身材，也可作为娱乐消遣方式的健美操之中。健美操根据有氧运动的原理，吸收了体操中的徒手动作和当代流行舞蹈的动作，形成一个具有很多运动项目“遗传基因”的独立的新兴项目。

简·方达是70年代崛起的好莱坞电影明星，两次获得奥斯卡金像奖和金球奖，并被评为第30届基纳国际电影节最佳女主角。简·方达从小并没有天生的好身材，为了苗条，她采用“节食”、“呕吐”、服用可卡因和利尿剂等方法进行减肥，但她发现，随着服药时间的增长，体重减轻了，体力也下降了。1976年英国伦敦的一位医生向她指出，长期服用利尿剂会造成身体缺钾，会引起严重的肌肉和肾脏功能衰竭。这让简·方达深刻认识到“健康的美才是真正的美，才是持久的美”，从此，她走上了体育锻炼的道路，通过健美操来保持身体健康和身材苗条。为了向人们介绍健康减肥的方法，她撰写了《简·方达健身术》一书以及录像带，该书自1981年首次在美国出版以来，一直畅销不衰，并被译成20多种文字，在世界30多个国家发行。简·方达对健美操在世界范围内的流行与发展起了巨大的推动作用，她成为20世纪80年代风靡世界的健美操的杰出代表人物。

三、健美操的兴起与发展

（一）健美操运动的发展

健美操能够在世界范围内兴起并得到广泛的开展，其原因是多方面的。健美操本身的项目特点促进了健美操运动的发展。健美操动作丰富、变化多，其动作表现具有"健、力、美"的特征，包含着较高的艺术因素，因此不仅健身的效果好，而且能够满足人们"爱美"的心理。同时，健美操练习还有音乐的伴奏，其强烈的音乐节奏令人兴奋。催人奋进，使人们在轻松、欢快的气氛中达到锻炼身体的目的。另外，健美操锻炼所需的场地器材简单，练习形式多样，适合各年龄层次人群的特点，这也是健美操能够发展中的原因之一。

健美操不仅在美、英、法等国家迅速发展，在前苏联和其他东欧国家也相当普及，在亚洲地区、日本、菲律宾、新加坡等国家和地区也建有许多健美操活动中心及健身俱乐部。20世纪70年代末，健美操热传到了我国。目前，健美操已成为我国各级各类学校体育课或课外活动中一项深受师生欢迎的教学内容和锻炼方式。1992年国务院颁布了《全民健身计划实施纲要》，健美操成为全民健身的重要项目之一。1992年9月中国健美操协会在北京成立。1992年2月，中国大学生体协健美操、艺术体操分会在北京成立，这些都标志着我国健美操运动已进入一个崭新的发展阶段。

（二）竞技健美操的诞生

健美操作为一项群众性体育活动，只有比赛才能使其成为一个真正的体育运动项目。1983年，由国际健美操联合会(IAF)举办了第一节国际健美操比赛，约有近百名运动员参加了比赛。从1995年起，国际体联(FIG)每年举办国际体联健美操世界锦标赛。1998年，国际健美操冠军联合会(ANAC)举办的世界健美操冠军赛，参赛运动员人数达到了200多人。

从竞技性健美操的产生发展至今，各种国际比赛不断发展变化，技术水平也不断提高。俯卧撑，仰卧起坐，高踢腿、开合跳曾经都是比赛的规定动作，但随着比赛激烈程度的增加，技术水平的提高，规定动作已被取消。竞技健美操的发展趋势成为突出成套动作编排艺术性和动作的创新，避免动作的对称性和重复，提倡多样化、难度水平和动作质量。

四、健美操的分类

（一）健美操的分类

健美操内容丰富、形式多样、种类繁多，根据当今世界和我国健美操运动发展状况和未来的发展趋势，按照不同的目的和任务，可将健美操分归为健身性健美操和竞技性健美操两大类

1. 健身健美操

健身健美操是一种有氧运动，也称有氧健身操。它以健身为目的，通过在有氧供能的条件下，按照一定的顺序全面锻炼身体的各个部位来提高有氧代谢能力，增进健康、健美

形体、焕发精神、娱乐身心。为了保证一定的运动负荷和锻炼的全面性，其动作多有重复（可持续中低强度的全身性运动达 30 分钟以上），并均以对称的形式出现，还可使用器械增加锻炼效果。健身性健美操面对大众，也称大众健美操，因而它的动作比较简单，讲究针对性和实效性，节奏感强，速度为每 10 秒 20—24 拍左右，强度和难度相对较低，练习时间可长可短，在练习的要求上也可以根据个体情况而变化，所以为社会不同年龄、性别、职业、基础的人所喜爱和选用。健身健美操严格遵循健康、安全的原则，在保证安全的基础上，达到锻炼身体的目的。近年随着人们对健身娱乐的需求越来越强，出现了多种时尚的徒手健美操与健身舞，进一步丰富了健身健美操的练习形式。

随着健身健美操的风靡全球，新型的拉丁有氧操、有氧踏板操、有氧搏击操、蹦床操、球操、有氧舞蹈等也成为当下最流行的健美操。

拉丁有氧操，是在有氧健身操基本步法和手臂的组合动作中，融入拉丁舞的一些独特的动作，是练习者在拉丁舞的狂热音乐中，尽情展示自己美好身段，在疯狂的扭动和淋漓的汗水中，减去腰腿部多余的脂肪。

踏板健美操，是在徒手健美操的练习基础上发展起来的，它利用一块特制的踏板（共三层，可通过调整高度来调节练习强度），做一些踏上、踏下的练习，通过克服自身体重来达到加强腿部肌肉力量、身体控制能力与心肺功能的目的。这种练习方式的优点在于，在增加运动强度时，只需保持原有的节奏，提高踏板高度即可，在加快运动节奏和频率时，可利用器械相对减少或保持原来的冲击力，有效地防止运动性损伤。

有氧搏击操，是在传统有氧健身操的基础上融入了拳击、跆拳道、散打、太极等运动的基本内容，它的独到之处是在节奏清晰的音乐伴奏之下，英姿飒爽的拳脚之间得到了身体的健康、威武和豪气。韵律搏击真正让健美操摘掉了“女性化”的帽子，越来越多的男士们开始加入到了跳操的人群中尽情地挥洒激情，增添了许多的阳刚之气。

2. 竞技健美操

竞技性健美操是在健身健美操的基础上发展起来的，其主要目的是“竞赛”。竞技健美操有特定的竞赛规则和评分办法，其成套动作必须展示连续的动作组合、柔韧性和力量，并在综合运用七种基本步伐的同时，高质量地、完美地完成各类难度动作。因而对人的身体素质、技术能力和艺术表现力有较高的要求，是展示人体健、力、美和全面素质的竞赛项目。竞技性健美操在参赛人数、比赛场地和成套动作的时间等方面都有严格规定，速度为每 10 秒 26 拍以上，在动作的设计上也要求更加多样化，并严格避免重复动作和对称性动作。

五、健美操的特点

健美操与其他体育锻炼方式相比较，主要具有以下几个特点：

（一）健身美体的实效性

健美操是以人体解剖学、人体生理学、体育美学、体育心理学等学科理论为基础，以健身美体为目的而创立的健身运动。健美操动作讲究健美大方，强调力度和弹性，趋向于不停顿的练习走、跳、跑，使练习者消耗多余的脂肪，增强肌肉力量，提高协调、灵敏性，表现健美的体姿。健美操可以塑造人健美的体形、体态，提高人的协调性、弹跳能力和审美意识。

（二）强烈的时代感和动律感

健美操把基本体操、现代舞蹈和有节奏感的音乐巧妙地融于一体，是具有鲜明特色和强烈时代感的新型体育项目。其动作素材多为富有时代感的现代舞蹈、时尚体操，其音乐多取材于迪斯科、爵士、摇滚等现代音乐。健美操的配乐更强调旋律的激昂振奋、节奏的鲜明强劲，使健美操体现出一种鲜明的动律感，充满着青春活力，深受青年学生的喜爱。

（三）高度的艺术性

健美操是一项追求健与美的运动项目，强调艺术性。健美操比起健美运动更具动感和弹性，比艺术体操更强调健美和力度，比基本体操更讲究多变和韵律。参加健美操锻炼，不仅可以使练习者锻炼了身体，增强了体质，而且从中得到了美的享受，提高了认得审美意识和艺术修养。

（四）广泛的实用性

健身健美操的动作套路形式多样，节奏有快有慢，套路有长有短，动作有难有易，运动负荷与运动强度的大小可任意调节，适合不同行业、不同年龄、不同性别、不同体质的人锻炼，各种人群都能从健美操练习中找到适合自己的方式，并找到乐趣，此外，健美操锻炼对场地、器材条件要求不高，练习起来简便安全，适合不同地区、不同条件的人群开展，因此健美操具有广泛的适用性。

六、健美操的功效

（一）健身

增强肌肉和内脏器官的功能，发展人体的灵活性和柔韧性，促进身体正常发育。

（二）健心

保持和焕发青春活力。健美操动作优美、有力、奔放、自由，有情趣并且有表现力，在音乐旋律的协调配合下，给人以轻松欢快之感和积极向上的精神面貌。

（三）健美

能减去脂肪，增加肌肉。

（四）健脑

促进脑机能的健康发展。健美锻炼的情感表现极为轻松自如、活泼愉快、充满青春活力，具有一种执著追求的情感色彩。

（五）提高个人整体素养

经过形体、姿态、动作美的锻炼，将美的素质、美的情操、美的心灵体现在现实生活之中的自信和自强心理。使人的举止、言行、处事、气质、风度更为高雅，仪表更为端庄。

第二节　健美操的基本动作

一、健美操的基本手型

(一) 手型及训练规范

手型的变化不仅可以使手臂的动作更加丰富多彩，生动活泼，表现出美感，而且有助于加强动作的力量性。健美操中手型有多种，重要从爵士舞、芭蕾舞、西班牙舞、迪斯科、武术等手型中吸收和发展起来的，常用的手型有以下几种(如图 9－1—9－8 所示)：

1. 掌

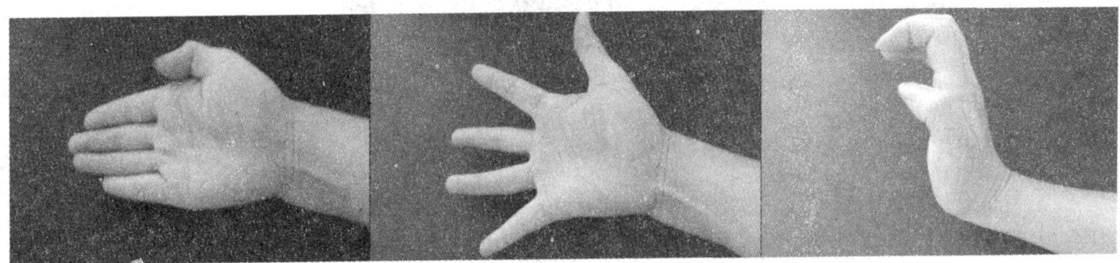

图 9－1

2. 拳

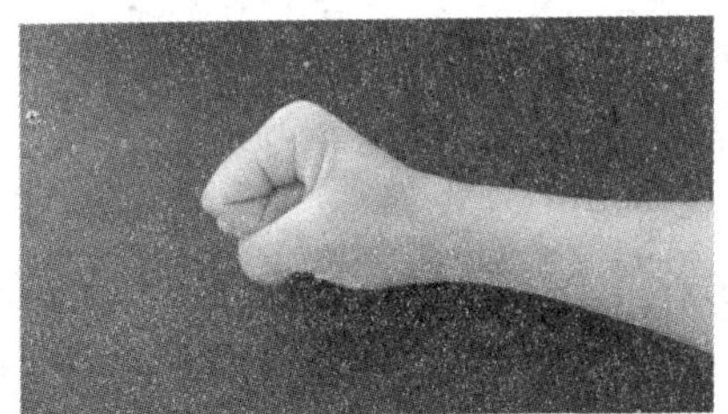

图 9－2

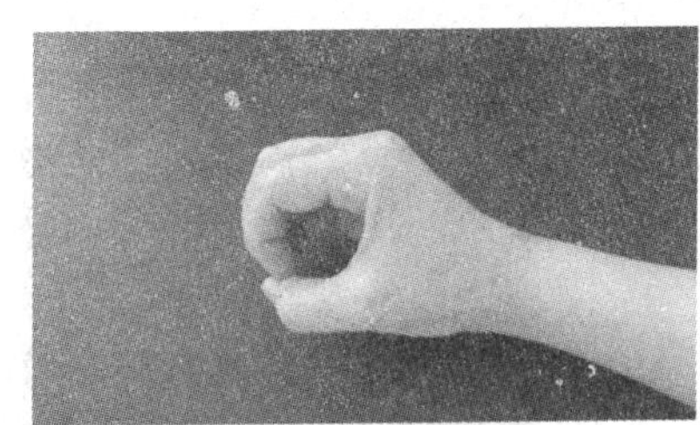

图 9－3

3. 其他手型

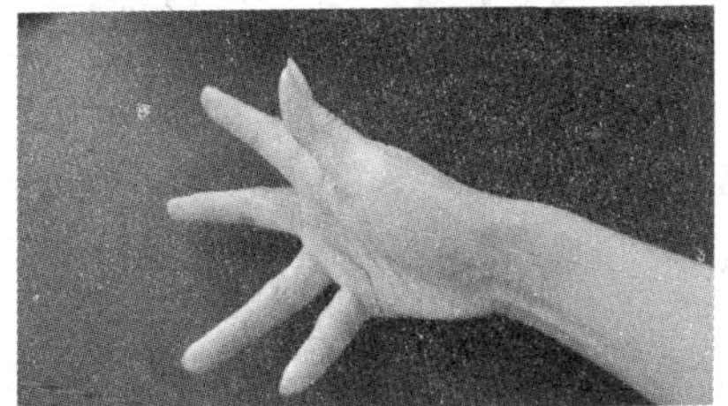

图 9－4

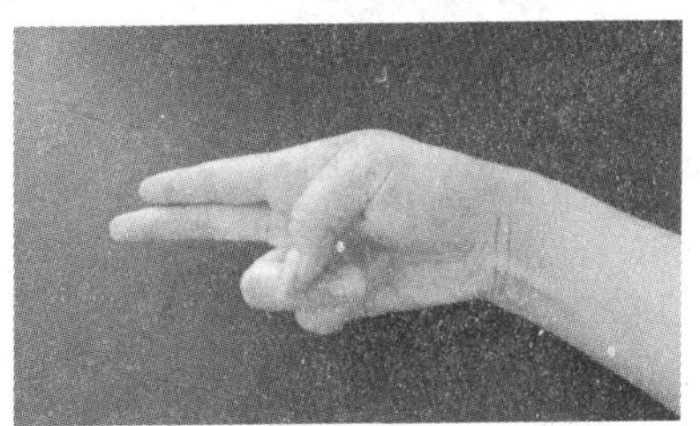

图 9－5

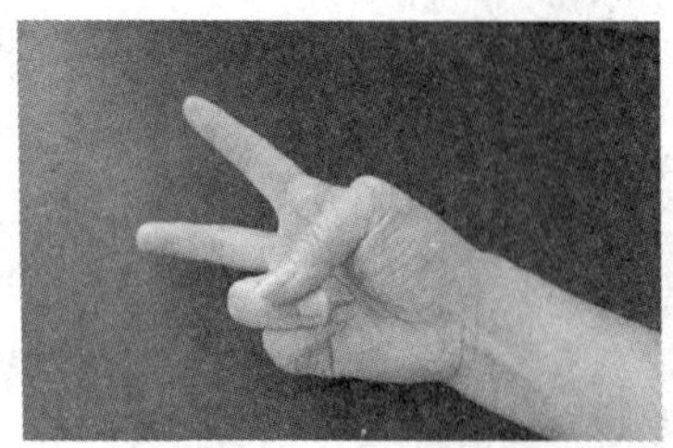
图 9-6

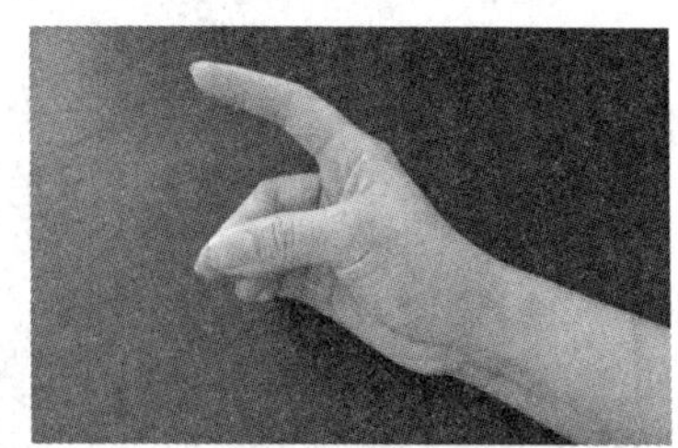
图 9-7

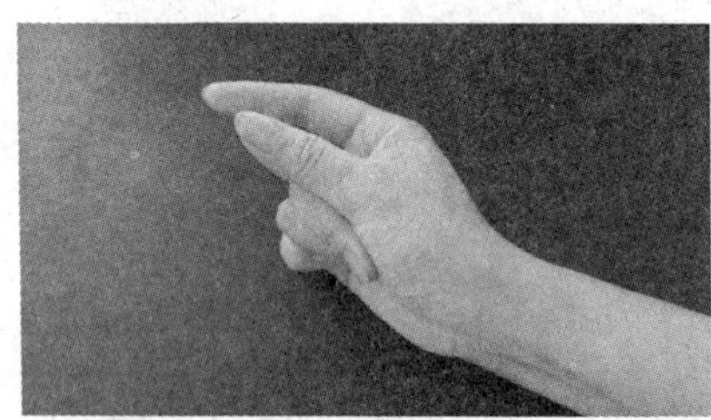
图 9-8

(二) 健美操的基本手臂动作

健美擦的基本手臂动作训练是健美操锻炼的重要组成部分,它与健美操的基本步伐组合共同构成了丰富多彩的健美操动作内容。健身性健美操关于手臂动作的术语有不同的说法,如有些健身性健美操书中接受的手臂动作是:自然摆动、臂屈伸、屈臂提拉、冲拳、推等。这里介绍的术语主要以体操术语为基础。

1. 摆动

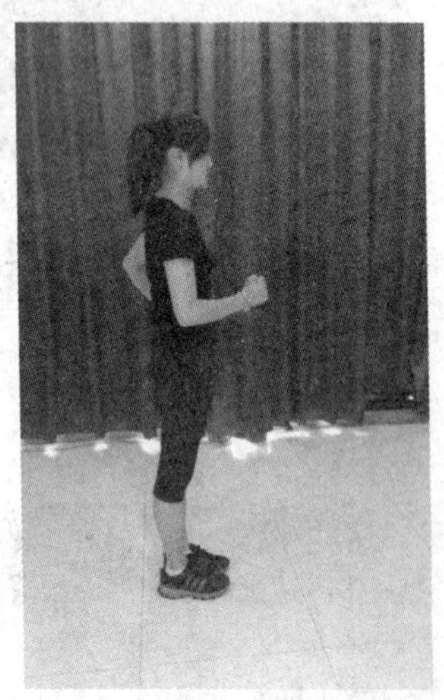
图 9-9

图 9-10

2. 举

图 9－11

图 9－12

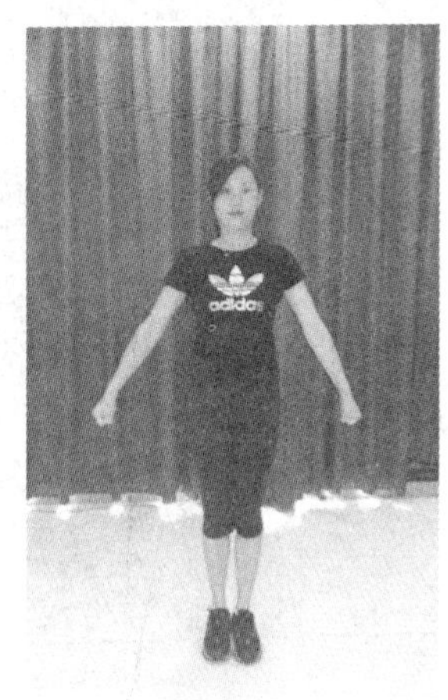

图 9－13

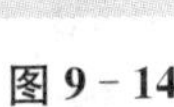

图 9－14

图 9－15

3. 屈伸

图 9－16

图 9－17

图 9－18

图 9－19

4. 绕环

图 9－20

图 9－21

（三）健美操的上肢基本动作及术语

表 9－1

部位	形式	方向
头颈	屈、转、平移、绕和绕环	前、后、左、右
肩部	提肩、沉肩、收肩、展肩、绕环	上、下、前、后
手型	并掌、开掌、花掌、拳、一指、剪指、屈指掌、响指	
手臂	举、屈伸、摆动、绕、绕环、振	前、后、左、右、上、下、斜方向
胸部	含胸、展胸	前、侧、后
腰部	屈、转、绕、绕环	前、侧、后
髋部	顶髋、提髋、绕、绕环	前、侧、后

（四）健美操的基本步伐分类

健美操基本步伐根据人体运动时对地面的冲击力大小分为无冲击力步伐、低冲击力步伐、高冲击力步伐、超高冲击力步伐四大类。

（1）无冲击力步伐。指两脚始终接触地面，身体重心在两腿之间，没有腾空的动作。例如：膝弹动、踝弹动、蹲、弓步、移动重心。

（2）低冲击力步伐。指有一脚始终接触地面。例如：踏步、踏点步、点步、交叉步、吸腿步、分腿步、分腿弓步、“V”字步、并步、滑步、恰恰步、桑巴、曼步、后屈步、吸踢步、大踢腿。

（3）高冲击力步伐。指有腾空阶段，对身体有一定的冲击力，一般指跑跳动作。例如：双足跳、蹲跳、开合跳、弓步跳、剪刀跳、锁步、转髋跳、转髋移动、单足跳、摆腿跳、小踢腿跳、后踢腿跑、弹踢腿、足跟跳、侧踢跳、吸腿跳、交叉吸腿、大踢腿跳。

（4）超高冲击力步伐。在空中滞留的时间更长约占两拍。例如：小分腿跳、分腿弓步跳、小击足跳、踢腿腾起。这样的步伐多出现在竞技健美操当中。

（五）健美操下肢基本动作及术语

（1）蹲。膝关节有节奏的弯曲，伸直（包括分腿蹲或并腿蹲）小于 90°为半蹲，大于 90°为全蹲。

（2）弹动。膝关节有弹性地屈伸。

（3）踏步。在原地两脚交替落地。

（4）走。踏步移动身体。

（5）一字步。向前一步并腿，向后一步并腿。

（6）V 字步。左脚向左前迈一步，紧接着右脚向右前迈一步，屈膝，然后依次退回原位。

（7）漫步。左脚向前迈一步，屈膝，右脚稍抬起然后落回原处，接着左脚再向前踏一步，右脚同样稍抬起然后落回原处。

（8）并步。左脚向左迈一步，右脚前脚掌并于左脚脚弓处，稍屈膝下蹲。

（9）交叉步。一腿向侧迈出，另一腿在其后交叉，稍屈膝，随之再向侧一步，另一脚并拢。

（10）点地。一脚尖或脚跟触地，另一腿稍屈膝。

（11）移重心。一脚向侧迈一步，经过屈膝，重心移至一脚支撑，另一脚点地。

（12）弓步。一腿向前（侧、后）迈步屈膝，另一腿伸直。

（13）吸腿。一腿站立，另一腿屈膝向上抬起。

（14）踢腿。一腿站立，另一腿直膝加速上踢。

（15）弹踢腿。一腿站立，另一腿先屈膝，然后向前下方弹踢。

（16）跑。两腿依次，经腾空落地，要求小腿向后屈膝、折叠。

（17）并步跳。一脚向侧迈一步同时跳起，另一脚迅速并拢，成双脚落地。

（18）点跳。一脚向侧小跳一次，另一脚随之并上垫步跳一次。

（六）健美操基本姿势术语

（1）站立。有直立、开立、点地立、弓箭步、提踵立等。

(2) 坐。并腿坐、分腿坐、屈腿坐、盘腿坐。

(3) 卧。侧卧、俯卧、仰卧。

(4) 撑。蹲撑、坐撑、跪撑、俯撑、仰撑、侧撑、屈体立撑。

(5) 跪。跪立、跪坐、单腿跪立。

第三节　健美操的基本技术

一、健美操的四大基本技术

(一) 落地技术

健美操的落地技术主要指的是落地缓冲技术。落地缓冲的主要目的是使身体尽可能地保持稳定,同时减少地面对关节、肌肉的冲击力,以避免造成运动损伤。

健美操的落地技术为:落地时,由脚跟过渡到全脚掌或由前脚掌过渡到全脚掌,然后迅速屈膝、屈髋缓冲。

(二) 弹动技术

健美操的弹动主要依靠踝关节、膝关节、髋关节的屈伸来完成的,它的主要作用是减少运动对关节的冲击力,从而减少运动对人体造成的损伤。值得注意的是在屈伸的过程之中,腿部的肌肉要协调用力才能有效的防止损伤并产生流畅的弹动动作。

(三) 半蹲技术

半蹲时,身体重心下降,臀部向后下 45°方向用力,膝关节不应超过脚尖,腰腹、臀部和大腿肌肉收缩,上体保持正直,重心在两腿之间,起落要有控制。分腿半蹲时,脚尖自然外开,应特别注意膝关节弯曲的方向要与脚尖的方向一致,避免脚尖或膝关节内扣或过度外开,避免膝关节角度小于 90°。

(四) 身体控制技术

在整个非特殊条件下的运动过程中,身体应该保持自然挺拔,头部稍稍昂起的姿态,颈椎、胸椎、腰椎处于正常生理曲线的位置,并始终保持腰腹和背部肌肉收缩,避免因腰腹部位的摆动和无控制而可能引起的腰部损伤。四肢的位置避免“过伸”。

健美操练习过程中的身体姿态取决于肌肉用力的感觉和程度,总的动作感觉应是有控制但不僵硬、松弛而不松懈。

二、健美操的技术训练方法

健美操运动技术训练的主要内容有:形体训练、基本技术训练、规定动作、难度训练和舞蹈训练

(一) 形体训练

形体训练是以塑造良好的形态、培养良好的气质为目的。芭蕾基本功的训练早已成

为许多艺术性、表演性项目的基本功训练必不可少的训练手段，利用芭蕾基本功练习的方法和手段结合本专项的特点，能达到较好的训练效果，健美操形体训练主要内容有：把杆练习，单一舞蹈基本动作和组合动作练习。

（1）把杆练习。主要训练躯干、腿、脚的肌肉运动感觉。

（2）单一舞蹈基本动作和组合动作练习。主要训练身体各关节的灵活性，上、下肢身体配合的协调性及身体各部位肌肉运动感觉，达到塑造良好的形态，培养正确优美的姿态，从而改善人的气质的目的。

（二）基本技术训练

（1）基本体操。基本体操训练以徒手体操为主。徒手体操内容丰富、动作简单，其特点是动作规范、横平竖直，可以培养运动员身体各部位正确的姿态、规范的动作，它所特有的动作对称性，可以使肌肉得到全面的发展。徒手体操按人体解剖和人体运动部位可分为头颈、上肢、下肢、躯干运动。这些运动可根据需要进行某个部位的专门练习，也可进行全身性的综合性练习。

（2）技巧运动。小技巧动作、支撑性及配合性动作。

（3）体操。随着健美操难度动作的提高和发展，出现了许多复合型的跳步、转体，这些动作对运动员的能力，空中肌肉运动感觉要求很高，体操中技巧及一些器械等项目中的某些动作训练，能收到较好的训练效果。

（4）健身性健美操。通过各种不同风格的健身性健美操训练，可以训练动作的节奏和韵律感、肌肉紧张、放松的用力感觉（弹性），重要的是训练健美操的动作风格。

（5）健美操基本功的训练。主要训练肌肉快速用力的感觉，注意强调关节屈伸的弹性及动作的力度、幅度、准确性。

（三）规定动作、难度动作训练

规定动作的设置是随着规则的发展变化而变化不定的，目前规则中保留的四类规定动作有的相对沿用成为健美操的特色动作，如俯卧撑、踢腿等。规定动作训练首先要抓好一般性力量训练和柔韧练习，在此基础上按技术要求进行专门训练。难度动作训练是近年来健美操运动技术水平提高增加的新课题，从国际发展方向看，它已成为健美操训练的主要内容。首先运动员要根据自己的特点和能力选择难度动作，并进行专门的练习，复合型难度还应采取一些专门的手段和方法，这对健美操的教练员来说也是一个新课题。

（四）舞蹈训练

芭蕾舞、现代舞、爵士舞、迪斯科及各种民间舞。舞蹈训练多以组合形式为主，以提高运动员的协调性、节奏感、乐感、优美的姿态和表现力等。此外还可训练肌肉内在的感觉，提高运动员艺术素养和健美操意识。

第四节　第三套全国健美操大众锻炼标准一级、二级套路

——引自第三套全国健美操大众锻炼标准动作图解

一、第三套全国健美操大众锻炼标准一级操化套路

第三套全国健美操大众锻炼标准一级是健美操大众锻炼标准的入门套路动作。一级成套动作始终保持低强度的有氧练习，并进行最简单的腹背肌肉力量和身体核心部位的稳定性练习，每一个组合均由3—5个最常见的健美操基本步伐组成，并配以简单的、对称性的上肢动作。

图9-22

（一）组合一：1—8八拍

右脚开始一字步2次。

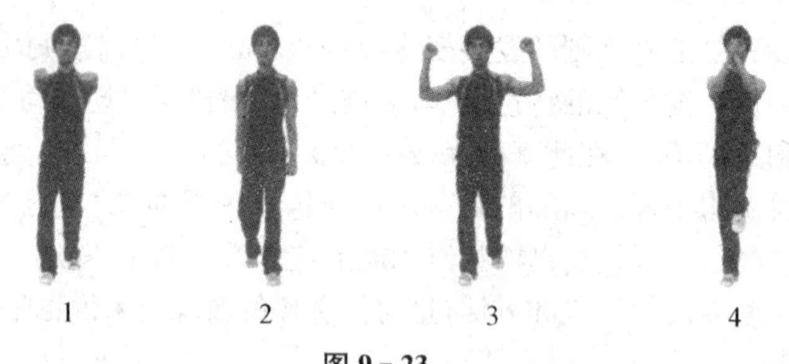

图9-23

右脚开始向前走3步吸腿，左脚开始向后退3步吸腿。

图9-24

右脚开始侧并步 2 次,右脚连续侧并步 2 次

图 9－25

第 5—8 八拍动作同 1—4 八拍,左脚先,动作方向相反于 1—4 八拍

左脚十字步,左脚踏步。

(二) 组合二:9—16 八拍

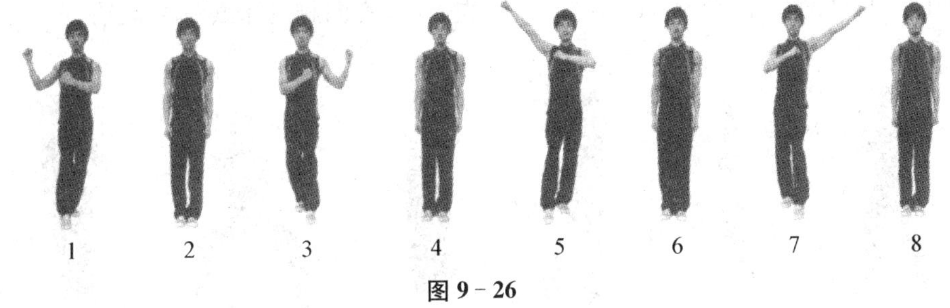

图 9－26

右脚开始前点地 4 次(1 双臂屈臂右摆,2 还原,3 左摆,4 还原,5 右臂摆至侧上举,左臂胸前平屈,6 还原,7—8 同 5—6,方向相反)。

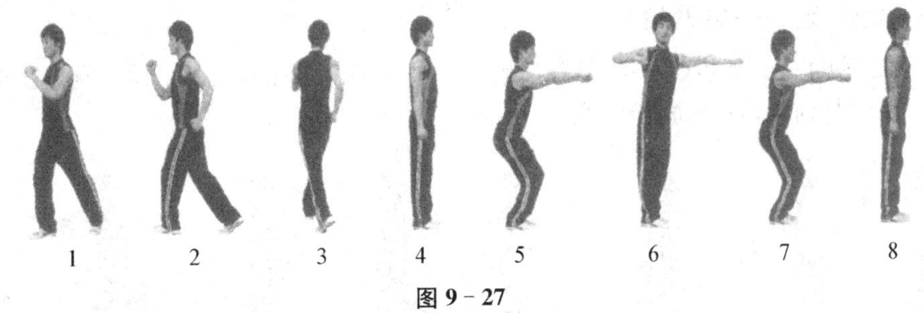

图 9－27

1—4 右脚开始向右弧形走 270 度(双臂自然摆动)。

5—8 并腿半蹲 2 次,5 双臂前举,6 右臂胸前平屈(上体右转),7 双臂前举,8 放于体侧。

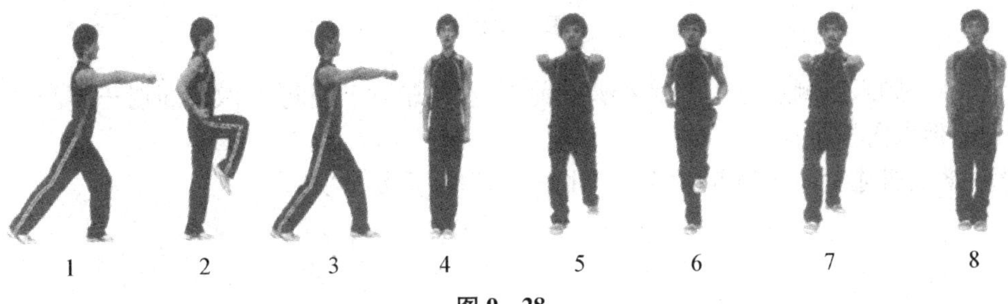

图 9－28

1—4 左脚上步吸腿右转转体 90°,5—8 右脚上步吸腿(1 双臂前举,2 屈臂后拉,3 前举,4 还原,5—8 同 1—4)。

图 9 - 29

左脚开始向侧迈步后屈腿 4 次。

(屈肘前后摆动)。

第 13—16 八拍动作同 9—12 八拍,左脚先,动作方向相反于 9—12 八拍。

图 9 - 30

(三) 组合三:17—24 八拍

1—4 右脚向右交叉步(1—3 双臂经侧至上举,4 胸前平屈)5—8 左脚向侧迈步成分腿半蹲(5—6 双臂前举,7—8 放于体侧)。

图 9 - 31

1—4 右脚开始侧点地 2 次(1 右臂左前举、左臂屈肘于腰间,2 双臂屈肘于腰间,3—4 同 1—2,但方向相反)。

5—8 右脚连续 2 次侧点地(5—8 同 1—2 动作,重复 2 次)。

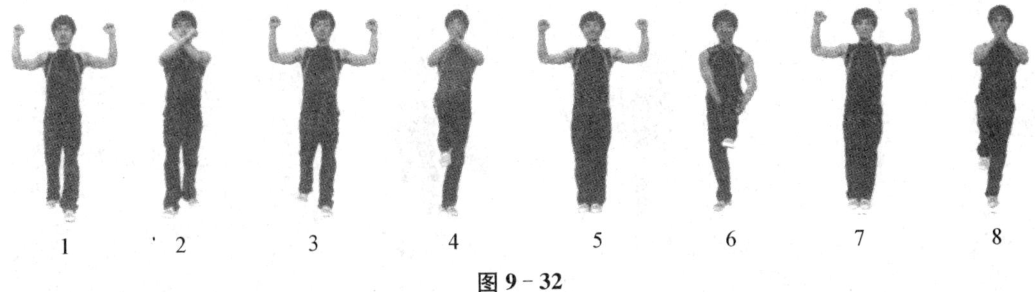

图 9－32

1—8 左脚开始向前走 3 步接吸腿 3 次(1 双臂肩侧屈外展,2 胸前交叉,3 同 1,4 击掌,5 肩侧屈外展,6 腿下击掌,7—8 同 3—4)。

第 20 八拍:1—8 右脚开始向后走 3 步接吸腿 3 次(同上)。

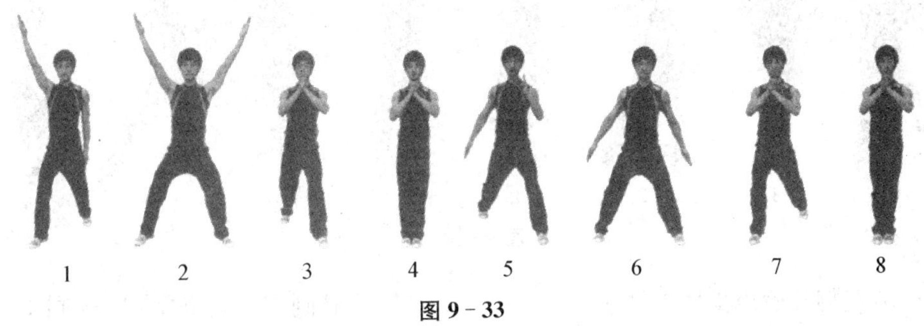

图 9－33

第 21—24 八拍动作同 17—20 八拍,左脚先,动作方向相反于 17—20 八拍。

(四) 组合四:25—32 八拍

1—4 右腿开始 V 字步,5—8A 字步,手臂 1 右臂侧上举,2 双臂侧上举,3—4 击掌 2 次,5 右臂侧下举,6 双臂侧下举,7—8 击掌 2 次。

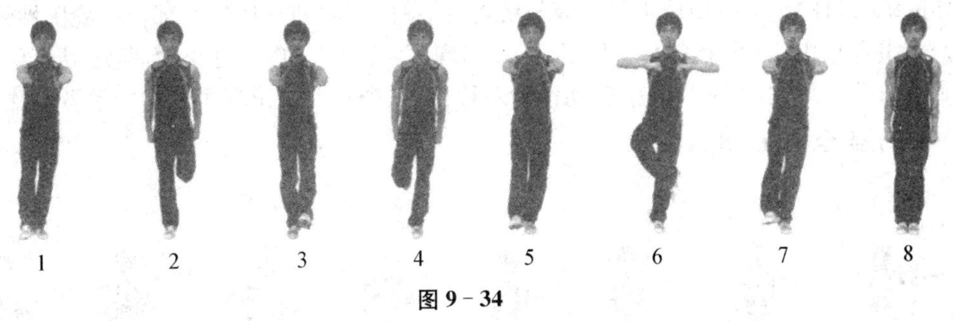

图 9－34

1—4:1 右脚开始弹踢腿跳 2 次,手臂 1 双臂前举,2 下摆,3—4 同 1—2。

5—8:右脚连续弹踢 2 次,手臂 3 双臂前举,6 胸前平屈,7 同 5 动作,8 还原体侧。

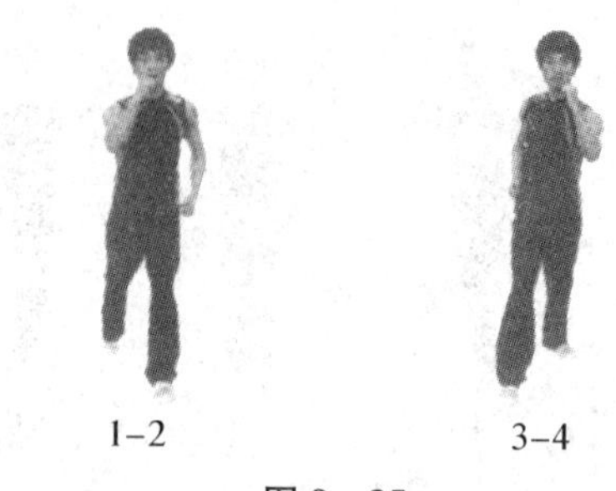

图 9 - 35

左腿漫步 2 次(双臂自然摆动)。

图 9 - 36

1—8:左脚开始迈步后点地 4 次,手臂 1—2 右臂经肩侧屈至左下举,3—4 同 1—2 动作,但方向相反,5—6 右臂经侧举至左下举,7—8 同 5—6 动作,但方向相反。

第 29—32 八拍动作同第 25—28 八拍,方向相反。

二、第三套全国健美操大众锻炼标准二级操化套路

第三套全国健美操大众锻炼标准二级为健美操大众锻炼标准的初级套路动作。二级动作的练习目的是进行中低强度的有氧练习、简单的腰腹和身体核心部位的稳固性练习。每一个组合均由 4—5 个基本步伐组成,并出现了 45°—90°的方向变化,路线以简单的前后和左右动作为主,大部分的手臂动作为对称性的,个别动作出现了依次的手臂动作。

(一) 组合一:1—8 八拍

图 9 - 37

第 1 八拍:1—4 右脚十字步,5—8 向后走 4 步(① 右臂侧举,② 左臂侧举,③ 双臂上举,④ 双臂下举,5—8 双臂屈臂自然摆动)。

第 2 八拍:动作同第一八拍,但向前走 4 步。

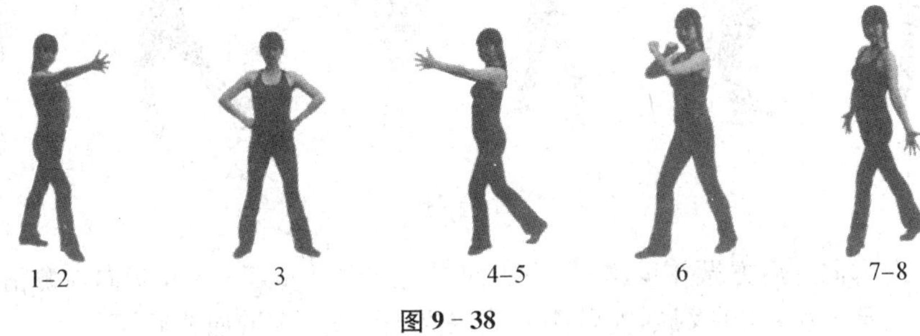

图 9-38

1—6 右脚开始 6 拍漫步,7—8 右脚向后 1/2 后漫步(1—2 右手前举,3 双手叉腰,4—5 左手前举,6 双手胸前交叉,7—8 双臂侧后下举)。

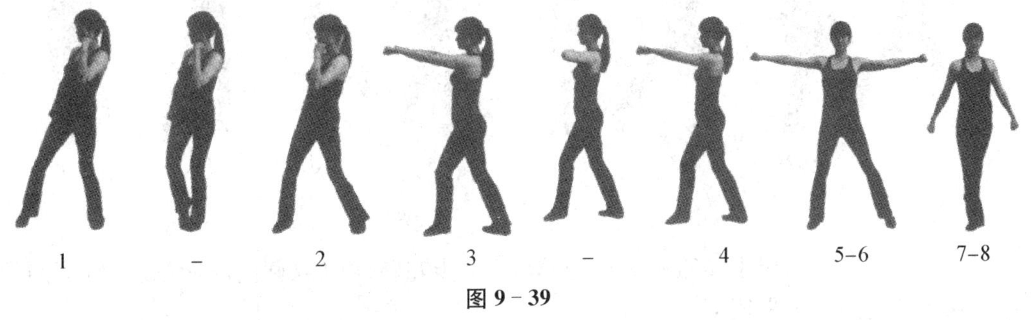

图 9-39

1—2 右脚向右并步跳,3—8 左脚向右前方做前、侧、后 6 拍漫步(屈左臂自然摆动,3—4 前平举弹动 2 次,5—6 侧平举,7—8 后斜下举)。

第 5—8 八拍动作同第 1—4 八拍,动作方向相反,以左脚先。

(二) 组合二:9—16 八拍

图 9-40

1—2 右脚向右侧滑步,3—41/2 后漫步,5—6 左脚向左前方做并步,7—8 右脚向右后方做并步(右臂侧上举,左臂平举,双臂屈臂后摆,击掌 3 次,双手叉腰)。

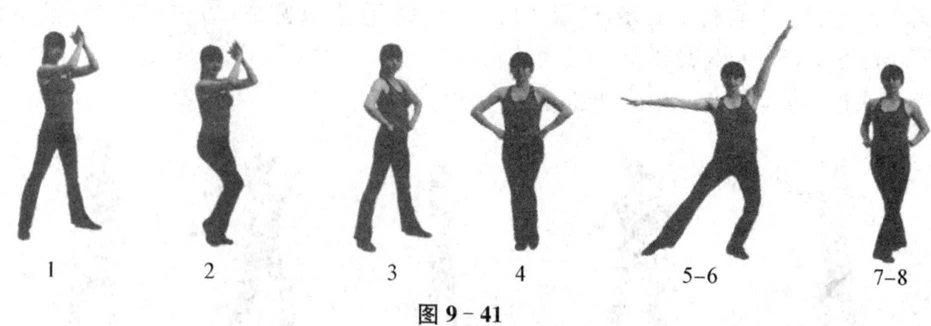

图 9-41

1—2 左脚向左后方做并步，3—4 右脚向右前方做并步，5—6 左脚向左侧滑步，7—1/2 后漫步（击掌 3 次，双手叉腰，左臂侧上举，右臂侧平举，双臂屈臂后摆）。

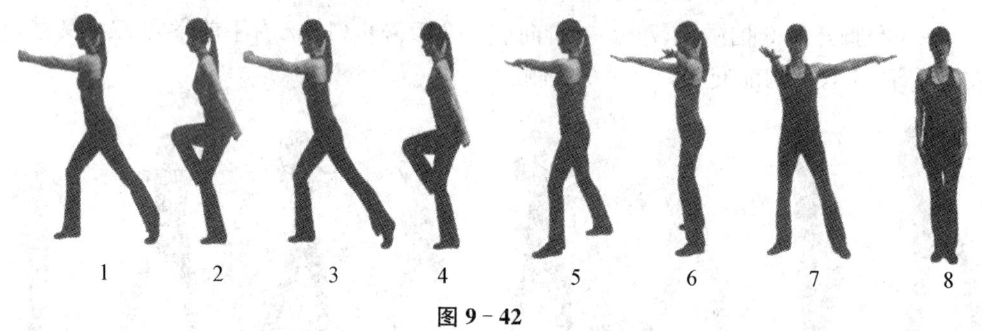

图 9-42

1—4 右转 90°，右脚上步吸腿 2 次，左脚 V 字步左转 90°（双臂向前冲拳、向后下冲拳 2 次，双臂由右向左水平摆动）。

图 9-43

1—4 左腿吸腿，侧点地 2 次，5—8 右腿吸腿，侧点地，2 次（1 双臂胸前平屈，2 左臂上举，3 同 1，4 还原，5—8 挺 1—4，但方向相反）。

第 13—16 八拍动作同第 9—12 八拍，方向相反，以左脚先。

（三）组合三：17—24 八拍

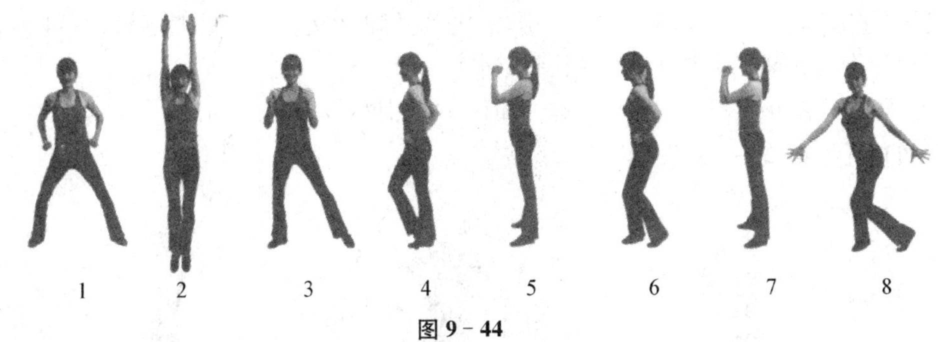

图 9-44

1—4 右脚侧并步跳，4 拍时右转 90°，5—8 左脚侧交叉步（双臂上举、下拉，双臂屈臂前后摆动，8 拍时，上体相左扭转 90°，朝正前方，双臂下举）

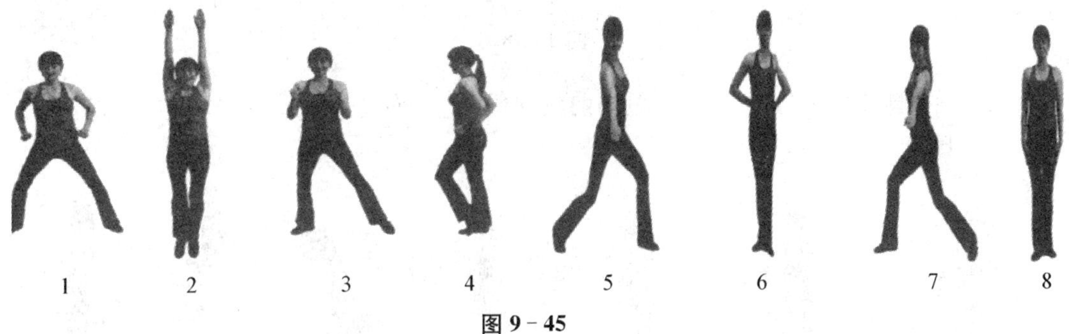

图 9-45

1—4 向右侧并步跳，4 拍时左转 90 度，5—8 左脚开始侧并步 2 次（双臂上举、下拉，5—6 右臂前下举，7—8 左臂前下举）。

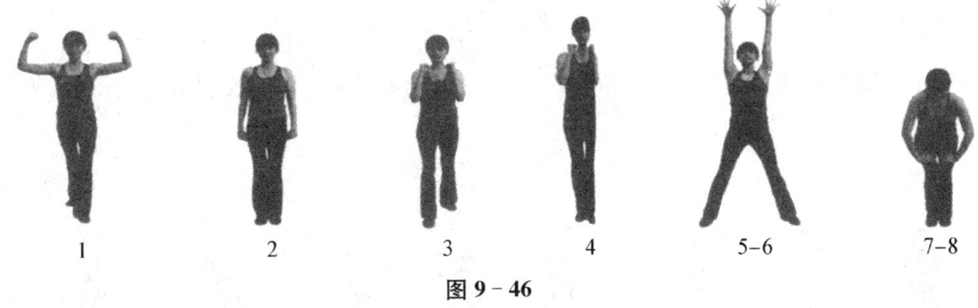

图 9-46

1—4，左脚向前一字步，5—8 左右依次分并腿（1 双臂肩上屈，2 双臂下举，3—4 双臂肩前屈，5—6 双臂上举掌心朝前，7—8 双手放膝上）。

图 9-47

1—4 左脚向后一字步，5—8 左、右脚依次分并腿 2 次（1—2 手侧下举，3—4 胸前交叉，双臂经胸前交叉侧上举 1 次，侧下举 1 次）。

第 21—24 八拍，动作同第 17—20 八拍，方向相反，以左脚先。

（四）组合四：25—32 八拍

图 9－48

1—8 右脚开始小马跳 4 次，向侧向前成梯形（1—2 右臂体侧向内绕环，3—4 换左臂，5—8 同 1—4）。

图 9－49

1—4 右脚开始弧形跑 4 步，右转 270°，5—8 开合跳 1 次（屈臂自然摆动，5—6 双手放腿上，7 击掌，8 放于体侧）。

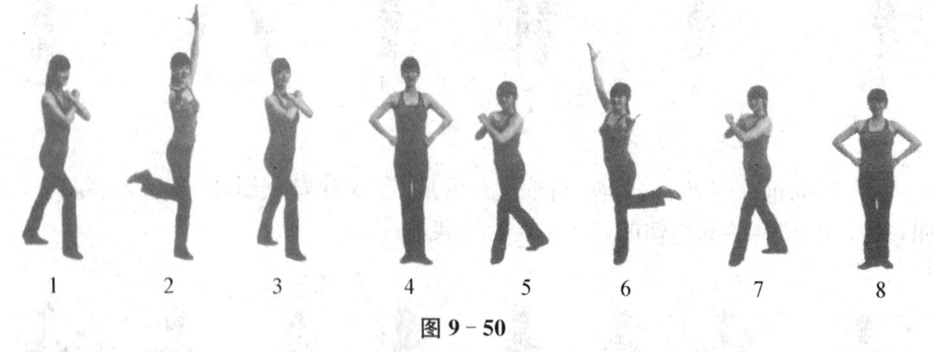

图 9－50

1—4 右脚向右前上步后屈腿，右转 90°，左脚向前上步后屈腿（1 双臂胸前交叉，2 右臂侧举、左臂上举，3 同 1 动作，4 双手叉腰，5—8 动作同 1—4，但方向相反）。

图 9-51

1—4 右、左侧点地各一次，5—8 右脚上步向前转脚跟，还原(1 右手左前举，2 双手叉腰，3—4 动作相同，但方向相反，5 双臂胸前平屈，6 前推，7 同 5 动作，8 放于体侧)。

第 29—32 八拍，动作同第 25—28 八拍，方向相反，以左脚先。

第五节　健美操的创编

一、健美操的创编原则

要创编一套理想的健美操，使之符合健美锻炼和比赛要求，就必须掌握创编健美操的基本原则和程序，同时对健美操发展的现状有清楚的认识。创编整套健美操的基本原则主要包括：

(一) 明确的目的性

健美操总的目的是增进健康，培养正确的体态、塑造美的形体、陶冶美的情操。但由于从事健美操锻炼的对象男女老少都有，其身体状况、兴趣爱好、锻炼条件、锻炼目的各不相同。例如有些人做操侧重于形体训练，有些是为了增强身体素质或实现身体某部位的健美。因而具体到某一套健美操，其具体任务也会有所不同。所以，在创编任何一套健美操时，都应进行认真的调查研究，针对不同对象的不同生理和心理特点以及客观可能具备的条件，提出明确的任务。

(二) 鲜明的针对性

根据不同年龄、性别、职业、能力、爱好、身体情况，以及发展或改善身体某部分的需要，编制各种形式的健美操，旨在解决练习者所要达到的目的，具有很强的针对性。创编任何一套健美操时都要进行认真的调查研究，针对不同对象的不同生理和心理的特点以及时间、场地、器材条件，提出的任务应与练习对象的要求相一致。

创编青年健美操时，应多选择刚劲有力、健美大方、富有朝气、积极快速、振幅较大，结合舞蹈动作、现代特点突出、有明显锻炼价值的动作。

创编竞技健美操，除符合一般健美操编排原则外，还必须符合健美操竞赛规则的要求(难度和难度数量、时间、场地等要求)。成套动作在时间短、节奏快、动作多、变化多和强度大的情况下完成。因此，具有一定身体训练水平的人才易于接受。

（三）全面性原则

全面发展身体是指全面发展身体各个部位和各个器官系统的机能，以实现健美操的总目的。人体美的最本质表现就是健康，健康是人体美的基础。因此，在创编健美操时，必须坚持全面发展身体的原则。

坚持全面发展身体原则，首先应根据人体解剖学的特征，选编能够锻炼身体各部位的动作。其次，根据做操对象的具体情况和要求，选编诸如有利于增强肌肉力量、关节灵活性、身体韧性等不同方向、幅度、频率、速度、节奏的动作。动作的方向不同，所影响的肌肉群不同；动作的幅度不同，所需要的运动量不同；动作的频率和速度不同，则直接影响肌肉的负担量。恰当运用动作的诸要素，有利于全面发展身体。第三，为使内脏各个器官系统得到充分的锻炼，应选编一些能加深呼吸、增强心血管机能的跳跃动作。为了检查整套健美操对身体各部分的实际锻炼效果，可以通过对全套动作中身体各关节次数的统计来进行分析，并根据分析情况及时进行调整和删补。

（四）合理的动作设计、动作顺序和运动量

健美操的动作设计，应从整套健美操的具体任务出发，紧紧围绕总体构思，精心设计，避免东拼西凑。同时，应力求动作简单易学，讲求实效，使其符合人体艺术造型的规律和人体生理特征，不应一味追求形式的美。

健美操的动作顺序与健美操的结构是相适应的。可依次分为准备动作、主体动作（基本动作）和结束动作。准备动作中应包括脊柱伸展、呼吸等练习。主体动作中一般采用从头颈、上肢、肩、胸、躯干、髋到下肢的练习，最后过渡到多关节多部位的全身运动和跳跃运动。结束动作中应有意安排幅度大、速度慢的放松动作。

关于健美操的运动量安排应符合人体运动的生理曲线要求，使心率的变化由低到高，出现最高峰后，再逐渐恢复到平静状态。健美操的成套动作是若干节构成的，每节动作侧重于锻炼身体的某一部位。由于每节动作的幅度、速度、强度各不相同，其运动量亦不相同。因此，应通过心率变化的测定来确定各节之间的连接顺序，使整套动作符合上述生理曲线的要求。测定心率变化的方法是在每节动作完成后，测一次心率，标出心率变化曲线。

（四）艺术性原则

健美操是一项结合了体操、舞蹈、音乐等项目特点的综合性体育锻炼项目，它吸收了新的舞蹈与舞蹈中独特的动作并加以改编形成了风格各异、形式独特的健美操，它之所以很快被人们接受，正是来源于它独有的艺术魅力和健身的实效性，使人从中得到一种极大的乐趣。坚持艺术性原则主要体现在以下几方面：

1. 音乐选配的艺术性

音乐是健美操的灵魂，它影响着健美操的风格、结构速度、节奏及成套的效果，音乐选配得好，容易激发编操者的创作灵感和练习者的锻炼激情。因此，在选配音乐时应注意音乐要与健美操的风格统一。音乐的旋律要动听，力求新颖、富于变化、节奏鲜明、强劲有力、具有时代感。以利增强动作的力度和表演效果，有时可选择具有民族风格特点的音乐，使其更好地体现民族文化。

2. 动作设计的艺术性

健身健美操的动作设计应符合健身美的特点，既要体现健康有力度的动作，又要体现优美的舞姿和造型，在成套动作设计中，要注意选用舞蹈动作的风格尽可能统一，同时还要注意舞蹈动作应与健美操的特点相结合，动作的特点应热情奔放、清晰有力、富有特色，动作与动作的连接自然流畅、巧妙，切忌杂乱无章。

3. 队形变化的艺术性

如果说一套动作的灵魂是音乐，动作是它的骨架，那么其队形图案的变化则是它的肌肉和韧带。新颖多变的队形变化会使成套动作充满生气、丰富多彩，提高成套动作的表演效果。但是也不能盲目追求队形的多变而忽视整体的动作特点。在编排队形变化时，要根据整体的动作特点，掌握好队形变化的角度、路线、顺序，动作安排的合理程度以及动作之间的衔接，队形之间的衔接都要给人一种自然、流畅、巧妙、新颖的感觉，以争取成套动作的最佳效果。

二、健美操的造型创编

健美操是一种动态的人体健美造型，然而无论是健身健美操（尤其是表演性健身健美操），还是竞技健美操，在其开始和结束时，往往都含有瞬间的静态造型，那些健美、独特的造型不仅给人以开始和结束感，而且是体现该操艺术性、技巧水平、独特风格与创意的亮点部分。因此，健身操的创编不仅要创编造型，而且要创编好造型。奇特的开场造型会激发人们参加锻炼或欣赏表演比赛的兴趣，精美的结束造型则会使人们回味无穷。

（一）塑造外观美原则

健美操造型创作成功与否，首先要看它是否能给人以美的外在观感，而要获得这样的效果取决于以下 2 个因素：

1. 单个动作元素美

健美操造型的基本元素是个体的静态动作设计，单个动作元素美是组合造型美的基础，要使单个动作元素美，首先，要把握健美操项目的特点，选择健美舒展、有力度感的动作姿态，而不是柔美妩媚或有其他项目典型特点的动作语汇。然而单个动作造型要想获得健美舒展、有力度感的效果，则要注意造型中躯干的挺拔、肢体的伸长并恰到好处地展示肌肉的丰满和线条美。其次，要体现表演者的性别、年龄及个人气质特点，如：男子的造型要突出肌肉的力量感；女子造型要在展示健美肌肤的同时，强调勾勒女性的线条美；青年的造型要帅气时尚，中老年的造型则应端庄大方。此外，要体现时代特点，避免造型元素的陈旧、落伍。为此创编者平时要注意多观看各种体育、文艺表演和绘画、雕塑、摄影等美术展览，从中捕捉、吸纳和创造出更多富有时代气息的、各色各样的健美操动作造型。

2. 整体结构组合美

健美操造型其实更多的是集体的造型，集体的造型设计要出色，基础虽然是单个人的动作元素美，但这还远远不够，还必须注重整体结构组合美，即多人组合造型时要体现出结构的均衡、对称及节奏的变化，包含着高低、正反、疏密、主次的对比，遵循着统一多样性的形式美的法则。

(二) 造型创编范例

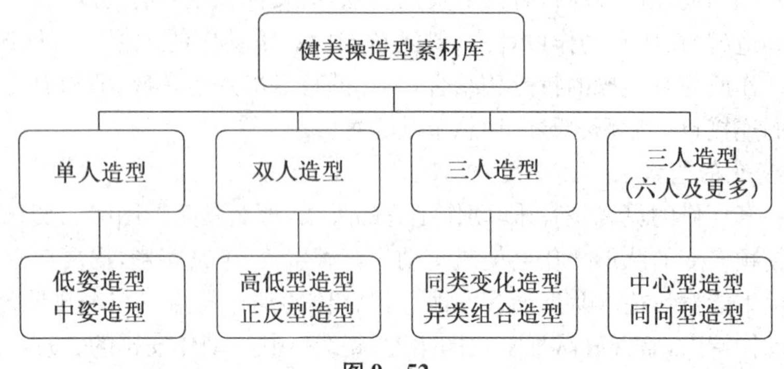

图 9-52

1. 单人造型图例

(1) 低姿造型。

图 9-53

(2) 中姿造型。

图 9-54

(3) 高姿造型。

图 9－55

2. 双人造型图例

(1) 高低型造型。

图 9－56

(2) 左右型造型。

图 9-57

(3) 技巧类造型。

图 9-58

3. 三人造型图例

(1) 同类变化造型。

(每个人的动作均相同,但有高低层次和正反面向的不同)

图 9-59

（2）高低组合造型。

图 9－60

（3）技巧类造型。

图 9－61

4. 多人造型图例

（1）中心型造型。

图 9－62

(2) 同向型造型。

(设计成每个人的动作相同或不同,但均面向同一个方向,并精巧地组合在一起)

图 9－63

(3) 呼应型造型。

图 9－64

三、健美操的队形设计

队形变化是健美操集体项目比赛和表演的重要内容之一,丰富多彩的队形和巧妙流畅的队形变化会令健美操表演更具可观性。在比赛中人们可以看到同是一套规定动作操,由于队形创作设计不同,竟会产生截然不同的效果。其队形图案的多样、变化方式的巧妙、变化路线的流畅,可谓各有千秋。不仅把一套规定动作操跳活了,还可以在队形的二度创作后形成各具特色的一批新的健美操作品,供大众锻炼、享受和观赏。而要创作出好的健美操队形变化则需对健美操队形设计的原则加以研究,并在实践中不断积累经验。

常用的队形主要有:直线形、斜线形、三角形、圆形、方形、长方形、八字形、六边形、菱形、十字形、梯形、箭头形、字母形(T 字形、A 字形、M 字形、V 字形、X 字形等)。

(一) 健美操队形设计的原则

1. 构图清晰

健美操队形设计最基本的、也是首要的要求是:队形构图要清晰。如果构图混乱难辨,就难以产生美感。而要使队形线条清晰就要注意“字间距小,行间距大”的道理,同时队形图案中的“各部分”需“内密外疏”,即每部分本身站得密一些,各部之间距离大些,方可令图案的结构更加明晰。

2. 丰富新颖

健美操队形如果只是几种常见的基本队形不断重复,则会枯燥乏味。因此设计者应在队形的创新上下功夫。队形不仅可设计成对称的,还可以设计成均衡的;不仅可以是一个整体性的队形,也可以是几组队形相互呼应。基本队形是有限的,但基本队形的不同组合却会产生丰富多彩的队形变化。

3. 对比鲜明

一套健美操的队形一般都有十来个,健美操队形设计时应注意队形图案之间有鲜明的变化,尤其是相邻的队形不应为相似队形。只有对比鲜明的队形才能显示出队形的丰富,产生队形变化的节奏感。

4. 变化流畅

好的健美操队形设计不仅在于队形本身的丰富新颖,还取决于队形变化的方法是否多样、巧妙,从而使队形之间的过渡自然、转换流畅。尤其是双人、三人健美操的队形种类比较有限,只有队形变化巧妙、流畅,才能产生丰富多彩、目不暇接的队形变化效果。

5. 显示动作

健美操的队形最终是要为显示动作服务的,因此队形设计时要与动作创编密切配合,要使所设计的队形能充分展示动作的面貌、动作的美。

(二) 队形设计的要求

1. 队形变化要合理

利用场地的每一个角落。成套动作队形变化应充分使用整个场地面积,不要堆积在部分场地,避免让人感到一种不宽广、很狭窄的感觉。场上每个人的移动的距离要兼顾,避免场上队员"累的累死、闲的闲死"。

2. 队形的变化要快速流畅

队形的变化是一种艺术,队形之间的转换要迅速巧妙,变化新颖流畅、成形准确,切忌呆板、凝滞、拖泥带水,同时注意队形变化的前后要对比显著、节奏鲜明、变化方式出人意料。前一个队形是后一个队形的基础,而后一个队形是前一个队形的连续与升华。

3. 队形变化要准确和整齐

在编排队形变换时,应制定一个较详细的计划,表明每一个队形变换和在每个队形中完成动作所需要的节拍数相等,使每个队员都觉得她(他)所完成的动作节奏是整体中的一个部分,从而保证了准确和整齐的队形变化。

4. 队形变化要迅速、多样

队形变化不可停留在一个队形上做过多节拍的动作,否则会使人感到厌倦。队形变化不仅需做到移动位置小,交换既快又好;也要编入有规律的大移动,使全套动作能达到大而流畅的变化效果。成套动作的队形变化,如果在场地上只采用直线队形或三角形队形的多次重复,这样的队形变化单调乏味,也形成不了高潮。因此在健美操的编排中不仅要有规则型的队形,而且也要有不规则型的队形。这样,才能使队形变换充满新颖的活力和独特的魅力。

5. 队形要为动作服务

在动作规定的情况下,队形编排应充分突出动作的特点,体现动作的风格。例如队员在做 4×8 拍的操化动作时,两三个人之间的配合应该与具有稳定感并且能够充分展示每

位队员的队形相结合，如大三角形队形、几个错位的小三角形；俯卧撑、仰卧起坐动作应该与体现刚劲有力的直线队形相结合，如横线队形。

6. 动作与队形构图之间的搭配要合理

他们之间的衔接要自然流畅，有时某个动作与变化的队形不科学或难度太大会不容易掌握。在健美操的动作与队形的变化上应经过反复的实践，确认其合理性、科学性后再运用。动作的不同方向与队形构图是不同的。即我们可以不通过移动而改变动作方向，例如 4 个 Vstep 每个 Vstep 转 90°，也可以不通过改变动作方向而移动，例如交叉步后接二步跳二个动作，始终面朝前，而向侧移了八步。

7. 音乐配合

音乐于队形构图的创编目的是使队形构图和音乐配合默契、和谐显示出独特的风格。音乐的风格指导着队形构图的风格。我们应当尊重音乐的风格，只有这样队形构图与音乐才能协调，音乐才能有力地支撑起动作和队形构图。音乐的强弱变化为队形构图的流畅性造成内在的条件，使队形构图与音乐在结构上产生联系。曲调与节奏的变化加上队形的起伏产生韵律感从而增加了健美操的韵律美，使健美操在美学上的价值更高。

四、健美操形设计范例

（一）双人队形

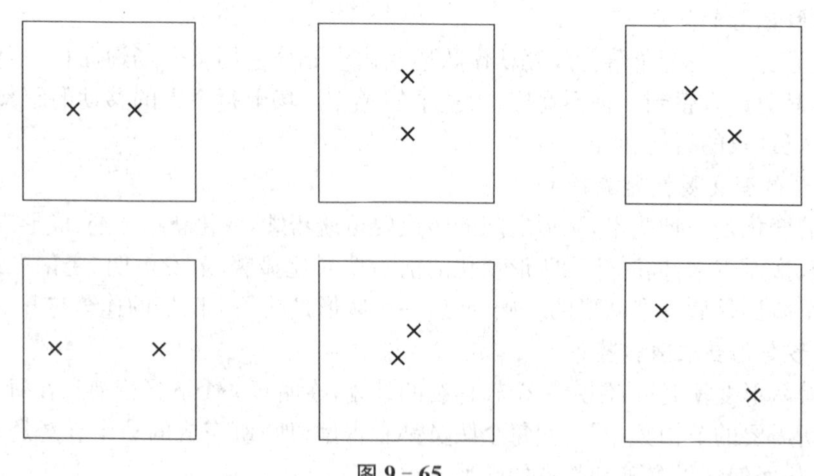

图 9－65

(二) 三人队形

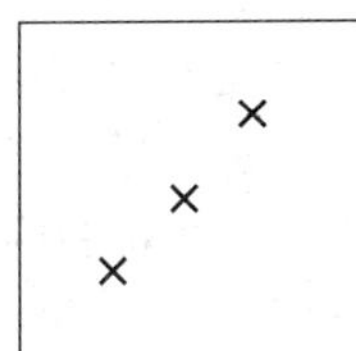
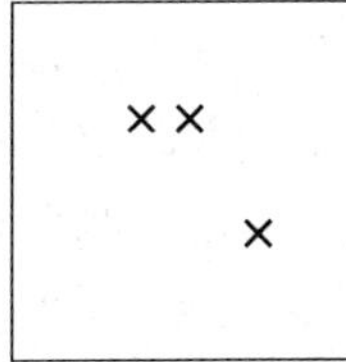
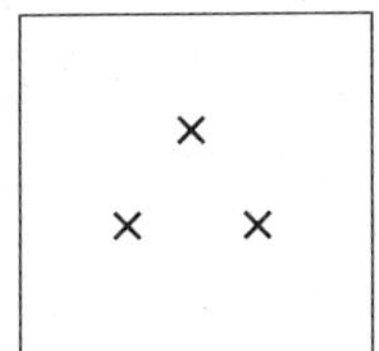
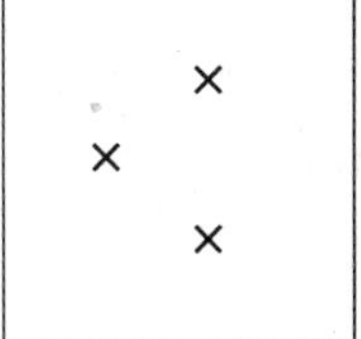
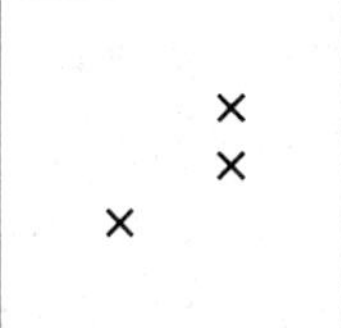

图 9-66

(三) 六人队形

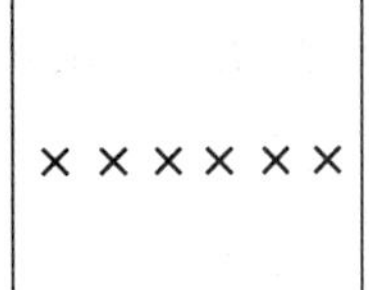

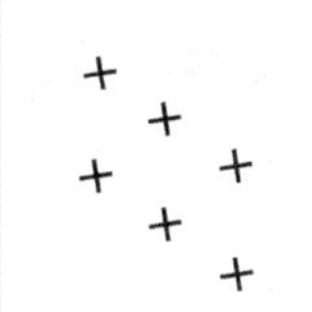
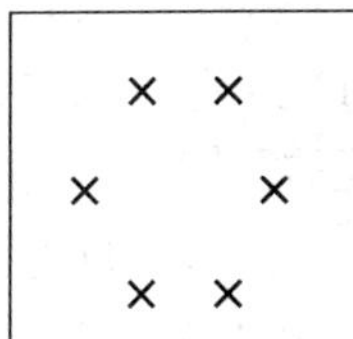
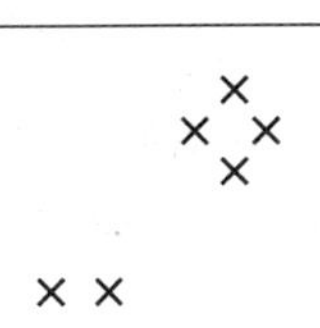

图 9-67

(四) 八人队形

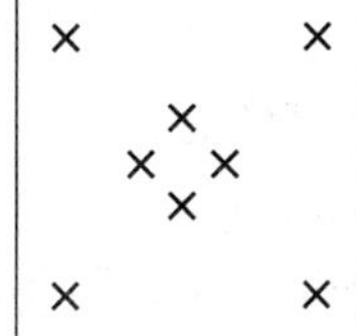

图 9-68

五、健美操的套路创编

有氧健身操就是运用有氧运动的原理，以健美操为练习内容，达到健身目的的一种锻炼手段。因此，有氧健身操的创编要有意识地选择对身体有良好影响和锻炼效果的动作，按照有氧运动原理和编操原则，针对锻炼者的胜利和心理特点，编制出科学合理、效果明显、感染力强、宜于推广的健身操。

（一）健美操的创编过程

1. 制定目标

（1）是为了比赛还是健身。

（2）具体的目的。

（3）套路的风格。

2. 音乐的选择与剪辑

（1）根据创编的目标，选择音乐的风格。

（2）然后根据成套动作的结构或具体要求，确定音乐的长短、起伏。

（3）根据音乐的长短、起伏，确定成套动作的结构与动作。

（4）选定音乐之后，要反复地聆听音乐，感受和体味、感悟乐曲的开始——发展——结束，不要放过音乐的过渡部分。

（5）最后进行剪接与编辑音乐的工作。

3. 素材的选择与确定

（1）在素材库中选择那些适合目标的动作。

（2）把素材拿到组合中先进行检验。

（3）初步确定创编中所要采用的素材动作。

（4）选择代表性的、风格明显的动作和选择主体动作。

4. 建立基本结构

开始、发展、结束。

5. 按创编原则组合动作与分段

组合动作指的是把两个以上的单动作串联起来的动作组。

（1）在连接这些动作时，应按照创编原则去做。

（2）在组合动作时，可按成套动作的先后顺序。

（3）也可以打破顺序，按主次组合动作。

（4）还可以按创编者所感觉到的动作进行组合，再根据结构上的顺序创编其他动作组合。

6. 按成套顺序完成成套动作的组合

当基本动作组合完成之后，可以按结构框架把动作组合排列起来，审视其中的连接是否顺畅，如有空缺，应用动作或组合来填充。

7. 评价与修改

健身性健美操的评价可根据规则和创编原则进行。通过生理指标测定，如：心率、耗氧、肌肉与关节的活动量等等，对锻炼价值进行评价，同时，对是否可能造成损伤、前后动作是否顺畅，以及娱乐性、趣味性、艺术性进行评价。

(1) 当运动者的平均心率达到此运动者最高心率的60%—80%时，为健身区。

(2) 高于80%为强化训练区。

(3) 当低于60%，为消遣区。

在健美操中常用最高心率公式为：

220－年龄＝最高心率

运动负荷受下列因素影响：动作速度、重复次数、时间、动作幅度、肌肉用力。

第六节　健美操比赛欣赏

竞技健美操比赛共设5个项目，男子单人、女子单人、混合双人、3人(男3、女3、混合3人)、混合5人(5男、5女、混合5人)。成套动作必须在音乐伴奏下进行，音乐速度在24拍/10秒以上，成套动作完成时间：单人、混合双人、3人项目均为110—130秒，5人项目为150—180秒。成套动作必须有三类特定动作和两项特定要求。特定动作为：连续4次高踢腿，连续4次俯卧撑，连续4次仰卧起坐。特定要求为：连续30秒跑跳，4个八拍操化动作(有健美操特色的对称动作)。不得出现违例动作，如空翻、托举等。六人项目成套动作中不得少于5次不同的队形变化。

一、欣赏形体美和着装美

优美的身体形态、得体的着装是夺取健美操冠军的必备条件。因为健美操比赛是从运动员一上场就开始的，五官端正、身材匀称、具有健与美特征的运动员，配以得体的着装及恰到好处的脸部化装，首先就会使观众得到视觉和审美心理上的极大满足。

二、欣赏音乐美

音乐是健美操的灵魂，音乐赋予了健美操特有的活力。当你听到鲜明强劲的动感音乐，首先就会随着音乐的旋律按照自己的理解产生联想和想象，在大脑中形成富有一定的情感意向，忍不住想“舞蹈”起来，进而在精神和听觉上得到满足。

三、欣赏动作美

动作的力度、幅度、准确性、协调性、熟练性及稳定性是健美操项目评判和欣赏的重要方面。

(一) 特定动作的欣赏

特定动作有连续4次俯卧撑、仰卧起坐和高踢腿跳。在欣赏单人完成这部分动作时，主要看动作的规范性、准确性及姿态。而2人、3人、6人集体项目完成这部分动作时，不仅要看以上的内容，而且还要看整体的一致性、整齐性。

(二) 特定要求动作的欣赏

特定要求动作包括4个八拍的站立式操化动作组合、连续30秒的跑跳动作。在欣赏这部分动作时，主要看动作的各种变化。

(三) 难度动作的欣赏

难度动作可分为支撑类动作、跳跃类动作、转体类动作及俯卧撑类动作。在欣赏这部分动作时，主要看运动员完成动作的质量，如腾空的高度、动作的开度、支撑动作的持续时间变化及稳定性等。集体完成这些动作时，还应看动作的整齐性和一致性。

(四) 力度的欣赏

“力度”是健美操的重要特点之一，与成套动作质量密切相关。男单动作应豪放，力度感强，体现男子的阳刚之气。女单动作应优美，刚柔结合。

(五) 表现力的欣赏

运动员在进行健美操比赛时，应表现出朝气蓬勃的精神面貌和喜悦、自信的激情。将音乐、动作深层次的内涵淋漓尽致地表现出来，用眼神和脸部表情与裁判和观众交流，吸引观众、感染观众。

四、动作创新及编排的欣赏

一套节奏感强、动作有独创性、有新意及编排立意新颖、风格独特、连接巧妙、流畅连贯，具有体育和艺术美感染力的成套动作，必然会牢牢地吸引观众、征服观众，使他们得到视觉、听觉和心理上的满足。

课后问答

1. 健美操的特点是什么？
2. 健美操的分类是哪些？
3. 健美操的技术训练方法有哪些？
4. 健美操的创编原则有哪些？
5. 根据上下脚动作，自编一套小组合动作。

第十章　游泳

第一节　游泳基础知识

一、熟悉水性

熟悉水性是游泳教学中的第一课，是学习各种游泳姿势前一个重要的过渡性练习，是游泳教学中的一个重要环节和组成部分，也是初学者入门必经的阶段。熟悉水性的目的主要是让学生体会和了解水的特性，逐步适应水的环境，消除怕水心理，掌握游泳中一些最基本的动作，如呼吸、漂浮、滑行、踩水等动作，为以后学习和掌握各种游泳技术打下基础。

（一）水中行走

这是初学者下水后的第一个练习，目的是体会水的阻力、压力和浮力，并初步学会在水中维持身体平衡的方法。

（1）具体步骤。① 两手扶住池边或同伴的手，在水中行走；② 一手扶住池边或同伴的手，一手在体前侧做向外、向后划水，同时在水中行走；③ 不借助任何支撑物，两臂在胸前左向外、向后的对称划水，双脚在水中做向前、向侧、向后的行走。

（2）常见问题及纠正。① 问题：不敢下水。纠正：进行教育，鼓励，消除怕水心理；② 问题：腿不敢向前移动。纠正：身体向前移动时，腿向后蹬和向前抬腿时都要用力；③ 问题：摔倒。纠正：开始行走时速度慢些，脚站稳后再迈步。

（二）呼吸练习

呼吸是游泳的关键，也是克服心理恐惧的关键。吸气切忌用鼻子，一定要用口，呼气时可以两者并用。

（1）具体步骤。① 用口吸气后慢慢下蹲，把头全部浸入水中，心里默默的倒计时，等时间到，头出水面呼吸换气，循环练习；② 头浸入水中片刻后，在水中用鼻子慢慢地呼气，一直呼到快完，但不能抬头呼气，然后起立在水面上用口吸气，吸气之前把最后一点气呼尽；③ 吸气后头浸入水中稍闭气后用口鼻同时呼气，用脸部肌肉感觉头接近水面时用力把气吐尽，并用口在水面上吸气，吸气结束后再次把头浸入水中，但是在水中憋气时间逐渐增长，如此连续，这样有节奏地进行数次，练习水中呼吸动作。

(2) 常见问题及纠正。

① 问题:用鼻吸气。纠正:再次讲解、示范,明确动作要领;

② 问题:没有在水下呼气。纠正:练习时可用手捏鼻(或用鼻夹夹鼻)强迫用口吸气。

(三) 漂浮

漂浮技术能够帮助掌握人体在水中的平衡能力,有助于排除对水的恐惧心理。

(1) 具体步骤:① 抱膝漂浮练习。原地站立,深吸气后,下蹲低头抱膝。双膝尽量靠近胸部,前脚掌蹬离池底,成低头碰膝团身,身体会自然地慢慢漂浮在水面上。站立时,两手前伸向下按压水抬头,两腿同时伸直,两臂自然放于体侧即可站立。② 展体漂浮练习。两臂向前伸直,两脚开立,深吸气后身体前倾并低头,两脚轻轻蹬离水底,以俯卧姿势漂浮于水面。全身放松,两臂、两腿自然分开。站立时,收腹、收腿,两臂向下压水,然后抬头,两腿伸直,脚触水底站立。

(2) 常见问题及纠正。

① 问题:浮不起来。纠正:讲解动作及要领,练习时要求两臂向前伸向下压水同时抬头,两脚向下伸直触池底站立;

② 问题:站立时向前倒。纠正:站立后,两手可在体前、体侧拨水,以帮助身体站稳;

③ 问题:蹬壁无力。纠正:蹬壁前,臀部尽量靠近池壁,大小腿尽量收紧,蹬壁要用力。

(四) 滑行练习

(1) 具体步骤。① 蹬边滑行漂浮练习:背向池壁,一手扶池边一臂前伸一脚站立一脚掌紧贴池壁。深吸气后低头,身体成俯卧姿势后,收站立脚,两脚用力蹬离池壁,两臂夹紧头部后脑身体笔直向前滑行;② 蹬底滑行漂浮练习。两脚前后开立,两臂前上举。深吸气后上体前倒,当头、肩浸入水中时,前脚掌用力蹬池底,随后两脚并拢,使身体呈流线型向前滑行。

(2) 常见问题及纠正。

问题:滑行时抬头塌腰。纠正:讲解、示范动作,明确要领。滑行时要求低头,头夹于两臂之间,腰腹适当紧张,使身体成流线型滑行。

(五) 踩水

踩水时,身体直立于水中,腰部要有所控制,臀部感觉好似固定在一个支撑物上,两腿同时上收,同时向侧下蹬夹水。双手同时做前侧下弧形按压水动作。

(1) 具体步骤。① 身体姿势:整个身体稍前倾,几乎垂直于水面,头部始终露在水面,下颌接近水面;② 臂部动作:两臂稍弯曲,在体侧前做向外、向内的摸压水的动作,动作幅度不能太大。向外时,手掌心向外侧下,有分开水的感觉;向内时,手掌心向内侧下,有挤水的感觉。向内摸压至肩宽距离即分开。两手掌摸压水的路线呈摇撸式撸水;③ 腿部动作:先屈右膝,小腿和脚向外翻,然后膝向里扣压,用右脚掌和右小腿内侧向侧下方蹬夹水,当腿尚未蹬直时向后上方收小腿,收腿的同时左腿开始做如同右腿的蹬夹水动作,两腿交替进行。

(2) 常见问题及纠正。

① 问题:身体下沉。纠正:手在胸前做向里向外的拨水动作,增加浮力;② 问题:不

能持久。纠正:双腿同时向外蹬。感觉下沉时用力,不沉时放松。保持体力。

二、选择适合自己的游泳装备

不论是刚学游泳的人还是经常参加游泳的活动者,都要准备一些必需的用具,这样才能使游泳活动称心如意地进行。

(一) 合身的泳衣泳裤

游泳衣裤要以穿在身上感到舒适为宜。至于质量,中老年人应选择纯毛或棉毛制品,以深色为宜。年轻人可选择海滩式的尼龙游泳衣裤,颜色以鲜艳的为好,这样可增添美感。

(二) 合适的泳帽

游泳时应戴游泳帽,特别是女性,可以防止头发散乱。有时水质不好还可以防止头发变黄。游泳帽应选带有松紧的尼龙制品或橡胶制品,不能太大,否则容易脱落。

(三) 泳镜

如果水质不干净,游泳时细菌很容易进入眼内,导致红眼病等。为了预防眼病,需要戴游泳眼镜进行游泳。对于初学游泳的人来说,戴游泳眼镜还可以纠正在水中睁不开眼睛的毛病。在挑选时只需注意眼镜的防水性、清晰度、防雾性能及胶带固定的松紧程度是否适合于眼睛就可以了。

(四) 浮体物品

初学游泳者,最好自备一些浮体物品,例如救生圈、救生衣、泡沫塑料打水板等。自备这些物品时,还要时时检查救生衣、圈有无漏气,以防发生事故。

(五) 耳塞和鼻夹

游泳时耳朵进水是难以避免的。耳朵进水后很不服,有时会引起疼痛以致影响听力。为了防止水进入耳朵,应备有耳塞。

水波常会把水冲入鼻孔,产生呛水、咳嗽等问题,为了防止水进入鼻孔,最好准备一个鼻夹,它可强制用嘴吸气,可以避免呛水。

三、水中不良反应的处理方法

游泳中容易出现一些不良反应。掌握一些消除不良反应的方法,不仅有利于不良症状的尽快消失,还可以加快游泳技术的学习进程。

(一) 耳朵进水

游泳时耳朵进水是经常会发生的事情,但千万不要用手去挖耳朵,以免挖破耳道而引起感染。正确的做法有两条:

(1) 把头倾向进水耳朵的一方,然后用同一侧的脚作单脚支撑,单足跳几次后,水便会被排出来了。

(2) 用枝棉把耳内的水分慢慢地吸收,但要十分小心,以免弄破耳膜。

(二) 手、脚、腿抽筋

游泳时间长了常会发生手指、脚趾和大小腿抽筋。这时要保持镇静、切莫惊慌,在浅水区或离岸较近时应立即上岸;在深水区或离岸较远时,应一边呼救,一边采取解痉措施自救。

脚趾抽筋:将腿屈曲,用力将足趾拉开,扳直。

脚掌抽筋:迅速用手扳起脚尖,使足背屈,另一手用力按揉脚掌抽筋部位。

小腿抽筋:最常见,缓解方法也较多,这里介绍其中一种手法:先吸一口气,仰浮在水面上,用抽筋腿对侧之手握住抽筋腿的脚趾,并将其向身体方向拉,同时用另一手掌压在抽筋腿的膝盖上,帮助小腿伸直,促使抽筋缓解,也可以将足跟向前用力蹬直,同时用一手握住抽筋腿的拇趾并朝足背方向扳拉,另一手轻轻按揉抽筋的小腿肌肉。

大腿抽筋:仰卧并立即举起抽筋之腿,使其与身体成直角,然后双手抱住小腿,用力屈膝,使抽筋大腿贴在胸部,再以手按揉大腿抽筋处肌肉,并将腿慢慢向前伸直,抽筋即可缓解。

手掌抽筋:用一手掌将抽筋的手掌用力向下按压,并做振颤动作,直至缓解为止。

手指抽筋:将手指用力握成拳头,然后再用力将五指伸直,快速连续几次,直到缓解为止。

上臂抽筋:将抽筋手握拳,并尽量屈肘关节,然后用力伸直,反复数次,直到缓解。

腹肌抽筋:较少见,但危险性极大,应立即呼救,并赶快上岸,取仰卧位,伸直躯干。

凡抽筋通过以上方法仍不能缓解者,应一面呼救,一面用健肢做打水动作游到岸边,上岸后再进行按摩处理。

(三) 恶心呕吐

鼻子呛进脏水就会出现恶心、呕吐,这时应赶快上岸,用手指压中脘、内关穴,如果有仁丹,也可以含上一粒。为预防肠炎,还可吃几瓣生蒜。如出现皮肤发痒出疹,主要是由于皮肤过敏所致,立即上岸,服一片息斯敏或扑尔敏,很快就会好转。

(四) 头痛

游泳中出现头痛现象,多是由慢性鼻炎、呛水或机体寒冷、暂时性脑血管痉挛供血不足等原因造成的。这时应迅速上岸,用大拇指对准太阳、百会穴进行旋转按摩,然后用热毛巾敷头,再喝一杯热开水,即可好转。

(五) 眼病防治

结膜炎是游泳中常见疾病之一,表现为眼红肿、异物感、疼痛不适等。其中最常见的是由衣原体引起的游泳池性结膜炎和细菌引起的急性结膜炎。游泳时最好戴防水眼镜,若游泳后感眼部不适,可点用消炎眼液或 0.25%氯霉素眼液进行预防,注意勿用手揉眼或用不洁毛巾擦眼。当“红眼病”(即急性出血性结膜炎)流行时,最好不要去游泳,以防传染。

一般性眼痛可能是由于水不洁净引起。上岸后应马上用清洁的淡盐水冲洗眼睛,然后用氯霉素或红霉素眼药水点眼,临睡前最好再做一下热敷。

(六) 头昏脑胀

产生头晕、脑胀的主要原因是游泳时间长,血液聚集于下肢,脑缺血,机体能量消耗较大,身体过度疲劳。这时应立即上岸休息,全身保温,并适当喝些淡糖盐水。

(七) 腹内痛胀

游泳时发生腹内痛胀,多是由于刚吃饱饭或空腹游泳造成的。这时应上岸仰卧,用拇指尖点压中脘、上脘或足三里,同时口服 3 至 5 毫升十滴水,并用热手巾敷腹部。

四、不要让游泳池成为健康杀手

到清凉消暑的游泳池里,如果能够悠闲地泡着水,享受凉爽的游泳情趣,实在是人生一大享受。但是,天气越热游泳池里的人就越多,像下饺子一样,这时不可不关心一下自身的健康。以下几点需特别注意:

① 身上有伤口、熬夜后、生病时身体的抵抗力会明显下降,此时千万不要游泳;

② 选择管理严格、池水品质佳的游泳池;

③ 仔细冲洗身体后再下水,同时佩戴泳镜、耳塞、泳帽;

④ 看到在游泳池里大小便的小孩,马上向管理员报告,此时最好起身打道回府;

⑤ 千万不要喝下游泳池里的水;

⑥ 每隔一段时间就上岸休息,同时冲洗身体;

⑦ 上岸后,最好马上漱口和刷牙;

⑧ 游泳后身体有任何不适,要马上去看医生。

第二节 常用游泳技术简介

一、蛙泳

蛙泳是一种模仿青蛙游泳动作的一种游泳姿势,也是最古老的一种泳姿,早在2000—4000 年前,在中国、罗马、埃及就有类似这种姿势的游泳。18 世纪中期,在欧洲,蛙泳被称为“青蛙泳”。由于蛙泳的速度比较慢,在 20 世纪初期的自由泳比赛中(不规定姿势的自由游泳),蛙泳不如其他姿势快,使得蛙泳技术受到排挤。在当时的游泳比赛中,一度没有人愿意采用蛙泳技术参加比赛,随后国际泳联规定了泳姿,蛙泳技术才得以发展。

蛙泳主要有以下几个技术环节:

(一) 蛙泳身体姿势

蛙泳在游进之中,身体不是固定在一个位置上,而是随着手、腿的动作在不断的变化。当一个动作周期结束后,身体应展胸、稍收腹、微塌腰,两腿并拢,两臂尽量伸直,颈部稍紧张,头置于两臂之间,眼睛注视前下方。整个身体应以身体的横轴为轴做上下起伏的动作。

(二) 蛙泳腿部技术

蛙泳的腿部动作是推动身体前进的主要动力之一。它的主要动作环节可分为收腿、翻角、蹬夹水和滑行四个阶段,这四个环节是紧密相连的完整动作。

(1) 收腿。收腿是为了翻脚、蹬水创造有利的位置,同时即要减少阻力,又要考虑到手腿配合因素的需要。开始收腿时，两腿随着吸气的动作，自然放下，同时两膝自然逐渐分开，小腿向前回收，回收时两脚放松，脚跟向臀部靠拢，边收边分。收腿时力量要小，两脚和小腿回收时要收在大腿的投影截面内，以减少回收时的阻力。

收腿结束后，大腿于躯干约成 120°—140°角(如图 10－1 所示)，两膝内侧大约与髋关节同宽。大腿与小腿之间的角度约为 40°—45°，并使小腿尽量成垂直姿势，这样能为翻脚、蹬水做好有利的准备。

图 10－1

(2) 翻脚。在蛙泳腿的技术中，翻脚动作很重要，它直接影响到蹬水的效果。收腿即将结束时，角仍向臀部靠近，这时膝关节向内扣，同时两脚向外侧翻开，使脚和小腿内侧对好蹬水方向，这样蹬时对水面加大，并为大腿发挥更大力量做好积极准备。

收腿与翻脚、蹬水是一个连续的完整动作过程。正确的反脚动作，是在收腿未结束前就已开始，在蹬水开始完成。如果翻脚后，腿稍有停滞，则会破坏动作的连贯性并增大阻力。

(3) 蹬夹水。蛙泳腿部动作效果的好坏，完全取决于蹬夹水技术的正确与否。蹬水应由大腿发力，先伸髋关节，这样使小腿保持尽量垂直对水的有利部位，向后做蹬夹水的动作，其次是伸膝关节和踝关节(如图 10－2 所示)。

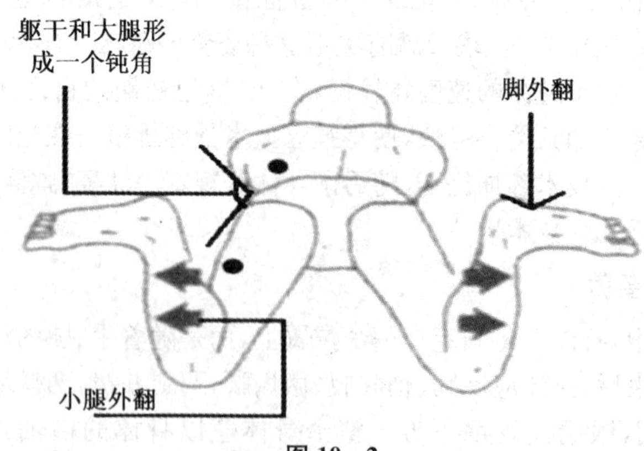

图 10－2

蹬夹水的动作实际是一个连续的完整动作，只是蹬水在先，夹水在后。实际上在翻脚的动作中，两膝向内，两脚向外已经为蹬夹水固定住唯一的方向(如图 10－3 所示)。

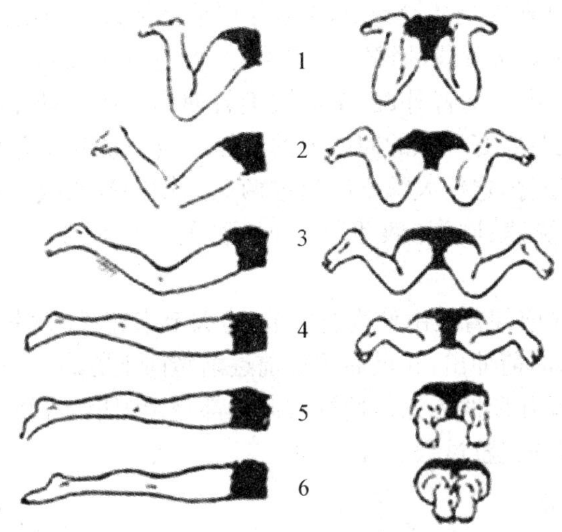

图 10－3

蹬夹水效果的好坏不但取决于腿部关节移动的路线和方向，蹬夹水还是对水面积的大小、以及最主要的是两腿蹬夹水的速度和力量的变化，蹬夹水的速度是从慢到快，力量是从小到大的。

(4) 滑行。蹬夹水结束后，脚处于水平面的最低点，这是身体随着蹬水的动力向前滑行，腰部下压，双脚接近水面，准备做下一个循环动作。

(三) 蛙泳手臂技术

蛙泳手臂划水动作可以产生很大的推动力，掌握合理的手臂划水技术，并且使之与腿和呼吸动作协调配合，能有效的提高游进速度。它的主要动作可分为开始姿势、滑下(也可叫做“抱水”或“抓水”)、划水、收手和向前伸臂几个阶段。这几个阶段也是紧密相连的完整动作。

(1) 开始姿势。当蹬水动作结束时，两臂应保持一定的紧张，自然向前伸直，并与水面平行，掌心向下，手指自然并拢，是身体成一条直线，形成较好的流线型。

(2) 抓水。从开始姿势起，手臂先前伸，并使重心向前，同时肩关节略内旋，两手掌心略转向外斜下方，并稍屈手腕，两手分开向侧斜下方压水，当手掌和前臂感到有压力时，就开始划水。

抓水动作一方面能给划水创造有利条件，另一方面还能造成身体上浮和前进的作用。抓水的速度，根据个人的水平不同而不同，水平较高者抓水较快，反之则慢。

(3) 划水。当两手做好抓水动作、两臂分至成大约 40°—45°角时，手腕开始逐渐弯曲，这时两臂两手逐渐积极的做向侧、下、后方的屈臂划水动作。

划水时，手的运动应该分为两个部分：前一部分，手向外——向下——向后运动，水流从大拇指流向小拇指一边；后一部分，手向内——向下——向后运动，水流从小拇指流向大拇指一边。

在划水中，前臂和上臂弯曲的角度是在不断地变化，其标准是以能发挥出最好的力量为准则。在整个划水过程中肘关节的位置都比手高。手运动的路线，不应到肩的下后方，而应在肩的前下方。其速度是从慢到快，至收手时应达到最快速度。

(4) 收手。收手是划水阶段的继续。收手时，收的运动方向为向内、向上、向前。手的迎角大致为45°角。由于前臂外旋，掌心逐渐转向内。收手动作应有利于做快速向前的伸手动作，并且肘关节要有意识的向内夹的动作。当手收至头前下方时，两手掌心时由后转向内——向上的姿势，这使大臂不应超过两肩的横向延长线。在整个收手动作过程中，手的动作应积极、快速、圆滑，收手结束时，肘关节应低于手，大、小臂的角度小于90°角。

(5) 向前伸臂。向前伸臂是由伸直肘关节、肩关节来完成的，掌心由开始的向上逐渐转向内，双掌合在一起向前伸出，在最后结束前逐渐转向下方。

蛙泳整个臂部的动作路线无论是俯视或仰视都是椭圆形的，并且是一个连贯、力量从小到大、速度从慢到快的完整过程。

(四) 蛙泳配合技术

手臂抓水的同时，开始逐渐抬头，这时腿保持自然放松、伸直的姿势。手臂划水时，头抬至眼睛出水面，腿还是不动。只有收手时才开始收腿，并稍向前挺髋，这时头抬至口出水面，并进行快速、有力的吸气。伸手臂的同时低头，用鼻或口鼻进行呼气，并且在手臂伸至将近二分之一处时，进行蹬夹水的动作，之后，让身体伸展滑行一段距离，蹬速度降低时进行第二个周期的动作。

在蛙泳的游进过程中，一般都是一个周期一次呼吸，这样有利于机体的有氧供应，从而降低疲劳速度。需要注意：在抬头吸气前，必须要将体内的废气全部吐完，这样才能吸进新鲜氧气。

早学游泳好处多

游泳是最常见的水中健身。人在水平时，血液向心脏的回流要比直立下容易多，因此同样的运动量，水中的心率上升幅度要小于陆地，对于未发育成熟的心脏负担减轻。游泳绝对没有陆地上轮滑、跑步、打球对于稚嫩的骨骼韧带来损伤的问题。尤其神经肌肉的协调性是锻炼的最佳时期，一旦掌握某种技能，终身不会忘掉。到了很容易患骨关节病的中老年时期，陆地上的许多运动不能进行的时候，小时候学习的技能就充分体现益处了。

游泳的基本正规姿势是蝶、仰、蛙、自由泳四种，还有非正规的侧泳、狗刨式。如果能慢游蛙泳800米、自由泳1 500米，就能充分获得游泳的健身效果。

游泳的最佳学习时间是在婴儿时期，刚离开充满水环境的子宫，也没有对于水惧怕的信息来源。学龄前儿童期，青少年期也是最佳学习阶段，游泳对于孩子尚未发育成熟的各系统器官功能，起到任何一种运动方法都不可替代的作用。

二、自由泳

自由泳是四种竞技游泳技术中速度最快的一种姿势，在游泳比赛的自由泳项目中(不规定泳姿的比赛)，运动员都采用这种姿势。人们进行自由泳时，身体在水中成俯卧姿势，通过两腿交替上下打水，两臂轮流划水，以使身体前行。自由泳的动作很像爬行，所以人们又称之为“自由泳”。自由泳历史悠久，从我国和世界其他国家的古代遗物中，都可以发现类似于今天的自由泳技术的游泳姿势。

自由泳主要有以下几个技术环节：

(一) 身体姿势

自由泳时，身体要尽量保持俯卧的水平姿势。但是为了取得更好的动作效果，头部应自然稍抬，两眼注视前下方，头的三分之一露出水面，水平面接近发际，双腿处于最低点，身体纵轴与水平面约成3—5°的仰角（如图10－4所示）。

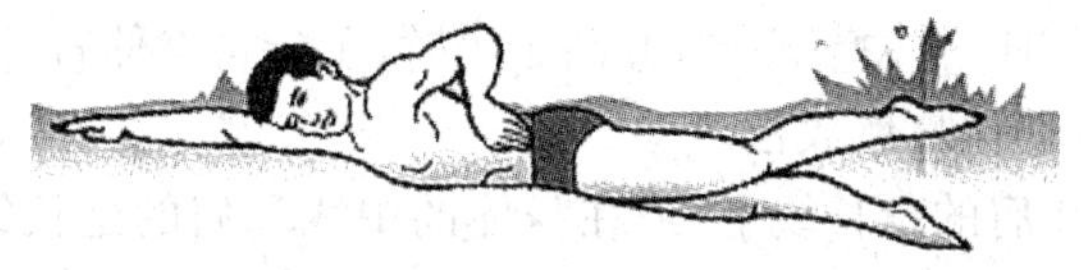

图 10－4

自由泳游进中，身体可以围绕身体纵轴做有节奏的转动，转动的角度一般为35°—45°之间（如图10－5所示）。如果速度加快，角度就会相对减少。

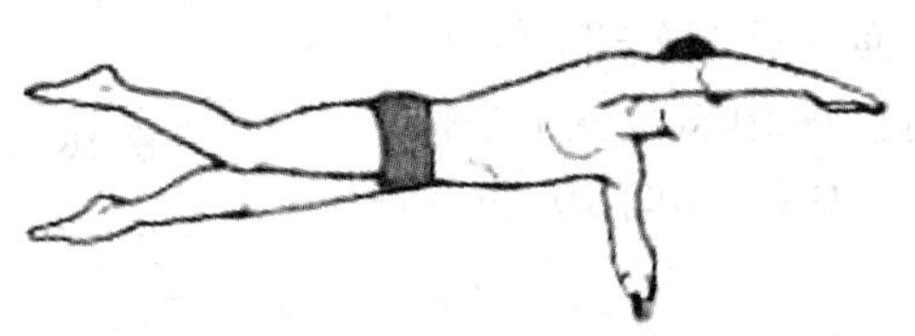

图 10－5

这种转动是由于划臂、转头和吸气而形成的自然转动，并不是有意识地做转动。转动所带来的好处有以下几点：便于呼吸；便于手臂的出水和空中移臂，并缩短移臂的转动半径；有助于手臂在水中抱水和划水，使手臂划水的最有力部分更接近于身体中心的垂直投影面；由于臀部随身体轻度的转动，腿打水时，产生部分侧向打水动作，可以抵消移臂时造成身体侧向偏离的影响，维持身体平衡。

(二) 腿部技术

在自由泳技术中，大腿动作除了产生推动力外，主要起着维持身体平衡的作用，它能使下肢抬高，以及协调配合双臂有力的划水。

自由泳腿的打水动作，几乎与水平面成垂直方向进行，从垂直面看，两腿分开的距离约为30—40厘米，膝关节弯曲的角度约为160°角。

游进中，腿向上打水时，脚应接近水平；向下打水时，不应超过身体在水中的最低部位。正确的打水动作是脚稍向内旋，踝关节自然放松，向上和向下的打水动作应该从髋关节开始，大腿用力，通过整个腿部，最后到脚，形成一个“鞭状”打水动作。向下打水的效果最大，因此应用较大的力和较快的速度进行；而向上则要求放松、自然，尽量少用力，并且速度相对要慢。

从腿向上动作开始，当大腿带动小腿，从下直腿向上移至踝关节、膝关节、髋关节与水平面平行时，大腿稍向上而终止移动，并开始向下打水。当大腿开始向下打水时，由于惯性的作用，此时小腿和脚仍继续向上移动，而使膝关节弯曲形成一个大约 160°角。这时小腿和脚达到了最高点，由于大腿继续向下移动，而带动小腿和脚完成向下打水动作。

当大腿向下打水到最低点并向上抬起时，小腿和脚与大腿仍保持一个角度，并继续向下移动打水，直至完全伸直为止，才随大腿向上移动，开始第二个循环动作。

（三）手臂技术

自由泳的臂部动作是推动身体前进的主要动力。它分为入水、抱水、划推水、出水和空中移臂等几个阶段，这几个阶段在划水动作中是紧密相连的一个完整动作。

（1）入水。臂入水时，肘关节略屈，并高于手臂，手指自然伸直并拢，向前斜下方且插入水。注意手掌向外，动作自然放松。

手入水的位置应在肩的延长线上，或在身体的中线和肩的延长线之间。入水的顺序为：手——小臂——大臂。

手切入水后，手和小臂继续向前下方伸展，手由向前——向下——稍有向内的运动变为向前——向下——稍向外的运动。

（2）抱水。臂入水后，应积极插向前下方，此时小臂和大臂应积极外旋，并屈腕、屈肘。在形成抱水的动作中，开始手臂是直的，当手臂划下至与水平面约成 15°—20°角时，应逐渐屈肘，使肘关节高于手。在划水开始前，也就是手臂约与水面成 40°角时，肘关节屈至 150°左右（如图 10－6 所示）。

图 10－6

抱水动作主要是为了划水做准备，因此它是相对放松和缓慢的。抱水就好像用臂去抱一个大圆球一样。抱水时，手的运动为向后——向下——向外的三个分运动组成。

（3）划推水。手臂在前方与水平面成 40°角起之后方与水平面约成 15°—20°角止的运动过程都是滑水动作。它分为两个阶段：从抱水结束到划至与水面垂直之前称为“拉水”，过垂直面后称为“推水”。

拉水时，应保持高肘姿势，手向内——向上——向后运动。当拉水结束时，手在体下接近中线，这时，肘关节弯曲的角度约为 90°—120°角，小臂由外旋转为内旋，掌心由向内后方方向变为向外后方。

向后推水是通过屈臂到伸臂来完成的。在推水过程中，手是向外——向上——向后的运动。肘关节要向上、向体侧靠近，并且手掌始终要与水平面保持垂直。

整个划推水过程，手掌的运动路线并不是始终在一条直线上和同一平面上，实际上是一个较复杂的三度曲线。从身体的额状面来看是一个“S”型，从身体的矢状面来看是一个“W”型（如图 10－7所示）。

在整个划水过程中，肩部应配合手臂进行向前——向下——向后的合理转动，这样有利于加长划水路线和加大划水力量。

图 10－7

（4）出水。在划水结束后，臂由于惯性的作用而很快的靠近水面，这时，由大臂带动肘关节做向外上方的“提拉”动作，将小臂和手提出水面。小臂出水动作要比大臂稍慢一些，掌心向后上方。

手臂出水动作应迅速而不停顿，但同时应该柔和，小臂和手掌应尽量放松。

(5) 空中移臂。臂在空中前移的动作是手臂出水的继续，不能停顿，一臂的动作应该放松自如，尽量不要破坏身体的流线型，要和另一臂的划水动作协调一致，并且要注意节奏。在整个移臂过程中，肘部应始终保持比手部高的位置(如图 10－8 所示)。

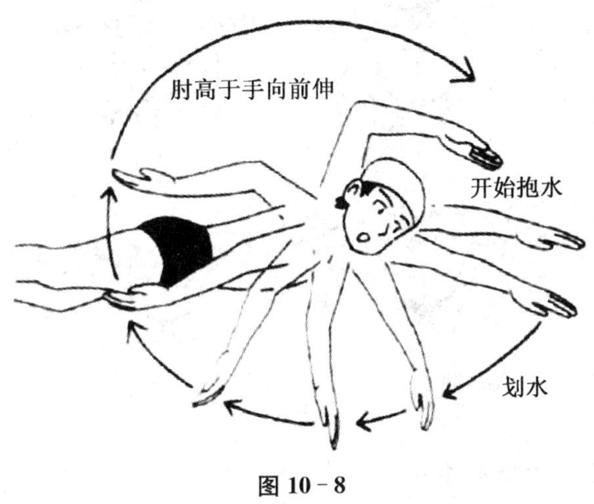

图 10－8

(四) 配合技术

自由泳的配合技术分：两臂的配合技术、两臂和呼吸的配合技术以及完整的配合技术。

(1) 两臂配合技术。自由泳两臂的正确配合是保障前进速度均匀性的重要条件，并且还有利于发挥肩带力量积极参与划水。根据划水时两臂所处的位置，可以把手臂的配合技术分为四种：即前交叉、中交叉、中前交叉和后交叉。一般优秀运动员都采用中前交叉的技术。

(2) 两臂和呼吸的配合技术自由泳技术中的呼吸技术较为复杂，但是它的好坏，将直接影响着划水力量和速度、耐力的发挥。自由泳的呼吸和手臂的配合为：一次呼吸 N 次划水(N>2)。吸气时，头随着肩、身体的纵向转动转向一侧，使头在低于水面的波谷中吸气。此时，同侧臂正处在出水转入移臂的阶段。

移臂时，头转向正常位置。

同侧臂入水时，开始慢慢呼气，并逐渐用力加快呼气的速度。

(3) 完整的配合技术。即呼吸、手臂和腿的配合。因为手臂是产生推进力的主要来源，因此在配合中，呼吸和腿的动作都应该服从于手臂动作的需要。

呼吸、手臂和腿的配合比例主要由三种：1∶2∶2(即一次呼吸，两次手臂动作，两次打腿的动作)；1∶2∶4；1∶2∶6 和极少数优秀运动员采用 1∶2∶8 的技术。

三、蝶泳

蝶泳技术是在蛙泳技术动作基础上演变而来的。当蛙泳技术发展到第二阶段时，也就是 1937—1952 年这一时期，在游泳比赛中，有些运动员采用两臂划水到大腿后提出水面，再从空中迁移的技术，从外形看，好像蝴蝶展翅飞舞，所以人们称它为“蝶泳”。1953

年，国际泳联规定，蛙泳和蝶泳分开进行比赛，使蝶泳成为了一独立的比赛项目，从而得到了很好的发展。蝶泳技术是仅仅比蛙泳技术慢的泳姿。由于它的腿部动作酷似海豚，所以又称为“海豚泳”（如图 10 - 9 所示）。

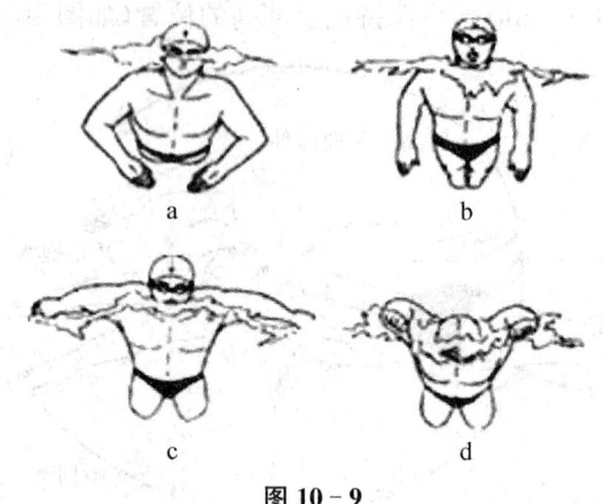

图 10 - 9

蝶泳主要有以下几个技术环节：

（一）蝶泳身体姿势

蝶泳的身体姿势与其他泳姿不同，它没有固定的身体位置。在游进中躯干各部分和头不断改变彼此间的相对位置。头和躯干有时露出水面、有时潜入水中，形成波浪形式上下起伏的变化位置。

蝶泳在游进中，是以横轴（腰际）为中心，躯干和腿做有节奏的摆动，发力点在腰腹部。然后以大腿带动小腿，两腿一起做上下的鞭状打水动作。而这些动作与头和臂部的动作紧密联系在一起，形成蝶泳所特有的波浪动作，因此前进时身体的阻力较小。

（二）蝶泳腿部技术

蝶泳打水时，两腿自然并拢，脚跟稍微分开成“内八字”，当两腿在前一划水周期向下打水结束后，两脚处于最低点，膝关节伸直，臀部上抬至水面，髋关节屈成约 160°。

然后两腿伸直向上移动，髋关节逐渐展开，臀部下沉。

当两腿继续向上时，大腿开始下压，膝关节随大腿下压，动作自然弯曲，大腿继续加速向下。

随着屈膝程度的增加，脚抬至接近水面时，臀部下降到最低点，膝关节弯曲成约 110°—130°角时，脚向上抬至最高点，并准确向下后方打水。

当脚向下打水时，脚面绷直，但又不能让踝关节太紧张，然后和小腿随大腿加速向后下方推水。双脚继续加速向下后方打水，动作尚未结束时，大腿又开始向上移动，当膝关节完全伸直时，向下打水的动作即结束。

蝶泳腿的打水动作是由腰部发力，经过髋、膝、踝关节并与躯干、脊柱动作相协调一致配合完成的。脚的运动方向是向下和向后，其向下的幅度大于向后的幅度。

腿向上抬起时，膝关节必须伸直，如果稍有弯曲，小腿的背面将产生很大的阻力。此外，向上抬腿时，不要过于用力，以便减少阻力。打腿的重点应放在向下打水动作上，腿向下打水的速度应比向上抬腿快约两倍多。

(三) 蝶泳手臂技术

蝶泳臂的划水动作是产生推进力的主要因素，并且相对其他姿势来说是较大的。蝶泳臂的划水是两臂在头前入水，同时沿身体两侧做曲线划水。

它的技术环节分为：入水、抱水、划水、推水和空中移臂等几个阶段。

(1) 入水。蝶泳臂入水点基本上在肩的延长线上，两臂同时入水。入水时肘稍屈并略高于小臂，手掌领先，并约与水面成45°角，然后带动小臂和大臂依次入水。入水阶段，由于前臂外侧旋转动作，掌心由向外侧积极转向外侧后。

(2) 抱水。臂入水后，手和前臂继续外旋，进入抱水阶段。抱水时，手的运动方向为向外——向后——向下。随着前臂的外旋，掌心由向外侧后转为向后方向，接着进入划水阶段。

(3) 划水。在臂进入划水阶段时，前臂和手掌是划水的主要对水面。屈肘，使肘部保持较高的位置。前臂外旋动作和逐步加大屈臂的动作是同时进行的，当两臂划至肩下方时，小臂和大臂的角度约成90°—100°，当两手划至腹下时，两手距离最近(几乎碰到一起)，然后转入推水动作。

(4) 推水。当两手距离最近时，双手做弧形向外推水的动作。手的运动方向为向外——向上——向后的方向。推水的前半部，手有较大的向后运动的分量，推水路线较直；推水的后半部，手有较大的向外、向上的运动分量。推水时，由于小臂的内旋，掌心由划水的向后转为向外侧后方。

划水和推水，手掌的运动路线要根据个人不同的身体条件而定。

(5) 出水。当两臂推水至髋关节两侧时，利用推水的惯性，提肘出水。提肘出水动作是在推水结束前即已开始。在两臂推水尚未结束时，两肘已开始做向上提起的动作，这时掌心向外后侧。

(6) 空中移臂。当推水结束提肘出水后，两臂即由空中前移，开始移臂时肘关节微屈，手掌向上，肘先于手出水，两臂放松内旋，沿身体两侧低平的抛物线前摆。开始移臂时稍用力，利用臂的离心力向前摆出。移臂时速度要快，否则会造成身体下沉。

四、仰泳

仰泳是人体仰卧在水中进行游泳的一种姿势。

仰泳技术的产生和发展有较长的历史，1794年就有了关于仰泳技术的记载，但是直到19世纪初，游仰泳时仍采用两臂同时向后划水，两腿做蛙泳的蹬水动作，即现在的“反蛙泳”。自1902年出现自由泳技术后，由于自由泳技术合理和速度快，就开始有人采用类似自由泳的两臂轮流向后划水的游法。但是直到1921年才初步形成了现在的仰泳技术。仰泳技术由于头部露出水面，呼吸方便；躺在水面上，比较省力。因此深受中老年人和体质较弱者喜爱。

仰泳主要有以下几个技术环节：

(一) 仰泳身体姿势

游仰泳时，身体要自然伸展，仰卧在水面，头和肩部稍高，腰部和腿部保持水平，身体纵轴在水平面上构成的迎角约为10°，腰部和两腿均处在水面下。

(1) 头部姿势。在仰泳技术中头起着“舵”的作用，并可以控制身体左右转动。头应保持相对稳定，不要上下左右晃动，但颈部肌肉不要过分紧张，后脑处在水中，水位在耳际附近，两眼看腿部的上方。

(2) 腰部姿势。仰泳游进中，腰部肌肉要保持适度的紧张，以不至于使身体过分平直和屈髋成坐卧姿势为前提。肋上提，不要含胸。快速游进时，身体的迎角能使体位升高，水平较高的运动员不仅肩和胸部露出水面，而且腹部也经常会露出水面。

(3) 身体的转动动作。游仰泳时，身体的纵轴应随着两臂划水动作而自然滚动，滚动的角度根据个人的情况不同而稍有差别，肩关节灵活性较好的人滚动小，反之则大，一般为45°左右。

身体滚动的目的主要是有利于划水臂处于较好的角度，能够加强划水的力量；能保持屈臂划水的一定深度；有利于臂出水和向前移臂。注意滚动的角度不应过大，否则不但会引起疲劳，而且会影响前进速度。

(二) 仰泳腿部技术

在仰泳技术中，腿部动作是保持身体处于较好角度、水平姿势的因素之一，并且踢水动作不但可以控制身体的摆动，而且能产生一定的推进力。

仰泳的腿部动作是以下压动作和上踢动作组成，即直腿下压、屈腿上踢。

(1) 下压动作。腿向下压的动作是借助于臀部肌群的收缩来完成的。在整个腿下压动作中，前三分之二由于水的阻力，是膝关节充分展开，腿部肌肉放松。当打腿下压到一定程度，由于腹肌和腰肌的控制，停止向下，而过渡到向上移动，由于惯性的作用，小腿仍然继续向下，而造成膝关节弯曲，所以在腿下压的后三分之一是屈腿的。

随着惯性的逐渐减弱和大腿的带动，小腿也开始向上移动，但此时脚仍然继续向下，直到惯性消失，大腿、小腿和脚一次结束向下的动作，构成向下“鞭打”的动作。

下压的动作因为不产生推进力，因此相对的要求速度不要太快，并且腿部各关节要自然放松。

(2) 上踢动作当腿部动作下压结束时，由于水对小腿的阻力和大腿肌肉的牵制，大腿与小腿构成约135°—140°，小腿与水平面约成40°—45°。

此时大小腿弯曲到最大程度，小腿和脚对水面较大。上踢动作的开始，就需要用脚打的力量和速度来进行，并逐渐加大到最大力量和速度。当大腿向上移动超过水平面就结束向上的动作，此时膝关节接近水面。随后小腿和脚也依次结束向上，使膝关节充分伸展，构成向下“鞭打”的动作。

上踢动作是以大腿带动小腿，小腿带动脚来完成的，并且在任何情况下，尽量不要是膝关节或脚尖露出水面。上踢时，脚尖应内旋以加大对水面积。

(三) 仰泳手臂技术

仰泳臂划水动作是产生推动身体前进的主要因素。一个完整的手臂动作分为入水、抱水、划推水、出水和空中移臂等几个阶段，手掌由于入水、抱水和划推水在水下形成一个“S”型的路线。

(1) 入水。臂入水时，应借助于移臂动作的惯性，臂部自然放松，入水点应在身体纵轴与肩的延长线之间，或在肩的延长线上。过宽和过窄都会影响速度。

臂入水时应保持直臂，肘部不要弯曲，入水时小指向下，拇指向上，掌心向侧后方。手掌与小臂约成 150°—160°。

(2) 抱水。抱水是为划推水创造有利的条件。臂入水后要利用移臂时所产生的动量积极下滑到一定的深度，手掌向下、向侧移动，通过伸肩、屈肘、上臂内旋和屈腕的动作，配合身体的滚动，使手掌和前臂对准水并有压力的感觉。当完成抱水动作时，肘部微屈约成 150°—160°，手掌据水面约 30—40 厘米，肩保持较高的位置。

(3) 划推水。仰泳的划水动作是推动身体前进的主要动力。整个动作是由屈臂抱水开始，以肩为中心，划直大腿外侧下方为止。划水动作包含拉水和推水两个阶段。

拉水是在臂前伸抱水的基础上进行的。开始时前臂内旋，手掌上移，肘部下降，使屈肘程度加大，手掌和小臂要保持与前进方向垂直。当手掌划之肩侧时，屈臂程度最大，约为 70°—110°，手掌接近水面。

拉水的前半部分，手的运动为向上——向外——向后的三个分运动；后半部分则是向上——向内——向后的三个分运动。水流从大拇指流行小指。这个阶段也是身体向划水臂同侧转动最大的阶段。

推水是在手臂划过肩侧时开始的，这时肘关节和大臂应逐渐向身体靠近，同时用力向脚的方向推水。当推水即将结束时，小臂内旋做加速转腕下压的动作，掌心游向后转向向下。推水时，手的运动时游向内——向下——向后的运动，逐渐转变为向内——向下——向前的运动。水流从小指流向大拇指一边。推水结束时，手臂要伸直，手掌在大腿侧下方。

(4) 出水。推水结束后，借助于手掌压水的反弹力迅速提臂出水。出水时手形有多种：其一，手背先出水；其二，大拇指先出水；其三，小拇指先出水。这三种手形各有利弊，相对来说最后一种较好。

无论采用哪种手形出水，都要注意使手臂自然、放松、迅速，并且要先压水后提肩，肩部露出水面后，由肩带动大臂、小臂和手依次出水。

(5) 空中移臂。提臂出水后，手应迅速从大腿外侧垂直于水面移至肩前。当手臂移至肩上方时，手掌要内旋，使掌心向外翻转(采用小拇指先出水技术的无此动作)。空中移臂时，必要伸直放松，移臂的后阶段要注意肩关节充分伸展，为入水和划水做好准备。

(四) 仰泳配合技术

(1) 两臂配合技术。仰泳两臂的配合是“连接式”的，即当一臂划水结束时，另一臂已入水并开始划水；一臂处于划水的中部，另一臂正处于移臂的一半。在整个臂的动作过程中，两臂几乎都处在完全相反的位置。

(2) 臂和呼吸的配合仰泳的呼吸相对来说比较简单，一般是两次划水一次呼吸。即一臂移臂时开始吸气，其他时候都在慢慢地呼气。在高速游进时也有一次划水一次呼吸的技术，但是呼吸不能过于频繁，否则会引起呼吸不充分，造成动作紊乱。

(3) 臂腿配合技术。臂腿配合是否合理，将影响整个动作的平衡和协调自然。臂在划水过程中，腿的上踢、下压动作要避免身体的过分转动，以保持身体的平衡、协调为原则。

现代仰泳技术中一般都采用六次打腿两次划水的配合技术，也有少数人采用四次打腿的技术。

奥运游泳项目介绍

1896 年首届奥运会游泳比赛时，组织者用船把选手们带到海里，然后把他们扔到冰冷刺骨的海水里，让选手们向岸边冲刺。当时 19 岁的选手哈约斯曾赛后说，"生存下去的意念完全压过了获胜的欲望"。听来很是让人感慨。

比赛场地经过了多次更换，1896 年是在雅典的齐娥滩的海面上进行的比赛，1900 年巴黎奥运会的游泳比赛转移到塞纳河里，1908 年竟然在 100 米田径跑道上挖出了一个游泳池。

而比赛项目也多次更迭，首届奥运会有 100 米比赛，1900 年增加了潜泳和障碍游泳比赛，1908 年还增加了"比试下潜深度"的项目，这个项目就是要求运动员"扎猛子"跳到水下，然后在水下待上 60 秒。

女子游泳比赛 1912 年开始设立，现在男女各有 16 个项目。游泳比赛主要分四个大项。

美国在奥运会游泳比赛中一直占据优势，马克·施皮茨在 1972 年慕尼黑奥运会上一人独得 7 枚金牌，成为奥运历史上的经典。不过近年来多个国家在游泳项目上进步很快，1996 年有 19 个国家瓜分了游泳金牌。

第三节　冬泳简介

一、冬泳的基本概念

严格地说，冬泳是指冬季在室外水域(包括江、河、湖、海等自然水域与水库等人工水域)自然水温下的游泳。以水温为标志，全国冬泳可划分为四个层次区：气温以 17°作为冬泳的起点；水温以 8°作为冬泳的冷度标志；17°以下的水温给人以冷感；低于 8°以下则有冷、麻、强冷刺激的感觉。

冬泳运动对平常人有明显的健身作用：吃得香、睡眠好、精力充沛、抗衰、防病、不易患感冒、有些轻微慢性病会自然消失、激发生命活力，等等。但是，冬泳又是一项给人以强烈的寒冷刺激的特殊游泳运动，对有些人并不适合。患有严重疾病的人可能会因冬泳运动而导致病情加重。有较重的高血压、冠心病、脑血管病、肾脏病、肝脏病、精神障碍者，糖尿病患者、过敏性体质者、外伤或有炎症者，酗酒者不宜冬泳。

冬泳只适合于已熟练掌握游泳技能，可以自然地掌握呼吸和游泳技术，会踩水，在水中可以自然游泳 60 分钟以上。为了使人体有个逐渐适应过程，最好从夏季开始锻炼，每次泳毕，都要坚持用冷水沐浴。同时，还要学习一套专门的准备活动和整理活动。在入水前要活动全身筋骨，加大深呼吸次数，使身体逐渐适应低温。出水后应通过跑步、跳绳等活动尽快恢复体温。冬泳时身体的能量消耗巨大，对人体有着很强烈的刺激作用，危险性很高，因此，冬泳最忌讳单独进行，应与人结伴，可以相互照顾，降低危险性。

此外，还应注意冬泳时的天气和水质条件。冬泳爱好者有"四游四不游"的说法：即游阳不游阴，游雪不游风，游雨不游雾，游清不游混。从天气角度来看，适当日晒可激发人的愉快情绪，阳光中的紫外线有消毒杀菌作用，能使皮肤中维生素D和组织胺增高，使血液中血红蛋白、钙、磷、镁含量上升，这些都是阴天所不能比拟的。但也要注意由紫外线照射过多引发的日射病。雨雪天气可使空气净化，减少污染，对健身有利，而大雾天气则使废气不易消散，与灰尘、烟尘、病原微生物等引起呼吸系统疾病。大风天气易引发气象病，应该避免在大风天气冬泳。冬泳者还应注意水质的选择，千万不要在不洁水域游泳。

虽然冬泳时，人们会有健康舒畅的感觉。但是，这并不意味着冬泳可以防病治病。实际上，对于冬泳爱好者来说，适时的体检、养生保健和其他健身运动是必不可少的。专家建议，冬泳爱好者应该适时注意监察自己的身体状况，最好建立起自己的健康档案，每年进行一次体检，发现疾病及时治疗。冬泳爱好者平时也要注意养生保健，合理膳食、适当运动、戒烟限酒、保持心态平衡。总之，冬泳锻炼虽然有助于身体健康，预防和消除一些病痛，但是绝不能夸大冬泳的效果，忽视现代医学治疗和其他养生保健措施。

除上文提到的患有严重疾病的人不宜冬泳外，专家还总结出了冬泳的其他一些禁忌：

忌饭前饭后游泳。空腹游泳会影响食欲和消化功能，也会在游泳中发生头昏乏力等意外情况；饱腹游泳亦会影响消化功能，还会产生胃痉挛，甚至呕吐、腹痛现象。

忌剧烈运动后游泳。剧烈运动后马上游泳，会使心脏加重负担；体温的急剧下降，会使抵抗力减弱，引起感冒、咽喉炎等。

忌月经期游泳。月经期间游泳，病菌易进入子宫、输卵管等处，引起感染，导致月经不调、经量过多、经期延长。

忌在不熟悉的水域游泳。在天然水域游泳时，切忌贸然下水。凡水域周围和水下情况复杂的都不宜下水游泳，以免发生意外。

忌长时间曝晒游泳。长时间曝晒会产生晒斑，或引起急性皮炎，亦称日光灼伤。为防止晒斑的发生，上岸后最好用伞遮阳，或到有树荫的地方休息，或用浴巾在身上保护皮肤，或在身体裸露处涂防晒霜。

忌不做准备活动即游泳。水温通常总比体温低，因此，下水前必须做准备活动，否则易导致身体不适感。

忌游泳后马上进食。游泳后宜休息片刻再进食，否则会突然增加胃肠的负担，久之容易引起胃肠道疾病。

忌游时过久。皮肤对寒冷刺激一般有三个反应期。第一期：入水后，受冷的刺激，皮肤血管收缩，肤色呈苍白。第二期：在水中停留一定时间后，体表血流扩张，皮肤由苍白转呈浅红色，肤体由冷转暖。第三期：停留过久，体温变低，皮肤出现鸡皮疙瘩和寒颤现象。这是游泳的禁忌期，应及时出水。游泳持续时间一般不应超过1.5—2小时。

忌酒后游泳。酒后游泳体内储备的葡萄糖大量消耗会出现低血糖。另外，酒精能抑制肝脏正常生理功能，妨碍体内葡萄糖转化及储备，从而发生意外。

忌忽视泳后卫生。泳后，应即用软质干巾擦去身上水垢，滴上氯霉或硼酸眼药水，擤出鼻腔分泌物。如若耳部进水，可采用“同侧跳”将水排出。之后，再做几节放松体操及肢体按摩或在日光下小憩15—20分钟，以避免肌群僵化和疲劳。

冬泳是近几十年才开始叫响的名字。《中国大百科全书》将其定义为：冬天作为一种锻炼手段在室外进行的游泳，是冷水锻炼的最高阶段。

美国冬泳爱好者布雷克拉被人们称为“人类的北极熊”，1957年和1960年，他在严寒中两次尝试横渡英吉利海峡。1963年，他创造了在气温摄氏零下18度、风速每小时64公里的冰水中游泳的纪录。日本冬季珠穆朗玛峰登山队的大泽茂男，先后于1977年1月在南极威德尔海、1979年7月在埃尔斯米尔岛附近的北极海、1980年元旦在喜马拉雅山的澜斑冰湖等极寒地带进行过游泳。1981年1月大泽茂男在位于珠穆朗玛峰5 300—5 400米处的一个无名湖中破冰畅游，成为世界上第一个在海拔5 000米以上空气稀薄、覆盖着冰雪的湖水中冬泳的人。

冬泳在中国开展得十分广泛，北自三江平原，东到大海，南至长江、珠江一带城乡，都有冬泳爱好者长年坚持冬泳。在北京，每年元旦至春节期间都要举办冬泳比赛，报名参加者非常踊跃。

二、冬泳的安全救助

冬泳常见的危险主要为皮肤伤害、抽筋、溺水、碰撞伤害、冻伤、心脏疾病等六种。

（一）皮肤伤害

皮肤伤害，源于被池边、岸边或水中的尖利物体所划伤，如石头尖锐处、树棍断裂处、瓷砖破裂处、冰块等。被伤害部位多为手、脚、胳膊、腿等。如伤害不大，应当及时包扎后去医院做处理。如伤害较大，出血量大，应当于受伤部位上部用毛巾、手绢等适当扎紧，减缓出血，包扎伤口后，尽快送医院处理。

预防：冬泳前熟悉冬泳环境，谨慎入水。

（二）抽筋

抽筋，多因入水前准备活动不够所致。抽筋现象多为五指、小腿部位。抽筋发生时，应用力伸展抽筋部位，如小腿抽筋，可以用仰泳姿势仰卧水上，用手扳住所抽筋腿的大拇指，用力向身体方向拉，用同侧的手掌压在抽筋腿的膝盖上，帮助膝关节伸直。一次不行，可连续做几次，可以缓解，或者呼救。上岸后，擦干身体，更衣，按摩抽筋部位（承山、涌泉、和委中等穴）和整个腿，可以缓解。上岸后，不应再游泳。

预防：入水前应多做准备活动，使身体各关节、各肌肉部位都有所活动。入水应缓慢，可先用水淋湿全身，避免强刺激。冬泳不可过量。发生抽筋后，下一次冬泳时，往往容易习惯性抽筋。应减少冬泳量，以恢复。

（三）溺水

溺水，多因碰撞、抽筋、呛水或其他疾病发作而导致。应及时抢救上岸，清除口鼻中的污物，使之俯卧于抢救者的腿上，抢救者轻压溺水者的背部，控出溺水者腹中的水，然后使其仰卧于保暖之处。如呼吸和心脏停止，有经验者可连续做人工呼吸和心脏按压，并及时报警或报120求救。

人工呼吸最简便有效者为口对口人工呼吸，方法为：使之仰卧，一手托住其下颌，使其头向后仰，保持气道畅通，另一只手捏住患者的鼻孔，然后深吸一口气向其口内吹入，吹完气后放开捏鼻孔的手，使其呼出气体。吹气频率可在16—18次/分左右，反复进行。

心脏按压是对停止呼吸和心跳者的配合方法。在人工呼吸的同时，另一人应做心脏按压以配合。方法是：双手重叠，放在其胸骨中下三分之一交界处，用力向下压，使胸壁下压 3—4 厘米，随后将手放松。应以 60—80 次/分的频率有节奏地进行。抢救儿童时，动作频率可快一些。手下压时，力量应均匀、缓慢，用力不可过猛，松手要快，注意防止造成肋骨伤害。

预防。身体不适，不可勉强冬泳。冬泳时应注意不过量。水中如有不适感，应及时上岸或尽早求救。

（四）碰撞伤害

碰撞伤害，多为因滑倒或跳水所致。如摔伤较重，特别要注意是否有骨折或脑震荡发生。

骨折的症状：主要有疼痛、肿胀、皮下淤血，受伤处运动功能丧失、畸形、有压痛和传导痛感。应及早判明是否骨折。如发生骨折，应用夹板固定骨折部位，避免伤情加重。同时报 120 求救。

脑震荡的症状：出现昏迷，全身肌肉松弛，面色苍白，瞳孔放大，脉搏细弱，呼吸表浅，意识清醒后不能回忆受伤经过和情况，但能清楚回忆受伤前的事情，有头痛、头晕的症状，有轻微恶心、心烦不安的症状。应使伤员平卧，保持安静，防寒保暖，不可随意搬动，不可使伤员坐、立。昏迷者可掐其人中，促使清醒。应及时打 120 求救。

预防：穿不打滑的拖鞋，不跳水。在较滑的地方行走要注意安全。

（五）冻伤

冻伤，多为冬泳时间过长所致。发生冻伤后，应当注意保暖，并用酒精擦揉受冻部位，使之血液循环增快，逐渐恢复体温，切不可用温度较高的物体接触受冻部位。或者去医院处理。

预防。冬泳时间不可过长。冬泳出水后，及时用干毛巾擦干身体后更衣。在－15 ℃以下气温冬泳时，出水后更应注意防止冻伤。

（六）心脏病

心脏病发作，多为冬泳过量所致。冬泳过量时，容易导致心脏病发作。应及时上岸更衣休息。如状况严重，应报 120 呼救。

预防。冬泳不可过量。如以前有心脏病史，更应注意自己身体的感受，身体如不舒适时，不去冬泳。身体状况不适应冬泳者，不应参加冬泳。

科学掌握冬泳泳量。参加冬泳者一定要根据自己的年龄、健康状况和游泳技术，综合考虑水温、水域、水质和流速等因素，确定游泳时间。

专家建议，可以根据以下三个办法科学地控制冬泳泳量：

在 17 ℃水温以下的低温水中冬泳时，一般在 0 ℃—1 ℃水温的水中对应游 1 分钟，随着水温每高 1 ℃多游 1 分钟左右。耐寒能力较差的人和老年人还要再减少一些在水中冬泳时间。冬泳量切记宁少勿多，尤其注意不要重复下水。

要随时注意冬泳时间不要超过自己的手指和脚趾对寒冷水温的耐受限度。手指和脚趾的感觉是控制冬泳泳量的灵敏信号。手指和脚趾首先感到疼痛时就出水。当水温在 1 ℃—5 ℃时，若冬泳时间超过普通人的耐寒限度（1—5 分钟左右），手指和脚趾会首先感到疼痛。这时若不出水，手脚就会麻木以至于失去痛觉，严重时还会造成手指和脚趾的冻伤。

要以自己在水中没有感觉第二次寒冷前就出水。冬泳泳量还是以游后感觉温暖舒适最合适，出水后在室内更衣时应该无发抖现象，10 分钟后就恢复到正常体温，这是冬泳时间的控制原则。

课后问答

1. 简述常用的游泳技术有哪些？
2. 什么是冬泳？
3. 冬泳的注意事项有哪些？

第十一章 轮滑

第一节 轮滑的起源沿革

轮滑运动时从滑冰运动过渡而来，据有关资料记载，轮滑是在18世纪由不知名的荷兰人发明的。最初有位荷兰的滑冰运动员，为了在不结冰的季节继续进行训练，尝试把木线轴安在皮鞋下，试图在平坦的地面上滑行，他的试验在不断失败和改进后终于取得成功，创造了用轮子鞋“滑冰”的历史，从此轮滑运动在欧洲诞生、兴起并得到了较快的发展。

1860年，比利时有位技工和一位乐器制造工人约瑟夫·默林，他们用手工制作了一双轮滑鞋，但是当他们把自己的杰作带到英国伦敦的世界博览会上，展示给热情的伦敦观众时，却出现了意外，他由于无法刹车而把一面大镜子打破了，人也受伤。这件事被媒体充分报道之后，引起了人们的巨大的震动。因此，轮滑运动也被视为一项“危险的运动”而被冷落了相当长的一段时间。

1861年，轮滑项目在巴黎世界博览会上的精彩表演，确立了其在体育运动大家庭中的地位。

真正的轮滑是由美国的詹姆斯·普利姆普顿于1863年发明的。他创新地用金属轮子代替木质轮子，滑行起来具有更多的优越性，深受大家的欢迎。他的发明推动了各国轮滑运动的发展，他也由此发了大财。

1866年，詹姆斯在纽约投资开办了第一座室内轮滑场，并组织纽约轮滑运动协会，首次将轮滑运动正式列入体育运动的正式比赛项目。同时轮滑运动迅速传到欧洲各国。

1879年，英国成立了国家滑冰协会，4年后，轮滑运动也隶属于该会管辖。1884年美国理查森和雷蒙德发明了滚珠轴承，对改进轮滑技术起了极大的作用。1884年，英国首次举办了全国轮滑锦标赛。1892年4月1日国际轮滑联盟在瑞士成立，使得轮滑运动向正规化、国家化进一步发展。1875—1937年间，滑冰运动对轮滑影响很大。在轮滑运动的发展中，逐渐演化为花样轮滑、速度轮滑和轮滑球三种不同形式的运动项目。

第二节　轮滑运动的项目分类

轮滑运动一般可以分为极限轮滑、速度轮滑、花样轮滑、轮滑球以及自由式轮滑。

一、极限轮滑

极限轮滑(Aggressive Skating),也称特技轮滑,玩法包括 U 型池和街区两种形式。极限轮滑讲求的是高难度、非常刺激,高手们的动作常常令人难以置信。

二、速度轮滑

速度轮滑(Speed Roller Skating)属于周期性耐久力竞速运动项目,在国际上被分为传统速度轮滑(双排轮滑)和竞技速度轮滑(单排轮滑)两种。超长距离和长距离是速度轮滑运动的基础项目,短距离是核心项目。为此,在实施训练中抓两头(长、短)项目带中间项目的训练指导思想,能更有效地提高培养运动员的成材率和提高团队乃至国家的整体实力。在培养优秀速度轮滑运动选手的训练中,应遵循以有氧代谢与无氧代谢混合功能为主的原则,结合不同项目对有氧代谢和无氧代谢需求比例的差异进行有针对性的身体专项机能训练。

轮滑速滑比赛分为双排单排两个组别,有 200 m、300 m、500 m、700 m、1 000 m、2 000 m 等比赛规格,分室外和室内。

三、花式轮滑

花样轮滑运动比赛项目。包括男、女单人滑,男、女双人滑,舞蹈(男、女双人)三项。单人滑包括规定图形和自由滑两部分,其中自由滑又分短节目和长节目。双人滑包括短节目和长节目。舞蹈包括规定舞、创编舞和自由舞。花样轮滑的基础技巧练习滑行除直线滑行外,弧线滑行包括前外、前内、后外和后内 4 种,这 4 种弧线构成了花样轮滑千变万化的滑行动作。

四、轮滑球

轮滑球(Rollerball)来自于冰球(ice hockey),亦称"冰上曲棍球"。这一新兴竞技运动以其超乎寻常的惊险、刺激吸引了大众的注意力,成为一大体育娱乐热点。轮滑球场地是平整坚硬的水泥、木或砖面地板,就是所说的溜冰场。理想的场地面积是 20 米×40 米或 15 米×30 米。轮滑球融合了冰球和马球两种运动项目的特点,以个人技巧和团体协作为基础,比赛规则宽松,具有很强的对抗性,运动器材为单排/双排溜冰鞋,但分单双两个组别进行比赛。

五、自由式轮滑

自由式轮滑(Freestyle Roller Skating)是轮滑运动中的一个项目,早期被称为"平地花式”，后经中国轮滑协会统一名称，称为自由式轮滑。顾名思义，自由式轮滑可以较自由的进行轮滑运动，不受限制。自由式轮滑的种类也有许多，可以刷街，也可以做一些简单的滑行动作。可以说只要你穿上轮滑鞋就可以享受自由式轮滑的乐趣了。

在国内自由式轮滑常常会被称作平地花式，很多人误以为自由式轮滑就是平地花式，但其实是不同的，自由式轮滑包括：平地花式、花式刹停、FSK、自由式等。轮滑的精髓在于娱乐和放松身心，而不是一味的练习花式动作。

第三节 轮滑的基本技术

一、陆地模仿技术

陆地模仿是指在不穿鞋的情况下，在平地或草地，或塑料地上进行正确的轮滑姿势和技术动作的模仿练习。利用这种方法可以是初学者在不受由轮滑鞋带来的平衡影响的情况下掌握正确的技术，避免练习时的跌倒，从而少走弯路。

二、轮滑的基础动作

首先站立，控制身体平衡练习：

(1) 外“八”字站立(如图 11－1 所示)。要求是两脚尖外展成外“八”字，两脚跟靠紧防止滑动。

(2) 两脚成丁字站立(如图 11－2 所示)。要求是防止鞋轮滑动，前脚跟靠住后脚弓。

(3) 两脚平行站立(如图 11－3 所示)。要求是两脚平行分开，重心落在两脚之间站立。

图 11－1

图 11－2

图 11－3

三、基本姿势

上体微前倾，膝关节弯曲成 140°左右，全身自然放松。两腿间距 15 厘米—20 厘米，重心落在两脚之间。

四、滑行技术

(一) 单蹬双滑练习

动作要领：

右腿蹬地，将身体重心推送到向前滑进的左腿上。右腿蹬地后迅速与左脚并拢成两脚同时滑进。当速度减慢时，再用左腿蹬地，将身体重心推送到向前滑进的右腿上，左腿蹬地后迅速与右脚并拢成两脚同时滑进。

练习步骤：

(1) 一脚蹬地后，双脚同时滑进，滑进速度慢快要停止时换另一只脚蹬地，再做双脚同时滑进做，重复练习。

(2) 一腿蹬地双脚滑行一段后，再用另一腿蹬地做双脚滑行，然后在滑行中用另一腿蹬地继续做双脚滑行，做重复练习。

(二) 单蹬单滑练习

动作要领：

上体前倾两臂要自然下垂或双手互握，两脚稍分开，成外八字站立，重心放在右腿上，用右脚轮子蹬地，左脚向前滑行。伴随蹬地动作的结束，将身体重心推送到左腿上，左腿成半蹲屈支撑惯性滑进，继续向前收回右腿，同时腿蹬地。伴随左腿蹬地动作的结束，将重心推送到成半蹲屈支撑惯性滑进的右腿上。

滑行三环节：蹬地、重心移动、收腿“三环节”的连接

直道滑行有三个重要环节：蹬地、重心移动、收腿动作。

简单地说，蹬地要有力，重心移动要及时到位，收腿要快，要干净利落。

(1) 蹬地在滑动中进行要边滑边蹬、滑跑速度越快，蹬地动作幅度越大，这样才能找到有力的支点。蹬地要用爆发力并充分利用本身体重。

① 重心要牢固地控制在支撑腿上，形成稳固的支点；

② 支撑腿与地面约成 70°左右的倾斜角度；

③ 蹬地脚与前进方向形成 20°左右的开角；

④ 蹬地、收腿、摆臂要协调配合。

(2) 身体重心移动要及时、彻底、准确，使鼻尖、膝、脚尖成一条线与地面垂直，两臂摆动与全身动作协调配合。

(3) 蹬地完成之后大腿带动小腿，膝关节要微屈，腿部要放松，要沿着最短的路线收腿靠拢支撑腿。

这三个环节既有分解又是有机地连成一体的。每个环节要做得利落、衔接恰当，两腿交替反复进行，这样速度必然加快。

五、弯道滑行技术

弯道滑行是轮滑运动最基本的动作部分，即要保持高速滑行，又要保持平衡。在弯道滑行的区段也是体现战术意图的重点区域，弯道滑行的基本动作也是由弯道滑行基本姿

势、蹬地、收腿、着地、摆臂及全身动作配合构成的。

(一) 双脚平行转弯法

这种转弯技术是较容易的一种,所以是初学者练习时首先应该掌握的方法。

动作要领:

(1) 在滑进中如果要向左转弯,首先要把重心移到左腿上。

(2) 身体前倾、膝关节屈曲,左脚稍前、右脚稍后。左脚外轮滑行、右脚内刃用力向右侧蹬地。

(3) 身体向左倾斜,两脚平行的向左边划两条“弧线”,转弯即可完成。

(4) 双足滑行向左转弯时,应向前滑行几步以后。利用惯性两脚平行着冰,做出身体向左倾斜的动作,成为双足向左滑行的大曲线(弧线)。体重主要放在左脚上。右脚起辅助作用。

(二) 双脚平行短步蹬地转弯法

这种转弯比上述所介绍的转弯又进了一步,它主要是用于前进速度比较快的情况。

动作要领:

① 保持双脚平行转弯的姿势;

② 向左转弯时,重心要往左侧倾倒;

③ 左脚外刃、右脚内刃交替往右侧蹬,改变前进方向。两脚蹬一步往左移进一点,通过多次交替使身体在快速中转向左侧;

④ 在上述动作基础上,将重心完全移到左脚上,右脚抬离地面并在体侧不断地以内刃向侧蹬地,左脚连续做短切线,形成了向左转弯动作。

(三) 压步转弯法

这是轮滑运动较难的一个技术。是双脚平行短步蹬地转弯的进一步发展。

动作要领:

① 保持向左转弯的姿势不变,当右脚内轮向右侧蹬去时,身体重心应落在左腿并单脚支撑滑行;

② 身体前倾并向左侧倒,右脚蹬地结束后,迅速将右脚提到左脚前左侧,并支撑全身的重心。左脚用外刃向右腿下交叉蹬过去,然后将左脚迅速移到右脚前内侧,变成支撑腿,这样一右一左为一个交叉压步。根据弯道的大小,速度的快慢应进行多次重复;

③ 在弯道压步时,身体始终保持向左倾倒。两臂配合蹬地动作,左臂前后小摆动,右臂侧后大摆动,向前时屈肘;

④ 身体倾斜要适度。它与弯道的速度成正比例关系,速度越快身体倾斜度越大。

第四节 轮滑的制动技术

一、制动块停止法

制动块停止方法是初学者首先应该掌握的停止方法，他的优点就是简单、方便、适用的制动方法，很容易学会，相对其他停止方法来说比较好掌握，它可以让你在最小的动作幅度下停止。

动作要领：

当向前滑行过程中，想要制动时，两脚蹬地滑行转两脚平行滑行，重心落在两腿中间，两眼要目视前方，身体要前倾、上手前平举，逐渐的把重心移到左腿上(制动块的安装可以根据个人的习惯按在左脚上或者右脚上，大多数人的习惯新鞋是把制动器按在右脚上)，右脚前伸，脚尖逐渐抬起，缓慢地施加力量于后脚跟，重心逐渐的移向右脚，使制动块的摩擦力加大，使之停止向前滑动。在停止过程中，由身体重心下蹲后座来维持制动产生的反支撑力导致的身体后仰造成的不平衡。完全停止后整个身体重心过渡到右脚上面，直到完全停止。

易出现错误的对应策略：

其一，身体重心过于快速的移到右脚上面，产生的反作用力过大，身体惯性大，而脚上却停止了，出现前摔倒的现象；

其二，右脚尖抬起过程中，脚尖上翘的高度过大，使之鞋与地面的角度过大，导致制动块与地面的接触面积过小，摩擦力减小，影响刹车效果；

其三，身体前倾不够，容易出现后仰现象，初学者应该注意；制动块刹车在非常高速的情况下也适用。制动时两个脚都能在地面上，有助于保持平衡。在来往车辆较多的地方段刹车时，用制动快刹车，能够在尽可能小的范围内停止。用制动块刹车时，还可以转向，在保留制动块在地面上的同时，脚跟上的轮子轻微转动，就如其所愿的转向了。在窄小的路上，要躲闪行人、车辆、树木和街沿之类的东西时，熟练应用此技术是非常有效的方法。刹车的声音还可以警告他人你的出现，他人也会有意识的去让开你或者帮助你在紧急情况下刹车。对直排轮滑来说，制动块刹车是最为经济实用的技术。

二、“T”字停止法，又叫“丁”字停止法

“T”字停止法是在掌握好制动块停止后进一步练习的刹车方法，需要具有一定单脚支撑滑行和平衡的能力，对于初学者是一个稍难掌握的技术，其动作要领是侧蹬滑行变为平行滑行，双臂向前平举，慢慢的把重心移到左腿上左膝微曲，左脚的轮子要和地面垂直，脚面平行于地面，(防止 T 停的过程中向身体内测做圆周运动，影响身体的平衡，不利于刹车制动的实施)，右腿慢慢抬起，置于左脚的后方与左脚轮子垂直成“T”字，逐渐施力，在地面上拖拽后脚的轮子，产生摩擦力，使身体向前的速度逐渐减慢，制动结束时重心应该完全移动到右腿上，右脚支撑体重(动作如图 11-4—11-5 所示)。

图 11－4

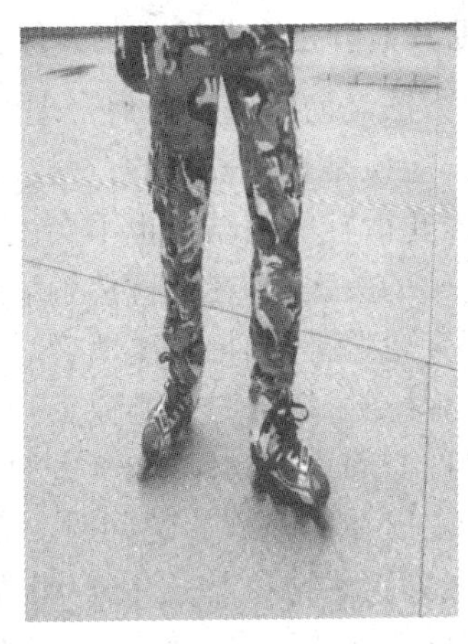

图 11－5

易出现错误的对应策略；右脚拖拽的重点要放在脚跟上，而不是第一个轮子。如果你拖拽前轮太多，只会使身体转起来。制动过程中，身体重心应放在保持滑行的(前)脚上。停止后应把重心转移到后脚上来，在高速的情况下，给后面拖动的鞋施加更大的力，让其在短时间内停止。此时身体大部分重量的还是放在你的前脚上的。

以上两种制动方法是初学者相对容易掌握的刹车方法，对人体力学的要求各不相同，一些人认为只有低水平的人才用制动块刹车，把新鞋的制动块拆掉，这是一个不明智的选择，如果新手只会做 T 停，长时间的使用不及时的把磨损的轮子换面，经过一段时间后，右脚的轮子会磨损非常严重，影响蹬地的效果，相比较而言，四个轮子的价值要比一块刹制动块的价值大的多，其实刹车器并不是新手的专利，每个人都应该理性的对待这个问题，应根据需要选择适合的制动方法。

三、绕障碍制动和借助物体制动

这种方法是初学者遇到突发情况最有效的方法之一，对高水平的运动者也比较适合，相对以上两种方法而言，并不需要掌握较难动作要领。

(一) 借助草坪停止或者路边的绿化带停止

在户外进行滑行，如果有失去控制或遇到紧急情况时，那么利用附近的草坪或者比较软的东西，直接跳到上面，帮助减速的效果很佳，但要注意速度的突然变化容易失去平衡。如果之前已经失控，至少你摔的是草地，而不是和路面亲密接触；当滑到草地上时，可以让自己在草坪上左右脚交替跑滑，切记滑行，湿的土或草会堵塞您的轮子，还有你的鞋也会被陷到泥里的。借此来控制滑行的速度，最后停止。下坡的时候这一技能也很适用，如果要停下，一直在草地上跑滑就可以达到停止。上草地时，双膝保持弯曲，一只脚迈入草地，几乎所有重量都在你先接触草地的一脚上，绷紧前腿，就好像是在为后面的跟随腿犁出一条一样的轨迹，身体少部分重量是落在后面的跟进腿上的，放松肌肉，后面的腿起的作用只是稳定和保持平衡而已，在这里，主导的腿要完成大多数的工作。

(二) 借助其他静止和非静止物体停止

这种停止方法是向墙壁或任何合理的固定物体滑去，在接触的同时使用的胳膊缓冲。在速度较低时，应该是相当安全的；在接触墙体或者电线杆等固定物体的时候，要转头，避免脸撞到墙上，轮滑鞋的前轱辘也不会撞到墙壁；如果当时滑行的速度过快，学会用胳膊作缓冲就是其中的关键点，在手臂接触墙体的时候就像在站着做俯卧撑，手臂从弯曲到直立。在平时不穿轮滑鞋的时候，离墙 1、2 尺处站定，向墙壁做倾倒动作，用手支撑，体会墙对你的轻微反弹感觉，练习时应避免头和面部撞到墙撞上，体会接触其他物体的感觉；停止也可以借助的非静止的物体，如身边的一起溜冰的同伴，或者不穿轮滑鞋的人，把冲力转移到他人身上。在实施减速的同时一定要先前大声的预告他人做一些防范的准备工作；把速度转移到高手的身上，是比较明智的选择，相对来说水平高的人的平衡能力很好。这种方法在中低速度的情况下使用较有效。但在高速滑行和身边没有熟悉的同伴时，此法实施难度将会加大，而且安全系数也大大地降低。

(三) 借助风力

这种停止的方法是在不紧急的情况下采用，与其说是利用风来减小速度的方法，还不如说它是展示个人的风采的优美的动作，技术高者也可以倒滑来降低速度，站立，充分伸展胳膊，想象着像一只鼓起的风帆，展示轮滑运动这种新兴运动的风采。

第五节　平地花式(平花)的基本动作

平地花式绕桩即穿轮滑鞋在固定数量的标准桩距间做无跳起动作的各式连续滑行。首先，先解释平花的几个基本常识：① 支撑腿：顾名思义，支撑腿即重心放置的腿；② 浮腿：浮腿即浮起的腿，指的做动作中抬起的腿；③ 压刃：压刃分为压内刃和压外刃。刃指的是以轮子的中轴为分界线，内侧为内刃，外侧为外刃。压刃即以轮子的内外刃接触地面。

一、前画葫芦

站在 80 厘米的桩前，两脚左右打开成外八字，膝关节微微弯曲，两臂左右打开，身体向前倾(也就是向前趴，注意：背是直的，不是弯腰，是前倾。两只脚压内刃用力向外侧蹬画半圆，然后脚尖用力向内侧收，画半圆直到脚内八字，脚尖对在一起，然后内八字变外八字，按着第一个的步骤继续做下一个前画葫芦，以此类推直到熟练掌握连续过 20 个桩就可以(如图 11-6—11-10 所示)。

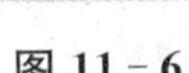

图 11－6

图 11－7

图 11－8

图 11－9

图 11－10

二、后画葫芦

具体动作要求和前画葫芦类似。使用前脚掌的力量，以及控制重心偏后。无论张开和收起，你都要用到前脚掌的力量。在此过程中，你甚至可以体验到后跟几乎抬起的整个身体“疑似吊起”的感觉。初练时，你可以找个视野宽阔没有障碍物的地方，不用向后望。在能够达到一定速度后，你就要开始学习在滑行过程中向后望，用眼角余光观察后方，并尝试控制滑行方向保持稳定（如图 11－11—11－16 所示）。

图 11－11

图 11－12

图 11－13

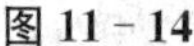
图 11 - 14　　图 11 - 15　　图 11 - 16

三、前交叉

前行交叉(cross),该动作是在前行的过程中利用膝盖下压,抬起时身体重心的上下转移所产生的动力,同时将双脚交叉行进的过程。注意:初学者在这个过程中需要感受到身体有一个上下起伏的过程,就像在波浪式滑道里滑行一样。

动作要领:

(1) 利用前画葫芦的诀窍,右脚前左脚后。

容易出现的误区是在做这个步骤的时候容易出现两脚同时画出,而不是一脚在前一脚在后。这样就很容易将此动作做成前画葫芦。请注意两脚一定是一前一后的跟着。

(2) 两脚同时利用重心前倾及膝盖下压使脚掌产生的动力往前画过。

容易出现的误区是很多初学者在做这个动作的时候往往不能很好的利用膝盖的下压和抬起来转换重心的位置,导致在滑行的过程中速度越来越慢。请记住重心的转换一定要快,这样才能保持向前的动力。

(3) 双脚成交叉状时为两脚同时压外刃。

容易出现的误区是双脚在形成交叉(又称剪刀)状时前后脚的距离把握不好,经常出现后脚踢到前脚跟部的情况,这是在练习 cross 时经常摔倒的一个重要原因。务必注意前后脚的距离。

(4) 用双膝上提产生的力量回收分开双脚。

(5) 双脚分开时又是呈压内刃方式准备下一次交叉。

(6) 交叉后再重覆(2)—(5)的步骤(如图 11 - 17—11 - 22 所示):

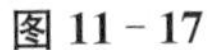

图 11 - 17

图 11 - 18

图 11 - 19

图 11 - 20

图 11 - 21

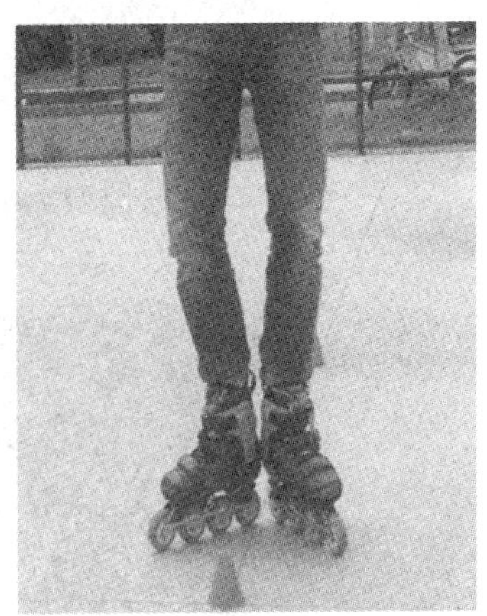

图 11 - 22

四、后交叉

后交叉的练习，其实就是后葫芦步不断的变化而来。后交叉动作的难点是要保持两脚的力量均衡。

(一) 后葫芦步滑行

腰部向后方转 30°，用余光注视后方。

容易出现的误区是我们在前面已经介绍了后葫芦步的滑行。这里重点说一下，到交叉的新手容易出现身体完全目视后方是错误的，到交叉的目光应该是斜后方，腰部应该略微扭动，而不需要角度很大。

(二) 两脚收回的时候拉开前后距离并交叉

容易出现的误区是一般新手交叉的时候会出现前后距离不够大的情况。或者不自觉的前后脚距离过大。请注意该动作应该是膝盖微曲，用膝盖的控制力掌握两脚的距离。

(三) 重复以上动作

容易出现的误区：

很多新手在重复动作的时候，会偏向另外一边，而不走直线，这是因为没有掌握好我们所说的动作 1 当中的视线和腰部的协调，于是传导到膝盖上会直接影响到方向脚和支撑脚的关系。

如图所示：

图 11 - 23

图 11 - 24

图 11 - 25

图 11 - 26

五、前蛇形(snake)

(1) 前蛇形动作是由双脚 S 变化而来的，那么双脚 S 的熟练程度就直接影响了这个动作的学习。下面具体介绍前蛇形(snake)的动作要领。首先要伸出惯用脚(如右脚)在距离第一个障碍物大约三分之一脚长度的时候，同时扭动腰部为下肢提供足够的动力。

容易出现的误区是在这个步骤中我们经常见到一些初学者们只注重腰部的扭动而忽略了在障碍物前出脚，导致一上桩就做成双脚 S，这点需要特别注意。

(2) 在扭动腰部的同时右脚在障碍物前向扭腰方向的反方向画出半弧，绕过障碍物并且保持方向继续滑动。

容易出现的误区是这里脚部的画弧方向是和腰部扭动的方向相反的。

(3) 完成上一步后，迅速将腰部向另一方向转动，并在后脚与前脚保持半脚的情况下紧跟前脚。且同要领(2)一样向扭腰的反方向画弧。

容易出现的误区是这里比较困难的是前脚与后脚距离的保持和掌握，这就需要熟练的正交叉来保证。因为 snake 也是正交叉的一种变化，所以每一个动作的熟练掌握都会对另外一个或几个动作的学习有所帮助(如图 11－27—11－31 所示)。

图 11－27

图 11－28

图 11－29

图 11－30

图 11－31

六、后蛇形(Backsnake)

后蛇形滑动作由于滑动起来像条行进中的蛇，所以称之为倒向蛇形滑，简称倒蛇。该动作的难点在于如何用腰部的扭动为双脚带来稳定而迅速地完成动作。下面我们来具体介绍后蛇形(Backsnake)动作：

(1) 背对障碍物站立或以缓慢的速度倒滑向障碍物，接近障碍物时伸出惯用脚(如：右脚)

容易出现的误区是在这里因为是倒向上桩，所以就要求玩家的倒滑技巧相对稳定，不然无法控制上桩时间，把握上桩时的重心。

(2) 当距离障碍物一定的距离时(该距离因为个人条件不同有所不同,一般保持在半脚即可)扭动腰部,从而带动脚部动作在障碍物前方画出半圆,绕过障碍物。

容易出现的误区是该步骤需要注意的就是腰部的扭动,因为整个动作就是利用腰部的扭动来提供动力的。这里,我们只需要向出脚方向的相反方向来扭动腰部即可。

(3) 当右脚画半圆绕过障碍物左脚需紧跟其后,与右脚保持大约三分之一脚的距离以相同的方式和方向通过障碍物。

如图 11-32—11-37 所示:

图 11-32

图 11-33

图 11-34

图 11-35

图 11-36

图 11-37

七、正尼尔森

尼尔森这个动作可以说是正剪跟蟹步的组合,也可以说是一个向前的正剪跟一个侧向的正剪的组合。以右脚动作为例,首先正剪上桩,在双脚打开之时左脚踢出,扭胯形成蟹步将腿收回剪桩之后循环。练习时注意利用好正单脚的经验,将重心置于落地脚之上,身体始终向前,后力求做到"桩间为伏,桩上为起,节奏统一,手脚和谐"的目标。这个动作要求对起伏跟节奏有更深刻的了解,切忌同手同脚。同时可以开始练习蟹步滑行,从而对

正尼有所帮助。正尼的衍生变化动作很多，务必熟练（如图 11－38—11－42 所示）。

图 11－38

图 11－39

图 11－40

图 11－41

图 11－42

八、倒尼尔森

倒尼跟正尼很类似，是一个倒剪与一个蟹步的结合，也可以说是两个方向的倒剪的结合。练习倒尼之前建议先复习几遍倒单脚，因为倒尼与倒单密不可分，“倒尼当做倒单做，倒单当做倒尼练”。这句话的意思是，练习倒单的时候浮腿要像倒尼时的后腿一样摆动，身体要一样起伏；反之，倒尼的时候重心要放在画蛇的脚上，切桩的脚几乎只是摆设。同时倒尼的起步十分重要，往往是一套组合（Combo）的入桩动作，要勤加练习。倒尼时注意画蛇脚动作幅度要大，其余要领与正尼大致相同。

很难做到标准又熟练的动作，需要大量的练习，同时在比较熟练之后建议练习正倒尼的转换（如图 11－43—11－47 所示）。

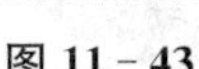
图 11－43

图 11－44

图 11－45

图 11－46

图 11－47

九、正单脚

正单脚蛇行过桩，这个动作对于初学者来说可能会有点难。先在桩外熟悉单脚滑行时重心放在一只脚，浮腿（离地腿）把握平衡的感觉。注意中刃落地，不要偏刃。浮腿自然收起，主要用大腿及膝盖的力量。当这个步骤熟练了之后就可以练习桩上动作了。注意“首桩外刃进”的原则，即用右脚从左侧入桩，左脚从右侧入桩，否则第一个桩算漏桩。初期上桩利用惯性，同时保持身体正直，双臂微展，重心落于脚跟。熟练之后尽量减小初始速度起步，用上半身的带动及浮腿的摆动来提供动力，双脚有一种“夹、放”的循环。

第一个单脚的动作，熟悉浮腿的掌控，锻炼脚力。熟练之后要开始练习速度过桩。这里就不进行图解，动作原理和蛇形过桩类似。

十、倒单脚

倒单脚是一个较难的动作，建议倒蛇非常熟练之后再开始练习。首先如同正单一样在桩外熟悉感觉，注意上半身是侧向的，身体向右则左脚着地，反则反之。期间要努力保持上半身的正直，然后上桩。先做倒蛇，期间抬起后脚开始倒单。要领在于身体努力保持

正直，有一种“向后扳”的感觉。手不要胡乱挥舞，落地脚注意刃的变换，向右提的时候压内刃，收回之时中刃，重心置于前脚掌，浮腿膝盖处收成 90°保持不变，按照倒蛇时后腿的轨迹摆动以提供动力，自始至终使身体有规律地起伏。

对初学者来说是一道坎，必须勤加练习，务必做到动作标准熟练，以免出现影响到后续动作的情况。先练习倒单再练习倒尼会收到事半功倍的效果。

十一、Crazy

以前我们学习了前交叉和后交叉，现在我们来学习如何将这两个动作连贯起来形成另一个动作——前交叉倒滑。这是平地花式中最常用的一个链接动作，同时它也是最实用的链接动作。其观赏程度也是非常之高的。

(1) 当右脚往左斜前方压外刃与左脚交叉。交叉时身体重心往左。简而言之就是先做出前交叉，但不同于前交叉的是该动作为横向移动。

容易出现的误区是由于该动作是基于前交叉的基础上，所以我们需要格外注意的身体移动的方向，是横向而不是竖向。同时更要注意的是在行进时重心的移动，如果重心移动不能保持横向，那么就容易出现刚刚提到的做成前交叉。

(2) 将双脚向前打开约 45 度并且保持短暂停留，同时将身体重心向后倾斜，以便于将动作一和下一步动作更好的链接起来。

容易出现的误区是新手在初期练习时最难克服的就是将双脚向前打开约 45°，如果不能做到这步就不能保持停顿，那么导致的直接后果就是下步动作无法实现。应该注意的是，合理控制动作的速度，速度越慢越容易使身体停顿。

(3) 当右脚往左斜后方压外刃与左脚交叉。交叉时身体重心往左。同后滑交叉要领相同。不同的是重心的横向移动。

容易出现的误区是由于前后交叉联系起来的动作，所以每做一步的时候我们都要考虑到下一步动作的实现，因此特别要注意的就是重心的移动。

这个动作其实就是动作(2)的翻版，我们只要按照动作(2)的要领就做就可以了。但是可不要把方向也做成向前了(如图 11 - 48—11 - 54 所示)。

图 11 - 48

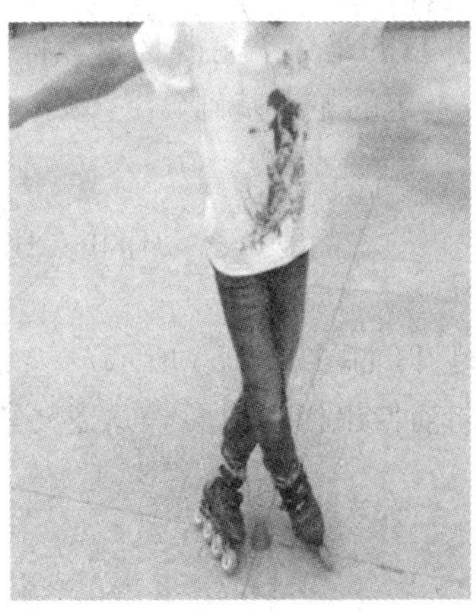

图 11 - 49

图 11 - 50

图 11 - 51

图 11 - 52

图 11 - 53

图 11 - 54

十二、花式刹停基础动作

花式刹停简称花刹(Slide)，指的是穿上轮滑鞋以多样的多变的动作技巧进行漂移的一种轮滑方式。练习时需具备一定的轮滑基础。

(一) 外规刹

外规刹可以说是花刹最基础的入门刹车。动作相对比较简单，只要注意好重心问题，都能轻松做出。

(1) 滑行途中蹲低，双手打开(如图 11 - 55 所示)。

(2) 重心放在左脚，右脚向前伸出接触地面。膝盖夹紧(如图 11 - 56 所示)。

图 11－55

图 11－56

（二）外点规刹

外点规刹：是点左脚尖，左腿弯曲 90°左右，尽量分担身体的重力；右腿伸直，脚尖朝右，右腿同时要紧靠着左腿，两大腿基本平行，右四轮保持平行向前摩擦；腰要直起来，双手自然抬起，保持平衡。

小技巧：左腿弯下，在右腿伸直之前，右脚往左撇一下后立即横向。

（1）滑行途中蹲低，双手打开（如图 11－57 所示）。

（2）点起左脚前轮，重心放在点起的轮子上，身体略后仰（如图 11－58 所示）。

图 11－57

图 11－58

（3）右脚向左略微撇一下（如图 11－59 所示）。

（4）右脚迅速向右横向蹬出，两膝盖夹紧，身体后仰，保持动作（如图 11－60 所示）。

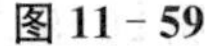

图 11-59

图 11-60

(三) 变态茶壶刹

变态茶壶刹是我们接触的第一个交叉类刹车，动作和外规类似，只是多了一个交叉动作。

(1) 滑行途中蹲低，双手打开(如图 11-61 所示)。

(2) 重心压左脚，右脚从左脚后方掏出(如图 11-62 所示)。

(3) 右脚掏至左脚正前方，膝盖夹紧，重心后移(如图 11-63 所示)。

图 11-61

图 11-62

图 11-63

(四) Q 刹

Q 刹又称全民刹车，作为花刹的经典动作，漂移时动作优美、有力。前奏动作和变态茶壶刹类似。

(1) 滑行途中蹲低，双手打开(如图 11-64 所示)。

(2) 重心压左脚，右脚从左脚后方掏出(如图 11-65 所示)。

图 11－64

图 11－65

（3）右脚掏至左脚正前方，膝盖夹紧，重心后移（如图 11－66 所示）。

（5）左脚点起前轮，重心继续后移，身体向下压低，右手上抬（如图 11－67 所示）。

图 11－66

图 11－67

（五）双刹

双刹，我们接触的第一个漂移类刹车，又称“百刹之王”，花刹最经典的刹车，练习难度较高。

（1）滑行途中蹲低，双手打开（如图 11－68 所示）。

（2）左手在前，右手在后，上身向右转体 45°左右。右脚略压外刃，左脚略压内刃。重心略向前（如图 11－69 所示）。

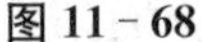

图 11－68

图 11－69

(3) 双脚脚后跟迅速左蹬出身体压成 C 字型，脚踝用力保持脚部动作(如图 11－70 所示)。

(5) 动作成型时的身体姿势(如图 11－71 所示)。

图 11－70

图 11－71

第六节　轮滑运动的安全事项

轮滑运动是一项较易掌握的体育运动，任何人都能很快地学会它，但对很多人来说，初次接触轮滑时，心理上会产生一种害怕摔倒的畏惧感。因此，初学者练习轮滑时要注意以下几点：

(1) 练习者要戴好护腕、护肘、护膝、头盔等保护用具，以便在摔倒时进行保护。在摔倒的过程中，要避免直臂单手撑地，防止损伤手腕。

(2) 运动前要进行热身活动，将全身的关节、肌肉充分活动开。轮滑运动是项激烈运动，运动过程中，全身肌肉都在活动，如果不进行热身，身体突然剧烈运动，容易造成肌肉损伤和拉伤。所以，适当的热身是刺激肌肉，使身体兴奋起来以保护自己的最好方法。

(3) 学会自我保护。轮滑是一项易摔倒的运动。在滑行过程中，如果向前或向侧摔倒时，应屈膝下蹲，用双手撑地，减轻摔倒的力量；如果向后摔倒，要屈膝下蹲，顺势倒下，使臀部先着地，并低头团身以免摔伤头部。

(4) 滑行时不要只顾低头滑行，要注意观察周围情况，以免撞人。

(5) 患有严重疾病的人(如心脏病、高血压等)，不宜进行激烈的轮滑运动。

(6) 在公路上进行轮滑练习，要避开来往车辆和行人，严格遵守交通规则，高度重视安全，避免发生伤害事故。

(7) 轮滑是一项体力消耗较大的运动。夏季出汗量会很多，要多喝淡盐水。

(8) 检查鞋是否穿戴合适。

① 检查轮滑鞋的螺母是否有松动，如发现松动应立即拧紧、加固；

② 轮滑鞋的轮轴不能超出轮子以外；

③ 系好鞋带，鞋带不要系得过紧，以免影响血液循环；也不要系得太松，使鞋与脚形成一个整体。系好鞋带后，站起来活动一下。

第七节 轮滑运动的锻炼价值

轮滑运动和其他体育运动一样，具有极高的健身价值。参加轮滑运动锻炼能使人体各组织器官的负荷得以增加，机体发生变化，这些变化通过加快新陈代谢，改善神经系统、心血管系统、呼吸系统等的机能，增强体质。

一、经常参加轮滑锻炼能改善运动系统机能

轮滑是一项在运动中灵活变换重心、维持动态平衡的运动，因此练习轮滑能有效地提高人体的平衡能力。滑轮滑时要把人体全身的重量放在不到 1 厘米宽的轮刃上，除了保持一定的身体姿势滑行之外，还要做各种各样的动作，例如，花样轮滑要做向前滑、向后滑、左右转弯、跳跃、旋转、平衡等动作；极限轮滑和滑板要在各种高度、坡度的道具上做跳跃、转体甚至空翻动作，稳定落下后还要继续滑行，尽管支撑面小、滑行速度快，但运动员稳定、精确的动作与在平地上表演无多大差别，可见轮滑运动对提高人体的平衡能力有突出作用。

轮滑对提高两腿及两脚的肌肉力量有明显的效果。滑轮滑时，体力负担主要在下肢，人的大肌肉群很多也集中在下肢，两腿除了总是蹬地和支撑身体重量以外，还要克服由于急转、急停、旋转、跳跃等动作产生的巨大惯性和离心力。据统计，在高速滑跑中突然做急停动作，作用在双脚上的力，相当于两三百公斤的重量，因此轮滑运动员的腿部肌肉都很发达，力量很强。此外，滑轮滑时为了保持平衡和做各种动作，身体各部位的肌肉必须协同用力，因此可以发展协调性。打轮滑球时不仅要具备很强的臂力，以便很好地掌握使用球杆的技术，还要具备全面的身体力量以适应激烈的身体对抗和接触。由此可见，轮滑运

动可以使人的运动能力得到全面的发展和锻炼。

二、经常参加轮滑锻炼能改善心血管和呼吸系统机能

参加轮滑运动，其运动量和强度都很大，因而对参加者的心肺功能要求很高，经常参加轮滑锻炼，可以有效地改善心肺功能。据测定，速度轮滑运动员的心脏比一般人的心脏横径大 4 厘米多，长径大 1 厘米多，这种功能性肥大是心脏肌肉发达的表现，其心脏搏动有力且缓慢。优秀运动员在安静状态下心脏每分钟只需跳动 50 次左右，而一般人每分钟需跳动 70 次左右才能满足人体的需要。剧烈运动时，运动员心脏跳动每分钟可达 200 次左右，而一般人每分钟跳动 170 次左右就很难承受了。在对呼吸系统的影响上，由于速度轮滑和轮滑速降的姿势和动作的特点，运动员的膈肌受限，整个方式属于混合式呼吸，因此对胸廓呼吸的要求较高，他们胸肌发达，有力量，平时呼吸深而慢，运动时摄氧能力高出常人很多。

三、经常参加轮滑锻炼能够改善神经系统机能

轮滑运动不仅有速度变化，而且旋转的方向、位置等也不断变化，这些都会使人大脑中的前庭分析器受到刺激，产生兴奋。同时，位于肌肉、肌腱、关节面和韧带中的运动分析器感觉神经末梢，在肌肉收缩、拉长以及关节屈伸时都会受到刺激，它和前庭分析器一样，感觉器中产生的兴奋分别沿着各自的神经通路传到大脑皮层或相应的中枢部位，即产生了对身体各部位的位置、速度、肌肉活动状态的感觉。

人在轮滑运动中通常是前庭分析器、运动分析器与其他分析器(触觉、视觉、内感受分析器)都同时进入活动状态，在反复不断的练习中，参与机能活动而建立复杂联系的分析器形成了综合分析活动，这样便形成了运动者特殊的“位置感”、“速度感”和“腾空感”等。在身体感觉及空中方位感觉的基础上，大脑皮层随着环境的变化，借助于各种反射调节肌肉紧张程度，保证实现各种高度复杂、协调、精细的技术动作。在轮滑中起主导作用的是前庭分析器和运动分析器，所以参加轮滑运动的人前庭分析器的稳定性很高。

四、经常参加轮滑锻炼能培养人坚强的意志力

初学轮滑比较容易，但要想滑得好，就需要下工夫练习了。首先，初学轮滑就像小孩学走路，必然会遇到摔跤的问题，要不怕摔，需要勇敢，需要学会自我保护，需要技巧。这些都是对人意志品质的锻炼和培养。当掌握了一定的技术，要进一步提高时，就需要加大运动量、加大强度、加长时间，必然会遇到苦、累的问题。在速滑进行超长距离的滑跑时、在轮滑速降从陡坡上高速下冲时、在极限轮滑的道具上一次次摔下来时，能否敢于练习，能否坚持练习，都是对人的意志品质的极大考验和锻炼。在参加各种比赛时，都会遇到输赢胜负的问题，在赛前、赛中、比分领先或落后时，能否正确对待，都是对人心理素质的极大考验和锻炼。因此，轮滑运动不仅能全面提高人的身体素质，还能培养人勇敢顽强的精神、坚忍不拔的意志品质以及良好的心理素质。总之，对于青少年的成长发育和良好意志品质的培养来说，轮滑是一项极好的运动项目。

第十二章 体育锻炼与卫生保健

第一节　体育锻炼的卫生常识

体育锻炼必须遵循人体运动时的生理变化规律，符合运动卫生的要求，才能获得良好的效果。由于体育运动是促进健康的一种手段，所以体育运动就不可避免的与卫生保健有着密切的关系。锻炼者掌握一些运动生理学、运动损伤的预防与急救等有关的卫生保健知识，用以指导体育锻炼，从而获得最佳锻炼效果，是非常必要的。

一、体育锻炼的卫生要求

（一）运动前的体检和心理准备

制定运动健身计划的前提条件，是需要准确地掌握自己的身体健康状况，以确保锻炼者的健康，防止运动意外伤害的发生。锻炼者在参加运动或康复运动前，都必须进行运动前的体检。

1. 运动前的自我评价测验

为了保证锻炼者能安全、愉快、有效地参加健康运动，为此，锻炼者在运动前填写一份准备参加锻炼的问卷是很必要的(如表 12－1 所示)。问卷包括 7 个问题的自测量表，它能有效地确定你参加运动是否有危险。

表 12－1

序号	问　题	是	否
1	是否有医生曾说过你的心脏有问题，并只能在医务人员监督下进行运动		
2	当你运动时，是否感到胸部疼痛		
3	在过去几个月中，当你未做任何身体活动时，是否发生过胸部疼痛		
4	你是否出现过因头晕而摔倒甚至昏迷		
5	你是否有因改变健身活动项目而加重的骨或关节问题		
6	医生是否正在为你的血压或心脏状况开处方药物		
7	你是否知道你为何有不能参加运动的其他任何原因		

说明：

(1) 第五题是一个骨、关节问题，是一个你确定或修改运动方案要涉及的问题。

(2) 如果你对所有问题的回答都是否定的，那么，就有理由确信你能参加更多的有规律的健康促进运动；但需要注意循序渐进，这是一个既安全又容易有效果的方法。

(3) 参加体适能评价测验，是一个测定你的基本体适能，并据此制定最佳的运动处方的最好办法。

(4) 如果你因暂时有病如感冒或发热而感觉不好，可推迟参加更多的运动，一直等到你感觉好一些再开始。

2. 心电图运动试验

标准的心电图运动试验，常用来诊断和评价一个人是否具有潜在的冠心病危险因素，或是对已证实患有心血管疾病的人评价治疗效果，或用来检测心血管病人进行康复运动时的能力。它可为运动处方的设计与制定提供信息。

(二) 做好准备活动和整理活动

体育运动过程是人体由静态—动态—静态的变化过程。准备活动和整理活动就是实现这种“变化”的过渡手段。

1. 准备活动

一般性准备活动通常采用慢跑、伸展性练习与各种徒手或器械操等一般性身体练习。专门性准备活动应安排在准备活动的最后阶段。准备活动的时间一般控制在10—15分钟左右，运动强度以心率为100—120次/分钟，准备活动要根据运动项目的特点、季节气候、运动水平及个性特点等因素加以调整，通常以身体发热或微微出汗为宜。

2. 整理活动

整理活动是锻炼者在完成运动锻炼后，进行的中、小强度的运动，通过轻松、缓慢的整理放松活动过程，使人体由紧张状态逐步恢复到相对安静状态，以达到调节机能、减轻肌肉酸痛、消除疲劳的效果。

整理活动应侧重于全身性放松。一般性的整理活动采用调整呼吸运动和自然放松走步、慢跑、徒手放松练习、简单的舞蹈动作组合、自我按摩和相互按摩等。

(三) 夏季体育锻炼卫生常识

1. 忌锻炼后立即洗凉水澡

夏天由于气候炎热，在体育锻炼过程中往往汗流浃背，锻炼者有时为了贪图一时痛快，体育锻炼后立即就去洗凉水澡。其实这样做对身体健康是有害无益的。因为体育锻炼时，全身的新陈代谢十分旺盛，体内所产热量大增，皮肤中的毛细血管也大量扩张，以利于体热的散发。如果体育锻炼后立即去洗凉水澡，会使毛细血管骤然收缩，不利于体热的散发，虽然在洗凉水澡的一刹那会觉得凉爽，但过后又会使人感到热不可耐。同时，突然遇到冷的刺激会使体表已张开的汗孔骤然关闭，容易生病。

2. 忌大量饮水

夏季体育锻炼时由于出汗多，会感到口干舌燥。但这个时候千万不可大量饮水，否则对身体健康有害。因为体育锻炼时机体各个器官、系统进行了紧张的工作，此时需要休息，以便及时消除疲劳。如果这时大量饮水，会给消化系统、血液循环系统，尤其是给心脏增加沉重的负担。同时，由于天气炎热，锻炼时出汗过多，体内的盐分已随着排汗而大量丧失，如果这时再大量饮水，出汗会更多，盐分也会进一步丧失，从而导致出现抽筋、痉挛等现象。

3. 忌大量吃冷饮

体育锻炼时由于肌肉的运动，会引起体内血液的重新分配，使体内大量的血液流向运动肌肉和体表，而消化器官则处于相对的贫血状态。冰冻饮料由于温度过低，如果这时大量吃进去，对于已经处于暂时贫血状态和胃酸浓度不足的胃脏刺激过于强烈，容易损伤其生理功能。如果夏天体育锻炼之后大量吃冷饮，轻者会使食欲减退，重者则会导致急性胃炎，甚至为日后发生慢性胃炎、胃溃疡等疾病埋下祸根。

4. 忌在强烈的阳光照射下锻炼

夏天如果常在强烈的阳光照射下进行体育锻炼，对身体将会产生不良的影响。因为阳光中的紫外线在夏天格外强烈，人体如果长时间受到照射，紫外线将会透过毛发、皮肤、头骨而辐射到脑膜和脑细胞中去，容易使大脑发生病变，也会导致类似中暑的症状。因此，夏天体育锻炼的时间，最好安排在早晨和下午16时以后进行。

(四) 冬季体育锻炼注意事项

1. 忌不做准备活动

在体育锻炼前做些简单的四肢运动，对安全有效地锻炼身体有好处。因为在寒冷的冬天，人体因受寒冷的刺激，肌肉、韧带的弹性和伸展性明显降低，全身关节的灵活性也较夏秋季节差得多。锻炼前不做准备活动，则会引起肌肉韧带拉伤或关节扭伤，致使锻炼不能正常进行。锻炼前，身体各部位及运动系统的有关区域都处于安静和抑制状态，做准备活动会使人体各部位及运动系统，从静止、抑制状态逐步过渡到兴奋、紧张状态，从而为身体随锻炼加大负荷做好准备。

2. 忌雾天气锻炼

雾是由无数微小的水珠组成的，这些雾珠中含有大量的尘埃、病原微生物等有害物质。如在雾天进行锻炼，会产生呼吸困难等症状，严重者会引起鼻炎、气管炎、结膜炎以及其他病症。雾天湿度大，还会影响皮肤对体热的散发，对锻炼也不利。

3. 忌锻炼时用嘴呼吸

无论是锻炼时还是在平时，都应养成用鼻子呼吸的习惯。因为鼻孔里有很多毛，能够滤清空气，使气管和肺部不受尘埃、病毒的侵害。冬季锻炼，空气温度低，冷空气经过鼻腔时，已经得到加温、湿润，再进入肺部就不会产生强烈刺激了。用嘴呼吸则会使冷气直接进入肺部，从而产生强烈刺激，而引起不良后果。

4. 忌不注意保暖

冬季锻炼，不可忽视保暖，否则会引起伤风感冒。开始锻炼时不必立即脱掉外衣，待身体发热时再逐渐减衣。也不要等大汗淋漓时再脱衣服，因为那时内衣已被汗水浸湿，经冷风一吹，容易感冒。锻炼结束时，应擦干身上的汗水，并立即穿上衣服，以免身体着凉引起感冒。

二、防止和消除运动性疲劳

（一）运动性疲劳的判断

判断运动性疲劳的出现及其程度，对科学地锻炼身体、增强体质，合理地安排运动强度及提高运动成绩都有着重要意义。在学校体育运动和自我锻炼中，对运动性疲劳程度的判断，一般通常采用自觉症状（例如疲乏、头晕、心悸、恶心等）和客观体征（例如面色、排汗量、呼吸、动作、注意力等）以及客观指标。各器官、系统的生理、生化指标的变化情况（例如肌肉力量、肌肉硬度、握力、心电图、心率、反应时肌腱反射、肺活量、血压、尿蛋白等）来综合评定。通常为了锻炼者在运动中便于判断运动性疲劳及其程度，可采用比较直观简易的方法来判断（如表 12-2 所示）。

表 12-2

内容	轻度疲劳	中度疲劳	重度疲劳
自我症状	无任何不舒服	疲乏、腿痛、心悸的感觉	除疲乏、腿痛、心悸外，尚有头痛、胸痛、恶心甚至呕吐等征象，而且这些征象持续时间较长
面色	微红	较红	面色苍白或发青
排汗量	微量排汗	中量排汗	过量排汗
呼吸	稍有加快	明显加快	加快并节奏紊乱
动作	保持正常的速度，动作轻松自如	速度及动作稳定性稍有下降	动作摇摆稳定性差，速度明显下降，动作不协调
注意力	能正确执行指令	执行指令不准确，改变方向有时出现错误	执行指令缓慢，只有大声口令才能接受
恢复速度	睡一夜即可恢复	休息一二天后即可恢复	休息近一周才能恢复

（二）消除疲劳的措施

锻炼后产生的运动疲劳，如得不到及时消除，体力恢复不充分，势必影响到继续锻炼及工作学习的精力。因此，在运动疲劳之后，为加速疲劳的消除，可采取下列措施：

（1）静止性休息——睡眠。锻炼导致身体疲劳之后，保证良好而充分的睡眠是使身体得到恢复的重要措施。同时，身体劳累之后，坐下或躺下作安静休息，也有助于疲劳的消除。

（2）活动性休息——适宜运动。早在 20 世纪，生理学家就发现，当局部肢体疲劳之后，可通过使另一部分肢体肌肉的适当活动来加速已疲劳的肌肉的体力恢复，故称为活动性休息。之后很多生理实验研究证实，当局部疲劳后，可利用未疲劳的另一些肌肉进行一些适当活动，借以促进全身代谢过程，加速疲劳消除。当全身疲劳时，也可通过一些轻的、兴趣高的体力活动，来达到加速消除肌肉代谢产物的目的。

（3）物理性恢复手段。按摩、光疗、电疗等对促进疲劳肌肉的代谢过程，加速疲劳消除有积极意义。此外，如热水浴、吸氧、空气负离子吸入等对疲劳消除也有益。

(4) 合理补充营养。在运动疲劳后，饮食中要有较充分的糖和蛋白质补充。如果是长时间的锻炼，体内能源供给有较大部分来自脂肪，这类耐力性运动疲劳后，应根据负荷的程度适当食用一些脂类食品。此外，疲劳后要注意维生素和无机盐的补充，维生素C、维生素B1、维生素B2、维生素A、维生素E等对疲劳的消除有重要作用。同时，各种高能运动饮料、电解质运动饮料及一些营养滋补剂等对体力恢复也有益。

(5) 心理调节。情绪因素对疲劳的消除也有不容忽视的作用，积极向上、乐观愉快的情绪有助于加速疲劳的消除。如欣赏优美动听的音乐，做些自我心理控制与放松调节等对体力恢复都有促进作用。

运动性疲劳的恢复是一个复杂的过程，恢复过程中要做到全面、系统、科学。

三、运动环境卫生要求

运动环境是指人们进行体育运动时所处的外界条件，如空气、水、场地和建筑设备等。良好的运动环境，可以激发锻炼者的运动情绪和锻炼效果。反之，可抑制锻炼者的情绪，还可以引起生理异常反应或诱发运动损伤。

(一) 运动场地、器材的卫生要求

运动场地、器材是否符合卫生要求，是关系到体育锻炼的效果和锻炼的安全问题，必须加以重视。

1. 运动场地卫生要求

首先，运动场地的位置选择要避开污染区，交通方便，利于群众开展体育活动，靠近水源。运动场地周围应合理栽种树木花草，这样可以改善体育场地的空气环境。室外田径场要求，跑道应平整，富有弹性，无浮土，无积水。选择篮、排球运动场地应平坦结实，无碎石、浮土，不滑，最好是三合土地面。足球场最好有草皮，球场周围不应有任何障碍物。

室内场馆要求地面应平整结实不滑，无浮土，光线应充足。室内应经常保持清洁卫生，要通风透气，空气新鲜。

室内外体育器材必须经常检查维护，确保锻炼者安全使用。

2. 运动器械卫生要求

运动器材的好坏不仅关系到锻炼者的安全问题，同时也对锻炼者的心理产生很大的影响，如对技术水平的发挥和运动情绪等。因此，锻炼者使用运动器械既要符合卫生要求，也要符合技术要求，对器材的卫生、重量、大小以及稳固性等，球类运动的对球的圆度、表面光洁度和弹性等都有着标准要求。

(二) 运动服装卫生要求

锻炼者身着合适的运动服装，不仅有助于体育锻炼和提高运动成绩，而且可以减少伤害事故的发生。锻炼者选择运动服装应合体，要注重服装的保温性、透气性、吸湿性、容水性和其他性能。夏季运动服装应浅色轻薄，透气而易于散热。经常从事体育锻炼的人，要勤洗勤换运动衣裤，尤其是内衣裤，以免汗液和细菌污染机体健康。

运动鞋袜的大小还要合适，应轻便、弹性好，具有良好的透气性。运动时切勿穿凉鞋、皮鞋或赤脚。硬、滑或过松的鞋袜容易造成运动损伤。

第二节　女性体育卫生要求

女性由于身体解剖结构和生理特点上均不同于男性，因而在参加体育锻炼时，对运动项目的选择、运动量的控制上应有别于男性。

一、女性体育锻炼的一般要求

女性在解剖生理结构上有其自己的特点，从体型方面来看，肩部较窄，骨盆较宽，躯干相对较长，这使得女性的身体重心较低，有利于维持平衡，对完成下肢的平衡动作较为有利。但上肢的臂力较弱，故对多支撑、悬垂和大幅度的空中摆动等动作的能力低于男性。从内脏器官生理功能水平来看，女性的心脏、胸廓的体积都小于男性，因此表现出呼吸深度浅、频率快，容易产生疲劳。因此，根据女性的生理、心理、身体机能和身体形态的特点，选择合适的运动项目和安排好运动量，克服和改善女性的生理弱点，采用积极手段和选择科学的锻炼方法，才能收到良好的锻炼效果。女性参加体育锻炼应遵循以下特点：

(1) 利用女性爱美心理和柔韧性较好的特点，可侧重选择一些节奏性较强、轻松活泼的练习，例如艺术体操、健美操、体育舞蹈等项目的运动。但对于两臂支撑、悬垂、静力性等练习应适当降低要求。

(2) 为塑造形体美，可选择一些增强腰背肌、腹肌和骨盆肌的力量练习，例如仰卧起坐、仰卧举腿、踢腿、摆腿之类的练习以促进正常发育。但选择力量性练习时，注意负荷不宜过重，时间不宜过长。这些对腹腔、盆腔震动较大的动作不宜练习。

(3) 女性皮下脂肪较多，因而耐冷，用脂肪作能源的利用率较高，故热能供给较充足。非常适宜从事游泳健身运动。但经期要注意保暖，不易参加水下活动，以免细菌从阴道进入子宫、输卵管等，引起炎症，影响身心健康。

(4) 运动时还应注意保护乳房。跑步时，未加保护的乳房的颤动可对胸部产生约30磅(133.5牛顿)的撞击力，如不加保护，长期运动会导致乳头发炎，致使乳房组织松弛。特别是在从事身体接触性对抗运动项目中，更应加强自身的自我保护，防止不必要的撞击和损伤。

二、月经期的体育锻炼卫生要求

月经是女性的正常生理现象。身体健康、月经正常者，一般不出现明显的生理变化，在经期从事适当的体育锻炼对促进新陈代谢、改善盆腔的血液循环，减少经期的盆腔充血、小腹下坠及腰痛等感觉是有益处的。运动时腹肌的收缩与放松交替进行有助于经血的排出。另外，经期参加适当的体育运动可使大脑皮层兴奋和抑制作用更加协调，有利于调节经期的情绪，使人精神愉快，从而减轻经期易激动、烦躁的症状。所以，身体健康、经期正常，不必停止必要的体育运动，但可适当调整运动量和运动项目。但女性在月经期间参加体育锻炼，应注意以下几点：

(1) 经期运动量要适宜，避免做剧烈的跑、跳、腹压加大的练习，也应避免做强度大的力量、耐力性练习。

（2）经期不宜参加游泳、长跑、跳跃和持续性较长或较快的运动。

（3）不宜参加对抗性较强的运动和竞赛。

（4）经期要避免寒冷刺激，如冷水浴锻炼，以免发生痛经、闭经或月经淋漓不净等。

（5）如果出现月经紊乱、痛经等现象，则应暂停体育锻炼。

第三节　运动中常见生理反应的处置

由于体育运动会使人体生理活动过程的有序性受到暂时性破坏，从而常常出现某种特殊的生理反应，现将这些常见的运动生理反应与处置办法进行介绍。

一、延迟性肌肉酸痛

（一）原因与症状

延迟性肌肉酸痛是运动时肌肉活动量过大而引起的局部肌纤维及结缔组织的细微损伤，以及部分肌纤维痉挛所致。运动后在 24 小时后出现的肌肉酸痛在运动医学上称为“延迟性肌肉酸痛症”。一般情况下，由于这种酸痛现象只是局部肌纤维的细微损伤和痉挛，不会影响整块肌肉的运动功能，所以，酸痛后经过 5—7 天后的肌肉内部对细微损伤的修复，肌肉疼痛会基本消失，肌肉组织也会变得更加强壮，以后同样负荷将不易再发生肌肉酸痛。

延迟性肌肉酸痛的症状除酸痛外，还会发生肌肉僵硬，轻者仅有压疼，重者肌肉会有肿胀，多发生于双下肢主要伸、屈肌群。

（二）处置与预防

（1）处置。出现症状时，对酸痛部位局部热敷和局部可涂擦油剂或按摩擦剂，还可配合做一些牵伸肌肉的运动。另外，采用针灸、电疗等方法也有一定作用。

（2）预防。做好锻炼时的预防准备活动，把握好运动负荷的递进性原则，尽量避免局部肌肉负担过重。锻炼后，要有针对性地放松整理和按摩。

二、运动中腹痛

（一）原因与症状

运动中腹痛常在中长跑和剧烈运动时发生。主要是因为运动前准备活动不充分，因运动前吃得过饱、饮水过多；腹部受凉，而致使脏腑功能失调，引起腹痛；因运动时间过长或过于剧烈，而使下腔静脉压力上升，导致血液回流受阻；因呼吸节奏紊乱，而引起膈肌运动异常；因肝脾积气郁血，而导致两肋部胀痛等。

（二）处置与预防

（1）处置。出现症状时，如果没有器质性疾病，一般采用减慢运动速度，进行腹式呼吸，按压疼痛部位等方法治疗，短时间内即可减轻疼痛，直至消失。数分钟后，如果疼痛仍不减轻，甚至加重，就应停止运动。必要时可服十滴水或普鲁苯辛(每次一片)，或揉按内关、大肠俞等穴位。如仍不见效，应送往医院诊治。

(2) 预防。运动前应避免饮食或饮水过多，并做好准备活动(特别是腹部按摩)，坚持循序渐进，注意呼吸节奏，夏季运动要适当补充盐分。

三、运动性贫血

(一) 原因与症状

运动性贫血是由于运动引起血红蛋白量减小，并低于正常值即称之为运动性贫血。运动性贫血，男性的血红蛋白低于12克，女性低于10.5克。在通常情况下，女性发病率高于男性。

导致运动性贫血的主要原因是：

(1) 运动时肌肉对蛋白质和铁的需要量增加，一旦需要得不到满足，即可引起运动性贫血。

(2) 剧烈运动时血流加速，易引起红细胞破裂，致使红细胞从新生到衰亡之间的平衡遭到破坏，从而导致运动性贫血。

其主要表现为头晕、呕吐、心率加快、脸色苍白、体力下降。

(二) 处置与预防

(1) 处置。出现上述症状时，应适当减轻运动量，必要时进行休息。即刻饮服糖开水或口服硫酸亚铁，并同时服用维生素C和胃蛋白酶合剂，有利于铁的吸收。

(2) 预防。运动前要做好准备活动，并注意循序渐进，调整膳食结构，平时增加富含蛋白质和铁的食物。

四、运动性昏厥

(一) 原因与症状

由于脑部突然供血不足或者因脑血管发生痉挛，而出现一时性知觉丧失的现象，称之为运动性昏厥。

导致运动性昏厥的原因，主要是由于长时间运动或剧烈运动，大量血液聚集在下肢，回心血流量减少，因而心血输出量也减少，致使脑部缺血而引起昏厥。在日常生活中，因长时间站立，过久下蹲后骤然起立；或者情绪过分紧张激动；或者病后体弱参加剧烈性运动等情况，都可能发生类似昏厥的现象。昏厥前，患者会感到全身软弱，头昏眼花，面色发白。昏倒后，患者会出现面色苍白，手足发凉，出冷汗，脉搏减弱，血压下降，呼吸缓慢等症状。

(二) 处置与预防

(1) 处置。发病后，应立即让患者平卧，松解衣领，抬高下肢，并进行由小腿向大腿、心脏方向按摩或拍击；同时用手指点压人中、合谷等穴位，必要时给氨水闻嗅。如有呕吐，应将患者头偏向一侧；如停止呼吸，应立即进行人工呼吸。轻度休克者，应由同伴搀扶慢走一段时间，以帮助进行深呼吸，即可消除症状。

(2) 预防。坚持经常性锻炼，以增强体质；剧烈运动后不要立即停下来或坐下。而应继续慢跑，并做深呼吸；在饥饿情况下不要参加剧烈运动。

五、运动中暑

（一）原因与症状

中暑是长时间受高温或热辐射引起的一种高温疾病。特别是在湿度高、通风不良或头部缺乏保护，被烈日直接照射等情况下，体温调节功能会发生障碍而导致中暑。

中暑早期会出现头晕、头痛、呕吐等症状，严重时患者会体温升高，皮肤灼热干燥，甚至出现精神失常、虚脱、抽搐、心率失常、血压下降等症状，直至昏迷危及生命。

（二）处置与预防

（1）处置。出现中暑，首先应将患者安静护送至阴凉、通风处平卧休息，并采取降温措施，如解开衣领，服饮清凉饮料或人丹、十滴水等，也可补充葡萄糖盐水。严重患者，经临时性处理后，应立即护送往医院诊治。

（2）预防。在高温炎热环境下锻炼时，应适当减少运动量和锻炼时间，要尽量避免在烈日下锻炼。夏天在室内锻炼时，应注意良好的通风，并备有低糖含盐的饮料。室外锻炼时，应戴白色凉帽，穿宽松浅色运动服。

课后问答

1. 如何消除运动性疲劳？
2. 女性在经期进行体育锻炼应注意哪些卫生要求？
3. 运动性中暑应该如何处置？

参考文献

[1] 蔡仲林,周之华.武术.北京:高等教育出版社,2005.

[2] 全国体育院校教材委员会.中国武术教程(上册).北京:人民体育出版社,2004.

[3] 全国体育院校教材委员会.中国武术教程(下册).北京:人民体育出版社,2004.

[4] 张耀庭.中国武术史.北京:人民体育出版社,2003.